Albin Czerny

Die Handschriften der Stiftsbibliothek St. Florian

Albin Czerny

Die Handschriften der Stiftsbibliothek St. Florian

ISBN/EAN: 9783744620796

Hergestellt in Europa, USA, Kanada, Australien, Japan

Cover: Foto ©ninafisch / pixelio.de

Weitere Bücher finden Sie auf **www.hansebooks.com**

DIE
HANDSCHRIFTEN

DER

STIFTSBIBLIOTHEK ST. FLORIAN

GEORDNET UND BESCHRIEBEN

VON

ALBIN CZERNY,

CAPITULAREN VON ST. FLORIAN UND BIBLIOTHEKAR.

ZUR ACHTHUNDERTJÄHRIGEN GEDÄCHTNISSFEIER

DER ÜBERGABE DES KLOSTERS ST. FLORIAN AN DIE REGULIRTEN
CHORHERRN DES HEIL. AUGUSTIN.

LINZ, 1871.

IM VERLAG DER FRANZ IGNAZ EBENHÖCH'SCHEN BUCHHANDLUNG
(M. QUIREIN).

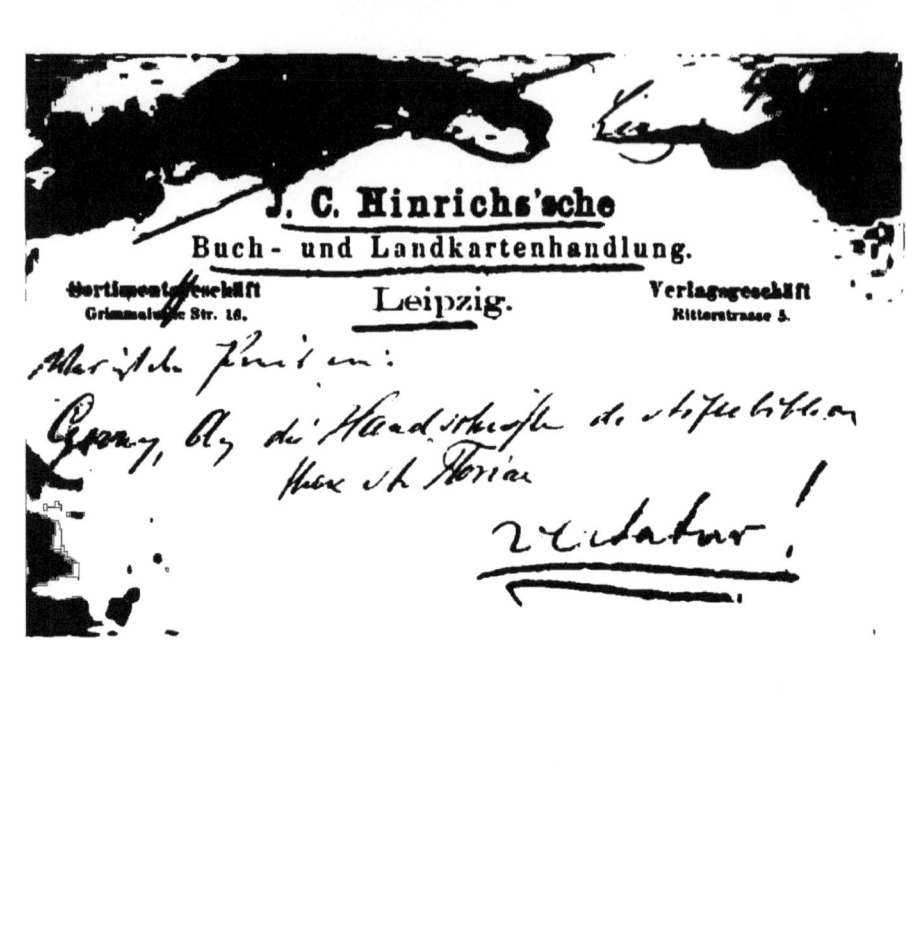

DIE

HANDSCHRIFTEN

DER

STIFTSBIBLIOTHEK ST. FLORIAN

GEORDNET UND BESCHRIEBEN

VON

ALBIN CZERNY,

CAPITULAREN VON ST. FLORIAN UND BIBLIOTHEKAR.

––––––––––

ZUR ACHTHUNDERTJÄHRIGEN GEDÄCHTNISSFEIER

DER UEBERGABE DES KLOSTERS ST. FLORIAN AN DIE REGULIRTEN
CHORHERRN DES HEIL. AUGUSTIN.

––––––––––

LINZ, 1871.
IM VERLAG DER FRANZ IGNAZ EBENHÖCH'SCHEN BUCHHANDLUNG
(M. QUIREIN).

Vorrede.

Den 25. Juni 1871 sind 800 Jahre verflossen, seit Bischof Altmann von Passau das Kloster St. Florian nach Entfernung der weltlichen Kleriker den regulirten Chorherrn des heil. Augustin übergeben hat. Die Dankbarkeit für den 800jährigen Bestand in wechselvoller Zeit möchte gerne durch eine literarische Gabe den feierlichen Moment in der Erinnerung festhalten. Es soll damit der Gegenwart genützt, der Vergangenheit ein Tribut der Anerkennung gezollt werden. Dem Geist nun, der die mancherlei Schöpfungen unserer Vorfahren überfliegt, bietet sich nichts dar, was in so stetiger und ausgiebiger Weise die Thätigkeit der Bewohner dieses Hauses darstellt, als die Handschriften der Bibliothek. Sie sind die sprechenden Zeugen der Arbeit und literarischen Sorge durch 8 Jahrhunderte.

Um demnach unsere Dankbarkeit gegen die Vorfahren zu bethätigen und zugleich der Gegenwart ein irgendwie brauchbares Werk zu bieten, entstand das vorliegende Buch — eine Beschreibung der Schriften auf Papier und Pergament, welche sich seit 800 Jahren durch die Bemühungen der Vorgänger angesammelt haben und ein Bild ihrer Berufsthätigkeit, ihrer Studien und Beschäftigungen, ihrer Lebensgewohnheiten und ihrer Andacht geben. Es ist ein Akt der Pietät gegen die Alt-

vordern, welche aus dem Grabe einer langen Vergessenheit er-
weckt an dem Feste des Tages gleichsam theilnehmen und soll
vor Allem ein Akt ehrfurchtsvollen Dankes gegen Gott sein, welcher den Lebenden einen fröhlichen Rückblick auf 800jährigen
Schutz und Segen gewährt hat.

Die Zahl der verzeichneten Handschriften umfasst 869 Codices
und 36 Manuscripte in Blätterform, wovon ein grosser Theil seine
Entstehung Angehörigen, des Hauses verdankt. Es sind zwar
keine Verzeichnisse des Bestandes unserer Bibliothek aus dem
früheren Mittelalter erhalten; aber um die Mitte des 15. Jahrh.
hat ein Bibliothekar des Hauses die meisten Bücher mit der Aufschrift: *iste liber est monasterii s. Floriani Pataviensis dioecesis*
versehen. Andere verrathen durch Inscriptionen oder den Inhalt,
dass St. Florian ihre Geburtsstätte war. Alle zusammen reprä-
sentiren die Zeit vom 9. bis 19. Jahrhundert

Übrigens war ihre Zahl einmal grösser. Sehr alte Ausleih-
verzeichnisse aus dem Mittelalter und spätere Cataloge führen
Codices auf, welche jetzt nicht mehr vorhanden sind; eine Anzahl
Handschriften ist nachweisbar in der kaiserlichen Hofbibliothek.
So führt Denis in seinem unvollendeten Catalog der theologischen
Handschriften der Hofbibliothek (Cod. Lat. I.) sechs werthvolle
Codices auf, welche früher Eigenthum der Stiftsbibliothek waren,
und im Archiv der Gesellschaft für ältere deutsche Geschichtkunde
(Bd. 10) werden drei weitere Florianercodices als in der kaiserl.
Hofbibliothek befindlich erwähnt. Zur Beurtheilung der Thätig-
keit der Stiftsmitglieder ist es von Werth, diese Bemerkung zu
machen, um so mehr, als die bis jetzt erschienenen Cataloge der
Hofbibliothek, welche die früheren Eigenthümer nur äusserst selten
angeben, der Ansicht Raum lassen, dass noch manche andere
Handschriften St. Florians dort ihre Unterkunft gefunden haben.

Was den literarischen Werth der Handschriften anbelangt,
so ist derselbe im Ganzen allerdings nicht von eminenter Wichtigkeit. Sie sind für das zu wenig alt; der Handschriften aus
dem 9. und 10. Jahrhundert sind nur äusserst wenige. Ihre Ob-
jecte sind zu wenig selten, zu wenig von den Freunden der Li-

teratur begehrt, ein Theil des Interessanten auch bereits durch
den Druck bekannt gemacht. Gleichwohl enthalten sie eine
Menge von Material, welches zur Textverbesserung schon be-
kannter Drucke oder zu literarischen und kulturhistorischen Studien reichlich verwendbar ist. Auch wird der jetzt veröffentlichte
Vorrath den Nutzen gewähren, dass er den Blick über das vorhandene handschriftliche Material erweitert und dem Gelehrten
unter Ersparung von Zeit und Mühe Gewissheit verschafft, was
er für seine Zwecke hier suchen oder nicht suchen dürfe.

Die Manuscripte St. Florians haben zur Fachnummer die
Zahl XI. Die unter der Fachnummer III vorkommenden Handschriften sind unter die Cimelien unserer Bibliothek eingereiht.
Die mit andern Druckwerken zusammengebundenen Manuscripte
haben vor dem Fachnumero des Druckwerkes das Wörtlein cum.
Die ungebundenen Handschriften werden in Portefeuilles auf-
bewahrt. Sie sind am Ende des Catalogs verzeichnet und kommen
im Register wegen ihrer geringen Anzahl bloss mit der Abkürzung: Port. ohne Nummerangabe vor.

Die Inscriptionen, die Textanfänge und Schlüsse wurden so
incorrect wiedergegeben, wie sie sich in den Originalien finden.
Wo die Schrift des Codex nicht ausdrücklich als zweispaltig
angegeben ist, ist die ungespaltene vorauszusetzen. Die Codices,
welche aus dem Kloster Wiblingen stammen, sind ein Geschenk
des verstorbenen Bischofs von Linz GREGORIUS THOMAS ZIEGLER ehemaligen Professen des Benedictinerklosters Wiblingen in Schwaben.

Die dem Catalog beigefügten literärhistorischen Notizen hätten
bei den vorhandenen Hilfsmitteln leicht vermehrt werden können,
wenn es meine Absicht gewesen wäre, den Catalog auf diese
Weise auszustatten. Allein dem war nicht so; sie sollen nichts
weiter sein als Lesefrüchte, zu deren Gewinnung mich die Arbeit
hie und da nöthigte und welche nachfolgenden Benützern des
Catalogs nicht verloren gehen sollten.

Von den gesammten Codices waren 290 von dem ehemaligen
Stiftsbibliothekar MICHAEL ZIEGLER am Ende des vorigen Jahrhunderts catalogisirt worden. Da die Anlage seines Catalogs den

Anforderungen der jetzigen Zeit nicht mehr entsprach, so wurden alle diese Handschriften aufs Neue durchgesehen und beschrieben. Doch waren manche Andeutungen seines Catalogs oder der in den Manuscripten liegenden Blätter von seiner Hand für mich von Werth, was ich hiemit dankbar anerkenne. Die Bemerkungen über die orientalischen Handschriften verdanke ich einigen Kennern dieser Literatur.

Manuscripten-Cabinet.

XI. 1. Pergamenthandschrift des XI. Jahrh. 358 Blätter in 2°.
2 Spalten. Altes Eigenthum St. Florians.

Biblia veteris et novi testamenti, lateinisch. Der Codex enthält
folgende Bücher: Pentateuch, (es fehlen 22 Capitel am Ende der
Genesis, die 10 ersten des Exodus) Josue, Richter, Ruth, Könige,
Paralipomenon, Proverbia, Ecclesiastes, Canticum Canticorum, Sapientia, Ecclesiasticus, Job, Tobias, Judith, Esther. Jeremias, Baruch,
Apocalypse, 7 canonische Briefe, Apostelgeschichte. Darauf folgen
mehrere Lectiones in die Parasceves et Sabbato sancto; hinzugelegt
ist ein Blatt, welches von derselben Hand den Brief an die Philipper
von Cap. I, Vers 3. an, und ein Verzeichniss der Capitel des Kolosser-
briefes enthält.

Das Vorsetzblatt am Ende ist aus mehreren Pergamentstücken zusammengesetzt und enthält Lectionen ex Deuteronomio, ex Evangelio
Joannis und Matthaei, aus dem I. Briefe an die Korinther, die dem
X. Jahrhundert angehören; Fragmente eines grossen Breviariums aus
dem XII. Jahrh. mit Neumen; ein kleines Fragment mit den Versen
11, 12, 13, des VIII. Cap. des Evangeliums Matthaei aus dem IX.
Jahrhundert.

Auf der innern Seite des vordern Deckels befindet sich das Fragment eines Calendariums aus dem XIII. Jahrh.; das Fragment eines
Breviariums aus dem XIV. Jahrh.; Fragmente eines Passionales mit
den Martyrien des heil. Laurentius, Hippolytus, der heil. Euphemia,
einer Lection de nativitate B. Mariae Virginis und de s. crucis exal-
tatione von verschiedenen Händen aus dem XIII. Jahrh. Auf der
innern Seite des hintern Deckels befinden sich Fragmente desselben
Passionales mit den Martyrien des heil. Remigius, der heil. Lucia und
Margarita und folgendem Gebete: Ave Maria, mecum sis in omni
via. Gratia plena, absolve me ab omni pena. Dominus tecum, tu
virgo sis semper mecum. Benedicta, tu effuga, a me omnia maledicta.
In mulieribus, libera me ab omnibus, tribulationibus. Et benedictus
fructus ventris tui, digne o anima mea gaude et tu me suscipe cum
omnibus sanctis in meo fine. Amen. Die Schrift der genannten Stücke,
obwohl wieder von verschiedenen Händen, ist aus dem XIII. Jahrhundert.

Der Codex ist von ausserordentlicher Grösse, die Blätter 2′ 2″ Wienermass lang, 1′ 6″ breit. Er ist von verschiedenen Händen mit grossem Fleisse geschrieben; die Buchstaben der Minuskelschrift sehr gross, Ueberschriften und Initialen in Capitalschrift von rother Farbe, die Initialen am Anfang der einzelnen Bücher in bunten Farben gemalt und mit Miniaturen der romanischen Kunstepoche geziert. Fol. 318ᵃ enthält das Bild eines schreibenden Evangelisten, welches die ganze Seite bedeckt. Die vorgenannten Initialen erreichen manchmal eine Höhe von 16 Zoll. Die Zahl der Capitel ist viel grösser als in der heutigen Vulgata, der Text weicht aber von derselben nur selten ab.

XI. 2. Pergamenthandschrift des XIV. Jahrh. 243 Blätter in 2°. 2 Spalten. Altes Eigenthum St. Florians.

Milleloquia. Pars II. Excerpte aus den Werken des heil. Augustin nach Materialien alphabetisch geordnet. Die Handschrift beginnt mit E und endet mit O. (Ebrietas — Oves). Am Schlusse: Per manus Johannis de nova civitate. Schöne Schrift. Ueberschriften roth, die Initialen gross von rother oder blauer Farbe.

XI. 3. Pergamenthandschrift des XIV. Jahrh. 3 Theile in 2°. Blätter 150, 230 und 190. 2 Spalten. Altes Eigenthum St. Florians.

S. Augustini tractatus super Psalmos. Bei allen 3 Theilen finden sich an der innern Seite der Deckel Fragmente hebräischer Handschriften angeklebt, welche der Talmudischen Literatur angehören.

XI. 4. Pergamenthandschrift des XIV. Jahrh. 226 Blätter in 2°. 2 Spalten. Altes Eigenthum St. Florians.

S. Augustinus de civitate dei libri XXII. Die grossen Initialen am Anfange der einzelnen Bücher sind abwechselnd roth und blau und kunstreich verziert. An der innern Seite des vordern und hintern Deckels sind Fragmente des Ecclesiastes mit Glossen aus dem XV. Jahrh.

XI. 5. Pergamenthandschrift des XV. Jahrh. 242 Blätter in 2°. 2 Spalten. Altes Eigenthum St. Florians.

Biblia sacra, lateinisch. Beginnt mit dem Prolog des heil. Hieronymus zu den Büchern Salomons und geht bis zu dem Briefe an die Hebräer incl. Zwischen den Evangelien und den Paulinischen Briefen befinden sich die Apostelgeschichte, die 7 canonischen Briefe und die Apocalypse. Auf dem Vorsetzblatte befinden sich X Canones Evangeliorum und am untern Rande die Zahl 1466 in arabischen Ziffern.

Bl. 241ᵇ—242ᵇ befinden sich alphabetisch geordnete Evangelienanfänge mit beigesetzter Capitelangabe.

Die Anfänge der einzelnen Bücher haben grosse in bunten Farben gemalte Initialen.

XI. 6. Pergamenthandschrift des XV. Jahrh. 276 Blätter in 2°. 2 Spalten. Altes Eigenthum St. Florians.

Biblia sacra, lateinisch. Beginnt mit Genesis cap. XXI, vers 6: servierim patri vestro. Bl. 276ᵃ Schluss: Explicit malachias propheta.

Die Schrift scheint von derselben Hand wie im vorangehenden Codex. Die grossen Initialen am Anfange der einzelnen Bücher sind aber mit viel grösserer Sorgfalt ausgeführt. In vielen Initialen des Psalteriums befinden sich Federzeichnungen von phantastischen Thier- und Laubgestalten.

XI. 7. Pergamenthandschrift des XIII. Jahrh. 207 Blätter in 2°. 2 Spalten. Altes Eigenthum St. Florians.

Glosa super unum ex quatuor. Anfang Bl. 1ᵃ: Quatuor facies uni erant. Schluss Bl. 207ᵇ: Hanc ultimam processionem post Jesum repraesentat ecclesia dominicis diebus, cetera require in fine hystoriae. Am Ende der Handschrift: Explicit glosa super unum ex quatuor scripta per cantorem parisiensem. Darauf folgt von anderer Hand: Iste liber pertinet ad Monasterium S. floriani et concessus est reverendo magistro dyeterico et doctori Sancte theologie nec non Canonico pata- viensis ecclesie.

Das Werk ist eine Evangelienharmonie mit zahlreichen Glossen. Ueber den angeblichen Verfasser Petrus Cantor Parisiensis vergl. Histoire littéraire de la France XV. 283. Bl. 1ᵃ sind 2 Initialen herausgeschnitten. Bl. 3, 4 und 9 sind schöne mit Gold und Farben verzierte Initialen.

XI. 8. Pergamenthandschrift des XIII. Jahrh. 254 Blätter in 2°. 2 Spalten. Altes Eigenthum St. Florians.

Glossa magistri Petri in Epistolas Pauli. Bl. 1ᵃ Anfang: Prin- cipia rerum inquirenda sunt prius. Bl. 254ᵇ Schluss: Gratia id est purgatio peccatorum et alia dei munera sint cum omnibus vobis Amen.

Am Ende der Glosse stehen folgende incorrecte Leoninische Verse von derselben Hand:

Explicit hic petri, glosarum meta magistri. Que pollent dictis, ac viribus utilitatis. Sunt admirantes, has omnibus aspicientes, cum lau- dant pridem, eam post testantur et idem. Legitur obscura, sapientum litteratura. Pauli doctoris, quem texit virtus amoris.

In verlängerten Schriftzügen Carolingischer Urkunden: Expliciunt Epistolae Pauli Sauli. Der Verfasser der Glosse ist Petrus Lombardus.

XI. 9. Pergamenthandschrift des XV. Jahrh. 248 Blätter. Altes Eigenthum St. Florians.

Lectionarium. Enthält die Lectionen für alle Sonn- und Festtage des ganzen Jahres aus dem alten und neuen Testament. Die Schrift ist sehr gross und mit grossem Fleisse ausgeführt. Viele Initialen in bunten Farben.

XI. 10. Pergamenthandschrift des XIV. Jahrh. 421 Blätter in 2°. 2 Spalten. Der Besitzer des Codex war laut Inschrift anno 1389 ein gewisser Johannes Huot. Aus den Händen des Landespräsidenten von Kärnthen Ferdinand Freiherrn von Ulm empfing ihn der Bischof von Linz Gregorius Ziegler (gest. 1852), der ihn dem Stifte St. Florian zum Geschenk machte.

Biblia Latina, vollständig. Die Schrift ist zierlich und durchaus gleichförmig. Die Initialen am Anfange der einzelnen Bücher und die Randverzierungen sind kunstreich ausgeführt. Auf der innern Seite des vordern Deckels steht von einer Hand des XIV. Jahrh. geschrieben: Nota quod dominus ioannes huoth obiit scilicet anno domini 1389 post festum undecim milium martyrum proximo sabbato, cujus fuit liber iste. Ora pro eo.

XI. 11. Pergamenthandschrift des XIV. Jahrh. 286 Blätter in 2°. 2 Spalten. Altes Eigenthum St. Florians.

Biblia Latina. Beginnt Bl. 1 mit den Prologen des heil. Hieronymus an Desiderius und an Paulinus (im Codex fälschlich Damasus), auf welchen wieder der Prolog an Desiderius folgt. Die Bibel enthält alle Bücher von Genesis bis Ecclesiasticus inclusive mit vielen Marginal und Interlinearnoten von einer Hand des XV. Jahrh.

XI. 12. Pergamenthandschrift des XIV. Jahrh. 225 Blätter in 2°. 2 Spalten. Altes Eigenthum St. Florians.

1) Bl. 1ª—178ᵇ. Nicolaus de Gorram in Psalterium. Bl. 1ª: Prologus fratris Nicolai de Gorram ordinis fratrum predicatorum in postillas super psalterium. Anfang: Laudacionem domini loquetur os meum. Schluss: Ad quam primam nos perducat ille qui vivit et regnat per omnia saecula saeculorum Amen. 2) Bl. 181ª—222ª.

Postillae super Job. Anfang: Legitur Osee. IX. In funiculis Adam traham te, in vinculis caritatis. Schluss: propter septem dona spir. s. quibus omnes electi adjuvantur. 3) Bl. 222ᵇ—225ª.

S. Bernardi tractatus de diligendo Deo ad Haimericum cardinalem. Bl. 179. 180. unbeschrieben. Hie und da mit Gold und Farben gezierte Initialen, die erste grosse Initiale herausgeschnitten.

XI. 13. Pergamenthandschrift des XIV. Jahrh. 116 Blätter in 2°. Altes Eigenthum St. Florians.

Humbertus super regulam s. Augustini. Bl. 1ª. Incipit tabula magistri humberti super exposicionem regule Beati augustini episcopi. Bl. 2ᵇ. Exposicio regule beati Augustini Episcopi secundum fratrem humbertum magistrum ordinis predicatorum. Anfang: Cogitanti michi de sermone, qui exiit inter fratres. Am Schlusse fehlen einige Zeilen.

Der Text weicht von dem in der Biblioth. Max. Vet. Patr. XXV. tom. abgedruckten manchmal ab.

XI. 14. Pergamenthandschrift des XII. Jahrh. 5 Theile in 2°. Blätter 143. 136. 130. 136. 114. Altes Eigenthum St. Florians.

Moralium s. Gregorii Pars I, II, III, IV, VI. I. Theil. Auf der innern Seite des vordern Deckels befindet sich das Fragment eines Calendarium necrologicum aus dem XII. Jahrh. Auf dem Vorsetzblatt verschiedene Responsorien und Gebete aus demselben Jahrh., lateinisch. Bl. 1ª. Incipit prologus super moralia Job Gregorii Pape in rother Capitalschrift. Darüber von einer Hand des XIV. Jahrhunderts:

Gutture mellito librum gregorius istum. Exposuit per multa nottaus misteria Christum. Bl. 142ᵇ--143ᵃ. Verzeichniss von 20 Werken des heil. Augustinus. Auf der innern Seite des hintern Deckels ist das Fragment einer Rechnung aus dem XV. Jahrh. aufgeklebt. II. Theil. Bl. 1ᵃ. Incipit secunda pars moralium edita a beato gregorio, in rother Capitalschrift. Darüber von einer Hand des XIV. Jahrhunderts:

Dogmata fecunda pars edocet ista secunda. Cordaque jocunda reddit Christum sitibunda. Schluss: Explicit liber decimus. Darunter von der Hand des nämlichen Schreibers: Navi non navi sed aquam manibus peragravi. III. Theil. Auf der innern Seite des vordern Deckels sind Fragmente von Boethius de consolatione philosophiae aus dem XI. und XIII. Jahrh. aufgeklebt zusammt lateinischen Glossen; auf der innern Seite Rechnungen aus dem XIV. Jahrh. VI. Theil. Das Vorsetzblatt enthält mehrere Hymnen aus dem XI. Jahrh. mit musikalischen Noten am Rande.

Alle 5 Theile beginnen mit einer grossen künstlich verschlungenen und mit Farben gezierten Initiale. Der Text stimmt mit wenigen Ausnahmen mit der Mauriner Ausgabe Parisiis 1705 überein.

XI. 15. Pergamenthandschrift des XV. Jahrhunderts. 174 Blätter in 2°. Altes Eigenthum St. Florians.

1) Bl. 1ᵃ—171ᵇ. Epistolae 65 partim s. Hieronymi partim s. Augustini. 2) Bl. 172ᵃ—174ᵇ. S. Patris nostri abbatis Maximi ad Elpidium presbyterum de caritate. Eingang: Cum nuper ab excellentia sanctitatis vestrae licenciatus pastuchi sicut praedixeram monasterium adissem et caet. Zuschrift: Reverentissimo patri et domino archimandrite celeberrimo cernlario. Die Abhandlung ist eine sehr starke Abkürzung der centuriae quatuor capitulorum de caritate s. Maximi, welche sich im XII. tom. der Biblioth. Max. ss. Patrum befinden. Am Schlusse: Finito libro dentur sua jura hermanno.

Auf der innern Seite des vordern Deckels ist das Fragment eines ascetischen Tractats saec. XIV. aufgeklebt.

XI. 16. Pergamenthandschrift des XIII. Jahrh. 220 Blätter in 2°. Eine Spalte für den Text, eine für die Glossen. Altes Eigenthum St. Florians.

Glossa ordinaria in Psalterium. An der innern Seite des vordern Deckels befindet sich das Fragment eines exegetischen Tractats de incarnatione aus demselben Jahrh. Am Schlusse mit grossen Schriftzügen: Veni sancte spiritus, reple tuorum corda fidelium. Anfang der Glosse: Cum omnes profetae spir. s. revelatione constet etc. Schluss: Vitae aeternae vox est, omnis spiritus laudet dominum. Verfasser: Petrus Lombardus.

XI. 17. Pergamenthandschrift des XIII. Jahrh. 152 Blätter in 2°. 2 Spalten. Altes Eigenthum St. Florians.

1) Bl. 1ᵃ—78ᵃ. 1. Spalte: S. Gregorii homiliae super Ezechielem. 2) Bl. 78ᵃ 2. Spalte — 142ᵃ. S. Gregorii homiliae super Evangelia. Am Ende: Laus tibi sit Christe, quod liber explicit iste. 3) Bl. 142ᵃ 2. Spalte — 147ᵇ. Origenis quaedam homiliae super Evangelia. 4) Bl.

147ᵇ—151ᵃ. Anselmi homilia super: Intravit Jesus in quoddam castellum. Anselmi sermones tres de passione et coena Domini et in Parasceve. 5) 151ᵃ—152ᵇ. S. Augustini sermo de virginibus. Anfang: Pergite itaque pueri sancti Dei et puellae. Schluss: utrumque te superbia esse non sinit.

XI. 18. Papierhandschrift aus dem XV. Jahrh. 482 Blätter in 2⁰. 480ᵇ—482ᵇ. unbeschrieben. 2 Spalten. Der Codex war 1563 im Besitz eines gewissen Christoph Huebmer laut dessen eigener Angabe auf der innern Seite des vordern Deckels.

Biblia Veteris Foederis, latine. Auf dem ersten und zweiten Vorsetzblatt befinden sich 3 Stammbucheinträge für Christopherus Huebmer, von Pichlerus, Truncus, Voglgsangerus; auf Bl. 480 ein solcher von Jheronimus Huebmer, dem Bruder des Obengenannten.

XI. 19. Pergamenthandschrift des XI. Jahrh. 194 Blätter in 2⁰. Altes Eigenthum St. Florians.

Evangelia per circulum anni pro Dominicis, Feriis et Festis. Die Schrift ist gross, mit Fleiss und Sorgfalt ausgeführt, hie und da schön mit Farben gezierte Initialen. Auf dem vordern Deckel ein Fragment aus dem Evang. Marci saec. XIV.

XI. 20. Theils Pergament- theils Papierhandschrift des XV. Jahrh. 255 Blätter in 2⁰. 2 Spalten. Altes Eigenthum St. Florians.

Nicolai de Gorram Glossae super epistolas Pauli ad Rom. et ad Cor. Voran geht ein Sachregister. Eingang: Dedi te in lucem, ut sis etc.

XI. 20 A. Papierhandschrift des XV. Jahrh. 199 Blätter in 2⁰. 2 Spalten. Alter Eigenthümer Stift St. Florian.

Discursus super varios textus epistolarum S. Pauli. Bl. 1. Anfang: Si videris sensatum evigila super illum. Eccles. VI. Bl. 198. Schluss: Sedebit populus meus in pulchritudine pacis, quam etc. Unterschrift: Deo gratias agamus. Anno dominicae incarnacionis 1459 in vigilia Matthei apost. et evang.

Auf der innern Seite der beiden Deckel sind Fragmente eines grossen Missale aus dem XII. Jahrh. mit Neumen.

XI. 21. Papierhandschrift des XV. Jahrhunderts. 341 Blätter in 2⁰. 2 Spalten. Altes Eigenthum St. Florians.

Henrici de Hassia commentarius in Genesin cap. I et II. Bl. 1ᵃ Anfang: In principio creavit Deus celum et terram; hoc verbum introducens beatus Augustinus. Schluss: pro statu innocencie, verisimilius videtur, non protulisset. Sequitur tercium cap. Genesis.

Ueber Heinrich Langenstein von Hessen, gest. 1397, s. Aschbach, Geschichte der Wiener Universität Seite 366.

XI. 22. Papierhandschrift des XV. Jahrh. 208 Blätter in 2⁰. 2 Spalten. Alter Eigenthümer Stift St. Florian.

1) Bl. 1ᵃ—98ᵇ. Glossae super varios textus sacrae scripturae.

Bl. 1. Anfang: Mihi autem absit gloriari nisi in cruce dom. nos. J. Chr. Narrat Valerius Maximus, quod tanta in antiquis etc. Bl. 98ᵇ Schluss: sit nobis lux in omnibus directiva.

Der Titel ist falsch: es sind Homilien über die verschiedensten Stellen der heil. Schrift. 2) Bl. 101ᵃ—172ᵇ.

Sermones Chrysostomi. Eingang: Multos enim audio dicentes ut dicit crysostomus super Matheum etc. Bl. 101ᵃ 2. Spalte: Sermo primus exhortacio alia sequentia cum diligentia esse suscipienda etc. Bl. 172ᵇ Schluss: et sic Christus potenter, letanter, misericorditer eduxit animas, patet ut promisit. Darunter folgt: Et sic est finis cristomi istius libri boni et utilis multum.

Es sind Sermones über verschiedene christliche Tugenden, die nicht den heil. Chrysostomus zum Verfasser haben. 3. Bl. 173ᵃ—207ᵃ.

Tractatus morales de vitiis et virtutibus. Anfang: Summus ideo Deus est quia incommutabilis etc. Bl. 207ᵃ Schluss: non quos celestis aula letificandos includet. Bl. 207ᵃ 208ᵃ folgt ein Verzeichniss der Materien über die letztgenannten Tractate. Bl. 98ᵇ 2. Spalte 100ᵇ unbeschrieben.

XI. 23. Theils Pergament- theils Papierhandschrift aus dem XV. Jahrh. 269 Blätter in 2º. 2 Spalten. Altes Eigenthum St. Florians.

Nicolaus de Gorram glossae in epistolas Paulinas exceptis ad Romanos et ad Corinthios. Bl. 1. Eingang: Dixi rigabo ortum plantacionum mearum etc. Eccles XXIV. In tribus commendatur sapientis providentia. Bl. 172. Explicit epistola ad Ephesios per manus Michael de Arndinga. Bl. 269. Explicit epistola ad hebreos finita anno domini 1494 in vigilia pasce.

XI. 24. Pergamenthandschrift des XIII. Jahrh. 242 Blätter in 2º. 3 Spalten. Altes Eigenthum St. Florians.

Glose interlineares ex commento Ambrosii super epistolas. Die sämmtlichen Briefe Pauli mit Interlinear- und Randnoten. Bl. 1ᵇ Eingang zum Römerbrief: In altercatione scribit romanis etc. Text und Noten sind sehr zierlich geschrieben. Bl. 212ᵇ Am Schlusse von anderer Hand: perpetuum est, quod habet initium et caret fine, eternum est, quod nec habet initium nec finem.

XI. 25. Papierhandschrift des XV. Jahrh. 195 Blätter in 2º. Alter Eigenthümer Stift St. Florian. 2 Spalten.

1) Bl. 1ᵃ-18ᵃ. Canones Evangeliorum. 2) Bl. 19ᵃ—83ᵃ. Questiones doctoris Bonaventure super libros sententiarum. Bl. 19ᵃ 20ᵇ Inhaltsverzeichniss des ersten Buches. Bl. 21ᵃ—43ᵇ Erstes Buch. Anfang: Queritur utrum angelus in primo instanti etc. Schluss: habitus beatitudinum ad agendum vel paciendum. Bl. 43ᵇ 2. Spalte 80ᵇ Zweites Buch. Quaestiones super IV. lib. sententiarum. Anfang: Sacramentum est invisibilis gratie visibile etc. Schluss: est tamen aliquid ab essentia anime. Bl. 81—83ᵃ Indiculus super IV. librum sententiarum. 3) Bl. 86—93ᵃ S. Augustinus de spiritu et anima. Sind Excerpte aus dem genannten Buche. Am Schlusse: Finitus est liber Augustini de anima

per wilhelmum dann plebanum et rectorem ecclesie in zell anno domini
1421 in die galli confessoris. 4) Bl. 93ᵇ—97ᵃ. Liber Augustini de
fide ad petrum. Excerpta. 5) Bl. 97ᵃ 99ᵇ. Meditationes s. Augustini.
Quaedam excerpta tantum. 6) Bl. 100ᵃ 103ᵇ. Libellus S. Augustini
de fide christiana.

Enthält Excerpte aus dem Buche des heil. Augustinus de vita
christiana. Es wurde gleichfalls 1421 laut Angabe am Schlusse geschrieben. 7) 104ᵃ—131ᵇ.

Formula profectus spiritualis. Eine ascetische Abhandlung für
Klosterleute. Anfang: Si vis in spiritu proficere, etc. Schlusssatz:
Resistamus igitur carni et desideriis incontinencie etc. etc. 8) Bl. 131ᵇ
2. Spalte 138ᵇ. Tractatus de timore. Decem capitula cum exemplis
utilibus proferendis. Beginnt: Quoniam plus exempla quam verba mo-
vent. Schliesst: Laus et gratiarum actiones dantur danti et non reci-
pienti. Philosophus IV. Ethicorum. 9) Bl. 138ᵇ—147ᵇ. Excerpta de
soliloquiis Augustini et ex dictis sanctorum Ambrosii, Jeronimi, Bernhardi. 10) Bl. 147ᵇ—151ᵇ. Excerpta ex Augustino de fide s. Trinitatis contra haereticos. 11) Bl. 151ᵇ—158ᵇ. Liber Encheridion s. Augustini ad Laurencium. Excerpta. 12) Bl. 158ᵇ—159ᵇ. Synodalia pronuntianda clero cum opportunum fuerit. Anfang: Fratres et sacerdotes domini cooperatores ordinis nostri. Schluss: bonis studeatis operibus adimplere praestante domino nostro J. Chr. etc.

Diese Anrede findet sich in der Conciliensammlung Labbei et Cos-
sartii Venetiis 1729 Tom. IX. 1031 als Homilie Papst Leo IV. 13)
Bl. 160ᵃ—189ᵃ. Verschiedene Excerpte dogmatischen und moralischen
Inhalts. 14) Bl. 189ᵇ 1. Spalte: Kurze Auslegung des Pater noster.
15) Bl. 189ᵇ 2. Spalte: Prohemium omnium sermonum. Anfang: In-
vitat nos ad salutandam virginem Gabriel. Schluss: sanctorum suorum
commendacionem et nostram utilitatem mediante virgine dei matre.
Amen. 16) Bl. 190ᵃ—191ᵃ. Excerpta varia. 17) Bl. 191ᵇ—195ᵇ.
Excerpta tractatus magistri Alberti de impressionibus aeris. Bl. 195ᵇ
bricht die Abhandlung mit den Worten ab: praecipue sole exeunte
circa, im Paragraph de causa ventorum. Bl. 83ᵇ—85ᵇ sind unbeschrieben.

XI. 26. Papierhandschrift des XV. Jahrh. 313 Blätter in 2°.
    2 Spalten. Geschenk des 1852 verstorbenen Bischofs
    von Linz Gregorius Ziegler an den Probst von St.
    Florian Michael Arneth.

Biblia Veteris Foederis, latine. Bl. 296ᵃ am Ende: Explicit liber
Machabeorum scriptus per Stephanum Fraimdorfer pro tunc socium
divinorum in Edlicz. Anno domini 1430 in die Sophie virginis; das
mich got hab. Bl. 196ᵇ Verzeichniss der Schriften des alten und neuen
Testaments. Bl. 297—313 Erklärung der hebräischen Namen; sie
bricht mit Delchi Bl. 313 ab.

Die innere Seite der beiden Deckel ist mit Fragmenten eines Breviers aus dem XII. Jahrh. bekleidet.

XI. 27. Papierhandschrift des XV. Jahrh. 346 Blätter in 2°.
    2 Spalten. Altes Eigenthum St. Florians.

    1) Bl. 1ᵃ—123ᵃ. Notae grammatico-historicae in omnes Vet. et

Novi foederis libros. Anfang: Ambrosius frater in fide. Perferens, portans, me (dia) cor (ripitur) et sic fero, fers. Schluss Bl. 123: Amen vero, verbum latinum et verbum hebraicum. 2) Bl. 123ᵇ—126ᵇ. Notata varia quae ad archaeologiam et introductionem ss. literarum spectant. 3) Bl. 126ᵇ—135ᵃ. Tractatus de orthographia, de accentibus et prosodia. Anfang: Propter praepositorum imperitiam. 4) Bl. 135ᵇ—205ᵇ. Commentarius grammatico-historicus in responsoria, antiphonas, hymnos et legendas Sanctorum Breviarii. Anfang: Stillabunt montes dulcedine et guttando emittent.

Nach Bl. 205 ist ein Blatt herausgerissen, welches den Schluss des Commentars enthielt. 5) Bl. 206ᵃ—316ᵇ.

Tractatus grammaticalis de lingua latina. Anfang: Ethimologia ut supra in principio hujus operis. — Die weitläufige Abhandlung bricht im Paragraph de periodo mit den Worten ab: ut si dicam, per exhibicionem operum perfectam.

XI. 28. Pergamenthandschrift des XII. Jahrh. 84 Blätter in 2°. Altes Eigenthum St. Florians.

Evangelia et Epistolae per annum. Bl. 1ᵃ Anfang: De sanctis per circulum anni. Silvestri pape. Lectio libri sapientie.

Das Vorsetzblatt enthält einen fragmentarischen ascetischen Tractat aus dem XII. Jahrh. Die inneren Deckelseiten sind mit Fragmenten einer Auslegung der heil. Schrift aus dem XIII. Jahrh. bekleidet.

XI. 29. Pergamenthandschrift des XII. Jahrh. 180 Blätter in 4°. Altes Eigenthum St. Florians.

Evangelia cum Epistolis et Lectionibus Vet. Foed. per circulum anni. Am Ende fehlen ein oder zwei Blätter. Auf dem Blatte 179ᵇ am Rande stehen die Namen: Herman, Chnourat, von einer Hand desselben Jahrh. Den Anfang ziert eine grosse interessante Initiale. Auf dem Vorsetzblatt befindet sich ein Hymnus saec. XII. de beata Virgine: Ave praeclara maris stella, in lucem gentium etc. Er stimmt fast ganz zusammen mit dem von Mone Latein. Hymn. des M. B. 2. pag. 355 veröffentlichten; eine deutsche Uebersetzung davon hat Diemer, Deutsche Ged. d. 11. u. 12. Jahrh. p. 384, aus einer Handschrift des XIV. Jahrh. bekannt gemacht.

XI. 30. Pergamenthandschrift des XII. Jahrh. 152 Blätter in 4°. Altes Eigenthum St. Florians.

1) Bl. 1ᵃ—87ᵇ. S. Augustini sermones X in epistolam primam s. Joannis apostoli. Im sermo decimus geht die Exposition nur bis zum 4. Verse des V. Capitels exclusive, gerade wie in der Maurinerausgabe, welche bemerkt, dass alle Codices hier enden. 2) Bl. 88ᵃ—152ᵃ. Juliani episcopi Toletani Prognosticon i. e. Praescientia futuri saeculi. Zuschrift: Sanctissimo et prae ceteris familiarissimo mihi in domino idalio barcinonensis sedis episcopo iulianus indignus tolotane cathedre episcopus. Anfang. Diem illum clara redemptorum omnium exceptione. Schluss: celestia nobis ad possidendum regna concedat. Conf. Bibl. Max. ss. Patrum Lugd. tom. XII. 590. Julianus starb 690.

Auf der innern Seite des vordern Deckels befinden sich einige

Responsorien, 3 kleine Stellen von Cicero und Boethius, eine Belehrung über die Zahl der Tage der einzelnen Mouathe und die Art und Weise, dieselben nach dem altrömischen Calender auszudrücken. Letztere ist mit Neumen versehen und von einer Hand des XIII. Jahrh.

XI 31. Pergamenthandschrift des XIV. Jahrh. 299 Blätter in 4". 2 Spalten. Alter Eigenthümer unbekannt.

Postillae super psalterium domini Hugonis cardinalis. Die Vorrede beginnt: Egredimini filii syou et videte regem etc. Bl. 299. Schluss der Glosse: Nolite solliciti esse, quid manducatis aut corpori vestro, quid induamini.

Der Codex ist vom Anfang bis zum Ende mit grosser Sorgfalt geschrieben.

XI. 32. Pergamenthandschrift des XIV. Jahrh. 254 Blätter in 8°. Altes Eigenthum St. Florians.

1) Bl. 1ª—6ª. Glossae in V capita Geneseos priora. 2) Bl. 7ª. Fragmentum Ezechielis profetae. Es enthält cap. I, vers 1—22. Bl. 7ᵇ unbeschrieben. 3) Bl. 8ª—212ᵇ.

Petri de Riga: Aurora. Eine historisch-allegorische Erklärung fast aller Bücher der heil. Schrift in Versen. Der Text ist mit zahlreichen Rand- und Interlinearglossen des Aegidius Parisiensis versehen. Ueberschrift Bl. 8: Scire cupis lector, qui codicis istius auctor, Petrus Riga vocor, cui Christus petra rigat cor. Am Schlusse: Explicit aurora que prebet verba decora. Zweite Unterschrift: Donet tantorum mihi pro mercede laborum, Sanctus sanctorum post finem regna polorum.

Petrus de Riga starb als Canonicus von Reims 1209. Ueber sein Werk siehe Histoire littéraire de la France tome XVI. p. 187. 4) Bl. 213ª—218ª. Expositio super threnas Jeremiae profetae.

Der Prolog beginnt: Sunt cantica canticorum, sunt lamentaciones lamentacionum. Darauf folgt die Exposition in Versen. 5) 218ª—224ª.

Biblia pauperum. Am Rande steht: Biblia pauperum quam edidit albertus magnus. Es werden die einzelnen Bilder beschrieben, ohne dass Zeichnungen vorliegen. Am Ende ist zu lesen: Explicit biblia pauperum que alio nomine dicitur aurora minor. Dev Bibel ist der armen leut, di niht habent vil piermeit heut. 6) Bl. 224ᵇ—227ª.

Maurus: Opus de nuptiis Christi et ecclesiae ad Lotharium regem. Zuschrift: Domino serenissimo et excellentissimo regi Lothario ultimus humilitatis vestrae alumpnus Maurus. Eingang: Cupienti mihi aliquid vestrae dignitati etc. 7) Bl. 228ª—243ᵇ. S. Gregorii papae revelatio et expositio super Cantica Canticorum. Der Prolog beginnt: Postquam a paradysi gaudiis etc. Schluss der Exposition: quasi ex cervis hinnulus, sicut dictum est superius, venit. 8) Bl. 244ª—251ᵇ. S. Gregorius papa super librum Job. Anfang des Prologes: Inter multos saepe quaeritur quis libri etc. etc. Bl. 246ª: Incipiunt moralia Gregorii in expositionem Job. Hystoria. Bl. 246ᵇ: Allegoria. Bl. 247ᵇ: Moralitas. Schluss der ganzen Abhandlung: et redemptis omnibus resurgendo monstravit. 9) Bl. 252ª—254ᵇ. Concordantiae veteris et novi testamenti.

XI. 33. Pergamenthandschrift des XIV. Jahrh. 312 Blätter in 8°. Altes Eigenthum St. Florians.

Petrus de Riga: Aurora. Sehr sorgfältig geschrieben, grosse verzierte Initialen.

XI. 34. Papierhandschrift des XVI. Jahrh. 294 Blätter in 8°. Früherer Eigenthümer unbekannt.

Evangelia glossata. Die 4 Evangelien mit Raud- und Interlinearglossen mit Ausnahme des Evangeliums s. Joannis, wo die Glossen fehlen. Bl. 79ª befinden sich Gedächtnissverse über die verschiedenen Gebote und Sünden. Bl. 225ª—226ᵇ sind die sonntäglichen Pericopen verzeichnet. Bl. 227ª–228ª unbeschrieben. Bl. 286ᵇ enthält 5 kleine Abschnitte in böhmischer Sprache. Bl. 235ª mit rother Schrift: Seydl Maghaw.

XI. 35. Pergamenthandschrift des XII. Jahrh. 149 Blätter in 4°. Altes Eigenthum St. Florians.

1) Bl. 2ª—25ᵇ. Parabolae Salomonis. Voraus geht der Prolog des heil. Hieronymus zu den Büchern Salomo's und eine Capiteleintheilung. 2) Bl. 26ª—31ª. Ecclesiastes. 3) Bl. 31ª—34ᵇ Canticum Canticorum. 4) Bl. 35ª—74ª. Ecclesiasticus. 5) Bl. 74ᵇ. Eine rohe Federzeichnung, Jagdabentheuer und monströse Thiere vorstellend. 6) Bl. 75ª—105ᵇ. Expositio in Cantica Canticorum. Anfang: Epithalamium. Libellus hic id est nuptiale carmen dramatis etc. Schlusssatz: Puto ergo quod harum pellium mentio fiat in cantico canticorum etc. Darunter steht von derselben Hand des XII. Jahrh. Tardat romanus alamannia dormiat omnis. Stat attila stat quoque grecus iconia gaudet. Stat babilonia sir hierosolyma concidit omnis. Sic damasce tibi poterit victoria scribi.

Wahrscheinlich frischer Eindruck der Nachricht von der Eroberung Jerusalems durch Saladin anno 1187. Zwischen diesen Versen und dem Schluss obiger Exposition ist von einer Hand des XIV. Jahrh. hineingefügt: Omnis homo primum. praeponit nobile vinum.

Am untern Rande des Blattes ist ein canticum aus dem XIII. Jahrh. angebracht, welches beginnt: Laus sit ipsi soli. qui dat lumen soli. centrum regit poli. praest terre moli. etc. 7) Bl. 106ª—117ª. Boethius de ss. Trinitate. Anfang: Investigatam diutissime questionem etc. 8) Bl. 117ª—129ᵇ. Boethius de duabus naturis. Beginnt: sustinui ut de ea que in conventu mota est questione etc. Schliesst: omnium bonorum causa perscribit, approbat, commendat. Nach Bähr, Gesch. d. röm. Lit. Supp. p. 423 rühren obige Schriften nicht von Boethius her. Siehe jedoch Schündelen im Bonner Theol. Lit. Bl. 1870. N. 21. 9) Bl. 130ª—149ᵇ. Apocalypsis s. Joannis.

Von anderer Hand sehr zierlich geschrieben. Das Fragment eines Tractats über den Orgelbau aus dem XIII. Jahrh. auf dem Vorsetzblatt am Schluss. Das Vorsetzblatt 1 enthält das Fragment einer Abhandlung de re musica aus dem XI. Jahrh.

XI. 36. Pergamenthandschrift des XV. Jahrh. 250 Blätter in 4°. 2 Spalten. Altes Eigenthum St. Florians.

1) Bl. 1ᵃ – 15ᵃ. Richardus de s. Victore: Tractatus de ss. Trinitate. Anfang: Justus meus ex fide vivit. Apostolica sententia est etc. 2) Bl. 46ᵃ- -85ᵇ. Ejusdem tractatus de contemplatione et ejus commendatione. Bl. 45ᵇ unbeschrieben. Bl. 46ᵃ—47ᵃ Capitelverzeichniss. Bl. 47ᵃ Anfang: Misticam illam Moysi archam etc. 3) Bl. 86ᵃ—118ᵃ. Alter ejusdem tractatus de contemplatione. Bl. 86ᵃ —86ᵇ: Capitelverzeichniss. Bl. 86ᵇ 2. Spalte. Anfang: Benjamin adolescentulus in mentis excessu etc.

Ueber diese beiden Tractate siehe Denis vol. II. pars I. pag. 331. 4) Bl. 118ᵃ—126ᵇ und 241ᵃ—249ᵇ. S. Bernardi tractatus de templo spirituali. Anfang: Domus hec in qua habitamus, ex omni parte etc. 5) Bl. 126ᵇ 2. Spalte — 144ᵃ. S. Bernardi epistola ad fratres de monte Dei. Der Prolog beginnt: Pene impudenter et plus quam decet os meum cet. 6) Bl. 141ᵃ—151ᵇ. S. Bernardi apologia ad abbatem Wilhelmum Cluniacensem. Anfang: Usque modo si qua me scriptitare jussistis etc. 7) Bl. 151ᵇ—167ᵇ. S. Augustini de aspiratione in Deum. Beginnt: Quum in medio laqueorum positi sumus etc. 8) Bl. 167ᵇ 2. Spalte — 173ᵃ. S. Bernardi de moribus adolescentum. Anfang: Hortatur quidem mentis meae imperitiam etc. 9) Bl. 173ᵇ--186ᵇ. S. Bernardi tractatus de diligendo Deum. Anfang: Orationes a me non quaestiones poscere solebatis etc. 10) Bl. 186ᵇ—220ᵃ. S. Bernardi de consideratione ad Eugenium papam. Anfang: Subit animum dictare aliquid, quod te etc. 11) Bl. 220ᵃ—229ᵇ S. Bernardi ad milites templi de laude novae militiae. Anfang: Novum milicie genus ortum nuper auditur etc. 12) Bl. 229ᵇ—240ᵃ. Hugonis de s. Victore tractatus de medicina animae. Anfang: De homine qui microcosmus id est minor mundus etc. 13) Bl. 240ᵃ—240ᵇ und Bl. 250.

Epistola beati Bernardi ad Robertum monachum. Anfang: Satis et plus quam satis sustinui etc.

Nach dem Briefe folgt von jüngerer Hand eine Legende über die Entstehung desselben.

XI. 37. Papierhandschrift aus dem Anfang des XV. Jahrhunderts. 278 Blätter in 4⁰. Altes Eigenthum St. Florians.

1) Bl. 1ᵃ—108ᵇ. Isidorus de summo bono. Am Schlusse: Anno domini 1410 completus est iste liber in vigilia Gregorii pape. Laus deo. pax vivis. requies sit eterna defunctis. 2) Bl. 109ᵃ. Der Hymnus: Pangue lingua ex officio corporis Christi in deutscher metrischer Uebertragung. Er beginnt: Lobt all zungen des creurreiches gotes leichnams wierdichait etc. Die nächste Strophe wird im latein. Originaltext gegeben, darauf wieder eine deutsch und so abwechselnd. Veröffentlicht in den Wiener Jahrb. d. Lit. 40. Bd. Anzbl. S. 17. 3) Bl. 109ᵇ—110ᵇ.

Isidori epistola ad Masonem episcopum, quod clericus restitui debeat gradui suo post peccatum comissum. Anfang: Veniente ad nos famulo vestro viro etc. Bl. 111. unbeschrieben. 4) Bl. 112ᵃ—127ᵃ.

Augustinus de vita christiana. Beginnt: Ego Augustinus primus peccator et ultimus etc. Nach dem Schlusse des Tractats steht mit rother Schrift: Cum furto raptus; cum fenore symonis actus; De sic possessis; elemosina nulla fit istis; Perfidus aspiciat petrum; praedoque latronem; Crudelis paulum; quem pungit cura matheum; Zacheum cupidus; immundus carne Mariam. Ach trew und stätt, wie gar hat dich der wint hingewett. Diess Letztere von anderer Hand mit schwarzer Schrift. 5) Bl. 127ᵇ—134ᵇ. Sermo in coena Domini. Anfang: In quibusdam civitatibus mos est etc. Schluss: ipsum videam facie ad faciem sicuti est in gloria sempiterna ad quam etc. 6) Bl. 135ᵃ—166ᵇ.

Tractatus Hugonis de domo conscientiae, alias Augustini. Anfang: Domus hec in qua habitamus ex omni parte sua etc. Bl. 167ᵃ unbeschrieben. 7) Bl. 167ᵇ—190ᵃ. Tractatus de perfectione vitae spiritualis filiorum Dei. Anfang: Quicunque vult vivere in perfectissimo statu etc. Schluss: et contemplantes deum atque fruentes unum cum eo fiemus quod etc. Explicit tractatus de perfectione filiorum dei Scriptus sub anno domini 1409 atque finitus in vigilia Jacobi apostoli. Hainricus Chliuttner. 8) Bl. 190ᵇ—200ᵇ. Augustini ammonitio. Anfang: Tue non immemor pie peticionis Karissima mater. 9) Bl. 201ᵃ—203ᵃ. De cura domestica epistola per beatum Bernardum edita. Zuschrift: Gracioso et felici Reymundo domino Castri Ambrosii Bernhardus. Eingang: Postulasti a me de cura et modo rei familiaris etc. Bl. 203ᵇ—205ᵇ unbeschrieben. 10) Bl. 206ᵃ—209ᵇ. Descriptio sanctorum locorum Romae cum indulgentiis. Anfang: Nota quod a mundi creacione usque ad urbis Rome construccionem etc. 11) Bl. 210ᵃ—213ᵃ.

Peregrinationes locorum terre sancte cum suis indulgentiis. Anfang: Infra scripte sunt peregrinationes totius terre sancte etc. 12) Bl. 113ᵇ—222ᵃ. Tractatus de vitiis capitalibus. Anfang: Septem dicuntur principalia peccata ut ait Augustinus super exod. VI. etc. Am Ende: Lux nova tres movit, mens una trium tria novit; Natu divino, reges dant tres tria trino. 13) Bl. 222. Gedächtnissverse über Tugenden und Laster, latine. 14) Bl. 223ᵃ—228ᵇ. De pronosticatione futurorum per signa; erroneum est quod sequitur.

Diese Ueberschrift von späterer Hand, aber aus demselben Jahrh. 15) Bl. 228ᵇ. De impositione historiarum post pentecosten; nämlich im Brevier. 16) Bl. 229ᵇ—230ᵇ. Hymnus mit Musiknoten. Er beginnt: In matutinis patris sapiencia clemencia etc. Bl. 229ᵃ unbeschrieben. 17) Bl. 230ᵇ. Notatum morale super illud: curta missa et longa assatura. 18) Bl. 231ᵃ—247ᵇ. Von manigerlay edler stayn kraft und tugent, deutsch in Versen. Beginnt: Vom Achates. Achates ainer des czwelff gestains etc. 19) Bl. 248ᵃ. Formula benedictionis lapidum pretiosorum. Darauf folgt „ein gutt gepett" in deutscher Sprache. 20) Bl. 248ᵃ und 248ᵇ. Contra morbum columbarum, latine. Aderlassregel, deutsch. 21) Bl. 249ᵃ—255ᵇ. Sermo de corpore Christi in coena domini. Anfang: Probet autem se ipsum homo etc. In sanctissimo sacramento dominici corporis duo sunt etc. 22) Bl. 256ᵃ—257ᵃ.

Dialogus inter aves, versus germanici. Die Aufschrift: Das Chunigel. Ir herren gebt mir euern ratt. Wann unser ding uneben statt. Wie wir des landes ere behalten. Trewn das muss gelikches waldtn. Veröffentlicht in d. Wiener Jahrb. d. Lit. Bd. 40. Anzbl. Seite 15. 23) Bl. 257ᵇ—258ᵇ. Allerley Artzneimittel, lateinisch und deutsch.

Auf dem vordern und hintern Vorstehlblatt befindet sich das Fragment eines Tractats de vanitate deorum saec. XV.

XI. 38. Pergamenthandschrift des XV. Jahrh. 139 Blätter in 4°; aus dem Benedictinerkloster Wiblingen bei Ulm. Geschenk des Bischofs von Linz Gregorius Thomas Ziegler.

1) Bl. 1ª—52ᵇ. Hieronimus de viris illustribus. Anfang: Hortaris me dexter etc. Schluss: sed et epistolam ad dextrum supra scriptam. 2) Bl. 53ª—84ᵇ. Gennadius de viris illustribus. Bl. 55ᵇ Anfang: Jacobus cognomento sapiens etc. Bl. 84ᵇ Schluss: et robur addunt thimotianis; vivere adhuc dicitur. 3) Bl. 85ᵇ—136ª. Gesta Caroli Magni. Bl. 85ᵇ: Incipiunt gesta Caroli Magni Regis quondam francie, postea Imperatoris Romanorum, de ferventissimo amatore sapiencie divine ac studii humani; et de duobus scottis de hivernia ad litus gallie venientibus et de aliis multis ut patet intuenti. Bl. 86ª Anfang: Omnipotens rerum dispositor ordinatorque regnorum etc. Bl. 136ª Schluss: et confessos jussit aqua sacrata sine mora baptizari. Es fehlen die beiden letzten Capitel und ein Theil des XIX.

Die Handschrift gehört zur Familie 3) bei Pertz Mon. Germ. II 726 von der aber bedeutende Abweichungen vorhanden sind. Benützt wurde die Handschrift von Wattenbach: Der Mönch von St. Gallen. Berlin 1850 und von Jaffé: Monumen'a Carolina. Berlin 1867, vide pag. 630. 4) Bl. 137ª—139ᵇ. Johannis Chrysostomi de reparatione lapsi ad Amanticum lapsum. Anfang: Quis dabit capiti meo aquam et oculis meis fontem etc. Im 4. Capitel bricht der codex ab mit den Worten: Quod cum senserit inimicus et viderit peccatorum nostrorum multitudinem. Die Schrift ist durchaus sehr sorgfältig.

XI. 39. Papierhandschrift des XV. Jahrh. 345 Blätter in 2°. 2 Spalten. Altes Eigenthum St. Florians.

1) Bl. 1ª—268ª. Postilla Nicolai de Lyra super psalterio. Anfang: Beatus vir qui non abiit etc. Circa psalterium et psalmorum recommendationem sciendum etc. Am Schlusse: Explicit postilla magistri Nicolai de lyra super psalterio. Scriptum per Leonardum de Ried pro tunc Cooperatorem in divinis in Griesskirchen Anno 1454. 2) Bl. 268ᵇ—270ᵇ. Collatio ambassatorum Regis Franciae ad Hussitas et Caesaream majestatem. Anfang: Quamquam in fidei causa catholicus quisque. Schluss: Valete si consiliis obtemperatis non perituri. 3) Bl. 271ª—279ᵇ. Tractatus moralis super Canticum Canticorum. Anfang: Quomodo discimus per Moysen esse quaedam etc. Schluss: cui est gloria et imperium in saecula sacc. Amen. 4) Bl. 279ᵇ—282ᵇ. Tractatus moralis. Anfang: Si quibus possibile est ascendere ad terram sanctam etc. Schluss: Quam benedictionem oremus ut et nos consequamur etc. 5) Bl. 282ᵇ—283ᵇ. Exhortatio quaedam moralis. Anfang: Filii Juda volebant disperdere vel interimere robustos etc. 6) Bl. 284. Quaedam notata de laude psalmorum. Anfang: Sicut olim manna habuit delectamentum etc. 7) Bl. 285—327ᵇ. Tractatus de decem praeceptis. Anfang: Audi Israel praecepta domini etc. Schluss: Quod vinum nobis praestare dignetur ejus filius etc. Darauf folgt: Explicit tractatus decem preceptorum per fridricum hympekchn de Pallngries publicum Imperiali auctoritate notarium.

Der Verfasser des Tractats ist Heinricus de Vrimaria O. Eremita-

rum s. Augustini; vide Denis vol. I. pars II. p. 1548. Bl. 328ᵃ—332
folgt das Inhaltsverzeichniss. Bl. 332ᵇ—333ᵇ unbeschrieben. 8) Bl.
334ᵃ—345ᵇ. Tractatus scholasticus de creatione. Der Tractat ist
zu Anfang und zu Ende unvollständig. Er beginnt: que postea non
praevidet, sic eo disponente rem praevisam etc. Die letzten Worte
sind: Septenarius vero numerus constat ex ternario et quaternario —
　　Die Handschrift dieses Tractats ist verschieden von der der
Uebrigen.

XI. 40. Papierhandschrift des XIV. Jahrh. 172 Blätter in 2°.
　　　　Alter Eigenthümer ein unbekannter Schreiber zu Ottring
　　　　in Baiern.

　　1) Bl. 1ᵃ—84ᵃ. Liber quatuor Evangeliorum. Hie und da ist
der Text mit Rand- und Interlinearnoten versehen. 2) Bl. 84ᵇ—85ᵃ.
　　Expositio brevis coronae stellarum quae erat in capite mulieris
Apocal. Cap. XII. 3) Bl. 87ᵃ—172ᵃ. Auctoritates biblicae pro
variis capitibus doctrinae christianae. Anfang: Omnia poma nova et
vetera etc. Ende: oportet eum in gladio occidi. Tu autem domine
miserere nobis. Darauf folgt: Anno domini 1391 octava die mensis Junii
hora Vesperarum in Ottring. (Ottmaring in Bavaria?) eo die ffridri-
cus vallavit castrum in Degenberch. Anime omnium fidelium defunctorum requiescant in pace.
　　Es ist wohl das Degenberg bei Straubing gemeint. Siehe über
diese Notiz Wiener Jahrbuch d. Lit. Bd. 40. Anz. 19. Bl. 85 — 86ᵇ
unbeschrieben.

XI. 41. Papierhandschrift des XV. Jahrh. 302 Blätter in 2°.
　　　　2 Spalten. Altes Eigenthum St. Florians.

　　1) Bl. 1ᵃ—206ᵃ. Nicolaus Gorram: Glossa super Evangelium
s. Joannis. Anfang: Ecce intelliget servus meus et exaltabitur etc.
Schluss: ad dona sempiterna pervenire que dominus ipse promisit
ipso adjuvante. 2) Bl. 206ᵇ—274ᵃ. Bonaventurae stimulus amoris
sive de passione domini. Anfang: Currite gentes undique etc. Schluss:
pia in correctis dulcis praeelectis. Amen. 3) Bl. 274ᵃ—299ᵇ.
　　Liber meditationum sive orationis dominicae cardinalis et doctoris Bonaventurae qui imago vitae nominatur. Anfang: Flecto genua
mea ad patrem etc. Schluss: qui est clemens et bonus benedicendus
in saecula saec. Bl. 300—302 unbeschrieben. Der Schreiber nennt
sich Bl. 274ᵃ Michahel de Ardinga.

XI. 42. Papierhandschrift des XV. Jahrh. 206 Blätter in 2°.
　　　　2 Spalten. Altes Eigenthum St. Florians.
　　Nicolaus de Gorram: Glossa supra Matheum. Anfang: Prae-
sens prologus in tres partes dividitur etc. Cap. I. vers. I: Sicut fluvius
de loco voluptatis etc. Schluss: Bl. 206. Sed futura bona sine fine
mansura ad quae etc.

XI. 43. Pergamenthandschrift des XII. Jahrh. 197 Blätter in 2°.
　　　　Alter Eigenthümer Stift St. Florian.
　　Liber Evangeliorum per circulum anni. Bl. 1—7ᵇ u. Bl. 191ᵃ—195ᵇ

sind von einer Hand des XVII. Jahrh. ergänzt. Bl. 196ᵃ—197ᵇ Directorium in Evangelia von derselben spätern Hand.

XI. 44. Pergamenthandschrift des XIII. Jahrh. 232 Blätter in 2°. 2 Spalten. Altes Eigenthum St. Florians.

Glossae super psalmos. Bl. 1ᵇ Anfang des Prologs: Christus integer caput cum membris etc. Bl. 3ᵃ Beginnt die Glosse mit den Worten: tamquam lignum quod plantatum est secus decursus aquarum. Bl. 232 Schluss: istam totam armoniam spiritualiter volens intelligi, ita conclusit: omnis spiritus laudet dominum. Das Werk ist verschieden von dem im Codex 16. enthaltenem. Der Codex hat farbige hie und da schön verzierte Initialen.

XI. 45. Papierhandschrift des XIV. Jahrh. 232 Blätter in 2°. 2 Spalten. Ehemaliger Besitzer ein gewisser Georgius Swarczberger saec. XV.

Nicolaus de Lyra: Tractatus super quatuor Evangelistas. Bl. 1. Anfang: Hic est Joannes evangelista unus etc. Bl. 84ᵇ Explicit postilla super Joannem etc. Bl. 85ᵃ—87ᵃ folgen die Inhaltsverzeichnisse aller 4 Evangelien. Bl. 87ᵃ 2. Spalte — 87ᵇ Gedächtnissverse über den Inhalt und die Autoren der einzelnen Bücher des alten und neuen Testaments. Bl. 88 — 94ᵇ unbeschrieben. Bl. 95 Prologus: Quatuor facies uni ezechiel primo, sed quid scribit beatus gregorius etc. Bl. 99: Capitulum primum. Liber generationis J. Chr. etc. evangelium secundum Matheum dividitur in duas partes. Bl. 180ᵇ: finita est postilla Nicolai de lyra super ewangelia Mathey in vigilia s. Leonhardi sub anno dom. 1390. Bl. 181ᵃ unbeschrieben. Bl. 181ᵇ Marcus. Facies leonis a dextris ipsorum quatuor etc. Bl. 182ᵇ finita est postilla Nicolai de lyra super Marcum. Bl. 183ᵃ unbeschrieben. Bl. 183ᵇ Lucas. Facies bovis a sinistris etc. Am Ende steht: Iste liber est Georgii Swarczperger. Bl. 230ᵇ — 232ᵇ unbeschrieben. Auf der innern Seite des hintern Deckels stehen Gedächtnissverse über Inhalt und Verfasser der Schriften des alten und neuen Bundes, verschieden von den Bl. 87. angeführten.

XI. 46. Papierhandschrift des XV. Jahrh. 228 Blätter in 2°. 2 Spalten. Altes Eigenthum St. Florians.

1) Bl. 1ᵃ—179ᵇ. Nicolaus: Postilla de tempore. Bl. 1. Incipit postilla domini Nycolai super ewangelia per circulum anni de tempore. Bl. 179ᵇ. Finis adest; nunc scriptor vult precium habere. Amen. Amen dico tibi, quoniam non est plus ibi. Die Postille beginnt: dominica prima in adventu domini. Adventum domini recolentes, scientes eum venisse in carne etc. Bl. 179ᵇ. Arzneimittel, deutsch. fuer sand antoni fewr, fuer dy fistl etc. 3) Bl. 180ᵃ—227ᵇ. Expositio hymnorum. Anfang: Seneca in epistola sua XI. sic scribit: nulla sapientia naturalia cordis et anime vicia ponuntur. Der erste Hymnus beginnt: Conditor alme syderum etc. Bl. 227ᵇ Schluss: Nota augeo, es, ere, est augmentare; prorsus est adverbium generaliter et est omnino; Deo patri, patet ex praedictis.

Der vordere Deckel enthält auf der innern Seite eine kurze Abhandlung über Strafe und Bosheit der Spieler (lusores et tesseratores) und einige Sentenzen aus Augustinus und Bernardus. Bl. 288. unbeschrieben.

XI. 47. Papierhandschrift des XV. Jahrh. 335 Blätter in 2°. Die Theile des alten Testaments in 2 Spalten. Alter Eigenthümer der Priester Oswald von Tuln.

1) Bl. 1—177ᵃ. Pentatenchus, et liber Josue.

Auf dem 2. Vorstehblatt ist eine Inhaltsangabe über Pentateuch und Josue in Versen; eine solche über die einzelnen Capitel der Neuen Bundesschriften findet sich Bl. 177ᵇ—180ᵇ.

2) Bl. 181ᵃ—330ᵃ. Novum Testamentum integrum.

Das neue Testament ist von einer andern Hand geschrieben als die vorhergehenden Bücher.

Darauf folgt 330ᵃ—335ᵃ eine tabula quottans epistolas et ewangelia que leguntur per totum annum in missa tam de tempore quam de sanctis. Am Ende ein Stammbucheintrag von einer unleserlichen Hand des XVI. Jahrh. Der Codex wird vorn und rückwärts eingeschlossen von 2 Pergamentblättern, welche Fragmente hebräischer Literatur enthalten. Auf dem obern Rande des hintern Pergamentblattes steht: Anno domini 1162 continet 28 sexternos. Auf der innern Seite des hintern Deckels liest man unter einer Eintheilung der heil. Schrift: Explicit feliciter in crastino beatae Mariae ad virginis nativitatem 1464 per Oswald de Tulna in sanctis uncto pro tunc exeuntem super Golsen. Die Schrift ist aber verschieden von den im Codex vorkommenden. Auf der Kehrseite des vordern Deckels am obern Rande stehen folgende Verse: Effluat stilla, de mamilla, gloriose virginis. Effundens rorem, qui ardorem, extinguat libidinis. Te Christi genitrix, te matrem posco salutis. Affer opem famulo, virgo beata tuo.

XI. 48. Pergamenthandschrift des XII. Jahrh. 233 Blätter in 4°. 3 Spalten. Altes Eigenthum St. Florians.

1) Bl. 1ᵃ—207ᵇ. Psalterium cum glossis marginalibus et interlinearibus.

Die ersteren Blätter fehlen. Das jetzt mit 1. bezeichnete Blatt beginnt mit den Worten aus Psalm II. vers 4 und 5: eos. Tunc loquetur ad eos in ira sua. Die Erklärung scheint eine Compilation, welcher die Glossa ordinaria zu Grunde liegt.

2) Bl. 208ᵃ—225ᵃ. Varia Cantica Isaiae, Annae, Mosis etc. cum glossis marginalibus et interlinearibus. 3) Bl. 225ᵃ—232ᵇ. Preces ecclesiasticae.

Das Symbolum Athanasianum, Te Deum laudamus, Canticum Simeonis, Symbolum apostolorum, Pater noster. Das Letztere hat Rand- und Interlinearglossen.

4) Bl. 232ᵇ—233ᵇ. Excerpta ex ss. Patribus.

Die Handschrift enthält sehr viele roh gemalte Initialen. Auf dem hintern Deckel das Fragment einer Küchenrechnung saec. XIV.

XI. 49. Papierhandschrift des XV. Jahrh. 178 Blätter in 8°. Altes Eigenthum St. Florians.

1) Bl. 1—11ᵃ. Regula St. Augustini. Anfang: Hec sunt que precipimus ut observetis etc. Bl. 11ᵇ unbeschrieben. 2) Bl. 12ᵃ—128ᵃ. Statuta Canonicorum regularium. 3) Bl. 129ᵃ—149ᵃ. Carta prime reformacionis nostri monasterii auctoritate papali facte 1419. 4) Bl. 119ᵃ—160ᵃ. Secunda carta visitacionis auctoritate papali facte 1451. Bl. 160ᵇ unbeschrieben. 5) Bl. 161ᵃ- 166ᵇ. Carta moderacionis.

Dieselbe ist zu St. Florian 1451 ausgestellt und enthält verschiedene Erleichterungen in officio divino. Bl. 167ᵃ unbeschrieben.

6) Bl. 167ᵇ—168ᵇ. Formulae aliquot quoad admissionem et professionem religionis. 7) Bl. 169ᵃ—177ᵇ. Regula s. Augustini, deutsch. Bl. 169ᵃ Anfang: die nach geschriben regel hat der heylig vater Augustinus gebñ den geistlichen chorherren.

Sie weicht in vielen Stücken von der Gedruckten ab. Bl. 178 unbeschrieben. Die Deckel sind inwendig mit Fragmenten eines Psalteriums aus dem XIV. Jahrh. bekleidet. Die Handschrift enthält viele sehr roh ausgeführte Initialen. Vergl. XI. 281.

XI. 50. Pergamenthandschrift des XV. Jahrh. 201 Blätter in 4°. Altes Eigenthum St. Florians.

Flores excerpti ex diversis libris s. Augustini. Die Excerpte sind genommen aus folgenden Werken des heil. Augustin: de doctrina christiana; de civitate dei; ex libris confessionum; de mirabilibus s. scripturae; super genesin ad literam; super genesin contra manichaeos; de libris contra adamantium et contra fundamentum manichacorum; ex libris octoginta trium quaestionum; de diversis quaestionibus s. scripturae; de trinitate.

Bl. 201. Schluss: Expliciunt viritatum flores beati Augustini super libros de trinitate domini collecti a venerabili fratre francisco de Majonis de ordine fratrum minorum sacre theologie doctore.

Es ist Franciscus Mayro oder Mayroni, gestorben 1325, gemeint. Das erste Vorsetzblatt enthält das Fragment einer scholastischen Glosse super conceptionem b. Mariae virginis; das Vorsetzblatt am Ende die Reste eines liber choralis mit Musiknoten. Beide Fragmente gehören dem XIV. Jahrh. an. Zu Anfang der Handschrift eine grosse vergoldete Initiale.

XI. 51. Pergamenthandschrift aus dem XIV. Jahrh. 113 Blätter in 4°. 2 Spalten. Altes Eigenthum St. Florians.

1) Bl. 1ᵃ—72ᵃ. Tractatus Alberti super id proverbiorum XXXI: Mulierem fortem quis inveniet. Bl. 72 steht am Ende:

Cusus ab alberto, doctrine fonte referto. Est codex iste, sit laus perpes tibi Christe. Der Tractat beginnt: Salomon in figura mulieris describit laudes ecclesie. 2) Bl. 72ᵇ—98ᵇ. Sermo longus de adventu Christi ejusque dignitate. Anfang: Praeparare Israel in occursum domini tui. Schluss: peccata vestra diviserunt inter vos et dominum.

3) Bl. 99ᵃ – 122ᵃ. Tractatus pulcherrimus de vita religiosorum. Anfang: Plantavit autem dominus deus paradysum voluptatis. Schluss: Hec attendant religiosi et defectus suos corrigant etc. Darauf folgen einige religiöse Denksprüche von anderer Hand. Bl. 122ᵇ unbeschrieben. 4 Bl. 123ᵃ—138ᵃ. Expositio antiphonarum ab O incipientium; von späterer Hand hinzugefügt: edita ab alberto magno. Der Tractat beginnt: Aspiciebam in visu noctis et ecce etc. Er ist von einer andern Hand geschrieben. Am Ende stehen in rother Schrift die Verse: Aurea bis sena tibi pomula virgo serena. Atque tuo nato presenta munere grato. Siehe XI. 81. Nr. 9. Die pomula sind die O, mit welchen die 12 Antiphonen anfangen. Darauf folgen einige Worte über die verschiedene Art, wie die Gebote Gottes in der Schrift bezeichnet werden. Bl. 138ᵇ unbeschrieben. 5) Bl. 139ᵃ—157ᵃ. Bonaguidae de Aretio summa de officio advocatorum in foro ecclesiastico. Anfang: Cum advocacionis officium perquam utile etc. Schluss: praetermisi ipsius brevitatis auxilio fretus. finito libro sit laus et gloria summo. Explicit summa magistri bonaguide de aretio. Bonaguida Aretinus lebte im XIII. Jahrh. und war Rechtslehrer in Arezzo. Vide Fabricius Bibliotheca eccles. Trithemius 433. Bl. 157ᵇ folgen einige juridische Notata. 6) Bl. 158ᵃ – 173ᵇ. Sermones breves dominicales et de tempore. Anfang: In die cene de effectibus sacramenti. Duodecim fructus sacramenti altaris sive effectus. Die Deckel enthalten von innen Fragmente einer logischen Abhandlung saec. XIV.

XI. 52. Pergamenthandschrift aus dem XIII. und XV. Jahrh. 163 Blätter in 4°. Theilweise in 2 Spalten. Altes Eigenthum St. Florians.

1) Bl. 1ᵃ—12ᵇ und Bl. 19ᵃ. Testamentum duodecim patriarcharum. Ueberschrift: Hec sunt testamenta XII. prophetarum in quibus sunt aptissime et pulcherrime de Christo prophecie que nuper transtulit magister Robertus grossum caput Lincolinensis Episcopus de greco in latinum. Anfang: Ruben. Transcriptum testamentum Ruben quecunque mandavit filiis suis etc. Ueber den Verfasser dieses Werkes und seinen Uebersetzer vide Galandii biblioth. tom. I. pag. LI. und Wharton Anglia sacra Tom. II. p. 341 und 344. Die Handschrift ist aus dem XV. Jahrh. 2) Bl. 13ᵃ—13ᵇ. De septem gradibus per quos ascenditur ad perfectionem. Anfang: Ascendam in palmam etc. In his verbis ostenditur etc. Handschr. d. XV. Jahrh. 3) Bl. 13ᵃ—14ᵃ. Tractatus de tribus gradibus humilitatis. Anfang: Gradus per quos ad perfectam humilitatem itur etc. Handschr. d. XV. Jahrh. 4) Bl. 14ᵃ—19ᵃ. Bernardus: Tractatus de caritate. Anfang: Urget caritas de caritate libenter loqui etc. Handschr. d. XV. Jahrh. 5) Bl. 19ᵇ—30ᵃ. Ejusdem stimulus amoris. Anfang: In stimulo amoris agitate currite gentes etc. Handschr. des XV. Jahrh. Bl. 30ᵇ unbeschrieben. 6) Bl. 31ᵃ—55ᵃ. Quaestiones breves super quartum sententiarum. Bl. 31ᵃ—35ᵃ enthalten ein Capitelverzeichniss. Bl. 35ᵇ beginnt der Tractat: Haurietis aquas in gaudio etc.; am Ende ist er unvollständig. Handschr. d. XV. Jahrh. Bl. 55ᵇ—60ᵇ unbeschrieben. 7) Bl. 61ᵃ—62ᵃ. Cicero: Somnium

Scipionis. Anfang: Cum in Africam venissem etc. Schluss: ego somno solutus. Handschr. d. XIII. Jahrh. Vergl. XI. 586, 8) Bl. 62ᵇ. **Artes ex philosophia prodeuntes.** Die Zweige der philosophischen Wissenschaft in Form einer Stammtafel dargestellt. Anfang: Ut pateant artes, in tres me divido partes. Handschr. d. XIII. Jahrh. 9) Bl. 63ᵃ—105ᵇ. Macrobius: In somnium Scipionis. Bl. 63ᵃ. Ueberschrift: Macrobii Ambrosii Theodosii I. liber incipit in somnium Scipionis. Anfang: Inter Platonis et Ciceronis libros etc. Schluss: Ergo in hoc mundo pars nulla. Das Werk ist mit Rand- und Interlinearnoten versehen. Handschr. d. XIII. Jahrh. Vergl. XI. 586. 10) Bl. 106ᵃ—154ᵇ. De mysticis verborum significationibus in sacra scriptura secundum Alphabetum. Anfang: Abissus abyssum invocat. Schluss mit dem Worte Zona. Der Verfasser ist Alanus de insulis, Doctor universalis wegen seiner Gelehrsamkeit genannt. Er starb 1203. In Betreff seines Werkes siehe Fabricius, Bibl. med. lat. und Pezius thesaurus anecdot. in praefatione ad vol. I. pag. LXXIII. Vergleiche auch Codex XI. 588. No. 3. Die Handschrift ist aus dem XIII. Jahrh. Es fehlen die 2 Prologe. 11) Bl. 154ᵇ—156ᵃ. Expositio brevis orationis dominicae. Anfang: Hec oratio multis ex causis etc. Schluss: delectabuntur in multitudine pacis. Handschr. d. XIII. Jahrh. 12) Bl. 156ᵃ—158ᵇ. Misticationes quaedam sacrificiorum et vestimentorum sacerdotalium in vet. testamento. Anfang: Tria sunt ecclesiae sacrificia que significata sunt etc. Schluss: invenietis requiem animabus vestris in patiencia. Handschrift des XIII. Jahrh. 13) Bl. 159ᵃ—163ᵃ. Sermo super illud: „Videte quoniam caute ambuletis"; item super: „Quaerite Dominum dum inveniri potest". Handschrift des XIII. Jahrh. Von einer Hand des XV. Jahrh. folgen die arab. Ziffern von 1—72. Das vorletzte Vorstehblatt enthält das Fragment eines Breviariums aus dem XI. Jahrh. Auf dem hintern Deckel befinden sich Glossen zu einem astronomischen Tractat aus dem XIII. Jahrh.

XI. 53. Pergamenthandschrift des XIV. Jahrh. 166 Blätter in 4°. Altes Eigenthum St. Florians.

1) Bl. 1ᵃ—7ᵃ. Omelia Origenis de planctu beatae Mariæ Magdalenæ. Anfang: In illo tempore Maria stabat ad monumentum plorans etc. De presenti solennitate locuturus etc. 2) Bl. 7ᵇ—27ᵃ. Omelia s. Bernardi in evangelium: Missus est angelus etc. Anfang des Prologes: Scribere me aliquid et devotio jubet etc. Anfang der Homilie: Quid sibi voluit ewangelista etc. Bl. 27ᵇ unbeschrieben. 3) Bl. 28ᵃ—160ᵇ. Omelie de tempore, primo Bede, postea Gregorii. 4) Bl. 160ᵇ—166ᵇ. Quaedam prothemata sermonum. Anfang: Karissimi, quando aliquis pater habet etc. von späterer Hand.

XI. 54. Pergamenthandschrift dem XIV. Jahrh. angehörig. 143 Blätter in 4°. Alter Eigenthümer Georgius Sparsgnet Canonicus eccles. colleg. in Mattighoven.

1) Bl. 1ᵇ—69ᵇ. Regula pastoralis s. Gregorii papae. Bl. 1—16ᵇ sind von einer andern Hand. Bl. 70ᵃ—72ᵇ unbeschrieben. Obiger Text ist von der Maurinerausgabe nicht viel verschieden. 2) Bl.

73ᵃ—96ᵇ. **Macer de virtutibus herbarum.** Anfang: Herbarum vires dicturus carmine etc. Schluss: Crudum vel coctum, siccum vel melle jugatum. Ueber den Verfasser siehe Bähr, Gesch. der Röm. Lit. im Carol. Zeitalter S. 141. 3) Bl. 97ᵃ. Nomina quarumdam herbarum, latine et teutonice. Siehe Wiener Jahrb. der Liter. 40. Bd. Anzbl. S. 18, wo sie veröffentlicht sind. 4) Bl 97ᵇ—104ᵇ. Honorius Augustodunensis de summa gloria. Anfang des Prologes: Pusilli gregis Christi etc. Der Tractat beginnt: Cum universitas fidelium in clerum etc. Der Text ist nicht verschieden von dem bei Pez thes. anecdot. Tom. II.; nur die Capiteleintheilung ist eine andere. Vergl. XI. 152, Nr. 1. 5) Bl. 104ᵇ—105ᵇ. Honorii quaestiones aliquot. Die eine Frage ist: Utrum totum in homine resurgat quod etc. Die Zweite: Utrum sit peccatum nubere. Die Dritte: Utrum liceat monachis aut sanctimonialibus nubere. Diese Fragen kommen bei Pez nicht vor. 6) Bl. 105ᵇ—106ᵃ. Honorius de vita claustrali. Anfang: Claustralis vita est ab ipso domino instituta. Der Text stimmt mit dem bei Pez befindlichen überein. 7) Bl. 106ᵃ—110ᵃ. Honorii duae quaestiones. „Quid vas honoris et quid vasa contumelie"; und „Utrum monachis liceat predicare". Diese Fragen finden sich in keiner gedrukten Ausgabe des Honorius. 8) Bl. 110ᵃ—111ᵃ. Hieronymi quaestiones aliquot. Es sind 4 quaestiunculae de Salomone, super Isaiam, de apostatis, an deus humanum genus alio modo salvare potuerit. Die gedrukten Werke des Hieronymus wissen nichts von denselben. 9) Bl. 111ᵃ—143ᵇ. Honorii Sacramentarium. „Hujus nomen sacramentarium scribatur eo quod per illum omne Sacramentum divini officii ignaris aperiatur." Anfang: Hunc libellum de sacramentis collegi etc. Schluss im Artikel de dedicatione: accedens ad altare more solito dicit. Von diesem Artikel fehlt mehr als die Hälfte.

Der Text stimmt mit der Ausgabe bei Pez überein, nur enthält unsere Handschrift um 2 Paragraphen mehr; dagegen fehlt der unsern: de septem saeculi diebus et mundi saeculis.

Auf der innern Seite des vordern Deckels ist zu lesen: Georgius Sparsguet Canonicus Ecclesie Collegiate intemerate virginis Marie Mattighoven. patavien. diocss. propriavit hunc librum Augustino amico suo professo in Suben et tunc incorporato ad S. Floriani. Anno dom. 1490 in profesto s. Leopoldi principis ac comitis. Dilectissimi orate Deum pro nobis.

XI. 55. Papierhandschrift des XIV. Jahrh. 66 Blätter in 4°. Altes Eigenthum St. Florians.

1) Bl. 1ᵃ—164ᵇ. Pastorale Gregorii. 2) Bl. 165ᵃ—166ᵃ. Fragment eines Tractats de fugiendis mulieribus. Theils Prosa, theils Verse eines gewissen frater Siboto. Auf den Deckeln sind die Fragmente eines Psalterimus aus den XI. Jahrh. aufgeklebt.

XI. 56. Theils Pergament- theils Papierhandschrift aus dem XV. Jahrh. in 4°. 234 Blätter. Früherer Besitzer unbekannt.

1) Bl. 1ᵃ—7ᵇ. Augustinus: Flores primi libri retractationum. Pergamenthandschrift. Bl. 8ᵃ—10ᵇ unbeschrieben. 2) Bl. 11ᵃ—233ᵃ. Sermones varii de dominicis, festis, et sanctis.

Die Predigten sind von den verschiedensten Händen in den verschiedensten Schriftarten zusammengetragen und durchaus Papierhand-
schriften. Bl. 113ᵇ steht am Ende einer Predigt: Thomas hofstadell
1462. Bl. 144ᵃ heisst es: De sancto Andrea sermo 1486. Bl. 233ᵇ--234ᵇ
unbeschrieben.

XI. 57. Pergamenthandschrift des XIV. Jahrh. 180 Blätter in 4°.
Altes Eigenthum St. Florians.

1) Bl. 1ᵃ—6ᵃ. Definitiones nominum secundum alphabetum di
stinctae. Anfang: Amor est appetitus rei propter se. Bl. 6ᵇ. unbeschrieben. 2) Bl. 7ᵃ—9ᵇ. Canones poenitentiales. Ueber Poenitential-
bücher siehe Amort de indulgentiis pars I. paragr. VII. et cet. und
Emil Friedberg: Aus deutschen Bussbüchern. Halle 1868. 3) Bl. 9ᵇ.
Quaedam in laudem diei dominicae. 4) Bl. 9ᵇ. Versus aliquot idio-
mate anglico, mittelenglisch. 5) Bl. 10. De septem criminalibus peccatis. 6) Bl. 11. De iisdem et filiabus eorum. 7) Bl. 12ᵃ—15ᵃ. Anselmus de amissione virginitatis planctus. Anfang: Terret me vita
mea, namque diligenter discussa etc. Eine Vergleichung mit der Ausgabe Gerberon's zeigt, dass die Handschrift viele Fehler und Lücken hat.
8) Bl. 15ᵃ—17ᵃ. Tractatus Hugonis. Anfang: Multi multa sciunt et
se ipsos nesciunt 9) Bl. 17ᵇ—22ᵇ. Meditationes de cognitione humanae
conditionis. Anfang: Preminm est videre Deum, vivere cum eo, et cet.
Sie werden bald dem h. Bernard, bald dem Hugo zugeschrieben. Siehe
oper. Bernardi Mabillon vol. 2. pag. 33. 10) Bl. 22ᵇ. Fragmentum
Paulini Aquilejensis.

Gehört einer moralischen Abhandlung an, über welche zu vergleichen oper. Bernardi Mabillon vol. 2. pag. 349. Der ganze Tractat
findet sich im Appendix des 6. Bandes pag. 194 der opera Augustini
Parisiis 1685 unter dem Titel: De salutaribus documentis. 11) Bl.
22ᵇ—23ᵃ. Tractatus de quatuor virtutibus cardinalibus. Anfang: Quatuor virtutum species multorum etc. 12) Bl. 23ᵇ. Brevis expositio missae.
Anfang: Intendentis de expositione etc. 13) Bl. 24ᵃ—35ᵇ. Quaedam
themata de sanctis. 14) Bl. 35ᵇ---39ᵃ. Notata ad quaedam loca s.
scripturae. 15) Bl. 39ᵇ—77ᵃ. Auctoritates variae quibus praefiguntur
tituli. Bl. 77ᵇ unbeschrieben. 16) Bl. 78ᵃ—108ᵇ. Tractatus de virtutibus quae sunt remedia vitiorum. Anfang: Postquam dictum est de
morbis ipsius animae etc. 17) Bl. 108ᵇ—118ᵇ. Summa vitiorum abbreviata. Anfang: Triplici ratione ostendi potest etc. 18) Bl. 118ᵇ—136ᵇ.
Alia summa vitiorum brevis. Anfang: Dicturi de vitiis primo incipiemus etc. 19) Bl. 136ᵇ—144ᵃ. Augustini de spiritu et anima. Anfang: Quoniam dictum est mihi ut me ipsum cognoscam etc. Dieser
dem Augustinus fälschlich zugeschriebene Tractat befindet sich im 6.
Bde. der opera Augustini Parisiis 1685 pag. 33. Der Varianten unserer
Handschrift sind wenige. 20) Bl. 144ᵇ. Tabula de anima ejusque
facultatibus. 21) Bl. 145. Fragmentum glossarii in aliqua s. scripturae
loca, lateinisch. 22) Bl. 146ᵃ—148ᵃ. Alanus de sex alis. Anfang: Et
quatuor inquit animalia etc. Der Tractat ist verschieden von dem
unter den Werken des Alanus vorkommenden. 23) Bl. 148ᵇ—149ᵇ.
De significatione signorum quae fiunt in canone Missae et de negli-

gentiis quae in missa contingunt. 24) Bl. 150ᵃ—163ᵇ. Tractatus quoniam praedicatores debent esse angelici secundum tredecim similitudines. Anfang: Septem angeli qui habebant quatuor tubas etc. Schluss: et angelos dei ascendentes et descendentes. 25) Bl. 164ᵃ.—175ᵃ.

Sermones in die animarum. Anfang: Memor esto judicii mei. 26) Bl. 175ᵇ—176ᵇ. Anselmi prosologion.

Ein Vergleich mit dem bei Gerberon Befindlichen zeigt, dass unserer Handschrift die 12 letzten Kapitel fehlen und dass dieselbe viele verdorbene Lesearten enthalte. 27) Bl. 177ᵃ—178ᵇ. Planctus Anselmi de compassione Beatae Virginis Mariae.

Diese Abhandlung findet sich nicht unter den von Gerberon herausgegebenen.

Anfang: Quis dabit capiti meo aquam etc. 28) Bl. 178ᵇ—180ᵇ. Epistola Choromacii ad Hieronymum de nativitate s. Mariae Virginis et de infantia Chr. Rescriptio Hieronymi. Der Brief des Choromacius beginnt: Ortum Marie regine virginis et nativitatem filii etc. Darauf folgt die rescriptio Hieronymi: Qui terram auri consciam fodit etc. Am Ende derselben: Explicit prologus. Incipit liber s. Mathei apostoli et ewangeliste de nativitate s. Marie et de infancia Chr. In diebus illis vir erat in Israel nomine Joachim etc. Bl. 180ᵇ bricht der Codex plötzlich ab.

Auf der Rückseite des hintern Vorstehblattes befindet sich eine Tafel mit den arabischen Ziffern von 1—10,000. Die Ueberschrift darüber beginnt: Prima regula algorismi est etc.

XI. 58. Pergamenthandschrift aus dem XI. XIII. und XV. Jahrh. 159 Blätter in 4º. Altes Eigenthum St. Florians.

1) Bl. 1ᵃ—14ᵇ. Boethii de sancta trinitate libri duo. Mit Rand- und Interlinearglossen. Bl. 1ᵃ Titel: Anicii Manlii Severini Boetii viri clarissimi et illustris ex consulum ordine patricii incipit liber quomodo trinitas unus Deus ac non tres Dii. Ad Quintum Aurelium Memmium Simachum et illustrem virum consularem ex consulum ordine atque patricium socerum. Bl. 2. Anfang: Investigatam diutissime questionem etc. Bl. 3 beginnt mit demselben Anfang. Bl. 12ᵇ Anfang des zweiten Buches: Quaero an pater et filius etc. Bl. 14ᵇ Schluss: et fidem si poterit rationemque conjunge. Bl. 1ᵇ enthält eine kurze Geschichte von Arius, welche mit den Worten beginnt: Arrius fuit doctor alexandrine etc. Ueber des Boethius theolog. Schriften siehe Bähr, Gesch. d. röm. Lit. Suppl. p. 423 und Schündelen Bonner Theol. Lit. Bl. 1870.

Auf Bl. 1 und 2 befinden sich am Rande oder unter dem Text einige Schriftthemata beigeschrieben. Handschr. des XI. Jahrhunderts. 2) Bl. 14ᵇ—19ᵃ. Boethii ad Eundem de substantialibus. Titel: Incipit ejusdem ad eundem. Quomodo substantiae in eo quod sint, (bonae sint) cum non sint substantialia bona. Anfang: Postulas ut ex ebdomadibus etc. Schluss: alia aliud, omnia bona. Handschr. des XI. Jahrh. 3) Bl. 19ᵃ—26ᵇ. Ejusdem fidei confessio seu brevis institutio religionis Christianae. Anfang: Christianam fidem novi et veteris etc. Schluss: Laus perpetua creatoris. Handschr. d. XI. Jahrb. 4) Bl. 26ᵇ—47ᵇ. Ejusdem adversus Nestorium et Euticen de persona et natura. Anfang:

Domino sancto et venerabili patri Johanni diacono filius Boetius. Auxie te quidem diuque sustinui etc. Schluss: omnium bonorum causa per-scribat. Handschrift des XI. Jahrh. 5) Bl. 47ᵇ--48ᵃ. Brevissima ex-positio orationis dominicae. Handschr. d. XI. Jahrh. 6) Bl. 48ᵇ. Ordo romanae missae et orationum, quibus oblata Deo sacrificia consecrantur. Handschr. d. XI. Jahrh. Bl. 49ᵃ unbeschrieben. 7) Bl. 49ᵇ--80ᵇ. Liber Ambrosii episcopi de bono mortis. Anfang: Quoniam de anima superiore libro etc. Schluss: decus, gloria, perpetuitas a saeculo etc., vide opera s. Ambrosii edit. Maurina Tom. I. Diese Handschrift ist aus dem XI. Jahrh. 8) Bl. 80ᵇ-83ᵃ. Anonymi de brevitate hujus vitae et de exitu ejusdem. Handschr. d. XI. Jahrh.

Auf Bl. 83ᵇ steht das Fragment eines Tagliedes: Cantant omnes volucres, jam lucescit dies, amica cara surge, sine me per portas exire. Die folgenden Zeilen sind unverständlich. Die Hand gehört dem XIII. Jahrh. an.

9) Bl. 84ᵃ—89ᵃ. De quinque septenariis sac. scripturae. Anfang: Quinque sunt septena, septem vitia. Schluss: extreme duae conferunt ei serenitatem. Der Autor ist Hugo a. s. Victore. Handschrift des XIII. Jahrh. 10) Bl. 89ᵃ--118ᵇ. Hugo de operibus trium dierum. An-fang: Invisibilia Dei a creatura mundi etc. Schluss: octavus pertinet ad resurrectionem.

Der Verfasser ist Hugo a. s. Victore Canonicus regularis Parisiensis gestorben 1140. Das vorstehende Werk ist das letzte Buch von den 7 Büchern Didascalici genannt und kommt auch vor unter dem Titel: De tribus diaetis. Siehe Opera omnia Moguntiae 1617. Tom. 3. p. 30. Der Text stimmt mit unserer Handschrift, die Kapiteleintheilung ist eine andere. Handschr. d. XIII. Jahrh. 11) Bl. 84ᵃ--99ᵇ. Carmina latina.

Dieselben ziehen sich am Rande und unter dem Text der sub 9. und 10. angegebenen Werke hin und beginnen: Dum se curvat annus totus sibi panditur annus. Dicitur arbor acer vir fortis et improbus acer. Sie behandeln grammaticalische Subtilitäten. Handschr. des XIII. Jahrhunderts. Bl. 119ᵃ enthält verschiedene Notizen grösstentheils auf die Oeconomie sich beziehend aus dem XIII. Jahrh. 12) Bl. 120ᵃ—139ᵇ. Statii Achilleidos libri quinque cum notis.

Aus der Vergleichung mit der Londner Ausgabe der opera und fragmenta Vet. Poetarum 1713 fol. geht hervor, dass die Handschrift vorzüglicher Art sei. Handschr. des XIII. Jahrh. Vergl. XI. 587. 13) Bl. 140ᵃ 1. Spalte. Fragmentum glossarii latini. Handschr. d. XIII. Jahrh. 14) Bl. 140ᵃ 2. Spalte --154ᵃ. Fragmenta veterum poetarum latinorum, Ovidii potissimum de amore ejusque remediis. Darauf folgen rhetorische Notizen und Briefmuster. Handschr. des XIII. Jahrh. 15) Bl. 154ᵇ. Mehrere Hymnen religiösen Inhalts. Mit Musiknoten. Handschr. d. XIII. Jahrh. 16) Bl. 155ᵃ--158ᵇ. Argumenta sermonum. Handschr. d. XV. Jahrh. 17) Bl. 159. Expositio fidei catholicae. Mit der Aufschrift: De ca-tholica fide incipit. Anfang: Omnes per fidem salvari credimus. Hand-schrift des XI. Jahrh. Am Ende gehen einige Zeilen ab.

Auf dem Vorstehblatt befindet sich das Fragment eines moralischen Tractats und die Figur des im Gefängniss schreibenden Boethius in roher Federzeichnung; darüber eine griechische Inschrift. Handschrift und Zeichnung aus dem XI. Jahrh.

XI. 59. Papierhandschrift des XV. Jahrh. 288 Blätter in 12°. Altes Eigenthum St. Florians.

1) Bl. 1ᵃ—287ᵃ. Flores doctorum de diversis materiis secundum ordinem alphabeticum Bl. 287ᵃ steht am Ende: Anno domini 1461. 2) Bl. 287ᵇ—288ᵇ. Quaedam formularia in usum parochi alicujus Florianensis nomine Stephani. 3) Bl. 288ᵇ. De effectibus balsami, cerae et chrismatis. Metrisch. Es beginnt: Balsamum et cera munda cum crismatis unda etc.

XI. 60. Papierhandschrift des XV. Jahrh. 93 Blätter in 12°. Alter Eigenthümer unbekannt.

Argumenta librorum Vet. et Novi Testamenti, metrice. Der Prolog beginnt: Sicut ex adjuncto accepi etc. Bl. 7ᵃ. Astra polum juncta terra etc.

XI. 60 A. Pergamenthandschrift des XVII. Jahrh. 14 Blätter in 12°. Alter Eigenthümer unbekannt.

Mehrere Psalmen Davids. Es sind 10 an der Zahl. Jede Seite ist eingefasst von der in Gold und Farben dargestellten Kette des goldenen Vliesses, über welcher sich eine Krone mit Zepter und Schwert, Lorbeer- und Olivenzweig befindet. Die Ecken einer jeden Seite sind mit verschiedenen Blumen geschmückt. Das Buch scheint einer sehr hohen Person gehört zu haben. Bl. 15ᵃ—16ᵇ sind von Papier und enthalten Veranlassung und Inhalt der einzelnen Psalmen in italienischer Sprache. Der gleichzeitige Einband ist von grünem Sammet.

XI. 61. Pergamenthandschrift des XIV. Jahrh. 160 Blätter in 2°. Altes Eigenthum St. Florians.

Beati Bernardi abbatis Claraevallensis opuscula ab Anonymo excerpta. Der Codex ist mit grosser Sorgfalt geschrieben und enthält viele schöne Initialen. Anfang: Cum non essem alieni exercitio etc. Von anderer Hand steht am obern Rande: Epytaphium beati Bernardi. Iste fuit, per quem patuit, doctrina sophye. Praeco dei, doctor fidei, citharista Marie. Bl. 160ᵇ und das vordere Vorsetzblatt enthalten zahlreiche kurze Gedächtnissverse grösstentheils religiösen Inhalts aus dem XV. Jahrh. Auf dem Blatt, welches an dem vorderen Deckel angeklebt ist, befinden sich Excerpte aus Bernardus und Wetterregeln aus dem XIV. Jahrh.

XI. 62. Papierhandschrift des XV. Jahrh. 286 Blätter in 2°. 2 Spalten. Altes Eigenthum St. Florians.

1) Bl. 1ᵃ—269ᵇ. Origenis omelie super pentateuchum. Anfang der 1. Homilie: In principio creavit deus celum et terram. Quod est principium omnium nisi dominus noster etc. Die Handschrift enthält die Homilien in die 4 ersten Bücher Mosis. Bl. 278ᵃ—285ᵃ enthalten das Register.

2) Bl. 270ᵃ—272ᵇ. Andreas de Boemicali proda: De corpore et sanguine Christi tractatus. Zuschrift: Reverendissimo in Christo patri

et domino Sbinconi sancte Pragensis ecclesie archiepiscopo Andreas de Boemicali proda magister arcinm et sac. theologie baccalaureus formatus licet inutilis obedientiam continuam cum debito famulatu. Anfang: Reverendissime pater et domine mi graciose, pastoris boni quale sit officium etc. 3) Bl. 272ᵃ—276ᵇ. Tractatus de corpore Christi contra Vilglef. Anfang: Pro consolatione Christifidelium quibus etc. Bl. 77 unbeschrieben. Bl. 278ᵃ—285ᵃ Register der Homilien des Origenes. Bl. 285ᵇ—286ᵃ unbeschrieben. 4) Bl. 286ᵇ. Distributa noviter domini petri bamistro. Ausgabenverzeichniss eines Geistlichen wie es scheint. Das vordere Vorsetzblatt enthält das Fragment eines Psalteriums aus dem XIII. Jahrh.

XI. 63. Pergamenthandschrift des XIV. Jahrh. 92 Blätter in 2°. Altes Eigenthum St. Florians.

S. Augustini confessionum libri XIII. Vorans geht aus den libris Retractationum der Abschnitt, welcher von den Confessiones handelt.

XI. 64. Pergamenthandschrift des XIV. Jahrh. 155 Blätter in 2°. 2 Spalten. Altes Eigenthum St. Florians.

Albertus Magnus super: Missus est. Siehe opera omnia b. Alberti Tom. XX. edit. Lugdun. Unsere Handschrift enthält hie und da abweichende Lesearten. Bl. 1ᵃ Clara est et que nunquam marcescit sapientia etc. Nach dem Prolog folgt das Kapitelverzeichniss. Bl. 4ᵇ Opus magist. Alberti. Primo queritur an necesse fuerit etc. Zu Anfang des Prologes und des Tractats ist eine sehr schöne Initiale.

XI. 65. Pergamenthandschrift des XIV. Jahrh. 197 Blätter in 2°. 2. Spalten. Altes Eigenthum St. Florians.

1) Bl. 1ᵃ—132ᵃ. Sermones de verbis Domini; Augustini. Am Schlusse: Perscripsi librum dictis evangeliorum Quorum virtute constat mundo via vite. 2) Bl. 132ᵃ—143ᵇ. Ejusdem liber de magistro. Am Schlusse: Epythaphium augustini super sepulchrum adeodati: Si quantum vixit tantum vixisset, itemque Tantum, tantique dimidium super hoc, Dimidium quoque dimidii, centenis hic esset. 3) Bl. 144ᵃ—148ᵇ. Augustini tractatus de definitionibus ecclesiasticorum dogmatum. 4) Bl. 149ᵃ—197ᵃ. Augustinus de doctrina christiana. Alle 4 Werke stimmen zusammen mit denselben Abhandlungen in: opera omn. Aug. edit. Veneta.

Auf den Deckeln sind die Fragmente eines Passionale aus dem XIII. Jahrh. angeklebt.

XI. 66. Pergamenthandschrift des XII. Jahrh. 106 Blätter in 2°. Altes Eigenthum St. Florians.

Origenis liber Omeliarum in Genesin et Exodum. Anfang der ersten Homilie: In Principio etc. Quid est omnino principium nisi dominus noster etc. Bl. 106ᵇ sind allerlei Schreibversuche, darunter der Vers: Quis hoc furretur, tribus lignis associetur.

Die Deckel sind von innen mit Fragmenten eines Antiphonarium's aus dem XII. Jahrh. bekleidet.

XI. 67. Pergamenthandschrift des XIV. Jahrh. 248 Blätter in 2°. 2 Spalten. Alter Eigenthümer war nach einer theilweise ausgekratzten Inschrift Bl. 246 ein Pfarrer der Dioecese Olmütz, der den Codex 1401 weggrab.

Nicolaus de Lyra: Postillae in ep. Paulinas, Canonicas, Actus apostolorum et Apocalypsin. Bl. 72ᵃ steht am untern Rande: Explicit postilla super primam et secundam epistolam ad Corinthios edita a fratre nicholao de lyra sac. theologie doctore et scripture. Anno domini 1329 quinta die mensis Julii.

Das zweite Vorsetzblatt von vorne enthält eine kurze Abhandlung über die verschiedenen Zeitalter, welche beginnt: Universum tempus hujus presentis vite in quatuor distinguitur species. XV. Jahrh Auf dem hintern Deckel befindet sich eine sehr kurze moralische Betrachtung „quod diabolus plus temptat homines luxuria, quam aliis peccatis." XV. Jahrh.

XI. 68. Papierhandschrift des XV. Jahrh. 249 Blätter in 2°. Zum Theile in 2 Spalten. Altes Eigenthum St. Florians.

1) Bl. 1ᵃ—38ᵃ. S. Augustini libri retractationum. Am Ende steht: finis hujus materie 1465. 2) Bl. 38ᵇ—45ᵃ. Ejusdem sermones duo de vita communi. Bl. 45ᵇ—47ᵇ unbeschrieben. 3) Bl. 48ᵃ—215ᵇ. Evangelia et Epistolae per annum, in deutscher Uebersetzung. Der Schreiber nennt sich fol. 190ᵇ Thomas Hofstadl. Er setzt hinzu: Deo gratias; hab got lieb für alle ding. Die Handschrift bricht fol. 215 unvollendet ab. 4) Bl. 216ᵃ—249ᵇ.

Die Psalmen in deutscher Sprache. Die Psalmen laufen von 1—86; dort bricht die Handschrift mit den Worten: Unser herr hat die porten syon lieb für alle die wonung jacobs geslacht. Ersame (vers 3.), plötzlich ab.

XI. 69. Mit Ausnahme einiger Blätter Papierhandschrift aus dem XIV. Jahrh. 249 Blätter in 2°. 2 Spalten. Altes Eigenthum St. Florians.

1) Bl. 1ᵃ—55ᵇ. Libri beati Gregorii dialogorum. Der Text weicht nur unbedeutend von dem in der Gesammtausgabe vorkommenden ab. Bl. 55ᵇ: Explicit dyalogus Gregorii per manus Michahel decumator de ardinga. Bl. 56 fehlt. 2) Bl. 57ᵃ—63ᵇ. Sermo in vigilia omnium sanctorum. Anfang: Stetit Jesus in loco campestri et turba copiosa etc. Istud verbum scriptum est de quodam evangelio etc. Bl. 64ᵃ—65ᵇ unbeschrieben. 3) Bl. 66ᵃ—249ᵃ. Sermones diversi incertorum authorum.

Die ersten 3 de sancta cruce, de sanctis angelis und in festivitate omnium sanctorum werden dem heil. Bernard zugeschrieben.

XI. 70. Papierhandschrift des XV. Jahrh. 288 Blätter in 2°. 2 Spalten. Alter Eigenthümer Stift St. Florian.

Mamotrectus. Der Verfasser ist Joannes Marchesini Ord. Min. Anfang: Impations proprie imperitie etc. Schluss: Explicit Mamotrectus Anno Domini 69.

Das Vorstehblatt am Ende enthält auf Pergament das Fragment eines Calendarium's mit den Monathen Juli und August. Es gehört einer Hand des XII. Jahrh. an.

Der Mamotrectus enthält eine Erklärung der seltenen Worte und Sachen in den heil. Schriften und in den liturgischen Büchern.

XI. 71. Papierhandschrift des XIV. und XV. Jahrh. 283 Blätter in 2°. 2 Spalten. Altes Eigenthum St. Florians.

1) Bl. 1ª—39ª. Isidorus de summo bono. Nach dem Capitelverzeichniss beginnt der Tractat mit den Worten: Summum bonum deus est quia incommutabilis est etc. Bl. 39ª Explicit ysidorus de summo bono. Anno dom. 1386 completus est iste liber in wels. Snyppe. Snyppe ist ein eigener Name, der sich auch im Codex XI. 97, Bl. 314ᵇ findet. Rerum exitus prudencia metitur. Boeth. de consol. II. 2) Bl. 39ᵇ. Tractatulus scholasticus; utrum beata virgo fuit concepta in peccato originali. Handschr. d. XIV. Jahrh. 3) Bl. 40ª—48ᵇ. Viridarium consolationis de virtutibus et viciis. Anfang: Quoniam ut apostolus petrus ait, spiritu sancto afflati etc. Am Ende: Explicit hoc totum, infunde da mihi potum. In kleinerer Schrift: Qui me scribebat, Johannes nomen habebat. Handschr. d. XIV. Jahrh. 4) Bl. 49ª—68ᵇ. Elucidarium de diversis dubiis; Anselmi. Anfang: Sepius rogatus a condiscipulis quasdam etc. Handschr. d. XIV. Jahrh. 5) Bl. 69ª—73ᵇ. Liber beati Augustini de vita christiana. Anfang: Ego Augustinus primus peccator et ultimus etc. Handschr. d. XIV. Jahrh. 6) Bl. 74ª—82ᵇ. Libellus beati Augustini de fide ad petrum. Anfang: Epistolam fili petre tue caritatis accepi etc. Handschr. d. XIV. Jahrh. 7) Bl. 83ª—86ª. Liber beati Augustini de spiritu et anima. Anfang: Negligentia est nescire quod etc. Handschr. d. XIV. Jahrh. 8) Bl. 86ª—98ᵇ. Elucidarium beatae Virginis. Anfang: Sepe quod dicitur et multum desideravi ex etc. Handschr. d. XIV. Jahrh. 9) Bl. 99ª—100ᵇ. Libellus de septem diaetis animae. Anfang: Septem sunt diete anime devote etc. Vergl. XI. 126. N. 8. Handschr. d. XIV. Jahrh. 10) Bl. 100ᵇ. Narratiuncula de daemone tintinillo. Handschr. d. XIV. Jahrh. 11) Bl. 100ᵇ Excerpta aliquot ex s. s. Patribus et auctoribus classicis. Handschr. d. XIV. Jahrh. 12) Bl. 100ᵇ—101ª. Pulchra ammonitio beati Augustini de diligentia studii et lectionis. Anfang: Proposicio Christo fratres karissimi, ita lectionem etc. Handschr. d. XIV. Jahrh. 13) Bl. 101ª Nota brevis de sex casibus in sacerdotibus et praelatis. Handschr. d. XIV. Jahrh. 14) Bl. 101ª—102ᵇ. Scala claustralium beati Bernardi. Anfang: Quum die quadam corporali etc. Handschr. des XIV. Jahrh. Der Verfasser des Tractats ist der Karthäuser Guigo; siehe Denis vol. II. pars I. 37. 15) Bl. 103ª—101ª Liber beati Augustini de contemtu mundi ad clericos. Handschr. d. XIV. Jahrh. Anfang: Audite fratres karissimi salutiferam patris etc. 16) Bl. 104ᵇ—105ª. Liber Hugonis de meditatione animae. Anfang: Meditatio est frequens cogitatio etc. Handschr. d. XIV. Jahrh. 17) Bl. 106ª—107ª. Epistola beati Bernardi de modo regendi familiam valde utilis. Anfang des Briefes: In senium ductus doceri petis a nobis etc. Handschr. d. XIV. Jahrh. 18) Bl. 107ª—108ª. Libellus s. Augustini de scientia salutis. Anfang: Duo sunt que debet habere omnis homo etc. Handschr. d. XIV. Jahrh. 19) Bl. 108ª—108ᵇ. Augustinus de conversione ad deum. Anfang: Audivimus fratres karissimi per prophetam etc. Handschr. d. XIV. Jahrh. 20) Bl. 109ª—112ª. Tractatus de differentia spiritus et animae. Anfang: Interrogasti me de differentia spiritus et anime etc. Handschr. d. XIV. Jahrh. 21) 112ᵇ—113ᵇ. Quaestio utrum affinitas impediat matrimonium. Anfang:

Utrum affinitas impediat etc. Handschr. d. XIV. Jahrh. Bl. 114—120ᵃ unbeschrieben. fol. 120ᵇ steht am obern Raude:

Cum furto raptus, cum fenore Symonis actus, De sic possessis, elemosyna nulla sit istis. Perfidus aspiciat petrum predoque latronem Crudelis paulum, quem pungit cura matheum. Zacheum cupidus, immundus carne Mariam. 22) Bl. 121ᵃ—155ᵇ. Dialogus s. Caesarii. Anfang: Multe sunt cause conversionis etc. Am Ende: Explicit hoc totum scriptum ad sanctum florianum et finitum 1447 II. Kal. Octob. in die s. Jeronimi confessoris. Laus sancte trinitati beate virgini et omnibus sanctis. Bl. 156 unbeschrieben. 23) Bl. 157ᵃ—170ᵇ. Tractatus domini papae Innocentii de vilitate conditionis humanae. Eine aeltere Rubriek sagt de contemtu mundi. Handschr. d. XIV. Jahrh. 24) Bl. 171ᵃ—173ᵃ. Sermo de corpore Christi. Anfang: De comedente exivit cibus et de forti egressa est etc. Jud. IX. Beatus Gregorius in omilia quadam etc. Handschr. d. XIV. Jahrh. 25) Bl. 173ᵃ—189ᵇ. Sermones super varias materias. Handschr. d. XIV. Jahrh. 26) Bl. 190ᵃ—190ᵇ. Hugo de claustro animae. Anfang: Duodecim sunt abusiones claustri quibus etc. Handschr. d. XIV. Jahrh. 27) Bl. 191ᵃ—234ᵃ. Tractatus subtilis de deo et ejus perfectionibus et ejus effectibus. Anfang: In primis supponatur quia deus est etc. Handschr. d. XIV. Jahrh. Bl. 234ᵇ—237ᵇ. unbeschrieben. 28) Bl. 238ᵃ—240ᵃ. Sermo s. Augustini. Anfang: Fluvius egrediebatur de loco voluptatis etc. Handschr. d. XIV. Jahrh. 29) Bl. 240ᵇ. Expositio aliquot versuum cap. XII. Jeremiae. Handschr. d. XIV. Jahrh. 30) Bl. 240ᵇ. Canticum. Anfang: Non siut nobis cura, temporis futura. Handschr. d. XIV. Jahrh. 31) Bl. 241ᵃ—266ᵇ. Fragmenta ad sacram scripturam pertinentia.

Es werden vorzüglich Stellen aus den Propheten erklärt. Bl. 253ᵃ—254ᵇ sind Fragmente aus der Summa des heil. Thomas. Bl. 260ᵃ ist ein kurzer conspectus temporum, nach welchem dieser Theil des codex 1353 geschrieben wäre. Handschr. d. XIV. Jahrh. 32) Bl. 267ᵃ—269ᵃ. Duo sermones de castitate et de visione Dei. Handschr. des XIV. Jahrh. Bl. 269ᵇ—271ᵇ unbeschrieben. Am obern Raude fol. 271ᵇ ist zu lesen: Johannes Harracher plebanus ad sanctum Florianum von einer Hand des XIV. Jahrh. 33) Bl. 272ᵃ—283ᵇ. Epistola magistri Henrici de Hassia ad canonicos regulares de proprietate. Siehe Denis I. 824. Pez. Anecdot. Tom. I. praef. pag. LXXVI. Beginnt: Ecce nos reliquimus omnia etc. Auf dem rückwärtigen Vorstehblatt befindet sich das Fragment eines dialectischen Tractats aus dem XIII. Jahrh. auf Pergament.

XI. 72. Papiercodex des XV. Jahrh. 252 Blätter in 2°. 2 Spalten. *Der ursprüngliche Besitzer war ein gewisser Erhard Tonhauser clericus Ratisbonensis. Als zweiter verzeichneter Besitzer erscheint ein gewisser Virgilius schilling Pfarrer in Wartberg bei Ried, welcher den codex dem Kloster St. Florian schenkte.*

1) Bl. 1ᵃ—85ᵃ. Quatuor libri dialogorum beati Gregorii papae. Anfang des 1 Buches: Quadam die dum nimis quorundam etc. Bl. 85ᵇ

unbeschrieben. Die Handschrift stimmt mit der gedruckten Ausgabe
Tom. II. überein. 2) Bl. 86ᵃ—99ᵇ. Tractatus solutionum decimarum,
primitiarum ac oblationum. Anfang: Decimarum solutionem et primitiarum etc. Am Ende steht: Publicatus est iste tractatus rome in
ecclessia s. laurencii in damaso Anno domini 1422 in mense Januarii
per magistrum Andream episcopum Byticensem byspanum ord. s.
Benedicti professum.

Ueber den vorgeblichen Autor siehe Bibliothèque générale des
Ecrivains del' ordre de s. Bénoit, wo von diesem Tractat und Epis-
copat nichts zu finden; auch nicht bei Bandini. 3) Bl. 99ᵃ—182ᵇ.
Sermones diversi. Bl. 116ᵇ und 117ᵃ sind Randglossen beigeschrieben.
4) Bl. 183ᵃ—191ᵃ. Nicolaus de dinkelspüchel informatio verae confessionis. Anfang: Secundum magistrum et doctores in quarto d. 16.
tres sunt partes etc. 5) Bl. 191ᵇ—194ᵃ. Sermones tres beati Augustini.
6) Bl. 194ᵇ Sermo de sancta Margaretha. Bl. 195 unbeschrieben. 7) Bl.
196ᵃ—220ᵃ Ecclesiasticus, Bl. 220ᵇ unbeschrieben. 8) Bl. 221ᵃ—230ᵇ
Nicolaus de Dinklabühl super Ecclesiasticum. Anfang: Sapiencia
edificavit sibi etc Sicut eternus artifex sua potencia etc. Unvollständig.
9) Bl. 231ᵃ—245ᵇ. Quaestio christiani contra judaeos. Anfang: Quaeritur utrum ex scripturis receptis a judaeis etc. Bl. 246ᵃ—252ᵇ. unbeschrieben.

XI. 73. Pergamenthandschrift des XII. Jahrh. 113 Blätter in 2ᵒ.
Altes Eigenthum St. Florians.

1) Bl. 1ᵃ—112ᵇ Cassiani libri XII de institutis monachorum.
Mit der gedruckten Ausgabe von Gazaeus verglichen zeigt die Handschrift vortreffliche lectiones variantes. Zwischen Bl. 111ᵇ und 112ᵃ
fehlen einige Seiten. 2) Bl. 112ᵇ—113ᵇ. Vita s. Alexii. Anfang: Fuit
vir rome magnus et nobilis etc. Das Werk ist unvollständig und gibt
bloss Anfang und Ende der Legende. Auf dem vordern Deckel befindet sich das Fragment einer Rechnung aus dem XIV. Jahrh.

XI. 74. Pergamenthandschrift des XI. Jahrh. 153 Blätter in 2ᵒ.
2 Spalten. Altes Eigenthum St. Florians.

1) Bl. 1ᵃ—3ᵇ Origenis expositio in symbolum. Anfang: Bene
incipit a credulitate confessio. Diese Exposition findet sich in der
Maurinerausgabe nicht. 2) Bl. 4ᵃ—94ᵃ Homiliae Origenis in Leviticum.
3) Bl. 94ᵃ—153ᵇ Ejusdem homiliae in Josue. Der Text beider Werke
weicht wenig von der Maurinerausgabe ab und gehört zu den vor-
züglichen. Die beiden Deckel enthalten Fragmente von liturg. Büchern
aus dem XII. und XIII. Jahrh. mit Neumen.

XI. 75. Pergamenthandschrift des XI. und XII. Jahrh. 133 Blätter
in 2ᵒ. Altes Eigenthum St. Florians.

1) Bl. 1ᵃ—2ᵇ. Sermo s. Augustini. Anfang: Modo cum lectio
apostolorum actuum etc. Die Rede befindet sich im V. Bde. II. Th.
der Maurinerausgabe der Werke des heil. Augustin. Die Handschrift
enthält vorzügliche lectiones variantes. Handschr. d. XI. Jahrh. 2)
Bl. 2ᵇ. Brevis exhortatio ad dandam eleemosynam. Anfang: Qui
imaginem regis scriptam etc. Schluss: Absconde eleemosynam in corde

pauperum. Handschr. d. XI. Jahrh. 3) Bl. 3ª—17ª. Disputatio Lu-
ciferiani et Hieronymi orthodoxi. Befindet sich in der Ausgabe des
Vallarsius Tom. II. pag. 171. Die lectiones variantes sind vorzüglicher Art. Handschr. d. XI. Jahrh. 4) Bl. 18ª—44ᵇ. Epistolae s.
Hieronymi. Die Sammlung ist nicht complet. Der Text stimmt mit
dem bei Vallarsius fast ganz überein, aber die Ordnung der Briefe
weicht sehr ab. Handschr. d. XI. Jahrh. 5) Bl. 45ª—101ᵇ. Boethii
consolationis philosophiae libri V. Anfang des I. Buches: Carmina
qui quondam studio etc. Schluss des V. Buches: judicis cuncta cernentis. Mit reichlichen Marginal- und Interlinearglossen. Bl. 101ᵇ
ist eine Tafel, welche die Jahreszeiten und Lebensalter durch Kreise
und Halbkreise versinnbildet. Handschr. d. XI. Jahrh. 6) Bl. 102.
Excerpta quaedam de lectione librorum. Handschr. d. XI. Jahrh. 7)
Bl. 103. Schema coeleste cum inscriptionibus. Handschr. des XI.
Jahrh. 8) Bl. 104. Quaedam ad vitam Boethii spectantia. Handschr.
d. XI. Jahrh. 9) Bl. 105ª. Item notata ad Boethium pertinentia.
Handschr. d. XII. Jahrh. 10) Bl. 105ª. Carmina in laudem Boethii,
mit Glossen. Handschr. d. XII. Jahrh. 11) Bl. 105ᵇ. Rohe Zeichnung des Boethius im Kerker. Ihm zur Seite steht ein Bischof, vielleicht der heil. Augustinus, an dessen Schriften Boethius so viel Ge-
fallen fand. Das Ganze ist von einer Inschrift in Uncialbuchstaben
umgeben. Handschr. d. XII. Jahrh. 12) Bl. 106ª—132ᵇ. Iterum
Boethius de consolatione philosophiae. Es fehlen einige Blätter und
das Blatt 106ª beginnt mit den Worten: esse mutabilem, si nescit
quaenam beata sors esse potest ignorantiae caecitate etc., welche im
II. Buche Prosa IV. gegen das Ende vorkommen. Der Text läuft
nun vollständig bis zum Ende des V. Buches: judicis cuncta cernentis.
Mit Marginal- und Interlinearnoten. Handschr. d. XII. Jahrh. Der
Text dieser und der obigen Handschrift Nr. 5 weicht äusserst selten
von der Ausgabe Bodoni's, Parma 1798 ab. Die Handschrift Nr. 12
ist fehlerfreier. Ueber das Werk siehe Bähr, Gesch. d. röm. Liter.
3. Ausg. 2. Th. p. 488. Bl. 133ª unbeschrieben. 13) Bl. 133ᵇ.
Rohe Zeichnung: den Baum der Wissenschaft mit ihren Verzwei-
gungen vorstellend. Handschr. d. XII. Jahrh.

XI. 76. Pergamenthandschrift des XI. Jahrh. 140 Blätter in 2⁰.
Altes Eigenthum St. Florians.

1) Bl. 1ª—14ᵇ. Liber s. Augustini adversus quinque haereses
Anfang: Debitor sum fateor non necessitate. Es gehört zu den unterschobenen Werken des heil. Augustin. Siehe Maurinerausgabe in
folio tom. VIII. appendix pag. 2. 2) Bl. 14ᵇ—16ᵇ. Sermo s. Augustini. Anfang: De moralibus cottidianum sermonem habuimus etc.
Am Ende unvollständig. Letzte Worte: in hac fide mundo mortuus.
3) Bl. 17ª—54ᵇ. De genesi contra Manichaeos libri duo. Siehe
Maurinerausgabe Tom. I. pag. 646. Anfang: Si elegerint Manichei etc.
4) Bl. 54ᵇ—65ª. Ejusdem de fide catholica. In der Maurinerausgabe Tom VI. 151 ist der Titel: De fide et symbolo. 5) Bl. 65ª—
79ª. Ejusdem de fide contra Manichaeos. Die Handschrift beginnt
ohne Aufschrift: Unus deus pater et filius et spiritus sanctus. Am

Ende fehlen einige Zeilen. Siehe Maurinerausgabe Tom. VIII. appendix pag. 26. 6) Bl. 79ᵃ—99ᵇ. Augustini collatio cum Maximino Arianorum episcopo. Maurinerausgabe Tom. VIII. 649. 7) Bl. 99ᵇ—136ᵇ. Ejusdem contra Maximinum haereticum Arianorum episcopum libri duo. Maurinerausgabe Tom. VIII. 677. 8) Bl. 137ᵃ—140ᵇ. Altercatio Augustini cum Pascentio. Untergeschobenes Werk, siehe Maurinerausgabe Tom. II. appendix pag. 12.

Der Text aller voranstehenden Werke des heil. Augustin weicht von dem der Mauriner nicht viel ab; die Kapiteleintheilung ist aber eine ganz verschiedene. Die Deckel enthalten Fragmente eines Breviariums aus dem XI. Jahrh. mit Neumen.

XI. 77. Pergamenthandschrift aus dem XIII. Jahrh. 156 Blätter in 2°. Altes Eigenthum St. Florians.

1) Bl. 1ᵃ—98ᵃ. Dialogorum b. Gregorii libri quatuor. Anfang: Quadam die dum nimiis quorundam etc. 2) Bl. 98ᵃ. Brevis tractatus de contemplatione. Anfang: Contemplativa vita a contemplando etc. 3) Bl. 98ᵇ—156ᵇ. Smaragdus de diversis virtutibus. Titel: Hunc modicum libellum Smaragdus de diversis virtutibus collegit et ei nomen de Dyadema monachorum imposuit, quia sicut dyadema gemmis ita et hic libellus fulget virtutibus. Prolog: Hunc modicum libellum nostri operis etc. Erstes Kapitel: Hoc est remedium ejus qui etc. Schluss Bl. 156ᵇ: spiritale gaudium habere mereamur. Amen. Hierauf die incorrecten Verse:

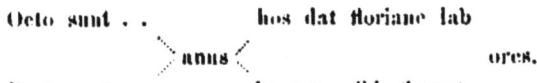

Octo sunt . . . 　　　　hos dat floriane lab
　　　　　　　anus　　　　　　　　　　ores.
Post mortem s　　　　fructus sibi floreat

Auf dem hintern Deckel ist eine oratio de s. Jacobo apostolo (doppelt) aufgeklebt. Handschrift des XIV. Jahrhunderts. Bl. 1ᵃ enthält eine mit Figuren gezierte farbige Initiale. Ueber Smaragdus Bähr. Gesch. d. röm. Lit. Suppl. III. p. 362.

XI. 78. Pergamenthandschrift des XIV. Jahrh. 113 Blätter in 2°. Altes Eigenthum St. Florians.

1) Bl. 1ᵃ—69ᵃ. Dialogorum Gregorii papae libri quatuor. Am Ende: Explicit hic quartus liber. Preceptor verus, vocitatur jure rogerus, Phisicus est omen, agit hoc quod dat sibi nomen. Nam quem rorem (sic), gerat hoc sibi prebet honorem. Nominis unde bonum, crescit domui quasi domum. Bl. 69ᵇ unbeschrieben. 2) Bl. 70ᵃ—108ᵃ. Sermones s. Augustini. Es sind an der Zahl 32 für Festtage des Herrn und der Heiligen. 3) Bl. 108ᵃ—110ᵇ. Regula fratrum domus sancti Lazari. Anfang: Justum et dignum esse dinoscitur etc. Schluss: consulite templares aut hospitalares. Siehe: Richard Dictionaire des sciences ecclés. in folio. unter Lazar. 4) Bl. 110ᵇ—113ᵇ. Vita beatae Marthae. Titel: Incipit gloriosissime Marthe Christi hospite vita a beata Martilla ejus famula et filiola in ebreo prius edita et postea in latinum sermonem per sinticen de ebreo translata. Anfang: Sancte ecclesie typum beata martha etc. Ende fehlt. Der Codex bricht mit

den Worten ab: corpore in terra conversabatur. Das Werk findet sich auch bei Bandini Biblioth. Lauren. Tom. IV. 326.

XI. 79. Pergamenthandschrift des XIV. und XV. Jahrh. 197 Blätter in 2°. Grösstentheils 2 Spalten. Altes Eigenthum St. Florians.

1) Bl. 1ª—7ª. Regula s. Augustini. Sie unterscheidet sich wenig von der Gedruckten. Handschr. d. XIV. Jahrh. 2) Bl. 7ª—48ª. Expositio Regulae s. Augustini; Hugonis. Findet sich ebenso in der Gesammtausgabe der Werke des Hugo a. s. Victore. Handschr. des XIV. Jahrh. 3) Bl. 48ª—51ª. Tractatus duo, de peccato praelatorum, qui indiscrete praecipiunt et de peccato nimis de facili excommunicantium. Anfang: Multa sunt que deberent cohibere etc. Bl. 51ᵇ enthält rohe Zeichnungen. Handschr. d. XIV. Jahrh. 4) Bl. 52ª—69ᵇ. Expositio Regulae s. Augustini. Dieselbe Exposition wie die vorige, aber in 2 Spalten geschrieben. Handschr. d. XIV. Jahrh. 5) Bl. 70ª—79ᵇ. Opusculum fratris David ad juvenem. Anfang: Desiderasti a me karissime ut aliquid etc. Schluss: mente retinebis quod agere compelleria. Das Werk ist gedruckt in Biblioth. max. ss. Patrum Lugdun. Tom. XXV. pag. 868. Der Text unserer Handschrift ist sehr verstümmelt, die Kapiteleintheilung verschieden; die letzten 2 Kapitel aber finden sich nicht im Drucke.

Der Verfasser hiess David de Augusta ord. Min. Siehe Fabricius Biblioth. Eccles. Trithemius de script. ecc. pag. 111. Diese Hands. gehört d. XV. Jahrh. an. 6) Bl. 80ª—81ᵇ. Liber Augustini de honestate. Anfang: Nemo dicat fratres quia etc. Findet sich im Appendix des V. Bds. der venet. Maurinerausgabe pag. 488 als Werk des Caesarius aufgeführt. Handschr. d. XV. Jahrh. 7) Bl. 81ᵇ. Notata quaedam de ministris altaris et de adolescentibus in monasterio viventibus. Daran schliessen sich die Verse: Presbiter in mensa, Christi quid agas bene pensa, Aut tibi vita datur, vel mors eterna paratur. Handschr. d. XV. Jahrh. 8) Bl. 82ª. Allerlei Notata; de quatuor qualitatibus corporis Christi, de die domini, de clamore Christi multiplici, Verzeichniss der „sermones collecti de libro plebani", Verse moralischen Inhalts. Handschr. d. XIV. Jahrh. 9) Bl. 82ᵇ—137ª. Expositio in psalmos incerti autoris. Anfang: Precipua pars instrumenti veteris est liber iste soliloquiorum etc. In 2 Spalten. Handschr. d. XIV. Jahrh. 10) Bl. 137ª—138ª. Allerlei kurze Bemerkungen und Gleichnisse moralischen Inhalts. Handschr. d. XIV. Jahrh. Bl. 138ᵇ—139ᵇ unbeschrieben. 11) Bl. 140ª—145ª. Liber de origine deorum incerti autoris. Anfang: Ad utilitatem omnium genealogiam etc. In 2 Spalten. XIV. Jahrh. 12) Bl. 145ᵇ. Einige grammaticalische Notizen. XIV. Jahrh. 13) Bl. 146. Formulae juris incerti autoris. In 2 Spalten. XIV. Jahrh. 14) Bl. 147ª—151ª. Decretum electionis per formam compromissi et scrutinii a domino hainrico hostiensi cum glossa super idem decretum. In 2 Spalten. XIV. Jahrh. 15) Bl. 151. Formulae juris super electionem praelatorum. In 2 Spalten. XV. Jahrh. 16) Bl. 152ª—176ª. Summula Raimundi de poenitentia. Anfang: Quoniam ut ait beatus Jeronimus etc. Es ist ein Auszug aus der

grossen summa des Raimundus von Penaforte Ord. Praed. In 2 Spalten.
XIV. Jahrh. 17) Bl. 176ᵇ—190ᵇ. Ejusdem Summa de matrimonio.
In 2 Spalten. XIV. Jahrh. 18) Bl. 191ᵃ—197ᵃ. Tractatus brevis
de confessione. In 2 Spalten. XIV. Jahrh. Bl. 197ᵇ unbeschrieben.

Der vordere Deckel ist mit dem Fragment eines Canticum's de
s. regina Chunigunde mit Neumen belegt. Der hintere Deckel enthält
das Fragment eines Tractats de variis temporum et dierum compel-
lationibus ecclesiasticis. Beide gehören dem XIV. Jahrh. an.

XI. 80. Pergamenthandschrift des XIV. Jahrh. 80 Blätter in 2⁰.
2 Spalten. Altes Eigenthum St. Florians.

1) Bl. 1ᵃ—4ᵃ. Canticum Canticorum. Bl. 4ᵇ. unbeschrieben.
2) Bl. 5ᵃ—35ᵇ. Honorius super Cantica Canticorum. Anfang: Symoni donum sapientie cum salomone poscenti Honorius etc. Schluss:
expositori utriusque operis gratias agamus. Bl. 26ᵇ und 30ᵃ enthalten grosse aus vielen Figuren bestehende Miniaturen, welche den
Aufzug der regina Austri und der königlichen Jungfrau Mandragora
vorstellen. Bl. 35ᵇ ist am Schlusse zu lesen: Trecentesimo primo.
XV. Kalendas Octobris. 3) Bl. 36ᵃ—58ᵇ. Postillae in Cantica Canticorum. Anfang: Funiculus triplex difficile rumpitur. Eccles. IV.
Das Werk bricht unvollendet im VIII. Kapitel mit den Worten ab:
et vide intelligendo. inclina aurem. 4) Bl. 59ᵃ. Dialogus s. Augustini
ad Orosium. Ist bloss ein Fragment, welches den Schluss des Dialogs
enthält. 5) Bl. 59ᵇ—62ᵃ. Liber domini Bernardi de militia templi.
Anfang: Hugoni militi Chr. et magistro milicie etc. Bl. 62ᵇ—63ᵇ unbeschrieben. 6) Bl. 64ᵃ—79ᵇ. Gregorius super Cantica Canticorum.
Anfang: Postquam a paradisi gaudiis expulsum etc. Bl. 80 unbeschrieben.

XI. 81. Papierhandschrift des XV. Jahrh. 261 Blätter in 4⁰.
2 Spalten. Alter Besitzer Stift St. Florian.

1) Bl. 1ᵃ. Fragmentum sequentis tractatus de donis spir. s. Ist
von einer andern Hand als der nachfolgende Tractat Nr. 3 geschrieben. 2) Bl. 1ᵇ. Allerlei Vermischtes. Zuerst ein Inhaltsverzeichniss
des codex, dann allerlei Notate geistlichen und weltlichen Inhalts und
einige Verse. 3) Bl. 2ᵃ—51ᵃ. Expositio super septem dona spir. s.
Anfang: Omne datum optimum et omne donum perfectum etc. Schluss:
agi fructuosius aliquid potest quam Deo gratias. 4) Bl. 51ᵃ—67ᵃ.
Domini Hugonis de XII. abusionibus claustri. Anfang: Duodecim sunt
abusiones etc. 5) Bl. 67ᵃ—77ᵇ. Ejusdem claustrum animae. Anfang:
Nosti karissime quia ea que de ordinacione etc. 6) Bl. 77ᵇ. 2 Aus-
sprüche des heil. Augustinus. Darunter steht: Fur, denudator secreti,
nocte viator. Et conspirator, lusor proprii, cumulator. Hos pseudofratres
ius excommunicat omnes. 7) Bl. 78ᵃ—114ᵇ. S. Augustinus de spiritu
et anima. Am Ende eine kurze physiologische Note. 8) Bl. 115ᵃ.
Kurze Auslegung von Daniel cap. VII. v. 13. 9) Bl. 115ᵇ—146ᵇ.
Expositio Antiphonarum ab O incipientium. Am Schlusse: Aurea bis
sena, tibi pomula virgo serena. Atque tuo nato, presento munere grato.
Vergl. XI. 51. N. 4. 10) Bl. 146ᵇ. Nota brevis quibus nominibus

praecepta dei significantur. 11) Bl. 147ᵃ—148ᵃ. Bonum notabile de
oratione. Bl. 148ᵇ—156ᵇ unbeschrieben. 12) Bl. 157ᵃ—227ᵇ. Thomas de Aquino: Tractatus de corpore Chr. Anfang: De sacrosancto
corpore domini locuturi etc. 13) Bl. 227ᵇ—240ᵃ. Sermo specialis de
corpore Chr. sacrosancto. Anfang: Comedite amici mei et inebriamini
Karissimi etc. 14) Bl. 240ᵃ—242ᵃ. Regula sacerdotis ante et post
missam et aliquae auctoritates. 15) Bl. 242ᵇ—258ᵃ. Expositio missae.
Am Ende: Explicit exposicio misse composita per venerabilem doctorem
Henricum de Hassia. 16) Bl. 258ᵃ und ᵇ. Contra bisilpertinos de
gloria filii hominis. 17) Bl. 258ᵇ. Nota quare juxta crucifixum imagines
Marie et Joannis ponuntur. 18) Bl. 259ᵃ. Brevis sententia Gregorii de
iis qui de omni re male judicant. 19) Bl. 259ᵃ—261ᵇ. Moralische
Auslegung mehrerer Stellen der Leidensgeschichte des Herrn. Die
Vorstehblätter vorn und rückwärts enthalten Fragmente eines Tro-
pariums mit Neumen aus dem XII. Jahrh.

XI. 82. Pergamenthandschrift des XII. XIII. und XIV. Jahrh. 189 Blätter in 4°. Altes Eigenthum St. Florians.

1) Bl. 1ᵃ—5ᵃ. Epistola Hincmari ad Carolum Calvum. Stimmt
mit wenigen Ausnahmen mit dem gedruckten in der Gesammtausgabe
Parisiis 1645 Tom. II. pag. 29 überein. Handschr. d. XII. Jahrh.
2) Bl. 5ᵃ—54ᵃ. Epistola beati Gregorii ad Reccardum regem Visi-
gothorum cum aliis collectis sententiis beati Gregorii. Findet sich beinahe Wort für Wort in Hincmari opp. Parisiis 1645 II. Tom. pag. 34.
Handschr. d. XII. Jahrh. Bl. 8ᵃ fehlen einige Zeilen. Bl. 54ᵇ unbeschrieben. 3) Bl. 55ᵃ—78ᵇ. Auctoritates variae ss. Patrum. Es sind
Excerpte aus Augustinus, Hugo, Leo, Gregorius, Haymo, Smaragdus,
Isidorus, Hieronymus, Cyprianus, Origenes, Martinus, Abbt Moyses,
Maximus von Turin etc. Handschr. d. XIII. Jahrh. 4) Bl. 79ᵃ—85ᵇ.

Tractatus contra proprietatem religiosorum. Anfang: Regularium
sive claustralium sacra religio etc. Schluss: distributionem pecuniarum
ipsorum religiosorum. Anno Domini 1389 Benedicti abbatis in Quadragesima. Siehe über dieses Werk Pezius Thes. Anec. Tom. I.
Dissert. Isag. pag. LXXVII, wo er unsere Handschrift bespricht und
sagt: Forte hic unus unicus de hoc argumento genuinus Henrici de
Hassia tractatus est. Handschr. d. XIV. Jahrh. 5) Bl. 85ᵇ—101ᵇ.
Ejusdem Henrici de Hassia epistola contra proprietatem religiosorum.
Anfang: Ecce nos reliquimus omnia etc. Novistis patres dilectissimi
in Domino etc. Schluss: sapiens et bonus auditor. Explicit tractatus
Hainrici de Hassia. Handschr. d. XIV. Jahrh. 6) Bl. 102ᵃ—108ᵇ. Scutum
Canonicorum regularium, item quaedam apologia contra detractores
Canonicorum reg. Anfang: Subsequens opusculum quod scutum etc.
Das Werk ist in unserer Handschrift unvollendet. Die letzten Worte
sind: et lupo cum agno con. — Vollständig findet sich dasselbe bei
Duellius Miscellanea Aug. Vind. et Graecii 1723. Der Verfasser war
Arno Probst von Reichersberg gest. 1175. Handschr. d. XIV. Jahrh.
Bl. 109ᵃ—110ᵇ unbeschrieben. 7) Bl. 111ᵃ—145ᵇ. Summa Raymundi
de matrimonio. Anfang: Quoniam frequenter in foro penitentiali etc.

Handschr. d. XIII. Jahrh. 8) Bl. 145ᵇ. Einige Zeilen über Henoch. Anfang: Enoch ambulavit cum deo. Handschr. d. XIII. Jahrh. 9) Bl. 146ᵃ. Notatum breve de septem sacramentis, de X praeceptis et de VII operibus misericordiae. Handschr. d. XIII. Jahrh. 10) Bl. 146ᵇ. Epistolae aliquot breves dignitarii alicujus ecclesiastici ad morum disciplinam spectantes. Handschr. d. XIII. Jahrh. 11) Bl. 146ᵇ. De charactere mystico lapidum quorundam pretiosorum. Handschr. d. XIII. Jahrh. 12) Bl. 147ᵃ—162ᵇ. Notata varia. Theils Excerpte aus Vätern, theils kurze Notizen aus dem Bereiche der Dogmatik, Moral, des Kirchenrechtes etc. Bl. 163ᵃ unbeschrieben. Handschr. d. XIII. Jahrh. 13) Bl. 163ᵇ—171ᵇ. Boethius de s. Trinitate. Anfang: Investigatam diutissime questionem etc. Handschr. d. XII. Jahr. 14) Bl. 171ᵇ—174ᵇ. Ejusdem liber de substantialitate. Anfang: Postulas ut ex ebdomadibus etc. Dieses Werk ist unvollständig und fehlen beiläufig 8 Blätter. Handschr. d. XII. Jahrh. 15) Bl. 174ᵇ—188ᵇ.

Ejusdem de duabus naturis in Christo. Anfang: Anxie te quidem diuque sustinui etc. Schluss: perscribet, approbat, commendat. Handschr. d. XII. Jahrh. Bl. 189ᵃ unbeschrieben. Bl. 189ᵇ Verzeichniss der in diesem Codex enthaltenen Werke aus dem XV. Jahrh. Die Deckel enthalten Fragmente eines scholastischen Tractats de peccato aus dem XII. Jahrh.

XI. 82. A. Papierhandschrift des XIX. Jahrh. 164 Seiten in 4°. Ursprünglicher Besitzer St. Florian.

Die allgemeinen Grundsätze der wahren menschlichen Auslegung von Michael Arneth Probst von St. Florian. Abschrift von dem Verfasser durchgesehen und mit zahlreichen Randnoten versehen, die bei der 2. Ausgabe des Werkes Linz. 1853 benützt wurden.

XI. 82. B. Papierhandschrift des XIX. Jahrh. 3 Bände in 4°. zu 532, 372 und 290 Seiten. Ursprünglicher Besitzer St. Florian.

Die allgemeinen Grundsätze der wahren menschlichen Auslegung dargestellt und vorzüglich zum Behuf der Sachauslegung der Bücher des N. B. erläutert. 1838. Erstes zum Theil eigenhändiges Manuscript desselben Werkes mit zahlreichen und sehr ausführlichen Beilagen, welche in die gedruckten Ausgaben Linz. 1849 und 1853 nur zum kleinsten Theile übergegangen sind.

XI. 83. Pergamenthandschrift des XV. Jahrh. 261 Blätter in 2°. 2 Spalten. Altes Eigenthum St. Florians.

Summa confessorum fratris Joannis lectoris ord. Praedicatorum. Anfang: Quoniam dubiorum nova cotidie difficultas etc. Anfang des titulus primus: Quoniam inter ecclesiastica crimina symoniaca heresis etc. Die Handschrift enthält sehr viele mit Farben verzierte Initialen. Der Autor ist der Predigermönch Johannes von Freiburg. Siehe Echard Script. Or. Praed. I. 523.

XI. 83. A. Pergamenthandschrift des XV. Jahrh. 207 Blätter in 2°. 2 Spalten. Alter Eigenthümer Stift St. Florian.

Summa diversorum casuum, ordine alphab. Der Verfasser ist Bartholomaeus von Pisa; siehe Echard de sript. Ord. Prd. Tom. I. pag. 623. Anfang: Quoniam ut ait Gregorius super Ezechiel etc. Am Ende: Explicit summa diversorum casuum 1401. Darauf folgen Erklärungen der Abbreviaturen und ein sehr sorgfältig gearbeitetes Kapitelverzeichniss. Die Initialen sind wechselnd blau und roth gemalt.

XI. 84. Papierhandschrift des XV. Jahrh. 518 Blätter in 2°. 2 Spalten. Altes Eigenthum St. Florians.

Nicolai Dünklspühl commentarius in librum quartum sententiarum. Anfang: In nomine dei patris et filii et spiritus sancti. Cum desiderarem vestris caritatibus etc. Schluss: honor et virtus et fortitudo per infinita seculorum secula Amen et finis.

Die Vorstehblätter vorn und rückwärts sind Fragmente hebräischer Handschriften.

XI. 85. Papierhandschrift des XV. Jahrh. 287 Blätter in 2°. 2 Spalten. Alter Besitzer Stift St. Florian.

Quaestiones super IV. librum sententiarum. Anfang: Circa distinctionem primam quarti sententiarum moneo etc. Schluss: concedat id sedens super solium excelsum in secula benedictus. Amen.

An dem hintern Deckel ist eine deutsche Rechtsurkunde, ausgestellt anno 1426 von einem gewissen Achaz Haymel, angeklebt. Zeugen: Der Edl Larenz der Harrasser zu Grazz und Maister Urbanus Pharrer zu Stain a. d. Donau.

XI. 86. Papierhandschrift des XV. Jahrh. 296 Blätter in 2°. 2 Spalten. Auf dem Vorstehblatt ist zu lesen: Ex bibliotheca Ottenpurrensi S. S. Alexandri et Theodori.

Anonymi summa de Virtutibus. Anfang d. Prologes: Presens opus habet quinque partes etc. Schluss: parentes nostri coelestem hereditatem. Folgt ein alphabetisches Inhaltsverzeichniss. Der Verfasser war nach fol 3ᵇ. aus dem Predigerorden. Vergl. XI. 136.

XI. 87. Pergamenthandschrift des XV. Jahrh. 193 Blätter in 2°. 2 Spalten. Altes Eigenthum St. Florians.

1) Bl. 1ᵃ—46ᵇ. Tractatus Anonymi de nomine Jesu. Anfang fehlt. Der codex beginnt mit den Worten: salo infatuatus est. Scriptura que non fuerit interlita oleo taute devocionis etc. Schluss: ita revereri suum nomen Jesu ut per ipsum vitam eternam consequi mereamur. Siehe codex XI. 95. 2) Bl. 46ᵇ—193ᵇ. Tractatus de amore Jesu fratris umberti lambardi. Anfang des Prologs: Quum multa artificiosa opera etc. Anfang des Tractats: Diliges dominum deum tuum etc. Die Vorstehblätter vorn und rückwärts enthalten Fragmente eines Antiphonarium's mit Neumen aus dem XII. Jahrh.

XI. 88. Papierhandschrift des XV. Jahrh. 322 Blätter in 2°. 2 Spalten. Erster Besitzer: Augustinus Seevogl Pfarrer in Ranna, später Chorherr von St. Florian.

1) Bl. 1 —2ᵇ. Tractatus Anonymi super illud: Miserere mei

dens secundum etc. Der Tractat beginnt: Septem sunt defectus impellentes etc. Das Ende fehlt. Der Text bricht mit den Worten ab:
hic nuntius praeparat. Bl. 2ᵇ unbeschrieben. 2) Bl. 3ᵃ—44ᵇ Tractatus de decem praeceptis. Anfang: Audi israel precepta domini et
ea etc. Schluss: quod vinum nobis meritis gloriose virginis Marie
prestare dignetur ejus filius qui etc. Der Tractat ist nach Denis vol.
II. pars I. 280 von Heinricus de Vrimaria, wird aber in unserer Handschrift fol. 44ᵇ dem Henricus de Hassia zugeschrieben. Vergl. XI.
146. N. 3. 3) Bl. 44ᵇ—54ᵃ. Tractatus Henrici de Hassia anepigraphus.
Anfang: Tibi dabo claves regni celorum Mat XVI. Verbum hoc cuilibet datur confessori etc. Der Tractat handelt von der Beicht. Am
Ende steht: Explicit Tractatus egregii professoris Sacre theologie
Magistri Henrici de Hassia. 4) Bl. 54ᵇ—67ᵃ. Sermones duo de poenitentia et de passione Domini. Anfang der ersten Rede: Auditu auris
audivi nunc etc. Anfang der zweiten: Egressus Jesus trans torrentem
etc. 5) Bl. 67ᵇ—137ᵇ. Tractatus Anonymi de symbolo. Anfang: Pro
tabula exposicionis symboli est sciendum etc. Der Prolog beginnt:
Beatitudo est duplex creata et increata. Auf dem Vorstehblatt, welches
ein Verzeichniss des Inhalts aus dem XV. Jahrh. enthält, heisst es:
Alius tractatus qui sic incipit: Pro tabula exposicionis Symboli est
sciendum. Est expósicio symboli pulchra. Bl. 138ᵃ—143ᵇ. unbeschrieben. 6) Bl. 144ᵃ—177ᵃ.

Sermones. Es ist eine Reihe von Predigten über das Gebet überhaupt und das Pater noster insbesondere. Die Hand ist eine andere.
Der Indexverfertiger hat auf dem Vorstehblatt dazu geschrieben:
Dinknspühl. Bl. 177ᵇ—178ᵇ unbeschrieben. 7) Bl. 179ᵃ—222ᵃ. Trac-
tatus anepigraphus. Anfang: Incipit tractatus de quinque sensibus et
primo praeambulus M. Th. de haslbach. Quanta mala incurrunt qui etc.
Schluss: devotas expostulo preces pro mercede. Andere Schrift. Bl.
222ᵇ—226ᵇ unbeschrieben. 8) Bl. 227ᵃ—238ᵃ. Tractatus anepigraphus.
Anfang: Quia salvator tangit de penis et tristiciis inferni etc. Schluss: ista
mala divina gracia adjuvante vincamus. Handelt von den Höllenstrafen.
Die Hand ist eine andere. Bl. 238ᵇ unbeschrieben. 9) Bl. 239ᵃ—248ᵇ.
Sermo bonus de corpore Christi. Aufang: Parasti in conspectu meo mensam
etc. 10) Bl. 248ᵇ-256ᵇ. Quaestiones Johannis Munzinger de corpore Christi.
Anfang: In exordio presentis negocii deo etc. 11) Bl. 256ᵇ—262ᵃ.
Sermo de dedicatione templi. Aufang: Ingressus Jesus perambulabat
Jericho etc. Der Indexverfertiger auf dem Vorstehblatt setzt hinzu:
puto haslpach. 12) 263ᵃ—265ᵃ. De modo confessionis et absolucionis
magistri Johannis Gerson Cancellarii Parisiensis. Anfang: Confessio sacramentalis fundatur in solo etc. 13) Bl. 265ᵇ—271ᵇ. Tractatus magistri
Johannis Gerson cancellarii Parisiensis de pollutionibus. Aufang: Dubitatum est apud me frequenter etc. 14) Bl. 272ᵃ—322ᵇ. Tractatus de lepra
morali magistri Johannis Nider fratris. Anfang: Olim deum legimus in levitico etc. Der Indexverfertiger sagt: Tractatus de lepra morali magistri
Johannis Nider, sequuntur descripciones omnium viciorum capitalium
cum filiabus suis et decem preceptorum et plurima dubia de matrimonio usque ad finem cum sua tabula premissa. Am Ende: Anno domini 1455 in vigilia s. Thome ap. J. Chr. Auf der inuern Seite des

vordern Deckels sind mehrere Gedächtnissverse über die Apostel, die heil. Messe etc.

XI. 89. Papierhandschrift des XIV. und XV. Jahrh. 237 Blätter in 2°. 2 Spalten. Altes Eigenthum St. Florians.

1) Bl. 1ª—222ª. Summa Pisani. Es ist dieselbe wie codex XI. 83. A. Am Ende steht: Finis summe pysani. Anno domini 1386 in die animarum. 2) Bl. 222ª—222ᵇ. Dilucidatio quaestionis, an religiosi ad quartam solvendam teneantur curatis et ecclesiarum plebanis de funeribus apud eos sepultis. Darauf folgt Bl. 222ᵇ—224ᵇ ein alphabetischer Index über die summa Pysani. 3) Bl. 224ᵇ Nota brevis de iis qui faciunt votum solenne. XV. Jahrh. 4) 225ª—226ª. Breves notitiae de jubilaeo et de sponsalibus. Bl. 226ᵇ unbeschrieben. XV. Jahrh. 5) Bl. 227ª—231ª. Apparatus domini Johannis Andreae super quarto decretalium. 6) Bl. 231ª—235ª. Lectura arboris consanguinitatis domini Johannis Andreae. 7) Bl. 235ª und ᵇ. Arbores consanguinitatis et affinitatis. 8) Bl. 236ª—237ª. Quaestiones de sponsalibus, de matrimonio, de iis, qui sacramenta respuunt in fine vitae. XV. Jahrh. 9) 237ᵇ. Epistola Thomae abbatis Lambacensis ad Canonicum s. Floriani Wolfgangum Kerspekeh, ejusque responsio. Der Brief enthält eine Anfrage wegen eines Versehens bei der heil. Messe und gehört dem XV. Jahrh. an.

Das Vorsetzblatt am Schlusse des codex enthält allerlei Notizen kirchenrechtlicher oder moralischer Natur aus dem XV. Jahrh.

Auf dem vordern Deckel ist das Fragment einer grammaticalischen Glosse, auf dem hintern Deckel das Fragment eines medicinischen Tractats, beide aus dem XIV. Jahrh., aufgeklebt.

XI. 90. Papierhandschrift des XIV. Jahrh. 261 Blätter in 2°. 2 Spalten. Altes Eigenthum St. Florians.

Summa Pisani. Es ist dieselbe wie XI. 83. A, und XI. 89. Am Ende ist zu lesen: Explicit summa juris de casibus conscientiae. Consumatum fuit hoc opus in civitate pyzana per fratrem Bartholomaeum ord. Praed. doctorem decretorum anno dom. 1338 die mensis decembris tempore sanctissimi patris et dom. dom. benedicti pape XII. Praedictus autem frater Bartholomaeus compositor hujus operis obiit anno Dom. 1347 die Julii. Et reportata est sub anno dom. 1369 per vicentium Karintheacum. Bl. 1ª—4ª ist ein Register, an dessen Ende: Explicit Registrum summe Pysani, und mit rother Schrift: Virtus, Justitia, Clerus, Mammon, Symonia; Cessat, Calcatur, Errat, Regnat, Dominatur. Auf dem vordern Deckel ist das Fragment eines Missale mit Neumen aus dem XII. Jahrh. aufgeklebt.

XI. 91. Papierhandschrift des XV. Jahrh. 131 Blätter in 2°. 2 Spalten. Altes Eigenthum St. Florians.

Summa Innocentii Magni Papae IV. de poenitentia. Am Ende: Completum est per dominum Johannem de Rubia valle anno Domini 1438. Anfang: Cum miserationes Domini sint super etc. Siehe Lambecius Bibl. C. Edit. Vind. 1766. Tom. II. pag. 650. Die Literär-

historiker Fabricius, Hamberger, Cave, Wolte's Kirchenlexicon wissen
nichts von einem solchen Worke Innocenz IV.

XI. 92. Papierhandschrift des XV. Jahrh. 315 Blätter in 2°.
2 Spalten. Alter Eigenthümer unbekannt.

Nicolai de Dinckelspühl super IV libros sententiarum. Anfang:
Cupientes aliquid de penuria etc. Schluss des IV. Buches: culpe que
fuit in auima et in corpore.

XI. 92. A. Papierhandschrift des XV. Jahrh. 371 Blätter in 2°.
2 Spalten. Alter Besitzer Stift St. Florian.

1) Bl. 1ᵃ—4ᵇ. Manipulus curatorum. Fol. 1ᵃ. Incipit liber
qui dicitur manipulus curatorum editus a magistro Gwidone de monte
Rotheri in civitate Thuroli. Ueber den Author siehe Fabric. Bibl.
med. aet. Guido de monte Rotherii und Busse Grundriss d. chr. Liter.
II. Theil S. 280. Der Prolog beginnt: Quoniam ut ait Malachias propheta etc. Die Handschrift bricht fol. 4ᵇ unvollendet ab: removeatur
ista litera s vel aliquid clausulae talis. Bl. 5ᵃ—12ᵇ unbeschrieben.
2) Bl. 13ᵃ—258ᵃ. Sermones per circulum anni. Bl. 258ᵇ—265ᵃ
unbeschrieben. 3) Bl. 265ᵃ—348ᵃ. Expositio symboli apostolorum.
Anfang: Pro tabula exposicionis symboli apostolorum etc. Der Prolog
fol. 269ᵃ beginnt: Venite ambulemus in lumine dei nostri. Isaie 11.
Es ist derselbe Tractat mit XI. 88. fol. 67ᵇ. Bl. 348ᵇ unbeschrieben.
4) Bl. 349ᵃ—360ᵇ. Brevis expositio argumenti librorum Vet. Test.
et de historiis ibi occurentibus. Anfang: Legitur in libro judicum
quod sampson etc. Schluss: Expliciunt hae hystoriae post festum
michahelis anno 1412. 5) Bl. 361ᵃ—364ᵇ. Tractatus parvus de indulgentiis. Anfang: Utrum indulgencie date in vita ista prosint etc
6) Bl. 365ᵃ—366ᵃ. Notatum de operibus bonis et mortuis. Am
Schlusse: Wernhardus. O homo sit tibi conscientia accusatrix, benivola
testis, ratio judex, voluptas carcer, timor tortor, oblectamentum tor-
mentum et non peccabis. 7) Bl. 366ᵇ—371ᵃ. Tractatus de purgatorio. Anfang: Utrum ponere purgatorium sit necessarium etc.

XI. 93. Papierhandschrift des XV. Jahrh. 392 Blätter in 2°
2 Spalten. Altes Eigenthum St Florians.

Malogranatum seu Tractatus de triplici statu religiosorum, videlicet
incipientium, proficientium et perfectorum. Das erste Capitel beginnt:
Sancta trinitas pater et filius et spiritus sanctus etc. Am Ende steht
die Jahrzahl, wann die Handschrift vollendet wurde: 1422. Der Autor ist Gallus Abt des bei Prag gestifteten Cisterzienserkloster's Kö-
nigssaal (Aula regia) der um 1370 lebte. Siehe Busse, Grundriss d.
chr. Lit. II. Th. Seite 315 und Maittaire Annales Typogr. Tom. I.
Pars prior p. 485. Die innere Seite des hintern Deckels zeigt das
Fragment einer hebraeischen Handschrift; sehr· grosse Charaktere von
grosser Schönheit.

XI. 94. Papierhandschrift des XIV. Jahrh. 254 Blätter in 2°.
2 Spalten. Altes Eigenthum St. Florians.

Anonymi expositio super libros sententiarum. Anfang: Circa li-
rbum sententiarum queritur, utrum etc. Schluss: et sic est finis por

onm qui est alpha et o, principium et finis Jesus Chr. etc. Die Deckel sind mit Predigtfragmenten aus dem XIV. Jahrh. auf Pergament bekleidet.

XI. 95. Papierhandschrift des XV. Jahrh. 155 Blätter in 2°. 2 Spalten. Altes Eigenthum St. Florians.

1) Bl. 2ᵃ—40ᵃ. Anonymi de Nomine Jesu. Anfang: Cum nomen Jesu mellifluum omni nomini etc. Schluss: ita revereri piissimum nomen Jesu ut per ipsum vitam eternam consequamur.

Der Autor hat Alles, was zur Empfehlung des Namens Jesu dienen kann, aus den heil. Schriften unter zahlreichen Unterabtheilungen zusammengetragen. 2) Bl. 40ᵃ—155ᵇ. Tractatus de amore Jesu fratris Umberti lambardi. Anfang: Quum multa artificiosa opera virorum etc. Schluss: transformemur a claritate in claritatem etc.

Die beiden Vorsetzblätter vorn und rückwärts enthalten Fragmente eines ascetischen Tractats auf Pergament aus dem XIII. Jahrh. Auf den Deckeln sind Fragmente eines ascetischen Tractats auf Pergament, welche dem XIV. Jahrh. angehören.

XI. 96. Papierhandschrift des XV. Jahrh. 310 Blätter in 2°. 2 Spalten. Altes Eigenthum St. Florians.

1) Bl. 1ᵃ—8ᵇ. Modus devote recitandi horas canonicas. Anfang: Urbanus Episcopus servus servorum dei etc. Bl. 9ᵃ—12ᵃ unbeschrieben. 2) Bl. 12ᵇ—59ᵇ. Speculum humanae salvationis. Für die zu diesem Werke nothwendigen Bilder ist auf jedem Blatte der erforderliche Raum gelassen, aber nur fol. 12ᵇ und 36ᵃ finden sich wirklich rohe Federzeichnungen. Anfang: Incipit speculum humane salvacionis in quo patet etc. metrice. 3) Bl. 60ᵃ—85ᵇ. Tractatus de decem praeceptis. Anfang: Audi israhel precepta domini et ea in corde etc. Zu vergleichen XI. 146. Nr. 3. Siehe Denis vol. II. pars. I. 280. 4) Bl. 85ᵇ—94ᵇ. De septem gradibus ascensionis ad Deum fratris et domini Bonaventurae Cardinalis. Anfang: In principio primum principium a quo etc. 5) Bl. 94ᵇ—99ᵃ. Leonis papae epistola ad Eutychen de fide catholica. Anfang: Leo papa episcopus ad filios ecclesie etc. 6) Bl. 99ᵇ—117ᵃ. Lucidarius bonus. Ueber verschiedene Fragen der katholischen Lehre. Anfang: Fuit quidam magister habens discipulum etc. 7) Bl. 117ᵃ—120ᵇ. Tractatus de visitatione beatae Virginis Mariae. Est ist ein opus anepigraphum und beginnt: Exurgens Maria abiit in montana etc. Es schliesst: a radice pullulant bona omnium virtutum. 8) Bl. 121ᵃ—166ᵇ. Tractatus passionum Jesu Chr. qui intitulatur fasciculus mirae. Anfang: Beatus qui intelligit super egenum etc. 9) Bl. 167ᵃ—179ᵃ. Tractatus de via ad veram sapientiam. Anfang: Ecce descripsi eam tripliciter prov. 26. etc. Am Ende: Explicit Itinerarium mentis in se ipsum editum per dominum Bonaventuram Cardinalem. 10) Bl. 179ᵃ—180ᵇ. Quae in missae celebratione a quolibet sacerdote observanda sint et notata quaedam Bonaventurae de horis canonicis et de significatione indumentorum sacerdotalium. 11) Bl. 181ᵃ—187ᵇ. Henric

de Hassia tractatus super Pater noster et Ave Maria. Anfang: Reverendo in Chr. patri ac domino Erhardo Episcopo Wormaciensi Henricus
de Hassia etc. 12) Bl. 188ᵃ—191ᵇ. Tractatus juris canonici. Anfang: Supraseriptae quaestiones formatae per magistros etc. 13) Bl.
192ᵇ—194ᵇ. Speculum salvationis humanae. Anfang: Incipit prohemium cujusdam novae consolacionis etc. Ohne Bilder in Prosa. 14)
Bl. 194ᵇ—214ᵃ. Tractatus de instructione confessorum. Anfang:
Simpliciores et minus expertos confessores etc. 15) Bl. 214ᵃ—217ᵇ.
Interpretationes nominum Sanctorum. Dieselben beginnen mit Andreas
und enden mit Katherina. 16) Bl. 218ᵃ—226ᵇ. Sermo Henrici de
Hassia ad Canonicos regulares. Anfang: Ecce nos reliquimus omnia
et secuti sumus te. Am Ende steht: Ach trew und stet, hat der wint
hin gewet. Explicit sermo ad Canonicos regulares super tractatum
per venerabilem Magistrum Henricum de Hassia felicis memorie editum.
17) Bl. 226ᵇ—240ᵇ. Henricus de Hassia: Tractatus de falsis pro-
phetis. Anfang: Venerabili patri ac domino Gregorio sancte Salzburgensis ecclesie preposito etc. Am Ende: Explicit Tractatus de falsis
profetis Magistri Henrici de Hassia. Scriptus ac finitus per Thomam
Zwingndorfer sub anno Domini 1411 in die sanctae Marthae quae fuit
hospes Christi. 18) Bl. 240ᵇ—241ᵃ. Oratio bona. Anfang: O verbum incarnatum. Schluss: ut mecum sit intercessio trinitatis atque
resurrectio omnis per eum qui etc. 19) Bl. 241ᵃ—242ᵃ. Exhortatio
ad sacerdotes qui raro legunt missas. Anfang: Eja vos sacerdotes
pincerne verbi salvacionis. Bl. 242ᵇ unbeschrieben. 20) Bl. 243ᵃ—
246ᵃ. Tractatus de passione. Anfang: Benedictum liguum per quod
fit justitia. 21) Bl. 246ᵃ—254ᵃ. Sermo de ascensione Domini. Anfang: Sic veniet quemadmodum etc. Act. apost. cap. I. Sicut novistis
domini et patres etc. Am Ende: Explicit sermo de ascensione domini
praedicatus per magistrum Henricum de Hassia: 22) Bl. 254ᵃ—256ᵃ.
Planctus Orienis (Origenis). Anfang: In afflictione et dolore animi
incipio etc. 23) Bl. 256ᵃ—265ᵃ. Tractatus de modo praedicandi.
Anfang: Quatuor sunt regulae sacrae scripturae etc. 24) Bl. 265ᵃ.
Cisiojanus. 25) Bl. 265ᵇ. Quaestio utrum in sola panis materia
eucharistia possit communicari. 26) Bl. 265ᵇ. Nota quod sunt septem
de essentia hominis. 27) Bl. 266ᵃ—293ᵇ. Jacob von Cassalis: Das
spil das da hayzt Schachzabel. Deutsch mit vielen rohen Mahlereien;
in Prosa abgefasst. Anfang: Ich Brueder Jacob von Cassalis prediger
orns etc. Siehe Panzer Annalen I. 96. Ueber den Verfasser vergl.
XI. 152. Nr. 10. 28) Bl. 293ᵇ—297ᵃ. Tractatus de confessione.
Anfang: Confiteor Deo patri omnipotenti etc. Am Ende: Explicit
confessio bona et utilis. 29) Bl. 297ᵃ ᵘⁿᵈ ᵇ. Septem diaboli patroni
septem vitiorum capitalium. 30) Bl. 298ᵃ—299ᵃ. Doctrina magistri
Petri inquisitoris. Est ist eine mannigfaltige Auslegung des Pater
noster. 31) Bl. 299ᵇ. Arbor vitiorum. 32) Bl. 300ᵃ—310ᵇ. Tractatus de arte rhetorica. Anfang: Tabula rethoricalis ad omnes per-
sonas. Einen Tractat verwandten Inhalts siehe XI. 279. Nr. 8. Auf
dem vordern Deckel befinden sich die Vortheile des Breviergebetes
auf Schilden dargestellt, welche auf einem üppig grünem Baume auf-
gehängt sind. Aus derselben Zeit.

XI. 97. Papierhandschrift des XIV. Jahrh. 314 Blätter in 2°. 2 Spalten. Altes Eigenthum St. Florians.

1) Bl. 1ª—45ª. Liber de praeparatione cordis. Anfang: Preparate corda vestra domino etc. 2) Bl. 45ᵇ—73ª. Tractatus de oculo spirituali et morali sive animae. Anfang: Si diligenter voluerit in lege domini meditari etc. Am Ende ist zu lesen: Explicit tractatus de oculo morali a doctore profundo Magistro Thoma Bragwardin ut fertur editus. Bei Fabricius und Hamberger, bei Cave, Quétif und Busse kommt dieser Tractat unter den Werken des Bradwardinus nicht vor. Bei Hain vol. II. pars. I. pag. 162 wird in einer von Sorg in Augsburg besorgten Ausgabe der Autor genannt: Johannes Pithsanus archiepiscopus Cantuariensis ord. fratrum minorum. 3) Bl. 73ª—76ª. Glossa de dedicatione ecclesiae. Anfang: Quesitum fuit a nicolao papa romano colleginm etc. 4) Bl. 76ª—78ᵇ. Sermo de s. Johanne Baptista magistri Hainrici de Oyta. Anfang: Quis putas etc. 5) Bl. 78ᵇ—82ª. Sermo de corpore Christi; miliczii von zweiter Hand. Anfang: Caro mea vere est cibus etc. Ueber Joh. Milicz siehe Welte Kirchenlexicon. Bd. VII. 145 und Codex XI. 311. Bl. 82ᵇ unbeschrieben. 6) Bl. 84ª—91ª. S. Bernardus de diligendo deum. Anfang: Viro illustri domino haimerico etc. 7) Bl. 91ª—105ᵇ. Richardus de statu interioris hominis. Anfang des Einganges: Sero quidem misi quod petenti etc. Der Verfasser ist Richardus de St. Victore. 8) Bl. 105ᵇ—108ᵇ. Sermones venerabilis ugonis. Anfang: Vidit Jacob in sompnis scalam etc. 9) Bl. 109ª—156ᵇ. Tractatus super: Missus est; Augustini de Anchona ord. Eremitarum s. Augustini. Anfang: Quatuor mihi etc. 10) Bl. 156ᵇ—179ª. Dicta magistri et doctoris Alberti Magni super Ave Maria. Anfang: Quoniam ut dicit beatus Jeronimus etc. Siehe XI. 101. Nr. 2. 11) Bl. 179ª—189ᵇ. Lectiones per totam hebdomadam b. Brigittae. Bl. 179ª: Incipit sermo angelicus de excellentia beate virginis, quem angelus dictavit beate Brigide ex precepto dei et ipsa ex eodem precepto devote conscripsit, qui debet legi in matutinis divisim per ferias hebdomadae per totum annum ecclesiasticum ut infra sequitur. Anfang: Cum beata virgitta principissa de regno swecie etc. Siehe darüber Richard Dictionaire des sciences Ecclésiastiques und Catol. Manuscr. Mittarelli Venetiis fol. pag. 191. 12) Bl. 189ᵇ—194ª.

Orationes Urbani papae V. de Beata Virgine. Die Erste beginnt: Domine Jesu Christe concede etc. Von der Letzten: O bone Jesu agnosce etc. heisst es: Hanc orationem quicunque devote dixerit, Urbanus papa V. auctoritate apostolorum potri et pauli veniam et indulgenciam per trienium impartitur. 13) Bl. 194ª—206ª. Liber meditationum sive orationum Domini Cardinalis et Doctoris Bonaventurae qui imago vitae nominatur. Anfang: Flecto genua mea ad patrem etc. 14) Bl. 206ᵇ—250ª. Sermones varii s. Augustini. 15) Bl. 250ª—253ᵇ. Sermones duo beati Johannis episcopi. 16) Bl. 254ª—262ª. Homiliae aliquot venerabilis Bedae. Bl 259ᵇ unbeschrieben. 17) Bl. 262ª—270ᵇ. Sermones aliquot beati Augustini. 18) Bl. 271ª—307ᵇ. Liber de septem profectibus religiosorum. Anfang: Profectus religiosorum septem distinguuntur etc. 19) Bl. 308ª—314ᵇ. Sermones de Beata quatuor;

am obern Rande miliczii. Auf der innern Seite des hintern Deckels
befinden sich 8 Artickel ungenannter Ketzer verzeichnet. Der Erste
lautet: Quod in fide nostra vi sacramentorum nostrorum non salva-
rentur nisi parvuli baptizati et non adulti. Handschr. d. XIV. Jahrh.
Am obern Rande daselbst findet sich die Notiz, dass dieses Buch
von einem gewissen Pfarrer in Münster anno 1386 um 7 Gulden
weniger 4 Groschen gekauft worden sei.

XI. 98. Papierhandschrift des XIV. Jahrh. 222 Blätter in 2°.
2 Spalten. Altes Eigenthum St. Florians.

1) Bl. 1ᵃ—92ᵃ. Summa Raymundi. Anfang: Omnem scientiam et
doctrinam sacra scriptura etc. Am Ende: Et sic est finis hujus operis
videlicet Summe Reymundi reportatae per Johannem de Vielsa finitae
hora quasi vespertina quarta feria ante purificationem virginis anno
1399. 2) Bl. 92ᵇ. Nota brevis de matrimonii dissolutione. Bl.
93ᵃ—95ᵇ unbeschrieben. 3) Bl. 96ᵃ—117ᵇ. Tractatus contractuum
Magistri Hainrici de Oyta wienne collectus. Anfang: Diligite justi-
ciam qui judicatis terram etc. Ueber den Autor siehe Scriptores Universitatis Viennensis pars. I. pag. 58. Bl. 117ᵇ—118ᵇ unbeschrieben.
4) Bl. 119ᵃ—152ᵇ. Tractatus contractuum Magistri Hainrici de Hassia
in studio wienuensi reportatus. Anfang: In sudore vultus tui vesceris
pane tuo. Schluss: Ne ex subita immutatione pejora fierent. Siehe
Denis Pars I. vol. I. 818, 819. Bl. 153ᵃ—154ᵇ unbeschrieben. 5) Bl.
155ᵃ—198ᵇ. Summa de casibus. Est ist ein Commentar zu einer
grösseren Summa und beginnt: Labia sacerdotis custodiunt scientiam
etc. Mal. II. Hic duo describuntur, quo debeut esse in sacerdote etc.
Siehe XI. 106. N. 1. 6) Bl. 199ᵃ—205ᵃ. Arboris consanguinitatis et
affinitatis expositiones per magistrum Johannem Andree (sic) traditae.
Dieselben beginnen Bl. 201ᵃ: Circa lecturam arboris consanguinitatis
etc. Voraus gehen einige Verse, die auf Verwandtschaft und Schwäger-
schaft Bezug haben und dem Johannes Andree und Johannes de Deo
doctoribus decretorum zugeschrieben werden. Auf die Verse folgen
Abbildungen der Geschlechtsbäume. Die Verse beginnen: Arbor habet
cellas quadraginta etc. 7) Bl. 205ᵇ—206ᵃ. Commendatio matrimonii.
Anfang: Duodecim sunt quibus matrimonium etc. 8) Bl. 206ᵇ—210ᵇ.
Tractatus Anonymi de confessione. Anfang: Confiteor deo patri
omnipotenti etc. Schluss: quia hilarem datorem diligit deus. Explicit confessio bona et utilis. Bl. 211ᵃ—213ᵇ unbeschrieben. 9) Bl. 214ᵃ—220ᵃ.
Tractatus anepigraphus. Anfang: Incipit epistola translata de
Arabico in latinum per fratrem Alphonsum hyspanum ord. predicatorum etc. Ein Paar Zeilen später: Epistola quam scripsit magister
Samuel Judaeus seu israelita oriundus de Seiz civitate regni marochi-
tani ad rabi Issac magistrum synagogae quae est in lineza in regno
praedicto. Der Brief beginnt: Conservet te deus o frater rabi Issac
etc. Schluss: per fidem catholicam Christianorum. Ueber den Brief
und dessen Verfasser siehe Echard Script. ord. Praed. Tom. I. p. 594.
Denis pars. II. vol. I. p. 2350 und pars. II. vol. II. p. 1349. Ueber
die älteren Ausgaben auch noch: Fabricii Bibl. m. et inf. lat. und
Maittaire Annales. 10) Bl. 220ᵇ—222ᵃ.

Explicatio brevis orationis Dominicae. Titel: Dicta magistri Petri Inquisitoris. Anfang: Pater noster ratione conditionis naturae etc.

XI. 99. Papierhandschrift des XV. Jahrh. 306 Blätter in 2°. 2 Spalten. Alter Eigenthümer Stift St. Florian.

1. Bl. 1ᵃ—181ᵇ. Super officium missae. Der Tractat ist von einem Bruder des Predigerordens einem Episcopus Abbiensis gewidmet und zu Thessolane anno 1342 verfasst worden. Nach der Widmung beginnt der Prolog: Quoniam clamitat sapiens etc. 2) Bl. 181ᵇ—215ᵇ. Via et diaeta salutis. Anfang: Haec est via ambulate in ea. Vergl. XI. 110. N. 2. Nach dem Prolog sollte das Werk aus 10 Theilen bestehen, es bricht jedoch am Ende des Zweiten unvollendet ab. Bl. 216ᵃ—223ᵇ unbeschrieben. 3) Bl. 224ᵃ—295ᵇ. Expositio symboli apostolici. Anfang: Venite et ambulemus in lumine dei nostri etc. Opus anepigraphum. 4) Bl. 296ᵃ—306ᵇ. Tractatus de indulgentiis. Anfang: Quodcunque solveris super terram etc. Haec Christus dominus dixit beato Petro ut etc. Am Ende: Et sic est finis tractatuli de Indulgentiis Magistri Pauli Wann Sacrae Theologiae doctoris tunc temporis venerabilis et insignis ecclesiae pataviensis praedicatoris.

XI. 100. Papierhandschrift des XV. Jahrh. 295 Blätter in 2°. 2 Spalten. Altes Eigenthum St. Florians.

1) Bl. 1ᵃ—45ᵃ. Quadripartitus Apologeticus editus a s. Cyrillo. Anfang: Secundum Aristotelem et ejus sententiam in problematibus suis etc. Ueber dieses Werk, welches dem Cyrillus Alexandrinus zugeschrieben wird, siehe Fabricius Bibl. Graeca vol. VIII. pag. 589. Das Buch wurde 1630 zu Wien von dem Jesuiten Corderus in kleinerem Format herausgegeben. Bl. 45ᵇ—47ᵇ unbeschrieben. 2) Bl. 48ᵃ—215ᵇ. Ulrici Abbatis in Campo Liliorum concordantia caritatis. Es enthält Predigtstoffe de tempore et de sanctis. Anfang: Notitia hujus libri, qui concordantio caritatis appellatur, talis est. Der Autor war dem Fabricius unbekannt. 3) Bl. 216ᵃ—219ᵃ. Liber coquinarius. Anfang: Ad faciendum tortam parmesanam etc. 4) Bl. 219ᵃ—221ᵇ. De plantationibus arborum. Anfang: Tractatus de plantationibus arborum et primo pirorum et pomorum. 5) Bl. 221ᵇ—249ᵇ. De cura, regimine et infirmitatibus equorum et aliorum pecorum. Aufang: Medicine apud grecos latinosque auctores non fuit cura postrema. Von Bl. 242ᵃ—246ᵃ Arzeneimittel in deutscher Sprache. 6) Bl. 250ᵃ—295ᵃ. Consolatorium peccatoris alias dictus Belial aut ordo judiciarius. Anfang: Utrum Christus de jure spoliavit infernum etc. Der Verfasser ist Jacob de Anchorano. Siehe über ihn Fabricius Bibl. med. lat. und Zapf Typographia Augustana. Die Schriftzüge sind von denen der vorhergehenden Werke verschieden.

Das Vorstehblatt enthält auf der vordern Seite viele lateinische Denksprüche und Schriftcitate, auf der rückwärtigen einen deutschen Bestandbrief des Pfarrers Chunrad Westenhofer von ort und des Priester's Michel von Wels anuo 1403 unter der Regierung des Herzogs Wilhelm von Oesterreich. Zeuge ist der Bürger von Wien Michel Fuerter.

Die innern Seiten der beiden Deckel sind mit einem pergamentenen Briefe Lucifer's an die Kirchenfürsten, Cardinäle, Erzbischofe, und Bischöfe bekleidet. Derselbe beginnt: Lucifer servus servorum suorum princeps tenebrarum. Am Schlusse: Datum apud centrum terrae in palatio 1383. Siehe darüber Denis Vol. II. para I. 285.

XI. 101. Papierhandschrift des XIV. Jahrh. 187 Blätter in 2°. 2 Spalten. Alter Eigenthümer Stift St. Florian.

Anepigraphum de vita et passione Christi. Es fehlen die Blätter bis zum 34 Capitel, ausserdem fehlt hie und da ein Blatt. Die Aufschrift des 35. Capitel's (vom 34. fehlen die ersten Zeilen) lautet: Disceptatio inter Jesum et Judaeos de vero discipulatu et de liberatione, quam veritas confert, secundum Johannem.

Das ganze Werk besteht aus 14 Büchern, wovon das letzte mit den Worten schliesst: Et saepe ingrediebantur templum laudantes et benedicentes deum qui est etc.

Auf der Vorderseite des Deckels steht: Simon de Cassia. Siehe XI. 146. Die innern Wände der Deckel zeigen das Fragment eines Breviariums mit Neumen aus dem XIV. Jahrh.

XI. 102. Papierhandschrift des XV. Jahrh. 105 Blätter in 2°. 2 Spalten. Altes Eigenthum St. Florians.

1) Bl. 1. Refutatio prophetiae astronomicae de concursu planetarum. Deutsch. Der Autor der Widerlegung ist Meister Hans von Gmünd, der dieselbe 1432 zu Wien schrieb. Sie ist bekannt gemacht in den Wiener-Jahrbüchern d. Literatur Bd. 41. Anz. Bl. Seite 26. Ueber Joh. von Gmunden siehe Aschbach Gesch. d. Wiener Universitaet Seite 455.

Am obern Rande und unter die Zeilen des vorgenannten Aufsatzens ist eine deutsche Anweisung zu einer recht kräftigen Busse geschrieben, die aber theilweise unleserlich ist.

Am untern Rande ist eine astronomische Notiz in lat. Sprache. Die untere Hälfte von Bl. 1ᵇ. enthält verschiedene kleine Notaten. 2) Bl. 2ᵃ—44ᵃ. Directorium simplicium curatorum. Am obern Rande steht von jüngerer Hand: Incipit directorium simplicium curatorum editum per venerabilem virum magistrum Johannem de Ambach juris canonici; hoc composuit in concilio Constantiensi et residet in Bambergensi civitate. Anfang des Werkes: Ad laudem dei et animarum salutem etc. Am Schlusse: Explicit hoc opus in vigilia Annunciacionis marie. Anno domini 1433. Es ist mit zahlreichen Randglossen versehen. 3) Bl. 44ᵃ. Exhortationes ad infirmos. 4) Bl. 44ᵇ—88ᵇ. Lumen confessorum. Der Verfasser nennt sich im Prolog Andreas hyspanus minor poenitentiarius et Megarensis pontifex. Nach dem Prolog beginnt das Werk mit den Worten: Lumen poenitentiarorum seu confessorum ad revelationem gentium etc. Ueber den Autor siehe Bibliothèque gen. des Écrivains de l'ordre de S. Bénoit in 4°. voce André Evêque de Mégare. 5) Bl. 88ᵇ—103ᵃ. Regula decimarum. Incipit Tractatus qui vocatur regula decimarum pro presbyteris curatis omnium ecclesiarum Christifidelium in insula Corsicae per me Theologiae magistrum Andream hyspanum Ord. s. Benedicti pauperem episcopum Adiacensem olim Civitatensem praedicandus populis diebus festivis.

Anfang: Decimarum solucione et primiciarum ac oblacionum etc. Endea
Compilatus est iste tractatus et finitus anno domini 1425 sed in insul.:
Corsicae inceptus cujus conclusiones sequuntur. Siehe Denis Vol. I
pars I. 973. 6) Bl. 103ᵇ. Conclusiones de decimis. 7) Bl. 103ᵇ—104ᵃ.
Expositio brevissima orationis dominicae. 8) Bl. 104ᵃ—105ᵇ. Varia
notata quae ad poenitentiam, ad symbolum fidei, ad ecclesiae patres
pertinent. Auf dem vordern Deckel befindet sich ein Hymnus de An-
nuntiatione B. Virginis, auf dem hintern eine Sequenz de s. Augustino
beide aus dem XIV. Jahrh. mit Neumen auf Pergament.

XI. 103. Papierhandschrift des XIV. Jahrh. 261 Blätter in 2°.
2 Spalten. Alter Eigenthümer Stift St. Florian.

1) Bl. 1ᵃ—261ᵃ. Summa diversorum casuum Pisani. Anfang:
Quoniam ut ait Gregorius super Ezechielem etc. 2) Bl. 261ᵇ. Enumeratio librorum utriusque juris et instructio ad cognoscendas rubricas
in utroque. Auf dem vordern Deckel ist das Fragment eines For-
mularbuches aus dem XV. Jahrh., auf dem rückwärtigen Deckel das
Fragment einer Geschichte der alten Römischen Kaiser aus dem XIII.
Jahrh. angeleimt.

XI. 104. Papierhandschrift des XV. Jahrh. 330 Blätter in 2°.
2 Spalten. Altes Eigenthum St. Florians.

1) Bl. 1ᵃ—242ᵇ. Joannis Gerson expositio in Magnificat. Anfang:
Collectorium super magnificat particulas etc. Eingang: Canticum marie
tractaturus in solacium etc. Am Ende: finitus est iste tractatus per
me stephanum canonicum ad sanctum florianum tunc temporis mora-
turum in weissenkirchen in die s. Silvestri hora duodecima 1451.
2) Bl. 243ᵃ—304ᵃ. Tractatus super Ave Maria, qui intitulatur speculum Mariae. Anfang: Quoniam ut ait Jeronymus nulli dubium est
etc. Am Ende: per manus stephani canonici de sancto floriano. Ueber
den Verfasser siehe Denis Pars. I. Vol. II. 430. 3) Bl. 304ᵇ—328ᵇ.
Alphabetum divini amoris. Anfang: Ad honorem omnipotentis dei
aliquos modos etc. Der Verfasser ist Nicolaus Kemph de Argentina.
Siehe Pez. Thes. Tom. I. Diss. Js. VII. 4) Bl. 329ᵃ—330ᵇ. Tractatulus de indulgentiis. Anfang: Restant aliqua dicere de indulgentiis
etc. Die beiden Deckel sind mit Fragmenten eines Breviariums mit
Neumen aus dem XIII. Jahrh. bekleidet.

XI. 105. Papierhandschrift des XV. Jahrh. 354 Blätter in 2°.
2 Spalten. Alter Eigenthümer Stift St. Florian.

1) Bl. 1ᵃ—170ᵃ. Sophilogium cujus finis est amare scientias et
virtutes. Anfang: Illustrissimi principis regis francorum etc. Das erste
Capitel beginnt: Dicit Aristoteles X. ethicorum quod homo sapiens ma-
xime felix est. Am Ende: 1460. Bl. 168ᵇ unbeschrieben. Bl. 169ᵃ—170ᵃ.
Register. Der Verfasser dieses Werkes ist Jacobus Magnus Tolosanus
Ord. Eremit. S. Augustini Doctor Parisiensis und Beichtvater König
Carl VII. von Frankreich. Siehe Ossinger Biblioth. Aug. voce Magni
Jacobus. Bl. 170ᵇ—178ᵇ unbeschrieben. 2) Bl. 179ᵃ—264ᵇ. Summa
de regimine principum. Anfang: Philosophus dicit in secundo retho-
rico capitulo etc. Zuletzt: Explicit. Engelbertus Admontensis de Regi-

mine principum. Bl. 263ᵃ—264ᵇ Register. Bl. 265ᵃ—274ᵇ unbeschrieben.
Ueber Engelbert von Admont siehe Pez Thesaur. Anec. Tom. I, praef.
pag. LXI u. f. Dort geschieht p. LXV. unserer Handschrift Erwähnung.
3) Bl. 275ᵃ—354ᵇ. Vita philosophorum. Anfang: Cum debeamus non
immerito apes imitari etc. Am Ende: Finit anno 1460. Die Vorsetzblätter enthalten 2 an den Rändern stark beschnittene Fragmente einer
Rechtsurkunde aus dem XV. Jahrh., welche sich auf den Streithandel
eines gowissen „Conrad Waitzhofer in Basilien deinde in Lausania
civitate" bezieht. Als Procuratoren werden Leonhard Longholtzer und
Leonard Stübl, als Zeugen Jacob foytl und Albertus Crinnedick genannt. Zeit 1441.

XI. 106. Papierhandschrift des XV. Jahrh. 265 Blätter in 2°.
2 Spalten. Alter Eigenthümer Stift St. Florian.

1) Bl. 1ᵃ—83ᵇ. Tractatus anepigraphus. Anfang: Labia sacerdotis custodiunt scientiam etc. Er enthält kirchenrechtliche Materien.
Am Ende ist ein Verzeichniss der alten Commentatoren des Kirchenrechtes, die gewöhnlich nur nach den Anfangsbuchstaben citirt werden.
2) Bl. 83ᵇ—87ᵃ. Quaestiones de baptismo, de resurrectione, de eucharistia. Anfang: Nota de sacramento eukaristie quod quidam etc.
3) Bl. 87ᵃ—91ᵃ. Quaestiones magistri Henrici de Hassia collectae ex
Summa. Anfang: Utrum mulier debeat compelli etc. 4) Bl. 91ᵃ—101ᵃ.
Notae variae ex jure Ecclesiastico. Anfang: Nota quod papa potest conferre etc. 5) Bl. 101ᵃ—105ᵃ. Regulae de vita et rectura saecularium sacerdotum. Anfang: Multi sunt sacerdotes etc. Am Ende: ffinitus est liber
iste 1424. Bl. 105ᵇ—106ᵇ unbeschrieben. 6) Bl. 107ᵃ—130ᵇ. Epistola
beati Eusebii ad Damasum Portuensem episcopum de morte b. Jeronimi. Anfang: Patri reverendissimo damasio portuensi episcopo etc. Der Brief ist
opera s. Hieronymi Veronae Tom. XI. pag. 288 abgedruckt. Der Text unserer Handschrift ist nicht so genau wie der bei Vallarsi. 7) Bl. 130ᵇ—135ᵃ.
Epistola s. Augustini ep. ad Cyrillum Hierosolymitanum de magnificentia
eximii doctoris Jeronimi. Anfang: Gloriosissimi christiane fidei adlete etc.
Bei Vallarsi Tom. XI. pag. 325. 8) Bl. 135ᵃ—154ᵇ. Epistola s. Cyrilli
ep. Hierosolymitani ad beatum Augustinum doctorem de miraculis beati
Jeronimi. Anfang: Venerabili viro episcoporum eximio Augustino etc.
Bei Vallarsi Tom. XI. 332. 9) Bl. 155ᵃ—195ᵇ. Articuli 45 Bohemorum eorumque refutatio. Der erste Artikel fängt an: Substancia
panis materialis etc. Die Widerlegung beginnt Bl. 157ᵃ: Quia sancta
mater ecclesia etc. Schluss: Ecclesie Romane ad presens sufficiant.
10) Bl. 196ᵃ—211ᵃ. Tractatus anepigraphus de sumtione ss. Eucharistiae sub utraque specie. Anfang: De Sumpcione venerabilis precio-
sique sacramenti etc. 11) Bl. 211ᵇ—229ᵃ. Anonymi Epistola. Anfang.
Eloquenti viro domino verbi Dei seminatori in praga etc. Schluss: Et
in desiderium salutis omnium animarum Christianorum. Der Brief ist
gegen die Hussitischen Irrthümer gerichtet und zwar nach Katalog
der Wiener Hofbibl. 1868 vol. II. 3495. 8. an Joh. Huss selbst. 12)
Bl. 229ᵇ—248ᵇ. Tractatus Anonymi de modo praedicandi crucem contra
Saracenos vel haereticos quoscunque. Anfang: Ad domini nostri Jesu
Christi gloriam et honorem etc. Schluss: in equis albis vestiti bisso

albo et mundo. Apok. XIX. 13) Bl. 249ᵃ—260ᵇ. Alius tractatulus de modo praedicandi crucem Anonymi. Anfang des I. Capitels: Circa necessaria ad exequendum laudabiliter officium etc. Schluss: permanet sine fine, ipsi laus et magnificencia in eternum. Amen. 14) Bl. 260ᵇ—262ᵇ. Modus affigendi crucem contra hereticos wiklefistas et hussitas pugnatoribus datus in dyocesi pataviensi Anno domini 1421. Anfang: Primo quod predicatores crucem contra etc. 15) Bl. 262ᵇ—263ᵇ. Diversus modus absolvendi cruce signatos. Anfang: Modus autem absolvendi dictos confitentes etc. 16) Bl. 264ᵃ—265ᵃ. Populo pronuntianda. Anfang: Primo ut innotescat auctoritas etc. Schluss: Sexto si placet pronuncientur concernentia clerum etc. In diesem Aufsatz werden die zeitlichen und geistlichen Vortheile derjenigen verzeichnet, welche sich an dem Kreuzzuge in irgend einer Weise betheiligen.

XI. 107. Papierhandschrift des XV. Jahrh. 262 Blätter in 2⁰. 2 Spalten. Der alte Eigenthümer ist wahrscheinlich ein gewisser „Johannes Kewrl in teplo“ gewesen, dessen Name in rother Schrift am untern Rande von Bl. 2ᵃ steht.

1) Bl. 2ᵃ—258ᵃ. Summa Pisani. Anfang: Quoniam ut ait Gregorius super Ezechielem etc. Auf dem Vorsetzblatt 1 befindet sich eine Auskunft über die Abbreviaturen in den beiden Rechtssammlungen und ein Verzeichniss der einzelnen Bücher.

Die Initialen sind hie und da mit Farbenschmuck ausgestattet. Am Ende fol. 255ᵇ: Consummatum est et finitum hoc opus in civitate Pisana per fratrem bartholomeum ord. predicatorum doctorem decretorum Anno domini 1338 die mensis decembris tempore sanctissimi patris et domini benedicti pape XII; predictus autem frater bartholomeus compilator hujus summe obiit Anno domini 1348 secunda die sub Eugenio. Bl. 256ᵃ—258ᵃ Register. Siehe Echard Script. Ord. Praed. vol. I. 623. 2) Bl. 258ᵇ—262ᵃ. Verschiedene Notate, welche sich auf die Verwaltung des Busssacraments beziehen. Es kommen darin die verschiedenen Excommunicationen, Casus Episcopales und Plebani vor. Am Ende heisst es: per me Hainricum Kytzpüchl egregium doctorem Juris canonici hec sunt collecta ad Informationem presbiterorum copiam Juris non habentium. Die Handschrift ist von der vorhergehenden verschieden.

XI. 108. Papierhandschrift des XV. Jahrh. 372 Blätter in 2⁰. Grösstentheils 2 Spalten. Alter Eigenthümer St. Florian.

1) Bl. 1ᵃ—30ᵃ. Regimen morum et disciplinae scholasticae cum glossis marginalibus et interlinearibus. Anfang: Osculetur me osculo oris sui. Ista verba etc. Der Tractat selbst beginnt: Vestra novit intencio de scolarum disciplina etc. Bl. 30ᵇ—33ᵃ unbeschrieben. 2) Bl. 33ᵇ. Kurze historische Notiz in Bezug auf Pabst Innocenz III. und Kaiser Otto IV. 3) Bl. 33ᵇ—34ᵇ. Notata quae ad artem rhetoricam spectant. 4) Bl. 35ᵃ—99ᵃ. Ganfredi Poetria nova sive Carmen Hexametrum de arte dictandi. Anfang: Papa stupor mundi etc. Die Handschrift hat viele Rand- und hie und da Interlinearanmerkungen. Ueber den Verfasser siehe Busse Grundriss d. chr. Lit. II. Th. S. 203. und

Leyser Hist. Poet. med. aevi 855. Nach dem Schlusse steht: Hic
cito cantat, quem parva scientia pavit. Darunter:

Hic tunc est finis post martini felicis . . .
Septimo anno quinquagesimo quoque uno . Amen.

Bl. 99ᵇ—106ᵇ unbeschrieben. 5) Bl. 107ᵃ—189ᵇ. Commentarius
in librum Boethii de consolatione philosophiae. Anfang: Philosophio
servire oportet etc. Bl. 190ᵃ unbeschrieben. 6) Bl. 190ᵇ. Narratiuncula de lumine oculorum infantulo caeco restituto. 7) Bl. 191ᵃ
—202ᵃ. Opus anepigraphum. Anfang: De Terentii vita in antiquiorum libris etc. Es ist eine Abhandlung über das Leben und die
Komödien des Terenz. 8) Bl. 202. Verse verschiedenen Inhalts.
Bl. 203 unbeschrieben. 9) Bl. 204ᵃ—221ᵇ. Liber de vita et moribus
philosophorum. Anfang: Tales philosophus Asianus ut ait Laercius etc.
Am Ende: per fratrem Udalricum. (Name des Abschreibers\. Der
Verfasser ist Walterus Burley sac. XIV. Siehe Hain Repertor. Bibliogr. und Busse, Grundriss der christl. Lit. 2. Bd. S. 279. Bl. 222ᵃ
unbeschrieben. 10) Bl. 222ᵇ—224ᵃ. Oratio de s. Dorothea a Tybmo
compilata rhetore. Das Ganze ist ein lateinisches Gedicht nach Art
der Kirchenhymnen und beginnt: A mundi felle prepolita etc. 11) Bl.
224ᵇ—225ᵇ. Epistola ad res Hussiticas spectans. Anfang: Jesum
Christum et hunc crucifixum etc. Am Ende steht: Hanc epistolam
scripsit Reverendissimus pater professor sacre theologie doctor utriusque juris Johannes Hofman. 12) Bl. 225ᵇ—226ᵃ. Epistola Episcopi
Misnensis ad Procopium haereticorum armiductorem et nobiles Barones
regni Bohemiae. Anfang: Fidem firmam orthodoxam in qua patres etc.
Bl. 226ᵇ unbeschrieben. 13) Bl. 227ᵃ—251ᵇ. Marci Tullii Ciceronis
epistolae selectae. 14) Bl. 252ᵃ—299ᵃ. Abbreviata decretorum.
Anfang: Magister Gracianus volens compilare canones etc. Zum
Schlusse: Expliciunt abbreviata decretorum ipsa die s. lucie virginis
anno 1445 de quo laus patri et filio et spiritui sancto. Bl. 299ᵇ unbeschrieben. 15) Bl. 300ᵃ—309ᵃ. Declaratio arboris consanguinitatis, affinitatis et compaternitatis. Anfang: Pro declaracione illius arboris etc. Bl. 309 unbeschrieben. 16) Bl. 310ᵃ—312ᵃ. De obitu et
translatione St. Heinrici Imp. Anfang: anno ab incarnacione domini
1001 etc. 17) Bl. 312ᵇ—314ᵇ. Vita s. Kunegundis Imperatricis et
ejus virtutes et miracula. Anfang: Quoniam de vita et virtutibus etc.
18) Bl. 315ᵃ—315ᵇ. De censuris et absolutione ab iisdem. Anfang:
Sunt quidam scioli etc. 19) Bl. 315ᵇ—316ᵃ. Facultas absolvendi
suos concessa Casparo praeposito monasterii s. Floriani. Anfang:
Cassarion miseracione divina Ep. Tusculanus etc. 20) 316ᵇ—318ᵃ.
Epistola Luciferi ad praelatos negotiantes. Anfang: Lucifer princeps
tenebrarum etc. Schluss: Hoc eodem anno ab incarnacione domini
1248 fuit Parisiis coram omni clero recitata. 21) Bl. 318ᵃ—320ᵇ.
Chronologia ab Abrahamo usque ad Fridericum III. Imperatorem.
Bl. 321 unbeschrieben. 22) Bl. 322ᵃ—333ᵃ. Tituli legales nec non
abbreviationes in utroque jure occurrentes ordine alphabetico. Bl. 333ᵇ
unbeschrieben. 23) Bl. 334ᵃ—339ᵃ. Casus Papales, Episcopales,
item qui removendi sunt a communione sacramenti. Bl. 339ᵇ—340ᵃ
unbeschrieben. 24) Bl. 340ᵇ—342ᵃ. De sanguinis imminutione.

Eine roh gezeichnete Figur mit Darstelluug des Venensystems. An
den Ecken und auf den folgenden Seiten werden die zum Aderlassen
tauglichsten Jahreszeiten und Monathe beschrieben. 25) Bl. 342ᵇ—
343ᵇ. Kurze Beschreibung der Zusammensetzung beider Corpora
juris und der in denselben vorkommenden Abkürzungen. Anfang:
Notaudum quod corpus iu jure etc. 26) Bl. 344ᵃ. Facultas a Lau-
rentio episcopo Ferrariensi cum potestate de latere legato Praeposito
et Capitulo St. Floriani concessa. Facultät für die Beichtväter auch
in den dem Bischofe reservirten Fällen zu absolviren. Sie ist zu
„ebelsperk" 1467 ausgestellt. Bl. 344ᵇ unbeschrieben. 27) Bl. 345ᵃ
—356ᵃ. De praedicatione crucis contra Saracenos et alios infideles.
Anfang: Ad domini nostri salvatoris Jesu Chr. gloriam etc. 28) Bl.
356ᵇ—366ᵇ. Dialogus domini Aeneae episcopi Senensis super cou-
certatiouem Taboritarum et Bohemorum cum eodem anno domini 1451.
Anfang: Reverendissimo etc. Johanni de Carival sacrosancte romanae
ecclesie sancti angeli Dyacono Cardinali et sic porro. Schluss: Ex
nova civitate 12. Septembris anno domini 1451. Bl. 367ᵃ unbeschrieben. 29) Bl. 367ᵇ. Decretum Johannis papae, datum Avenione
de transferendis festis in die Eucharistiae ejusque octava occurentibus.
Darauf folgen einige kurze Bemerkungen eines Anonymus über die
Auslegung vorstehenden Decretes. 30) Bl. 368ᵃ—372ᵃ. De Genealogia Deorum. Anfang: Ad utilitatem omnium genealogiam per varia
etc. Schlussartikel: de montibus. Auf dem innern Deckel ist zu
lesen: Pro me mathia, dulcis pote virgo maria. Et vetus anna pia, perdnc
ad olimpica dia. Sim facito assumtus, assumpti nomine functus.

XI. 109. Papierhandschrift des XIV. Jahrh. 149 Blätter in 2°.
2 Spalten. Altes Eigenthum St. Florians.

1) 1ᵃ—36ᵇ. Speculum humanae salvationis. Anfang: Incipit
prohemium cujusdam nove compilacionis etc. Ende fehlt; die Handschrift bricht mit den Worten ab: Quia prae nimio ardore. Bl. 37
unbeschrieben. 2) Bl. 38. Sermo super verba: Vos omnes qui tran-
sitis per viam attendite etc. Anfang: In verbis istis propheta in persona defuncti etc. 3) Bl. 39ᵃ—53ᵇ. Tractatus Johannis Fribur-
gensis de confessione. Anfang: Simpliciores et minus peritos confessores etc. Ueber Johann von Freiburg siehe Echard Script. Ord.
Praed. Tom I. pag. 523. 4) Bl. 54ᵃ—126ᵇ. Summa de poenitentia
Innocentii papae vel s. Thomae de Aquino. Anfang: Cum miseraciones
domini sint super omnia etc. Am Ende unvollständig. Letzte Worte
im Capitel de scientia demonum circa naturalia: Si enim homines ex
gestu vel habitu alicujus vel muliere. Siehe XI. 91. 5) Bl. 127ᵃ—
179ᵇ. Lectura Hainrici de Odendorff super caput: Omnis utriusque
sexus, de poenitentia. Anfang: Reverendo in Chr. patri et domino
etc. episcopo Frisengensi vestre paternitatis humillimus et sincerus H.
de Odendorff de colonia utriusque juris et arcium professor indignus
etc. Quoniam per etc. Am Ende: Scriptum wienne.

Heinrich von Odendorp aus Cöln, Doctor juris und magister in
artibus war 1385 Rector der Wiener Universität. Aschbach, Gesch.
d. Wiener Universität 113.

XI. 110. Papierhandschrift des XV. Jahrh. 169 Blätter in 2°. 2 Spalten. Altes Eigenthum St. Florians.

1) Bl. 1ᵃ—98ᵇ. Tractatus longus Petri Mertaderii ord. s. Francisci de Missa. Anfang: Lavare et ungere et induere cultioribus vestimentis etc. Am Ende: Expliciunt dicta magistri Petri Mertaderii ord. s. Francisci finita sub anno incarnacionis 1381. 2) Bl. 99ᵃ—164ᵃ. Opus anonymi de septem diaetis. Anfang: Hec est via deambulate in ea etc. Magnam misericordiam facit etc. Vergl. XI. 99. Nr. 2. 3) Bl. 164ᵃ—169ᵇ. Prothemata sermonum per circulum anni. Anfang: Abjiciamus opera tenebrarum et induamur etc. Rom. XIII.

XI. 111. Papierhandschrift des XV. Jahrh. 185 Blätter in 2°. 2 Spalten. Altes Eigenthum St. Florians.

1) Bl. 1ᵃ—76ᵇ. De Passione Christi. Eine Sammlung von Betrachtungen über das Leiden Christi. Anfang des Prologes: Videns vidisti Domine afflictionem etc. Bl. 77ᵃ—82ᵇ unbeschrieben. 2) Bl. 83ᵃ—159ᵇ. Tractatus de lepra morali magistri Johannis Nider. Anfang: Olim denm legimus in levitico etc. Am Ende: finitus est iste liber anno 1450 in weissenkirchen per me stephanum canonicum et fratrem monasterii ad sanctum Florianum. 3) Bl. 160ᵃ—185ᵃ. Magistri Gersonis Tripartitum. Anfang: Christianitati suus qualiscunque zelator etc. Bei Dupin: Gersonii opera omnia Antwerpiae 1706 Tom. I. pag. 427. Unsere Abhandlung ist länger als die bei Dupin gedruckte. Bl. 178ᵃ heisst es: explicit tercia pars hujus libelli, hic incipiunt aliqua de explanacione peccatorum mortalium et primo de vana gloria. Am Ende: et sic est finis istius tractatus qui intitulatur tripertitum gersonis. Alles was nach dem dritten Theile folgt, fehlt bei Dupin. Auf dem hintern Deckel befinden sich Fragmente von Predigten auf Pergament aus dem XIV. Jahrh.

XI. 112. Papierhandschrift des XV. Jahrh. 403 Blätter in 2°. 2 Spalten. Altes Eigenthum St. Florians.

1) Bl. 1ᵃ—210ᵃ. De virtutibus et vitiis Anonymi. Anfang: Post communem consideracionem de virtutibus etc. Das letzte Hauptstück handelt de cantu vocali und schliesst: Et hoc sufficit ad devocionem excitandam. Bl. 210ᵇ unbeschrieben. Bl. 211 herausgerissen. 2) Bl. 212ᵃ—264ᵇ. Glossa Cassiodori super septem psalmos poenitentiales. Anfang: Si ille rex et propheta convenienter david etc. Diese Glosse stimmt mit der gedruckten durchaus nicht überein. Bl. 265ᵃ—266ᵇ unbeschrieben. 3) Bl. 267ᵃ—348ᵃ. Collecta ex moralibus beati Gregorii papae. Anfang: Sacri tractator eloquii morem fluminis etc. Am Ende: Anno 1448. Bl. 348ᵇ unbeschrieben. Das Darauffolgende hat dieselbe Nummer. 4) Bl. 348ᵃ—403ᵇ. Manipulus Curatorum. Anfang: Incipit liber qui dicitur manipulus curatorum editus a magistro Guidone de monte Rotharii in civitate Thuroli et dividitur etc. Das erste und letzte Vorsetzblatt enthalten auf Pergament Fragmente eines Lectionariums aus dem XIII. Jahrh. Das zweite Vorsetzblatt zu Anfang auf Papier ein Register zu dem folgenden Tractat de virtutibus et vitiis.

XI. 113. Papierhandschrift des XIV. Jahrh. 244 Blätter in 2°. 2 Spalten. Alter Eigenthümer Bernhardus de Welsa.

1) Bl. 1ᵃ—64ᵃ. Lectura una cum quaestionibus Hainrici de Odendorff super Canonem: Omnis utriusque sexus etc. Anfang: Reverendo in Christo patri etc. Episcopo frisingensi vestrae paternitatis humillimus et sincerus Hainricus de Odendorff etc. Quoniam per nonnullos etc. Am Ende: Explicit lectura una cum questionibus Reverendi magistri Hainrici de Oedendorff etc. Reportata in studio wyennensi et finita Anno 89, was nach Inscription Bl. 86ᵇ nur 1389 heissen kann. Dort steht nämlich am obern Rande des unbeschriebenen Blattes mit rother Schrift: In nomine domini, amen. Anno domini millesimo tercentesimo octnagesimo von einer Hand desselben Characters. Der Schreiber unseres Tractates nennt sich Bernhardus de welsa. 2) Bl. 64ᵇ- 79ᵃ. De arbore affinitatis et consanguinitatis. Anfang: Cum generosus nobilitatis apex etc. In der Vorredo geschieht Erwähnung des Hauses Lichtenstein und der Wiener Universität, am Ende aber des Herzogs Albert III. von Oesterreich. Bl. 67ᵇ ist unbeschrieben. 3) Bl. 79ᵃ- 81ᵇ. Dialogus inter Senecam et Concupiscentiam. Anfang: Quoniam ut ait Seneca et communis vox nature etc. Das Werk ist unvollständig. Letzte Worte: Consciencia: necessarium est et solaciari. Der Verfasser ist Abt Engelbert von Admont (vom Jahre 1297—1331). Das Werk ist in Druck erschienen in Engelberti Opuscul. Philos. Ratisbonae. Bl. 82ᵇ—84ᵃ. Modus sermonisandi magistri Hainrici de Hassia cum prooemiis et petitionibus. Es ist eine Anleitung für junge Priester. Die verschiedenen Formeln sind deutsch. Bl. 81ᵇ—86ᵇ unbeschrieben. 5) Bl. 87ᵃ—131ᵃ. Tractatus anepigraphus. Anfang: Queritur utrum angelus in primo instanti etc. Bl. 134ᵇ unbeschrieben. 6) Bl. 135ᵃ—158ᵇ. Soliloquium s. Augustini. Anfang: Agnoscam te domine cognitor meus etc. 7) Bl. 159ᵃ—165ᵇ. Tractatus de quinque partibus dictaminis. Anfang: Ad epistolarum sive dictaminis faciliorem compositionem etc. 8) Bl. 166ᵃ. Pauca quaedam de calculationibus ad computum ecclesiasticum pertinentibus. Anfang: Proinde tenenda ea que dicuntur etc. 9) Bl. 166ᵇ—172ᵃ. Tractatus de dictamine ejusque partibus. Anfang: Propter breviorem et planiorem viam etc. Der Tractat scheint in Böhmen geschrieben zu sein, weil Beispiele und Ueberschriften darauf hindeuten und zwar zur Zeit Pabst Urban VI. 10) Bl. 172ᵇ—178ᵇ. Commentarius in libros Metheororum. Anfang: Circa primum librum Metheorum nota etc. Am Ende: Anno domini 1387 in studio wyennensi per manus Bernhardi de Welsa. 11) Bl. 179ᵃ—189ᵇ. De Superscriptionibus colorum et quibusdam eis annexis. Anfang: Breviter propono de colore etc. Die Abhandlung beschäftigt sich mit den Metaphern, Allegorien, aber auch mit der Abfassung von Briefen, Citationen, Privilegien, Verfertigung von Siegeln etc. 12) Bl. 189ᵇ—190ᵇ. Selecta Proverbia Salomonis et Jesu Sirach. 13) Bl. 191ᵃ—193ᵇ. De computo judaico. Anfang: Te pudet audire Judenm etc. Bl. 194ᵃ—199ᵇ unbeschrieben. 14) Bl. 200ᵃ—237ᵃ. Utrum Christus de jure spoliaverit infernum. Opus anepigraphum. Anfang: Utrum Christus de jure spoliaverit infernum, super his lis introducitur et causa, ut sequitur.

Der Verfasser ist Jacob de Anchorano. Das Work kommt gewöhnlich unter dem Titel vor: liber Belial sive processus Luciferi contra Jesum. Bl. 237ᵇ—213ᵃ unbeschrieben. 15) Bl. 243ᵇ. Duae formulae juris. Bl. 244ᵃ unbeschrieben. 16) Bl. 244ᵇ. Epistola brevis Bonifacii papae ad Wenceslaum regem Bohemiae. Handschr. d. XV. Jahrh. 17) Bl. 244ᵇ. Absolutionis formulae duae. Das Vorsetzblatt enthält den Canon: Omnis utriusque sexus fidelis etc., der von der Beicht der Christgläubigen wenigstens einmal im Jahre handelt. Auf den Deckeln befindet sich einwärts eine Membrane angeleimt, welche Fragmente eines grammaticalischen Tractats aus dem XIII. Jahrh. enthält.

XI. 114. Papierhandschrift des XV. Jahrh. 158 Blätter in 4°. Alter Eigenthümer Stift St. Florian.

Lumen animae majus et minus. Anfang: Ptolomeus alamagesti primo ignis quidam etc. Der Autor ist Mathias Farinator Carmelita Viennensis. Siehe Fabricius bibl. med. et inf. aet. tom. I. pag. 1062. Der rückwärtige Deckel enthält das Fragment eines Breviers auf Pergament aus dem XIII. Jahrh.

XI. 115. Papierhandschrift des XV. Jahrh. 325 Blätter in 4°. Altes Eigenthum St. Florians.

1) Bl. 1ᵃ—105ᵇ. Consolatorium timoratae conscientiae magistri Johannis Nyder. Anfang: Apud disciplinas reperimus etc. 2) Bl. 105ᵇ—122ᵇ. Tractatus de oratione magistri Johannis de Gersona Cancellarii Parisiensis Constantiae tempore concilii editus. Anfang: Oportet semper orare et nunquam etc. Bl. 123ᵃ—127ᵇ unbeschrieben. 3) Bl. 128ᵃ—151ᵃ. Exorcismi varii et modus agendi cum energumenis. Anfang: Si vis scire utrum homo sit obsessus etc. Bl. 151ᵇ unbeschrieben. 4) Bl. 152ᵃ—161ᵃ. Sermones de sacramento et de resurrectione. Bl. 161ᵇ—167ᵇ unbeschrieben. 5) Bl. 168ᵃ—217ᵃ. Opus anepigraphum. Anfang: Questio prima que movetur circa finem prologi, utrum homo teneatur pretermittere bona spiritualia propter hoc, ut in proximis suis vitentur scandala passiva etc. Schluss: De illa questione prologi sufficiant. Te Deum laudamus. Bl. 217ᵇ—225ᵇ unbeschrieben. 6) Bl. 226ᵃ—243ᵃ. Sermones aliquot. Sie scheinen zu Wien um 1111 von einem Predigermönch verfasst worden zu sein. Bl. 243ᵇ—251ᵇ unbeschrieben. 7) Bl. 252ᵃ—261ᵇ. Tractatus anepigraphus. Anfang: Firmiter credimus et simpliciter confitemur etc. Schluss: perseveraverit usque in finem hic salvus erit. 8) Bl. 265ᵃ—320ᵇ. Sermones varii. Dieselben sind zu Wien von verschiedenen Predigern um 1440—47 gehalten worden. 9) Bl. 321ᵃ—325ᵃ. Tractatus de quibusdam erroribus in superiori Stiria praeprimis Judenburgae seminatis. Anfang: Venerabili, provido ac sollicito viro domino etc. in superiori Styria Archidiacono. Schluss: Datum wienne in ducali Collegio in nostra generali congregatione super hoc sollempniter celebrata. A. d. 1421.

XI. 116. Papierhandschrift des XV. Jahrh. 217 Blätter in 4°. Alter Eigenthümer Stift St. Florian.

1) Bl. 1ᵃ—60ᵇ. Tractatus de poenitentia. Anfang: Circa materiam de penitentia est notandum etc. Hie und da ist Raum ge-

lassen, um den unvollständigen Tractat zu ergänzen. Er schliesst mit den Worten: que facta fuerint in peccato mortali nunquam possunt vivificari. Bl. 61 unbeschrieben; Bl. 62 fehlt. 2) Bl. 63ᵃ.—65ᵇ. Octo species turpitudinis quas quandoque conjugales solent inter se exercere. Anfang: Nota octo sunt species turpitudinis quas etc. Bl. 66 unbeschrieben. 3) Bl. 67ᵃ—105ᵇ. Constitutio Clementis V. et aliae constitutiones quoad poenitentiam. Anfang: Ad nostrum qui desiderantes in votis gerimus etc. Diese päpstliche Verordnung befindet sich lib. V. Clementinarum tit. III. de haereticis. Die andern Constitutionen enthalten viele deutsche Worte beigemengt. 4) Bl. 105ᵃ—113ᵇ. Casus expellentes a communione. Anfang: Item percussores clericorum cujuscunque ordinis etc. Enthält wieder Vieles in deutscher Sprache beigemengt. Bl. 105 ist zweimal gezählt. 5) Bl. 114ᵃ. Pauca quaedam de effectu indulgentiarum. Bl. 114ᵇ steht bloss die Sentenz: Sit confessor dulcis, affabilis, suavis, prudens, discretus, mitis, pius atque benignus. 6) Bl. 115ᵃ—152ᵇ. De decimis et juribus parochorum et de peccatis contra justitiam commissis. Anfang: Adhuc est unum ibi in quo homo etc. Es kommen darin viele deutsche Redensarten vor; so auch in den zwei folgenden Tractaten. Bl. 153ᵃ—162ᵇ unbeschrieben. 7) Bl. 163ᵃ—198ᵃ. Tractatus de poenis infernalibus. Anfang: In tractatulo de morte dictum est etc. 8) Bl. 198ᵇ—210ᵇ. Tractatus de morte et tentationibus morientium. Anfang: Notande sunt cause propter quas etc 9) Bl. 211ᵃ—217ᵇ. Statuta synodalia Pataviensis dioecesis super modum visitandi praedictam dioecesim. Anfang: In nomine domini Amen. Ad laudem dei ac sancti Stephani etc. Sie sind in der Sammlung deutscher Concilien nicht zu finden. Nach der Vorrede sind dieselben auf Befehl des Passauer Bischofs Leonhard 1435 gesammelt worden. Auf den Deckeln kleben die Fragmente eines moralischen Tractats aus dem XV. Jahrh.

XI. 117. Papierhandschrift des XV. Jahrh. 110 Blätter in 4°. Altes Eigenthum St. Florians.

1) Bl. 1ᵃ—28ᵇ. Summa penitentiarum sive modus poenitendi. In Versen reich mit Glossen versehen. Anfang: Peniteas cito peccator, cum sit miserator etc. Schluss: Et corpus domini conjungit unctio strema. 2) Bl. 29. Notata quaedam de quinque civitatibus Sodomorum, de quinque quaestionibus cujusdam regis, de eloquio quodam Aristotelis. Bl. 30ᵃ—33ᵇ unbeschrieben. 3) Bl. 34ᵃ—50ᵇ. Carmina religiosa. Dieselben beziehen sich auf das Oster- und Pfingstfest und auf das Fest des Erzengel Michael. Sie sind reich mit lateinischen und deutschen Glossen versehen. Anfang: Salve festa dies toto venerabilis evo etc. Bl. 43ᵇ am Schlusse des Pfingstliedes: Et sic est finis hujus operis per me fratrem Matheum anno domini 1476. 4) Bl. 51ᵃ—92ᵇ. Ecloga Theoduli. Anfang: Incipit prologus in Theodolum poetam. Quoniam in primordiis librorum etc. Erster Vers: Ethyopum terras jam fervida torruit estas. Das Werk ist unvollständig und schliesst mit den Worten: nec me cessisse negabo. Es hat zahlreiche lateinische Anmerkungen, hie und da auch deutsche Glossen. Ueber den Verfasser, der im 9. Jahrh.

lebte, siehe Bähr, Gesch. d. röm. Lit. im karol. Zeitalter pag. 130.
Siehe auch XI. 279. Nr. 3. Bl. 93ᵃ unbeschrieben. 5) Bl. 93ᵇ.
Formular eines Einladungsschreibens zum ersten Messopfer eines neu
geweihten Priesters. Es ist darin das Kloster St. Florian genannt.
6) Bl. 94ᵃ--110ᵃ. Tractatus de figuris rhetoricis. Anfang: Figura
grammaticalis est licenciosa etc. 7) Bl. 110ᵇ. Einige Citate und
Briefformulare. Desgleichen finden sich auch an den Rändern des
letzten Vorsetzblattes. Dieses und das erste Vorsetzblatt enthalten
Fragmente eines ascetischen Tractats aus dem XIV. Jahrh. auf Pergament.

XI. 118. Papierhandschrift des XIV. Jahrh. 218 Blätter in 4°.
Theilweise 2 Spalten. Altes Eigenthum St. Florians.

1) Bl. 13ᵃ—94ᵃ. Codex anepigraphus. Anfang des Prologs:
Quoniam quatuor paradisi flumina etc. Das erste Buch beginnt:
Veteris ac novae legis etc. Schluss: penas malorum quas per gratiam
evaserunt. Das Werk ist ein Commentar in libros 4 sententiarum.
Bl. 1ᵃ—10ᵃ enthält das alphabetische Inhaltsverzeichniss und ein besonderes Capitelverzeichniss. Bl. 10ᵇ—12ᵇ unbeschrieben, ebenso Bl.
93ᵇ, 94ᵇ, 95ᵃ. 2) Bl. 95ᵇ. Formula epistolae commendatitiae ad Episcopum. Bl. 96ᵃ unbeschrieben. 3) Bl. 96ᵇ. Alia duo formularia epistolarum. 4) Bl. 96ᵇ—97ᵃ. Mittel wider das gemeine Sterben. Anfang:
daz ist ze tun wider den gemainen Sterben das jezund ist. Bl. 97ᵇ
unbeschrieben. 5) Bl. 98ᵃ Notae aliquae ad resolvendos casus morales.
Bl. 98ᵇ unbeschrieben. 6) Bl. 99ᵃ--218ᵇ. Anonymi commentarius in
quartum librum sententiarum. Anfang: Queritur circa quartum librum
sententiarum primo utrum sacramenta novae legis etc. Die mit Pergament bekleideten inneren Seiten der Deckel enthalten das Directorium liturgicum für das Fest der Epiphanie und die darauffolgenden
Tage aus dem XII. Jahrh.

XI. 119. Papierhandschrift des XV. Jahrh. 267 Blätter in 4°.
Altes Eigenthum St. Florians.

1) Bl. 1ᵃ—189ᵇ. Tractatus de novissimis et antichristi temporibus magistri Johannis sybart doctoris theologiae. Anfang: Universis electis dei fidelibus in salutem caritati veritatis unanimiter adherere. Commonemur quippe etc. Schluss: vitando quod nobis periculo tribuat dominus etc. Der obige Titel findet sich von einer Hand
des XV. Jahrh. auf dem Deckel und zu Anfang des Tractats. Ein
Joh. Siwart wurde 1410 in Wien zum Doctor der Theologie graduirt.
Siehe Aschbach Gesch. d. Wiener Univ. S. 612. Bl. 14ᵃ--25ᵇ sind
unbeschrieben. Bl. 189ᵃ—189ᵇ sind mehrere Zeilen beigeschrieben,
welche eine langweilige Herzensergiessung des Schreibers enthalten.
Bl. 190ᵃ--191ᵇ unbeschrieben. 2) 192ᵃ—199ᵇ. De matrimonio et
voto continentiae conjugum. Anfang: Vir quidam maleficiis impeditus
uxori etc. 3) Bl. 199ᵇ—267ᵇ. De poenitentia ejusque partibus. Anfang: His breviter decursis in quibus extra etc. Das vordere Vorsetzblatt enthält auf Pergament das Fragment eines directorium liturgicum
aus dem XII. Jahrh. Das letzte Blatt auf Pergament aus dem XIII.
Jahrh. Prophezeiungen über Wetter und Fruchtbarkeit der Jahreszeiten,

ein Hausmittel, einen Hymnus auf Maria, ein Gebet auf die 10,000
Martyrer, die den Kreuzestod gestorben sind, und einen Wundsegen,
alles in lateinischer Sprache.

Der Wundsegen, der im XIII. Bande von Pfeiffers Germania Seite
184 aus einer Leipziger Handschrift abgedruckt ist, unterscheidet sich
nur unwesentlich von dem obigen.

XI. 120. Pergamenthandschrift des XIV. Jahrh. 132 Blätter in 4°.
2 Spalten. Altes Eigenthum St. Florians.

Compendium theologicae veritatis. Der Prolog beginnt: Veritatis
theologicae sublimitas etc. Der Verfasser ist Hugo Argentinensis ord.
Praed. Siehe Echard Script. Ord. Pr. vol. I. pag. 470.

XI. 121. Pergamenthandschrift des XIV. Jahrh. 267 Blätter in 4°.
2 Spalten. Altes Eigenthum St. Florians.

1) Bl. 1ᵃ—130ᵇ. Honorii Augustodunensis Gemma animae. Anfang: Agmen in castris eterni regis excubans etc. Ueber den Verfasser
siehe Hist. littér. de la France tom XII. p. 165. Oudin de script. eccles.
Nouvelle biographie générale sub Honoré. Er starb nach 1130. Das
vorstehende Werk ist ein Abriss der Liturgik und heisst auch: Rationale divinorum. 2) Bl. 131ᵃ—189ᵇ. Opus anepigraphum. Das erste
Capitel lautet: Quod sacerdos exterius ministrat, sed Deus invisibiliter
consecrat. Anfang: Quapropter plena credendum est fide etc. Der
Aufsatz scheint gegen die Waldenser gerichtet zu sein. Es ist viel-
fältig die Rede darin, dass Taufe und Consecration nicht wiederholt
werden dürfen.

3) Bl. 189ᵃ—267ᵃ. Aliud opus anepigraphum. Anfang: Excep-
tiones ecclesiasticarum regularum, partim ex exemplis Romanorum pontificum, partim ex gestis conciliorum etc. Das Werk ist eine collectio
canonum. Die innere Bekleidung der beiden Deckel enthält 2 Fragmente einer Abhandlung in alter italienischer Sprache auf Pergament.

XI. 122. Pergamenthandschrift des XVI. Jahrh. 357 Blätter
in 4°. Alter Eigenthümer Stift St. Florian.

Precationes sacræ. Anfang: Urbanus episcopus servus servorum
dei significamus etc. Das Buch enthält unter Andern den „accessus
ad altare major“, „diversi cursus“ den „modus audiendi missam“ etc.
etc. Der Codex ist sehr sorgfältig geschrieben fol. 1ᵃ—77ᵇ gerad-
stehende Minuskel, fol. 77ᵇ—357ᵇ Cursivschrift. Den Anfang schmückt
eine grosse schön verzierte Initiale.

XI. 123. Pergamenthandschrift des XIV. Jahrh. 146 Blätter
in 8°. Alter Besitzer Stift St. Florian.

Deutsches Gebethbuch. Anfang: Du solt dich fleizzen daz du
dein lebn nach disen fünf dcingen richtest.

Das letzte Stück fol. 146ᵇ beginnt: Sand Pernhart der spricht
dem menschen ist nichtz unmöglich ze tun etc.

Am Ende: Nu pitt got für mich Johannen. Mit rother Tinte.
Das Werk gehört einem Mystiker an. Auf dem hintern Deckel ist
ein Indultbrief des Bischofs Antonius von Präneste, der auctoritate
domini papae dem Paulus socius in Gravendorff die Wahl eines be-

liebigen Beichtvaters bewilligt. Der Brief ist zu Rom ausgestellt, die Jahrzahl unleserlich, die Schrift dem XIV. Jahrh. angehörig.

XI. 124. Pergamenthandschrift des XIV. Jahrh. 217 Blätter in 8°. Theilweise in 2 Spalten. Altes Eigenthum St. Florians.

1) Bl. 1ª—28ª. Tractatus de instructione confessorum. Anfang: Simpliciores et minus expertos confessores etc. Der Tractat wird Johann von Freiburg zugeschrieben, siehe oben codex XI. 109 Nr. 3. 2) Bl. 28ᵇ. Oratio de ss. Trinitate. Anfang: Gloria patri et filio et spiritui sancto. Am obern Rand ist die Note hingeschrieben: Nix, glacies et aqua tria nomina res tamen una. Sic in personis trinus deus est tamen unus. 3) Bl. 28ᵇ—29ª. Sermo in coena domini. Anfang: Vos mundi estis sed non omnes. Hoc dicebat dominus facta cena etc. 4) Bl. 29ª—30ª. Sermo in dominica tertia. Anfang: Vado ad eum qui misit me etc. 5) Bl. 30ª ᵘⁿᵈ ᵇ. Nota quod triplex est ratio ostensionis corporis Chr. sub alia specie. Anfang: Prima est meritum fidei etc 6) Bl. 30ᵇ. Nota. Anfang: Hec sunt septuaginta due lingue. Darauf eine kleine Note über die Freundschaft. 7) Bl. 30ᵇ—32ª. Sermo in nativitate domini. Anfang: Gloria in altissimis etc. In verbis istis possumus notare quod etc. 8) Bl. 32ᵇ—33ᵇ. Allerlei Excerpte, Sentenzen und Gleichnisse. 9) Bl. 34ª—39ᵇ. Liber de miseria humanae conditionis. Eingangsepistel: Domino patri karissimo per divinam gratiam portuensi episcopo Lotharius indignus dyaconus etc. 10) Bl. 39ᵇ. Sermonum themata duo. 11) Bl. 39ᵇ—40ª. Gedächtnissverse, lateinische, welche den lateinischen Namen der Vögel, der vierfüssigen Thiere, der Bäume, der Fische und Pflanzen anführen. Bei den 3 ersten Klassen sind viele deutsche Benennungen angeführt. 12) Bl. 40ᵇ—41ª. Nota vitae spiritualis. Anfang: Quatuor sunt que dicit se salomon ignorare. 13) Bl. 41ª ᵘⁿᵈ ᵇ. Allerlei Excerpte aus den Vätern und Klassikern und der scola Salernitana. 14) Bl. 42ª—54ª. Opus anepigraphum. Anfang: De terrore sompniorum. Tempus quod quieti concessum est etc. Das Werk handelt von den verschiedenen Sünden und den Heilmitteln dagegen und ist das zweite Buch des Nr. 9 angeführten Tractats. 15) Bl. 54ª—54ᵇ. Glückwunsch in lateinischen Versen. Anfang: Sit tantum vobis a Christo dante salutem etc. 16) Bl. 54ᵇ. Poetische Umschreibung der zehn Gebothe. Anfang: Prima rubens unda etc. Bl. 55ª früher beschrieben, jetzt ausgekratzt. 17) Bl. 55 —57ª. Auctoritates patrum. Bl. 56ᵇ stehen am obern Rande folgende Verse: Tu mihi qui servis modo, quod volo, tunc dabo quod vis. Si servis quod vis, dabo quod volo, non dabo quod vis.

Marte mares, februoque lupi, majo mulieres, Autumno pecudes luxuriare solent. 18) Bl. 57ᵇ—60ª. Duo sermones. Sie beginnen: Surge aquilo et veni, und: In die dominico creata sunt omnia etc. 19) Bl. 60ª—66ª. Notata varia de septem generibus hominum, qui nec in coelo nec in purgatorio sunt, de ludo tesserarum, de matrimonio, de jejunio etc. etc. Bl. 60ª—65ª sind an den obern und untern Rändern Verse und Denksprüche hingeschrieben. 20) Bl. 63ª—208ᵇ.

Summa theologicae veritatis. Am obern Rande Bl. 69ª steht: Compendium pauperum Bonaventurae von anderer Hand. Bl. 66ᵇ—68ᵇ Register. Eingang: Veritatis theoloyce sublimitas cum sit superni etc. Unter den gedruckten Werken des heil. Bonaventura findet sich unsere Abhandlung Tom. VII. pag. 687. edit. Lugdun. 21) Bl. 209ª--210ª. Sermo generalis, quando volueris. Anfang: Nemo venit ad me nisi pater etc. Deus quosdam attrahit timore etc. 22) Bl. 210ª—217ᵇ. Notata varia, de poenitentia, de confessione, de peccatis et virtutibus. Bl. 217ª unbeschrieben. Auf dem vordern Deckel ist das Fragment eines liber profetarum aus dem IX. Jahrh. enthaltend Jerem. cap. XXIII, v. 19—23. Am Rande und zwischen den Zeilen theilweise verwischte Verse aus dem XIV. Jahrh. Der zweite Deckel enthält auctoritates patrum aus dem XIV. Jahrh.

XI. 125. Pergamenthandschrift des XIV. Jahrh. 177 Blätter in 4°. Altes Eigenthum St. Florians.

1) Bl. 1ª—160ᵇ. Super quatuor libros sententiarum. Titel: Incipiunt questionum conclusiones super 4 libros sententiarum. Anfang: Queritur utrum theologia sit sciencia. 2) Bl. 161ª—176ᵇ. Summula optima et compendiosa de septem sacramentis. Anfang: De sacramentis in summa videndum est etc. 3) Bl. 176ᵇ—177ª. Versus boni qualis debet esse confessio, cum expositione. Anfang: Sit simplex humilis confessio, pura, fidelis etc. Schluss: et major pena desperacione in inferno. Das an den ersten Deckel geleimte Pergamentblatt zeigt das Fragment eines Directorium Liturgicum mit der missa de nativitate aus dem XII. Jahrh. Es sind Neumen beigesetzt.

XI. 126. Papierhandschrift des XIV. Jahrh. 242 Blätter in 2°. 2 Spalten. Altes Eigenthum St. Florians.

1) Bl. 1ª—3ᵇ. Canones evangelistarum, metrice. Der Anfang fehlt. Das Bl. 1ª beginnt mit dem Schlusse des cap. XXIII. Mat. 2) Bl. 4ª—4ᵇ. Initia 150 psalmorum. 3) Bl. 5ª—6ª. Sermones s. Bernardi super planctum beatae Mariae et in octava Epiphaniae. Anfänge: Omnis qui ad hoc nomen, und: Dies ista celebris habetur etc. 4) Bl. 6ª. Epistola s. Mariae ad Ignatium. Anfang: Ignacio dulci discipulo etc. Siehe Fabricius cod. apocr. 5) Bl. 6ª—6ᵇ. Epistolae s. Ignatii ad Christiferam Mariam et ad Johannem evangelistam. Anfänge: Christifere Marie suus Ignacius und Johanni seniori. Ignatius et qui cum eo sunt etc. Siehe Fabricius cod. apocr. Bl. 6ª unbeschrieben. Bl. 6ᵇ. Altes Inhaltsverzeichniss des ganzen Codex. 6) Bl. 7ª—16ᵇ. Tractatus beati Anselmi de mensuratione crucis. Anfang: Quoniam jubente filio tuo etc. 7) Bl. 16ᵇ—19ᵇ. Collationes breves. Die eine beginnt: Intravit rex ut videret discumbentes Mat. XXII. Die andere: Tollite jugum meum super vos. Mat. XI. 8) Bl. 20ª—21ᵇ. Libellus de septem diaetis animae. Anfang: Septem sunt diete anime etc. Siehe XI. 71. Nr. 9. 9) Bl. 22ª—24ᵇ. Tractatus de disciplina novitiorum. Anfang: Per cottidianam experienciam etc. 10) Bl. 24ᵇ—26ª. Breves expositiones super Ave Maria. Anfang: Ave Maria etc. Hic dicit Hugo in sermone etc. 11) Bl. 26ª—26ᵇ. Epistola b. Hieronymi ad Rusticum monachum. Anfang:

Nihil est christiano felicius. Er handelt von der Flucht weltlicher
Reitze. 12) Bl. 26ᵇ—27ᵃ. Sermo s. Augustini de trinitate. Anfang:
Audio fratres quod qnidam etc. 13) Bl. 27ᵃ—28ᵃ. Aliquae regulae
Anselmi. 14) Bl. 28ᵃ—42ᵇ. Sermones varii variorum. Darunter ist
Bl. 38ᵇ sermo synodalis: Sacerdotes et levite qni etc. 15) Bl. 42ᵇ
—43ᵃ. Duae notae. Die eine hat zur Aufschrift: Christus sponae;
die andere: Christus conqueritur de hominibus, qui delectantur in tem-
poralibus. 16) Bl. 43ᵃ—43ᵇ. Libellus b. Bernardi de vita monachi
quotidiana. Anfang: Si quis emendacionis vite desiderio etc. 17) Bl. 43ᵇ.
Duae Notae, de alphabeto judaico et de horis canonicis. 18) Bl. 44ᵃ—54ᵇ.
Augustinus ad comitem. Anfang: Frater si cupias scire etc. 19 Bl.
54ᵇ—55ᵇ. Sermo beati Cypriani de ludo aleae. Anfang: Magna nobis etc. 20 Bl. 56ᵃ—69ᵃ. Scriptum super Miserere Anselmi, alias
Hugonis. Anfang: Fortissime deus etc. 21) Bl. 69ᵃ—72ᵇ. Meditationes extractae de ultimo capitulo summae Bragwardini in 2. parte.
Anfang: Concede michi misericors etc. 22) Bl. 73ᵃ—73ᵇ. Copia
epistolae missae domino Archidiacono Bononiensi de obitu domini
Johannis de Lignano, qni obiit anno 1383. Ueber Joh. de Lignano
siehe Panzirolus de claris legum interpr. pag. 341. 23) Bl. 73ᵇ—76ᵃ.
Super librum generationis, expositio nominum. Bl. 76ᵇ—77ᵇ unbeschrieben.
Bl. 77 zweimal gezählt, daher 24 Bl. 77ᵃ—92ᵇ. Epistola beati Bernardi ad fratres de monte dei sive ad Carthusienses. Anfang: Dominis et fratribus et cet. Delicatum pene etc. 25) Bl. 93ᵃ—96ᵇ.
Contemplatio b. Bernhardi de passione Jesu Chr. Anfang: Septies in
die laudem etc. 26) Bl. 97ᵃ—100ᵃ. Planctus b. Bernardi de compassione virginis super morte Christi filii ejus. Anfang: Quis dabit
capiti meo aquam etc. Bl. 100ᵇ unbeschrieben. 27 Bl. 101ᵃ—115ᵃ.
Ordo Missae Papalis. Eingang: Tria sunt in quibus precipue etc.
Anfang des Tractats: Cum apostolice sedis antistes celebriter agit
missarum solempnia. An der Spitze des Werkes steht der Name:
Innocencius papa. Ueber dasselbe zu vergleichen: Catalanus Comm.
ad Ceremoniale S. Rom. Ecc. und die Biblioth. ritualis von Zaccaria.
28) Bl. 115ᵇ—183ᵇ. Stimulus Bonaventurae de passione domini.
Anfang: Liber iste qui stimulus amoris etc. 29) Bl. 184ᵃ—191ᵃ.
Sermones aliquot et notula, quod circa vestitum tribus modis contingit peccare. Bl. 191ᵇ—193ᵇ unbeschrieben. 30) Bl. 194ᵃ—196ᵇ.
Lectiones beati Anselmi archiepiscopi Cantuariensis de conceptione beatae Mariae virginis. Anfang: Anschelmus canthuariensis archiepiscopus et pastor anglorum etc. 31) Bl. 196ᵇ—199ᵇ. Sermo Clementis papae de conceptione beatae Virginis. Anfang: Erunt signa in
sole etc. 32 Bl. 199ᵇ—202ᵇ. Hugonis de arrha anitae. Anfang:
Loquar secreto animo mee etc. 33) Bl. 202ᵇ—205ᵇ. Quaestio vel
consilium magistri Adalberti scolastici ecclesiae pragensis, an quotidie
sint homines communicandi. Anfang: Carissimo socio suo et amico
Martino plebano s. martini in vico armificum etc. 34) Bl. 205ᵇ—208ᵃ.
Tractatulus de via salutis, editus ab eremita quodam. Anfang: Multi
multa faciunt et semet ipsos etc. 35) Bl. 208ᵃ—208ᵇ. Liber beati
Augustini de quatuor virtutibus cardinalibus. Anfang: Sunt animi virtutes scilicet prudentia etc. 36) Bl. 209ᵃ—211ᵃ. Recommandatio

facta pro licentiatis in studio pragensi per magistrum Bartholomeum Torgawiensem Baccal. theol. anno 1383. Anfang: Hy sunt qui in corde bono etc. 37) Bl. 211ᵃ—212ᵇ. Sermo ejusdem. Anfang: Catelli edunt de micis etc. 38) Bl. 212ᵇ—224ᵃ. Innocentius papa de conditione vilitatis humanae naturae. Anfang: Quare de vulva mulieris egressus etc. Am Ende: Explicit tractatus Innocencii pape de contemtu mundi et de concepcione et miseria hominis. 39) Bl. 223ᵇ—224ᵇ. Scala claustralium beati Bernhardi. Anfang: Cum die quadam corporali manuum labore etc. 40) Bl. 224ᵇ—225ᵃ. Ammonitio b. Augustini de diligentia studii et lectionis. Anfang: Propitio Christo fratres carissimi ita leccionem etc. 41) Bl. 225ᵃ—229ᵇ. Aliquot auctoritates. 42) Bl. 230ᵃ—239ᵃ. Versus materiam bibliorum exhibentes. Anfang: Lex, prohibet, peccant, abel, enoch etc. Es ist die Biblia pauperum Alberti Magni. Am Ende fehlt Einiges. 43) Bl. 239ᵇ—242ᵃ. Sermo de omnibus sanctis. Anfang: Timeto dominum omnes sancti ejus etc. Auf dem hintern Vorstehblatt ist zu lesen: furfur edit panum panem quoque sustineamus, hunc puto grammaticum qui versum construit istum.

XI. 127. Papierhandschrift des XV. Jahrh. 326 Blätter in 2°. Alter Eigenthümer Stift St. Florian.

Petri Lombardi quatuor libri sententiarum. Anfang Bl. 2ᵃ: Cupientes aliquid de penuria etc. Mit zahlreichen Rand- und Interlinearglossen. Bl. 324ᵇ. Deo gratias et finitus est quartus liber sententiarum anno domini 1476 sabbato post luce. Bl. 1 und Bl. 325ᵇ—326ᵇ sind mit Notaten theol. Inhalts bedeckt. Darunter befinden sich die articuli in quibusdam scriptis reperti, parisiis damnati ab Episcopo, Cancellario et tota Universitate; dann die libri parisiis damnati divinationum et sortium, welche namentlich aufgeführt werden. Die Vorstehblätter vorn und rückwärts sind von Pergament und enthalten sauber geschriebene Fragmente der hebräischen Literatur, deren Ränder gleichfalls mit theol. Notizen beschrieben sind. Bl. 325ᵃ unbeschrieben. Bl. 326ᵇ ist am Ende zu lesen: magister Andreas de Ka.

XI. 128. Papierhandschrift des XV. Jahrh. 254 Blätter in 2°. Zum grössten Theil 2 Spalten. Alter Eigenthümer Stift St. Florian.

1) Bl. 1ᵃ—152ᵃ. Anonymi opus. Am Schlusse und im Index wird es oculus sacerdotis genannt. Anfang: Cum ecclesiæ quibus praeficiuntur personae minus idoneae. 2) Bl. 152ᵃ. Nota de decimis, cur ce persolvendæ. 3) Bl. 152ᵃ—191ᵃ. Anonymi opus de sensuum custodia. Eine Sammlung von Predigten und Collationen. Die Erste beginnt: Quanta mala incurrant, qui exteriores suos quinque sensus non habent in custodia etc. 4) Bl. 191ᵃ—208ᵃ. Sermones. Darunter 4 de beata Virgine und ein sehr langer de s. Joanne apostolo. 5) Bl. 208ᵇ. Forma absolutionis in vita et in mortis articulo. 6) Bl. 209ᵃ—249ᵇ. Verba cum derivatis. Die deutsche Bedeutung steht nebenbei. Bl. 250ᵃ unbeschrieben. 7) Bl. 250ᵇ—252ᵃ. Sermo super illud: Nisi granum frumenti etc. 252ᵇ—254ᵃ unbeschrieben. 8) Bl. 254ᵇ. Excerpta brevissima patrum. Das vordere Deckblatt enthält Melodien des XV. Jahrhunderts mit einem Weihnachtshymnus; auf der

einen Seite des Deckels sind Fragmente eines Breviers, ebenso auf
dem andern Deckel, welche dem XV. Jahrh. angehören. Auf dem
Letztern befindet sich auch das Bruchstück eines Zinsbriefes in deutscher Sprache, der von einem unbekannten Convente 1448 ausgestellt
wurde.

XI. 129. Papierhandschrift des XV. Jahrh. 480 Blätter in 2°.
2 Spalten. Alter Eigenthümer Stift St. Florian.

Thomas de Aquino: Quaestiones super quatuor libros sententiarum.
Anfang: Quod sit subjectum totalis sciencie theologice etc. Das vordere Schutzblatt enthält das Fragment einer hebräischen Handschrift
auf Pergament; das Rückwärtige das Fragment eines theilweise unleserlichen Zinsbriefes aus dem XV. Jahrh., der zu Wien in deutscher
Sprache auf Pergament ausgestellt wurde.

XI. 130. Papierhandschrift des XV. Jahrh. 227 Blätter in 2°.
2 Spalten. Altes Eigenthum St. Florians.

1) Bl. 1ª—106ª. Summa theologicae veritatis, octo libri. Anfang: Veritatis theologice subtilitas cum superni sit splendoris etc.
Siehe oben XI. 120. Bl. 106ᵇ unbeschrieben. Bl. 107ª—117ᵇ fehlen.
2) Bl. 118ª—174ª. Isidori de summo bono, libri tres. Anfang des
1. Capitels: Summum bonum deus est quia incommutabile est et etc.
Am Ende: Explicit liber sententiarum saucti ysidori Episcopi. 3) Bl.
174ª—176ᵇ. Regula sacerdotum secularium. Anfang: Multi sunt
sacerdotes religiosorum regulas deridentes etc. Bl. 177 unbeschrieben.
4) Bl. 178ª—198ᵇ. Opus anepigraphum. Anfang: Dum diligenter
in lege domini voluimus meditari etc. Am Ende: Explicit. Auctor
hujus Aleten dicitur. Im alten Inhaltsverzeichniss, welches sich auf
dem inneren Deckel befindet, wird es mit dem Titel: de oculo morali
liber optimus aufgeführt. Es ist dasselbe Werk mit XI. 97. Nr. 2.
5) Bl. 198ª—224ᵇ. Liber qui dicitur secreta secretorum, seu liber
Aristotelis ad Alexandrum M. de regimine principum. Voran geht der
Brief des Philippus Clericus, der dieses Werk aus dem Arabischen ins
Lateinische übersetzte, an Guido de Valentia Bischof von Tripolis.
Ueber dieses dem Aristoteles fälschlich beigelegte Werk siehe Fabricius Biblioth. graeca vol. II. pag. 167—168. Note. Bl. 225ª und 225ᵇ
unbeschrieben. 6) Bl. 226ª—227ª. Hymnus de nativitate virginis
Mariae. Anfang: Ave clara stella maris; mit Musiknoten späterer Zeit.

XI. 131. Papierhandschrift des XV. Jahrh. 169 Blätter in 2°.
2 Spalten. Alter Eigenthümer Stift St. Florian.

1) Bl. 1ª—32ᵇ. Meditationes Anonymi de passione Christi. Der
Anfang des Werkes fehlt. Es beginnt: Nam et paterfamilias ad illum
laborem servos mittit und schliesst mit der Meditation de beneficiis
Christi circa hominem. Bl. 33ª—35ᵇ unbeschrieben. 2) Bl. 36ª—107ᵇ.
Tractatus Anonymi de dilectione Dei. Anfang: Primus sermo de dilectione dei etc. Duo sunt praecepta caritatis; primum est de caritate
sive dilectione etc. Schluss fehlt. Die letzten Worte sind: Tum propter scandalum tum propter sacramentorum reverentiam tum propter
sceleris horrorem. 3) Bl. 108ª—117ª. Tractatus Anonymi de spi-

ritu sancto. Anfang: Sicut in philosophia motus et operaciones etc. Die Abhandlung scheint unvollständig; letzte Worte: nonnisi solo impossibilitatis freno posse retineri. Bl. 117ᵇ—119ᵇ unbeschrieben. 4) Bl. 120ᵃ—130ᵇ. Tractatus Anonymi de vitiis. Anfang: Est via que videtur homini recta etc. Schluss: a cordis hospicio poterimus exspectare, quod nobis deus prestare etc. 5) Bl. 131ᵃ—169ᵇ.

Deutsches Loos- und Wahrsagerbuch. In Versen mit vielen Tafeln. Das Werk beginnt mit einer Tafel, auf welcher die Römischen Ziffern I—IX in 19maliger Combination vorkommen; darauf folgt eine Tafel, auf welcher die Namen der 12 Apostel mit gewissen Pflanzen, Bäumen und Steinen combinirt erscheinen; hierauf kommen die Namen der 12 Apostel je mit einer 4zeiligen Strophe und der Ueberschrift: den czwelfpoten such. Am Ende scheint etwas zu fehlen.

Das Vorsetzblatt vorn und rückwärts enthält Bruchstücke eines Psalteriums aus dem XII. Jahrh. mit Neumen; auf dem letzten Vorsetzblatt ist eine grosse schön verzierte Initiale.

XI. 132. Papierhandschrift des XV. Jahrh. 226 Blätter in 2°. 2 Spalten. Altes Eigenthum St. Florians.

1) Bl. 1ᵃ—125ᵃ. Manipulus curatorum. Anfang: Incipit liber qui dicitur manipulus curatorum editus a magistro Guidone etc. Der erste Theil schliesst Bl. 49ᵇ. Bl. 50 ist unbeschrieben. Der zweite Theil hat die Aufschrift de peniteneiis et remissionibus. Der dritte Theil fehlt. Siehe XI. 112. N. 4 und XI. 92 A N. 1. Bl. 125ᵇ unbeschrieben. 2) Bl. 126ᵃ. Parvum elogium de nomine Jesu; metrice. Darunter eine kleine Notiz über den Namen Jesus. 3) Bl. 126ᵃ—126ᵇ. Confessionis formula germanica. Anfang: Ich sundiger schuldiger mensch vergich etc. de anno 1421. 4) Bl. 127ᵃ—217ᵇ.

Commentarius in summam Raymundi. Anfang: Omnem scienciam et doctrinam etc. Bl. 218 unbeschrieben. 5) Bl. 219ᵃ—226ᵇ. Versus in vitam Christi variis locis scripturae sacrae illustrati. Anfang: Vipera vim patitur sine vi parente puella etc. Schlussvers: Rex sedet ut dignos salvet dampnetque malignos. Das Vorsetzblatt zeigt das Fragment eines sehr sorgfältig geschriebenen Breviariums aus dem XII. Jahrh. Das Bruchstück enthält mehrere Hymnen. Auf dem innern Deckel steht: 1427.

XI. 133. Papierhandschrift des XV. Jahrh. 353 Blätter in 2°. 2 Spalten. Alter Eigenthümer Stift St. Florian.

1) Bl. 1ᵃ—86ᵇ. Anonymi tractatus de poenitentia. Anfang: Quoniam peccantibus mortaliter post baptismum etc. Schluss: in hac valle lacrimarum pro adipiscenda corona eterna etc. Darunter: Anno 1453. Vergl. codex XI. 144. N. 1. 2) Bl. 87ᵃ—118ᵇ. Tractatus praedicabilis Anonymi de corpore Christi. Anfang: Sermo primus de sacro corpore domini; de tribus causis institucionis ejus. Venite comedite panem etc. Schluss: recte meritoque contemnerentur. Amen. Anno 1453. 3) Bl. 119ᵃ—194ᵃ. S. Gregorii libri quatuor dialogorum. Anfang: Quadam die dum nimiis quorundam secularium etc. Bl. 194ᵇ—195ᵇ unbeschrieben. 4) Bl. 196ᵃ—242ᵇ.

Anonymi de poenitentia. Anfang: Ecce nunc tempus acceptabile dicit apostolus etc. Schluss: pauper autem prudens scrutabitur eum. 5) Bl. 242ᵇ—279ᵇ. Anonymi opus de sensuum custodia. Anfang: Quanta mala incurrant qui exteriores sensus etc. Siehe XI. 128. N. 3. 6) Bl. 280ᵃ—351ᵇ. Anonymi tractatus de vitiis et eorum remediis. Anfang: Homo quidam fecit cenam magnam etc. Schluss: se ex hoc aliis, qui talia ignorant. Bl. 352ᵃ—353ᵃ Register zum Tractat de poenitentia. N. 1.

XI. 134. Pergamenthandschrift des XII. Jahrh. 180 Blätter in 2°. 2 Spalten. Altes Eigenthum St. Florians.

1) Bl. 1ᵃ—179ᵇ. Hugonis de s. Victore de sacramentis Christianae fidei. Anfang des Prologs: Librum de sacramentis christiane fidei studio quorundam etc. Am Ende: Expliciunt sentencie magistri Hugonis de novo testamento. Das Werk weicht von dem Nämlichen unter den gedruckten Werken Mainz 1617 fol. Tom. III. pag. 347. theilweise ab. 2) Bl. 179ᵇ—180ᵇ. Excerpta ex s. Augustino de sacramentis. 3) Bl. 180ᵇ. Reliquienverzeichniss. Darüber steht von derselben Hand: Reliquiae ad altare s. Joannis. Es befinden sich darunter welche, de ligno Domini, de fascia Domini, de veste Mariae Virg., de Maria Salome. Die Schrift ist aus dem XIII. Jahrh.

Auf der innern Seite des Deckels ist ein Fragment aus den Lamentationen des Propheten Jeremias mit Neumen aus dem XIV. Jahrh. Die Blätter dieses schön geschriebenen Codex sind an ihrem oberen Rande theilweise stark vermodert.

XI. 135. Pergamenthandschrift des XIV. Jahrh. 145 Blätter in 4°. 2 Spalten. Altes Eigenthum St. Florians.

1) Bl. 1ᵃ—75ᵇ. Summa Thomae de Aquino. Anfang: Cum miseraciones domini sint super omnia etc. Sie stimmt mit der Gedruckten durchaus nicht überein. 2) Bl. 76ᵃ—144ᵇ. Summa Sybotonis de virtutibus. Anfang: Si separaveris preciosum a vili etc. Der Name des Autors ist von späterer Hand beigeschrieben. Bl. 145 enthält Materien, die zu vorgenanntem Tractat gehören. Ueber Siboto siehe Denis vol. II. pars I. 883. 884. Der erste Deckel sammt darauffolgendem Vorsetzblatt ist mit Fragmenten aus dem Corpus Juris Can. beschrieben, der zweite Deckel mit solchen aus der heil. Schrift. Beide Fragmente gehören dem XIV. Jahrh. an. Obige Summa Sybotonis ist ein Auszug aus der folgenden Summa virtutum.

XI. 136. Pergamenthandschrift des XIV. Jahrh. 314 Blätter in 4°. Altes Eigenthum St. Florians.

Summa virtutum. Nach dem alphabetischen Register und dem Eingang beginnt das Werk Bl. 17ᵃ mit der Aufschrift: Incipit summa virtutum a quodam fratre de ordine predicatorum nomine Wilhelmo compilata. Incipit tractatus primus de virtute in communi. De eo quod expedit commendari virtutem. Caput primum: Si seperaveris preciosum a vili quasi os meum eris.

Das Werk besteht aus 5 Theilen, deren letzter schliesst: quibus obligaverunt parentes nostri celestem heroditatem ad quam etc.

Von diesem Wilhelmus wissen Quétif und Échard Script. Ord. Praed. nichts. Die beiden Deckel sind von innen mit Fragmenten von Math. cap. XXVI. aus dem IX. Jahrh. bekleidet.

XI. 137. Pergamenthandschrift des XIV. Jahrh. 166 Blätter in 4°. 2 Spalten. Alter Eigenthümer Stift St. Florian.

Summa poenitentiae. Anfang Bl. 7ᵃ: Incipit liber bonus et utilis. Summa Penitenciarum; primo de miseracione dei. Cum miseraciones domini sint super omnia opera ejus etc. Rund herum auf dem Schnitt des Codex steht mit grossen Buchstaben des XIV. Jahrh.: Summa Magistri Thome de penitencia. Siehe auch XI. 91. und XI. 109. N. 4.

XI. 138. Pergamenthandschrift des XIV. Jahrh. 105 Blätter in 4°. 2 Spalten. Altes Eigenthum St. Florians.

1) Bl. 1ᵃ—16ᵇ. Tractatus de conceptione beatae Mariae Virginis. Anfang: Nondum erant abissi et ego jam concepta eram. De conceptione beate virginis tractaturi etc. Am Ende: Explicit Repercussorium petri aureoli de concepcione. Petrus Aureolus ord. Min. lebte um 1320 als Lehrer der Theologie zu Paris. 2) Bl. 17ᵃ—51ᵇ. Sermones magistrales, potissimum de partibus poenitentiae. Anfang: Quodcunque ligaveris super terram etc. Duos finos ultimos futuros esse etc. 3) Bl. 52ᵃ—78ᵃ. Tractatus magistri Francisci de provincia de summa trinitate, editus anno 1322. Anfang: Fidelis sermo et omni accepcione dignus etc. Am Schlusse: Explicit tractatus editus a fratre francisco de provincia tunc parisiis baculario. 4) Bl. 78ᵇ—89ᵇ. Opus anepigraphum. Anfang: Queritur utrum Christi nativitas fuerit naturalis etc. Der Tractat bricht unvollendet ab mit den Worten: quia visio habet felicitatem in suo fructu. 5) Bl. 90ᵃ—96ᵃ. Tractatus Francisci de conceptione et nativitate Christi. Anfang: Ecce concipies et paries in utero etc. 6) Bl. 96ᵃ—105ᵃ. Tractatus Francisci de perfectione et paupertate Christi. Anfang: Hic erit magnus et filius altissimi vocabitur etc. Bl. 105ᵇ ist eine kurze Anrufung des heil. Geistes und der heil. Jungfrau in latein. Sprache.

XI. 139. Papierhandschrift des XV. Jahrh. 336 Blätter in 4°. Alter Eigenthümer Stift St. Florian.

1) Bl. 1ᵃ—51ᵃ. Tractatulus de praeservatione hominis a peccato. Anfang: Thema, Miserere anime tue placens deo et contine etc. Am Ende: Collecti sunt sermones isti per Paulum Wann arcium et sacre pagine indignum professorem anno domini 1468 et finiti anno 1469 tunc pataviensem predicatorem et ad populum per adventum et tempus sequens pronuntiati; oret pius lector et auditor horum pro eo. Ave Maria. 2) Bl. 51ᵇ—54ᵃ. Duae quaestiones, una, quod peccato nihil pejus sit; altera, quomodo praecepta decalogi intelliguntur, omnia in dilectione Christi. Bl. 54ᵇ unbeschrieben. 3) Bl. 55ᵃ—142ᵇ. Tractatulus de quatuor virtutibus cardinalibus, in modum sermonum ad populum collectus 1467. Anfang: Qui pacis inennt consilia, sequitur eos gaudium etc. Bl. 143ᵃ—144ᵇ unbeschrieben. 4) Bl. 145ᵃ—212ᵇ. Gersonis de vita animae. Eingang: Reverendo in Christo

patri et sacre theologie professori eximio domino petro episcopo cameracensi etc. Anfang des 1. Theiles: Ego vos baptizavi aqua etc. Zu
finden im III. Tom. pag. 1. der opera Gersonii Antwerpiae 1706.
5) Bl. 213ᵃ—214ᵃ. Nota de perceptione sacramenti in die parasceves. Anfang: Quidam doctor sacre theologie universitatis wiennensis
etc. Am Ende: Hoc per egregium doctorem Nicolaum de Tinkelspuchl.
Bl. 214ᵇ—216ᵇ unbeschrieben. 6) Bl. 217ᵃ—217ᵇ und 219ᵃ—219ᵇ.
    Variae notae et excerpta theologica. 7) Bl. 218ᵃ—218ᵇ. No-
tata ad prosodiam pertinentia. 8) Bl. 220ᵃ—331ᵇ. Ex quarto sum-
marum magistri Nicolai Tinklpühl super quarto. Anfang: Sacramentum capitur tripliciter etc. 9) Bl. 332ᵃ—333.ᵃ Duo notata de Judaeis et de sermone hominis. Bl. 333ᵇ—334ᵇ unbeschrieben. 10) Bl.
335ᵃ—336ᵇ. Tractatulus anepigraphus. Anfang: Si homo vult vir-
tuose et laudabiliter et decenter convivere aliis hominibus etc.

XI. 140. Papierhandschrift des XVI. Jahrh. 51 Blätter in 4°.
Alter Eigenthümer Stift St. Florian.

    Jacobi Rabus s. Theol. Doctoris Concionatoris ac Consiliarii Du-
calis Bavarici ac protonotarii Apostolici etc. ad Rev. ac Ill. Episcopum Frisingensem Ernestum etc. Super instituenda monasteriorum ipsius Dioecesi subjectorum Visitatione Consultatio. Anfang: Etsi diligenter ad modum Visitationis Bavaricae etc. Am Schluss des Ein-
gangsschreibens: Romae 1576. Ueber den Verfasser siehe Jöcher
Gelehrtenlexicon 3. Bd. S. 1853. Kobolt Baier. Gelehrten-Lexicon
Seite 533. Ergänzungen und Berichtigungen dazu Seite 235. Unsere
Abhandlung ist unter den dort verzeichneten Werken nicht zu finden.

XI. 141. Pergamenthandschrift des XV. Jahrh. 108 Blätter in 4°.
2 Spalten. Alter Eigenthümer Stift St. Florian.

    Opus figurarum. Anfang: Incipit opusculum figurarum. Castigo
corpus meum ad Cor. 9. Non est animal adeo indomitum etc. Der
Autor ist Antonius Rampegolus oder Antonius de Janua. Ord. Erem.
s. Augustini, über welchen Ossinger Biblioth. Augustiniana Seite 732.
und Busse Grundriss der chr. Lit. 2. Th. S. 341, wo er Rampelogus
genannt wird, zu vergleichen sind.

    Unsere Handschrift ist unvollständig; sie bricht im Absatz de
passione Christi mit den Worten ab: comparavit duas partes quarum
una —

XI. 142. Papierhandschrift des XV. Jahrh. 91 Blätter in 4°.
Alter Eigenthümer Stift St. Florian.

    1) Bl. 1ᵃ—44ᵃ. Tractatus anepigraphus. Anfang: Memorare
novissima tua et in eternum non peccabis. Sicut dicit Augustinus etc.
Schluss: et intelligerent ac novissima providerent. Siehe Pez Thes.
Diss. Isag. Tom. 1. p. 79. Bl. 44ᵇ unbeschrieben. 2) Bl. 45ᵃ—88ᵃ.
Anonymi de tribus votis religiosorum. Anfang: Amice comoda mihi
tres panes, quoniam amicus venit ad me de via etc. Schluss: virgi-
num sponsus amator castitatis in secula seculorum. Amen. Explicit
tractatus trium substancialium. 3) Bl. 88ᵇ—91ᵃ.

Descriptio arboris divini amoris. Anfang: Omnis arbor, qui non facit fructum, exciditur etc. Schluss: sue caritatis terminum ponit. Bl. 91ᵃ enthält eine Zeichnung arboris dyonisii de divino amore.

XI. 143. Pergamenthandschrift des XIV. Jahrh. 165 Blätter in 4°. 2 Spalten. Alter Eigenthümer nach der Inschrift am Schlusse ein Bischof von Concordia in Venetien.

Summa confessorum. Anfang: Quid de symonia. Dic. Symonia est spiritualium vel annexorum spiritualibus etc. Am Ende: 1409 Hanc summam confessorum donavit (Name unleserlich) de padua episcopus concordiensis Congregationis Canonicorum Regularium lateranensium ita ut inprimis sit ad usus dictorum canonicorum Christo militancium in monasterio (Name ausgestrichen) ut deum pro ejus anima precari meminerint. Diese Unterschrift sammt obiger Jahrzahl ist von späterer Hand. Ueber den Verfasser gibt der Schluss des Werkes Auskunft: Explicit summa confessorum abreviata a fratre guillo Kabothio de ordine predicatorum quondam priore provinciali in francia. Nach Quétif und Echard Script. Ord. Praed. ist es Guillelmus de Kajoco (Cayeu in der Picardie), der um 1309 noch lebte.

XI. 144. Papierhandschrift des XIV. Jahrh. 244 Blätter in 4°. Altes Eigenthum St. Florians.

1) Bl. 1ᵃ—82ᵃ. Anonymi de poenitentia. Anfang: Quoniam peccantibus post baptismum mortaliter etc. Es ist dasselbe Werk mit XI. 133. N. 1. und ist aus Sentenzen der heil. Väter zusammengestellt. 2) Bl. 82ᵃ—238ᵃ.

Anonymi opus. Der wahrscheinliche Titel dürfte der auf dem Vorstehblatt befindliche sein: Tractatus de vitiis et virtutibus secundum Philosophos et Poetas. Anfang: Dicto de (unleserliches Wort) scienciis secundum ordinem suprapositum, dicendum est de practicis etc. Das Werk ist eine reiche Blumenlese aus christlichen und heidnischen Dichtern und Philosophen. Bl. 238ᵃ—244ᵇ Alphabetisches Register. Am Schlusse:

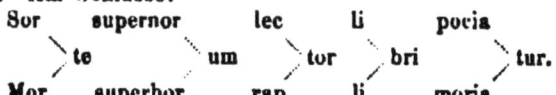

Die Deckel sind mit Bruchstücken eines dialectischen Tractats aus dem XIV. Jahrh. auf Pergament bekleidet.

XI. 145. Papierhandschrift des XV. Jahrh. 280 Blätter in 4°. Alter Eigenthümer Stift St. Florian.

1) Bl. 1ᵃ—9ᵃ. Determinatio cujusdam doctoris theologiae relate ad professionem monachi. Anfang: Consulti sumus frequenter etc. Eine zweite Determinatio beginnt Bl. 3ᵇ: Sciendum est valde cordialiter impressum esse etc. Bl. 9ᵇ—11ᵇ unbeschrieben. 2) Bl. 12ᵃ—123ᵇ. Expositio Regulae s. Augustini. Anfang Bl. 15ᵃ: Quod religiosi magnam curam sive diligenciam etc. Bl. 12ᵃ—14ᵇ Register. Diese Auslegung ist weder von Humbert noch von Hugo a sancto Victore.

3) Bl. 124ᵃ—159ᵇ. Regula beati Hieronymi ad sacras virgines. Ueberschrift: Ordo vivendi deo eximii doctoris Jeronimi prespiteri ad eusto-
chium sacratam deo virginem, quam in bethlem cum pluribus deo di-
catis virginibus monasterio sub istius ordinis observancia conclusit et
centum eam virginibus ibidem prefecit. Anfang des Prologs: Tepes-
cens in membris proclivum corpus etc. Am Ende: 1151 feria sexta
ante valentini martyris. Diese Regel wird dem heil. Hieronymus
fälschlich beigelegt und befindet sich gedruckt im Tom. XI. der op.
s. Hier. edit. Veronensis Vallarsii pag. 433. Siehe Denis vol. II.
pars I. 904. Bl. 160ᵃ—161ᵇ unbeschrieben. 4) Bl. 162ᵃ—222ᵇ.
Manuale confessorum magistri Johannis Nyder. Anfang: Quoniam juxta beati Gregorii in suo pastorali etc. Am Ende: Explicit.
Anno domini 1443. Bl. 223ᵃ—223ᵇ unbeschrieben. 5) Bl. 224ᵃ—233ᵇ.
Dialogus rationis et animae de vita religiosa. Anfang: Secretis inter-
rogacionibus propulsando etc. Schluss: sis promta et deo devota.
Amen. Bl. 234ᵃ—236ᵇ unbeschrieben. 6) Bl. 237ᵃ—280ᵇ.
Petrus Clarificator: Dictarius observantiae regularis. Anfang Bl.
238ᵃ: In nomine domini Jesu alloquor te ingredientem etc. Am Ende:
editus per venerabilem virum dominum petrum cognominatum clarificator priorem monasterii in rudnicz ord. can. s. Augustini. Vergl. XI.
147. An den Deckeln befinden sich Bruchstücke eines Psalteriums
mit Neumen aus dem XII. Jahrh.

XI. 146. Papierhandschrift des XV. Jahrh. 180 Blätter in 4°. Ursprünglicher Eigenthümer Stift St. Florian.

1) Bl. 1ᵃ—52ᵃ. Sententiae Hugonis. Anfang: De fide et spe
que in nobis est etc. Schluss: cui est laus et gloria in secula seculorum. 2) Bl. 52ᵃ—58ᵇ. De modo audiendi missam. Anfang: Gregorius nisi spiritus s. assit cordi meo etc. Schluss: sua passione nobis promeruit. Bl. 59ᵃ—60ᵇ unbeschrieben. 3) Bl. 61ᵃ—99ᵇ.
Tractatus anonymus de decem praeceptis. Anfang: Audi israel
precepta domini et ea in corde etc. Schluss: quod vinum nobis meritis gloriose virginis prestare dignetur ejus filius etc. Der Verfasser
ist Henricus de Vrimaria ord. Eremit. s. Aug. siehe Denis. vol. I.
pars. II. p. 1548. 4) Bl. 99ᵇ—122ᵃ.
Excerpta de passione Symonis de Cassia. Anfang: (Einige un-
leserliche Worte) defluxit torrens tribulacionum et passionum Chr. etc.
Schluss: ad quem ortum nos perducat Christus etc. Ueber den Verfasser Simon Fidatus de Cassia siehe Ossinger Bibl. Augustiniana
unter Cassia; dort kommt jedoch ein Werk de passione nicht vor.
5) Bl. 122ᵇ—166ᵇ. Excerpta ex tractatu contra diversos errores,
super titulum de summa trinitate et fide catholica in decretalibus. Anfang: Inquiritur quare unus tantum articulus in symbolo etc. Schluss:
remittitur per virtutem baptismi. Bl. 167ᵃ 168ᵇ unbeschrieben. 6)
Bl. 169ᵃ—180ᵇ. Tractatus anonymus de sacramentis. Der Anfang
fehlt. Der Tractat beginnt mit den Worten: Symbolum in tocius fidei
collacionem ediderunt. Einige Zeilen darauf handelt er de confirmatione. Das Ende fehlt ebenfalls. Letzte Worte: cum societas nup-
ciarum ita ab inicio.

XI. 147. Papierhandschrift des XV. Jahrh. 266 Blätter in 8°. Alter Eigenthümer Stift St. Florian.

1) Bl. 1ᵃ—48ᵃ. Excerptum de expositione Humberti super regulam beati Augustini. Anfang: Viris religiosis non modicum expedit. Schluss: scilicet a domino permissive. In der Regel, welche mit kleineren Buchstaben den einzelnen Capiteln vorausgesetzt wird, finden sich lectiones variantes. Bl. 48ᵇ unbeschrieben. 2) Bl. 49ᵃ. 83ᵃ. Dietarius observantiae regularis Petri Clarificatoris. Anfang: In nomine domini Jhesu. Alloquor te ingredientem etc. Vergl. XI. 145. Bl. 83ᵇ unbeschrieben. Bl. 84 herausgerissen. Bl. 85ᵃ enthält einige Zeilen der Materien, welche in der folgenden Nummer 3 aufgeführt werden; Bl. 85ᵇ unbeschrieben. 3) Bl. 86ᵃ—88ᵃ. Initia statutorum Canonicorum regularium. Enthält nur die Ueberschriften der Statuten. Diese Ueberschriften finden sich sammt den Constitutionen bei Amort Disciplina Vetus pag. 505. 4) Bl. 88ᵇ—155ᵃ. Liber Caeremoniarum divini officii. Ohne Ueberschrift beginnt das Cap. I: Primo ergo officium divinum in missa etc. Dasselbe kommt auch bei Amort im oben aufgeführten Werke pag. 679 vor. Die Ausgabe Amorts hätte aus unserer Handschrift vielfach verbessert werden können. Bl. 88ᵇ. 89ᵇ enthalten das letzte Capitel dieser Schrift, welches demnach nach Bl. 155ᵃ zu folgen hätte. Bl. 155ᵇ unbeschrieben. 5) Bl. 156ᵃ—202ᵃ. Exhortationes et sermones varii. Bl. 202ᵇ unbeschrieben, Bl. 203 herausgerissen. 6) Bl. 204ᵃ—213ᵇ. Sermo magistri Nicholai in vigilia assumtionis beatae Mariae. Anfang: Qui se humiliat exaltabitur etc. Quia thema nostrum loquitur de humiliacione sive humilitate etc. Es ist eine andere sehr sorgfältige Handschrift. 7) Bl. 213ᵇ—216ᵇ. Tractatus s. Bernardi de formula honestae vitae. Anfang: Petis a me mi frater karissime, quod numquam etc. Befindet sich im 5. Bande pag 811 der Edit. Mabillon unter den unterschobenen Werken Bernards. Unsere Handschrift enthält vieles, was bei Mabillon fehlt. 8) Bl. 216ᵇ. Excerpta patrum, Gregorii, Bernardi, Augustini. 9) Bl. 217ᵃ—222ᵃ. Henrici de Hassia tractatus de proprietariis religiosis. Eingang: Incipit tractatus de proprietariis religiosis editus per magistrum Henricum de Hassia doctorem sacre theologie eximium in wienna regentem. Anfang: In nomine domini, Amen. Pro salute eorum, qui vicia fugere cupiunt. Siehe Pez Thes. Anec. Praef. pag. 77. 10) Bl. 222ᵃ—224ᵇ. Sermo magistri Nycolay de poenis inferni et damnatorum. Anfang: Simile factum est regnum celorum homini regi etc. Notandum quod secundum sanctos etc. 11) Bl. 224ᵇ—228ᵇ. Excerpta ss. Patrum et sermonum. Dieselben werden eingeleitet: Ista sequencia specialiter pro domino meo Erhardo scripsi. 12) Bl. 229ᵃ—231ᵇ. Sermo magistri nicolai de dinchelpuchil, quod frater debeat fratrem quomodolibet a se laesum placare et reconciliare. Anfang: Sicud quilibet homo compos racionis etc. Ueber Nicolaus von Dünckelspühel siehe Scriptores Univers. Vienn. Pars I. 86. und Fabricius bibl. med. et inf. latin. Lit. D. pag. 86, wo er bemerkt, dass die Sermones vereinigt zu Strassburg 1516 herausgekommen seien.

13) Bl. 232ᵃ—233ᵇ. Quaedam dubia circa defectus altaris contingentia et praeceptis Christi et ecclesiae in statutis obviantia. Anfang: Si contingit, quod sacerdos ante consecracionem etc. Diese Dubia, 10 an der Zahl, sind vielleicht von Nicolaus von Düncklspühl; denn es heisst gleich darauf: 14) Bl. 233ᵇ—234ᵇ. Excerptio ex quodam sermone super Pater noster ejusdem doctoris magistri Nicolai de dinchelpuchil. 15) Bl. 235ᵃ—235ᵇ.

Excerpta ss. Patrum. 16) Bl. 236ᵃ—239ᵃ. Instituta domini Piligrini archiepiscopi Salczburgensis apostolicae sedis legati publicata in provinciali ecclesia Salczburgensi anno 1386. Anfang: Ad landem et honorem et gloriam nominis dei etc. Schluss: Acta sunt hec Salczpurge in nostro episcopali pallacio anno domini 1386 pontificatus sanctissimi in christo et domini nostri domini urbani divina providencia pape sexti anno octavo Mensis Januarii. Diese Verordnungen befinden sich in der Collectio Concilior. German. Tom. IV. pag. 530, könnten aber aus unserer Handschrift mehrfach verbessert werden. 17) Bl. 239ᵃ—243ᵇ. Constitutiones domini Guidonis cardinalis presbyteri tituli s. Laurentii. Anfang: Ad perpetuam rei memoriam. Postquam formavit deus hominem etc.

Diese Constitutionen kommen in unsern Handschriften öfter vor. Sie sind abgedruckt bei Pertz Mon. Germ. XI. 699. Vergl. auch Codex XI. 615. N. 5. und XI. 722. N. 3. 18) Bl. 243ᵇ—248ᵃ. Instituta venerabilis domini Friderici archiepiscopi Salczburgensis ecclesiae apost. s. legati instituta in provinciali Salczburgensi 1374. Dieselben sind auch in obengenannter Collectio Concil. Germaniae, nur wird dort richtiger als Jahrzahl 1274 angegeben. Anfang: Ad honorem et gloriam sponse Christi et fidei christianae etc. 19) Bl. 248ᵇ—251ᵇ. Instituta venerabilis domini Friderici Salczburgensis archiepiscopi etc. anno 1281. Sie befinden sich unter diesem Jahr in obiger Conciliensammlung. 20) Bl. 251ᵃ—259ᵇ. Constitutiones Johannis Tusculani episcopi. In der Coll. Concil. Germ. Tom. III. pag. 725, sind aber der Verbesserung durch unsern Codex fähig. 21) Bl. 259ᵇ—260ᵇ.

Institutiones domini Chunradi venerabilis ecclesiae Salczburgensis. In obiger Conciliensammlung Tom. IV. pag. 3. 22) Bl. 260ᵇ—265ᵃ. Concilium domini Chunradi celebratum Salczburgi 1213. In der deutschen Conciliensammlung unter dem Jahre 1310 richtiger angesetzt. Siehe Tom. IV. pag. 167. Bl. 262—264 sind herausgerissen; es waren darauf die Constitutiones Canon. regul. per provinciam Salczburgensem verzeichnet. 23) Bl. 265ᵃ—266ᵃ. Constitutiones duae Innocentii III. papae in concilio Lateranensi editae. Sie handeln de capitulis religiosorum celebrandis und de nova religione inhibenda. Die Deckel sind mit Bruchstücken eines dialectischen Tractats auf Pergament aus dem XIII. Jahrh. bekleidet.

XI. 148. Pergamenthandschrift des XIV. Jahrh. 170 Blätter in 8°. 2 Spalten. Altes Eigenthum St. Florians.

1) Bl. 1ᵃ—170ᵃ. Commentarius in Regulam s. Francisci. Anfang des Prologs: Cum plerique sanctorum patrum zelum dei zelancium etc. Das 1. Capitel beginnt: Sicut in primo Christi adventu etc.

Bl. 23ᵇ—24ᵃ ist das italienische Canticum solis s. patris Francisci nebst zwei andern Gesängen, welche sich in der Ausgabe der Werke des heil Franciscus von Joh. de la Haye Pedeponti fol. Seite 56 befinden. Bl. 36ᵃ—42ᵃ kommen einige Briefe des Heiligen vor, die sich gleichfalls in der gedruckten Ausgabe vorfinden. Bl. 133ᵃ—138ᵃ Catalogus generalium ministrorum (bis zum 22. inclus). Bl. 163ᵃ—164ᵇ Catalogus Cardinalium qui fuernut ordinis protectores. Bl. 165ᵃ—170ᵃ Catalogus Sanctorum ex ord. fr. minorum. Es finden sich in dem Werke viele Züge aus dem Leben des heil. Franciscus und seiner spätern Ordensbrüder.

XI. 148. A. Papierhandschrift des XV. Jahrh. 262 Blätter in 2°. 2 Spalten. Altes Eigenthum St. Florians.

1) Bl. 1ᵃ—109ᵇ. Opus anepigraphum. Anfang: Egressus Jesus etc. Dum enim supra in themati de egressu Christi Jesu a summo celo etc. Schluss: ut nos ad eternam vitam ad eundem terminum perduceret et nobis concedat qui etc. Expliciunt concordancia pass:onum Kurze deutsche Erklärungen sind reichlich beigemengt. 2) Bl. 110ᵃ—119ᵃ. Tractatus anonymus. Anfang: Audi israhel deus tuus unus est. Sunt autem septem genera hominum etc. Schluss: quia deus eam sangwine suo redemit. Bl. 119ᵇ unbeschrieben. 3) Bl. 120ᵃ—159ᵇ. Libellus de sanctis tribus regibus. Anfang des 1. Capitels: Cum venerandissimorum trium regum imo verius etc. Am Schlusse: Et sic est finis hujus libelli de tribus regibus venerandi propter multa rara et pulchra in istis partibus inaudita et a paucis lecta, excepta de libro uno in Colonia in choro ecclesie posito et per katenam allegato et serato, ubi requiescunt corpora regum beatorum, qui finitus est anno domini 1410. Finis adest operis, mercedem posco laboris. Finis letificat, incepcio sepe molestat. Amen, Amen. 4) Bl. 159ᵇ—167ᵇ. Homiliae et sermones aliquot. 5) Bl. 168ᵃ—186ᵃ. Summula collecta ex summa Raymundi. Anfang: Unaqueque virtus sit ista prima proposicio etc. Bl. 186ᵇ—187ᵇ unbeschrieben. 6) Bl. 188ᵃ—218ᵇ. Opus anepigraphum. Anfang: Memorare novissima tua et in eternum non peccabis. Sicut dicit beatus Augustinus etc. Schluss: intelligereut et novissima providerent. Explicit opus bonum quatuor novissimorum, liber utilis. Es ist dasselbe Werk mit XI. 142. N. 1. Bl. 219ᵃ—219ᵇ unbeschrieben. 7) Bl. 220ᵃ—231ᵃ. Tres sermones magistri Nicolai dinklpüchl de passione domini, egregii, pulcherrimi. Anfang des ersten Sermons: Quamvis devocionis Christiane principalia causa sit etc. Bl. 231ᵇ unbeschrieben. 8) Bl. 232ᵃ—262ᵇ. Speculum humanae salvationis, metrice. Mit vielen roh gezeichneten und gemalten Abbildungen. Anfang: Incipit prohemium cujusdam nove compilacionis. Cujus nomen et tytulus est speculum humane salvacionis.

XI. 149. Theils Pergament- theils Papierhandschrift des XIV. Jahrh. 209 Blätter in 2°. 2 Spalten. Altes Eigenthum St. Florians.

1) Bl. 1ᵃ—13ᵇ. Tractatus de miseria humanae conditionis. Ueber-

schrift: Incipit liber de miseria humane condicionis, qui contemtus mundi dicitur, editus a domino lothario sanctorum sergi et bachi diacono Cardinali, qui postea Innocencius papa appellatus est. Anfang: Domino patri karissimo petro dei gracia portunensi episcopo Lotharius etc. Pergamenthandschrift des XIV. Jahrh. 2) Bl. 13ᵇ—15ᵃ.

Philosophia domini Innocentii III. papae. Anfang: Gaudeo frater in domino, quod te studiosum intelligo etc. Der Aufsatz bricht unvollendet mit den Worten ab: Et item per prophetam ipse. — Pergamenthandschrift des XIV. Jahrh. Bl. 15ᵇ unbeschrieben; von da beginnt die Papierhandschrift. 3) Bl. 16ᵃ—30ᵇ.

Tractatus magistri Chunradi pro curatis. Derselbe handelt de decimis et voto, de sacramentis, de simonia etc. und beginnt: Decime ut ait decretum sunt tributa etc. 4) Bl. 30ᵇ—36ᵇ. Apparatus Johannis de Deo super arbores consanguinitatis et affinitatis. Anfang: Principio meo sit presens virgo maria. Cum circa composicionem vel computacionem etc. Bl. 32ᵇ ist eine Zeichnung von dem Baume der Blutsverwandschaft. 5) Bl. 35ᵇ. Modus legendi in jure. Anfang: Quicunque vult allegare in jure etc. Bl. 37 herausgerissen. 6) Bl. 38ᵃ—39ᵃ. Tractatus Bonagwidae de dispensationibus. Anfang: Ego bona Gwida de Recio licet insufficiens etc. 7) Bl. 39ᵇ—47ᵇ.

Tractatus Anonymi de interrogationibus in confessione faciendis. Anfang: Hebdomada priori ante inicium quadragesime presbiteri plebem convocant etc. 8) Bl. 47ᵇ. Nota de indulgentiis. Es kommt auch eine längere Stelle in deutscher Sprache vor. 9) Bl. 48ᵃ—51ᵃ.

Tractatulus de judicio Anonymi. Anfang: Antequam dicatur de processu judicii notandum etc. Das Ganze ist eine canonistische Abhandlung. 10) Bl. 51ᵇ—66ᵃ. Excerpta ex summa Johannis. Anfang: De diversis defectibus et negligenciis que committuntur in missa etc. 11) Bl. 66ᵇ—112ᵇ. Summa fratris Haynrici de I—IV libro decretalium. Anfang: Fecit deus duo magna luminaria etc. 12) Bl. 113ᵃ—124ᵃ. Tratatus de festivitatibus anni. Anfang: Universum tempus vite presentis in quatuor distingwitur etc. 13) Bl. 124ᵃ—160ᵇ. Tractatus de mysteriis missae et de corpore Christi a fratre Alberto ord. praed. quondam episcopo Ratisbonensi. Anfang des Prologs: Ecce ego declinabo in vos sicut flumen etc. 14) Bl. 160ᵇ.

Duae orationes de corpore Christi. 15) Bl. 161ᵃ—172ᵃ. Sermones de corpore Christi, de causis institutionis hujus sacramenti. 16) Bl. 172ᵃ—175ᵃ. Poenitentiarius de doctrina confessoris secundum jura. Anfang: Primus canon dicit quod proponebatur etc. Am Ende: O scriptor cessa, quia manus est tibi fessa. Bl. 175ᵇ unbeschrieben. 17) Bl. 176ᵃ—178ᵇ. Peregrinationes et indulgentiae terrae sanctae. Anfang: Est sciendum ubicunque in subscriptionibus etc. 18) Bl. 179ᵃ—192ᵇ. Breves Legendae Sanctorum. Anfang und Ende fehlt. 19) Bl. 193ᵃ—193ᵇ. Sermo de assumtione beatae virginis. Anfang: Deducta est Hester in cubiculum regis etc. 20) Bl. 193ᵇ—195ᵇ.

Excerpta ex Anticlaudiano Alani. Anfang: Magister Alanus etc. Es ist Alanus de insulis gemeint; siehe über ihn und sein Werk Leyser hist. poetarum med. aev. p. 1012. 21) Bl. 195ᵇ—209ᵇ. Sermones et argumenta sermonum. Bl. 209ᵇ bricht die Handschrift unvol-

lendet ab. Das darauffolgende Vorstehblatt enthält Predigtmaterialien;
die beiden Pergamentblätter zu Anfang und Ende des Codex sind
Bruchstücke eines dialectischen Tractats aus dem XIV. Jahrh.

XI. 150. Papierhandschrift des XV. Jahrh. 170 Blätter in 2°.
Grösstentheils 2 Spalten. Alter Eigenthümer Stift St.
Florian.

1) Bl. 1ᵃ—21ᵇ. Passio domini Jesu Christi secundum Mathaeum
et secundum Lucam. Beide mit Musiknoten späterer Zeit. Bl. 22ᵃ—24ᵇ
unbeschrieben. 2) Bl. 25ᵃ—39ᵇ. Calendarium, in quo reperitur, in
quo anno, mense, die et indictione quodlibet evangelium tam de sanctis quam etiam de tempore anni sit factum; metrice. Anfang: Finito
logis nubilo figura quiescente etc. Schluss: gaudent brevitate moderni.
3) Bl. 40ᵃ—41ᵃ. Tabula exhibens materiam Evangeliorum festis et
dominicis convenientium. Ueber die Autoren, welche über Kirchenkalender
geschrieben haben, siehe Zaccaria Bibl. Ritualis Tom. II. pag. 390.
Bl. 41ᵇ—42ᵇ unbeschrieben. 4) Bl. 43ᵃ—73ᵃ.
Directorium simplicium curatorum. Eingang: Incipit directorium
simplicium curatorum per venerabilem virum magistrum johannem de
ambach juris canonici et hoc composuit in concilio constanciensi et
residet in Bambergensi civitate. Anfang: Ad laudem dei et animarum
salutem etc. Am Ende: Explicit hoc opus in magna sexta feria anno
1471. Siehe auch XI. 102. N. 2. 5) Bl. 73ᵇ—112ᵇ. Andreae Hispani minoris poenitentiarii lumen confessorum. Anfang: Lumen confessorum vocatur hec doctrina omnibus etc. Nach dem Prolog beginnt
das Werk: Lumen poenitenciariorum seu confessorum ad revelationem
gentium etc. Vergleiche XI. 102. N. 4. 6) Bl. 112ᵇ—123ᵇ.
Regula decimarum Andreae Hispani. Eingang: Incipit tractatus,
qui dicitur regula decimarum pro presbyteris curatis omnium ecclesiarum Christifidelium compilatus per magistrum andream hyspanum ordinis s. Benedicti pauperem episcopum adiacensem, doctorem in theologia. Anfang: Decimarum solucione et primiciarum ac oblacionum etc.
Vergl. XI. 102. N. 5. 7) Bl. 123ᵇ—124ᵇ. Quaestio utrum circumcisio fuerit in remedium originalis peccati. Anfang: Quaeritur utrum
circumcisio etc. Bl. 125ᵃ—126ᵇ unbeschrieben. 8) Bl. 127ᵃ—142ᵃ.
Tractatus de confessione ejusdem Andreae Hispani. Anfang: Quoniam
omni confitenti necessarium est. etc. 9) Bl. 142ᵃ—142ᵇ.
Nota de utilitate psalmorum. 10) Bl. 142ᵇ. Nota de Pater noster
in ore peccatoris et brevis expositio. 11) Bl. 143ᵃ—150ᵇ. Tondali
visio mirabilis de poenis inferni et gaudiis coeli. Anfang: Hibernia
igitur insula est ultima etc. Ueber Tundalus siehe Fabricius Bibl.
med. aev. Derselbe kommt auch unter den Namen Tungalus vor.
Ueber die deutsche metrische Bearbeitung obigen Werkes siehe Goe-
deke Grundriss d. deut. Dicht. I. 17. und 27. 12) Bl. 151ᵃ—158ᵃ.
Formulae variae consistoriales ad usum ecclesiae Pragensis. 13) Bl.
158ᵇ—159ᵃ. Decem juvamenta adversus vitium carnis. Anfang: Sunt
plura juvamenta, primum est virtus etc. 14) Bl. 159ᵇ—160ᵇ.
Regulae quaedam superstitiosae germanice scriptae. Anfang: So
ain fraw pracht wirt zu ain chind etc. Bl. 161ᵃ—163ᵇ unbeschrieben.

15) Bl. 164ᵃ—170ᵃ. Versus quibus indicantur festa quolibet mense occurrentia et Evangelia in iis praelegi solita. Es ist dasselbe Gedicht, welches in diesem Codex unter Nr. 2. vorkömmt, enthält aber nur die Monathe Jänner bis April inclus.

XI. 151. Papierhandschrift des XV. Jahrh. 125 Blätter in 2°. 2 Spalten. Alter Eigenthümer Thomas von Nicolsburg.

1) Bl. 1ᵃ—57ᵃ. Opus anepigraphum. Anfang: Adjutorium divinum preservat hominem a periculis. Notandum quod leo volens quiescere etc. Am Ende des ersten Theiles Bl. 32ᵇ steht: Expliciunt prima naturalia per suas similitudines et hystorias. Anno 1356 per manus Thome de nycolspurga tunc temporis Eruditoris parvulorum in Ernstprunna. Siehe unten N. 5. Die kleinen Erzählungen mit ihren moralischen Nutzanwendungen sind alphabetisch geordnet. Im zweiten Theile gehen sie aber nur bis Buchstab I. Nur nachtragsweise kommen 2 Erzählungen vor, welche mit T und P anfangen. 2) Bl. 57ᵃ—58ᵃ. Duo sermones. 3) Bl. 57ᵇ.

Nota quo ordine interdictum servetur. 4) Bl. 58ᵇ—60ᵇ. Explicatio argumenti librorum Vet. et Novi Foederis. Anfang: Sacra scriptura sacri Canonis divisio dicitur etc. Der Tractat ist unvollständig; er schliesst: In tercio ewangelio secundum Lucam agitur principaliter de Christo etc. 5) Bl. 61ᵃ—76ᵃ. Opus anonymum. Anfang: Cum ocia sint nutrimenta viciorum etc. Am Ende: Explicit Czintillarius anno 1356. Obgleich die Jahrzahl hier und oben N. 1 sich auf das XIV. Jahrh. bezieht, so gehört doch unsere Handschrift nach ihrem Schriftcharackter ins XV. Jahrh. und gehen demnach obige Jahrzahlen einen älteren Abschreiber an. 6) Bl. 76ᵃ—85ᵃ. Historiae per suas similitudines. Anfang: De Accidia. Legitur in libro Judicum quod Sampson etc. Am Ende: Expliciunt Hystoriae per suas similitudines. Anno 1356 per manus Eruditoris parvulorum in Ernstprunne. (Der Ort ist in Unteroesterreich.) 7) Bl. 85ᵃ. Brevis nota de excommunicatione. 8) Bl. 85ᵇ—120ᵇ. Nucleus Theologiae. Anfang: Incipit de amore Christi. Fontinus in descripcione universi etc. Eine Sammlung von Aussprüchen christlicher und heidnischer Autoren über theologische Materien, die alphabetisch geordnet sind. Am Ende: Explicit Nucleus Theologie per manus Eruditoris in Ernstprun 1356. 9) Bl. 120ᵇ—121ᵇ. Auctoritates non ordinatae. 10) Bl. 121ᵇ—125ᵇ. Sermones aliquot. Am Ende fehlen einige Zeilen.

XI. 152. Papierhandschrift des XIV. u. XV. Jahrh. 85 Blätter in 2°. Alter Eigenthümer Stift St. Florian.

1) Bl. 1ᵃ—8ᵇ. Honorii Augustodunensis summa gloria de Apostolico et Augusto. Anfang: Pusilli gregis Christi duci verbo et exemplo etc. Das Werk findet sich bei Pez Tom. II. Anecdot. pag. 179. Pez hat unsere Handschrift nicht benutzt, was seiner Ausgabe gewiss zu Guten gekommen wäre. Ueber den Verfasser vergl. Pez Tom. II. Praefat. pag. IV. und VII. Handschrift des XV. Jahrh.

2) Bl. 8ᵇ—10ᵃ. Notata brevia de Phizonomia et forma Salvatoris Rome reperta, de natura dei, de tribus regibus. Handschr. des

XV. Jahrh. Bl. 10ᵇ—11ᵇ. unbeschrieben. 3) Bl. 12ᵃ—24ᵇ. Refutatio articulorum mendicantium per Chunradum canonicum in Walthusen praedicatorem Pragensem. Anfang: Zelus domus tue comedit me et obprobrium etc. Ueber den Autor, gest. 1369, siehe Welte Kirchenlexicon und Palacky Gesch. von Böhmen. 3. Bd. 1. Abth. S. 161. Handschr. des XIV. Jahrh. 4) Bl. 25ᵃ— 25ᵇ. Ejusdem Chunradi epistola ad Godfridum episcopum Pataviensem 1362 data de erroribus in diœcesi grassantibus. Handschr. des XIV. Jahrh. 5) Bl. 26ᵃ. Lucifer princeps superbiae, Henrici de Hassia. Anfang: Pater noster. Prima peticio est contra superbiam. Es ist eine kurze Auslegung des Pater noster. Handschrift des XIV. Jahrh. 6) Bl. 26ᵇ—29 . Sermones in Dominica Laetare, in festo s. Gregorii, s. Augustini, Handschr. des XIV. Jahrh. 7) Bl. 29ᵇ—36ᵇ. Varia ad praedictum Chunradum pertinentia. Briefe und Akten in Bezug auf dessen Thätigkeit in Prag. Handschr. des XIV. Jahrh. 8) Bl. 37ᵃ—50ᵇ. Epistolae et Acta ad res Waldensium spectantia. Anfang: Exemplum epistole quam misit nuper heresiarcha secte Waldensium de ytalia conversis heresiarchis ad fidem catholicam etc. Handschrift des XIV. Jahrh. 9) Bl. 51ᵃ—62ᵇ. Declamationes 37 de materiis bonorum morum. Vorans ein Register. Declamatio prima Bl. 51ᵃ: Seneca libro primo declamacione prima lex fuit ut sibi potentes etc. Handschr. des XIV. Jahrh. 10) Bl. 62ᵇ—85ᵇ. Liber qui intitulatur de moribus hominum et officiis nobilium super ludo scacorum. Anfang: Ego frater Jacobus de Tesselonia multorum fratrum etc. Der Autor war Jacobus de Cessolis ord. Praed. Ueber denselben zu vergleichen Quétif und Echard Script. ord. Praed. Tom. I. pag. 471. Am Ende: Explicit liber de schachario; scriptum per manus Liebhardi de untig. Handschrift d. XIV. Jahrh.

Die innere Bekleidung der Deckel und das Vorstehblatt sind von Pergament und enthalten Theile eines Psalteriums aus d. XIII. Jahrh.

Nach dem alten Inhaltsverzeichniss des XV. Jahrh., welches sich auf der innern Seite des vordern Deckels befindet, waren in diesem Codex auch Propositiones et articuli archiepiscoporum et primatum Hyberniae contra ordines mendicantium, welche aber nach den sichtbaren Spuren herausgeschnitten worden sind.

XI. 153. Pergamenthandschrift des XIV. Jahrh. 56 Blätter in 2°. Altes Eigenthum St. Florians.

Summa Innocentii papæ. Anfang: Cum miseraciones domini sint super omnia opera ejus etc. Der Codex ist unvollständig. Er bricht im Capitel de haereticis convictis et de clericis degradatis mit den Worten ab: quem prediximus pœnitenciam eis convenientem.

XI. 154. Theils Pergament- theils Papierhandschrift des XV. Jahrh. 61 Blätter in 2°. 2 Spalten. Altes Eigenthum des Klosters Wiblingen.

1) Bl. 1ᵇ—59ᵃ. Libellus de profectu Religiosorum. Anfang: Profectus Religiosorum septem processibus distinguitur. Das Buch erscheint manchmal als liber secundus de profectu Religiosorum Bonaventurae; der wahre Verfasser ist David de Augusta. Siehe Bellar-

min, Oudin, Wadding, Denis vol. II. pars I. pag. 892.   Am Ende:
Explicit profectus Religiosorum. Scriptor mente pia petit unum salve
regina 1436. 2) Bl. 59ᵇ—60ᵃ. Compendium nobilissimum de profectu religiosorum. Anfang: Si vis in omnibus et super omnia proficere etc. 3) Bl. 60ᵃ—81ᵃ. Speculum s. Bernardi. Anfang: Si quis
emendacionis vite desiderio tactus etc. 4) Bl. 61ᵇ. Nota de iis qui
de omnibus male judicant. Das Vorstehblatt am Ende enthält verschiedene religiöse Denksprüche und Notizen, die Deckelbekleidungen
Fragmente eines Messbuches aus dem XII. Jahrh.

XI. 155. Pergamenthandschrift des XIV. Jahrh. 74 Blätter in 2°.
Altes Eigenthum St. Florians.

1) Bl. 1ᵃ—50ᵇ. Defensoria liber scintillarum, seu collectio locorum communium et sententiarum ex sacra scriptura et ss. Patribus.
Defensor, Grammaticus et Monachus Locociagensis apud Pictonas,
nach Fabricius Biblioth. med. unter Defensor. Siehe auch Bandini
Biblioth. Laurent. im Index Tom. V. unter Defensor. 2) Bl. 50ᵇ—51ᵃ.
Preces matutinae, latine. 3) Bl. 51ᵃ—52ᵃ. Notata aliqua relate ad
sacerdotes et praedicatores. 4) Bl. 52ᵃ—67ᵃ. Sermones varii. 5) Bl.
67ᵃ—68ᵇ. Breves exhortationes varii argumenti. Darunter ist auch
ein offenes Schuldbekenntniss und Glaubensbekenntniss. 6) Bl. 68ᵇ—73ᵃ.
Sermones varii. 7) Bl. 73ᵇ—74ᵃ. Excerpta s. Gregorii et Basilii.
8) Bl. 74ᵃ—74ᵇ. Nota de Antichristo. Anfang: Quicunque vult scire
de Antichristo quomodo nasci debeat etc.

XI. 156. Pergamenthandschrift des XIV. Jahrh. 129 Blätter in 2°.
2 Spalten. Altes Eigenthum St. Florians.

Hugonis Argentinensis summa theologicae veritatis. Ueber Hugo
Argentinensis Quétif und Echard, Scriptores ord. Praed. vol. I. pag. 470.

Es ist dasselbe Werk XI. 130. Nr. 1., nur ist gegenwärtige Handschrift am Ende um einen Zusatz von drei und einer halben Columne
reicher. Zugleich enthält sie viele schön verzierte Initialen.

Der hintere Deckel enthält eine kurze Notiz über die Vorzüge
und den Lohn der Virginität saec. XIV.

XI. 157. Pergamenthandschrift des XIV. u XV Jahrh. 308 Blätter in 2° min. Alter Eigenthümer Stift St. Florian.

Anonymi summa vitiorum. Ueberschrift: Distiueciones capitulorum summe viciorum. Anfang: Tractatus iste continet IX partes.
Prima pars continet etc. Nach der Capiteleintheilung beginnt der
Tractat de septem vitiis capitalibus: Dicturi de singulis viciis, cum
opportunitas se offerat, incipiemus a vicio gule. Bl. 280ᵃ wird das
Werk durch eine andere Hand in Cursivschrift des XV. Jahrh. bis
zum Ende fortgeführt. Die letzten Worte sind: locutum esse me aliquando penituit, tacuisse vero nunquam. Deo gratias.

XI. 157 A. Papierhandschrift des XV. Jahrh. 338 Blätter
in 4°. Eigenthum eines gewissen Magister Joannes
Sunberger de Amberga, der dasselbe 1447 dem
Kloster St. Florian vermachte.

1) Bl. 1ᵃ—57ᵇ. Magistri Joannis de Dinkelspichel tractatus
super orationem dominicam. Anfang: Si quid pecieritis patrem in

nomine meo etc. 2) Bl. 58ᵃ—103ᵇ. Tractatus Magistri Nicolai de Grecz super symbolo. Anfang: Quicumque homo hominis usu racionis vult venire etc. Ueber den Autor Script. Un. Vienn. pars I. 128. 3) Bl. 104ᵃ— 158ᵃ. Sermones magistri Nicolai de dinkelspichel de dilectione Dei et proximi. Anfang: Scribitur Mat. XXII. quod cum quidam legis doctor interrogasset etc. 4) Bl. 158ᵃ—224ᵃ. Tractatus ejusdem super decem praecepta decalogi. Anfang: Preter precepta legis nature communia etc. 5) Bl. 224ᵃ—238ᵃ. Ejusdem sermones de septem donis spiritus sancti et de defectibus eis oppositis. Anfang: Egredietur virga de radice yesse etc. Am Ende: Iste liber est magistri Johannis Sunberger per eum comparatus et correctus. Auf der innern Seite des Vorstehblattes ist zu lesen: Item hunc librum testatus est magister iohannes sunberger felicis memorie devotis patribus et dominis ad sanctum florianum ut orent pro confratre eorum qui obiit 1417 in dominica sancte trinitatis in patavia et ibidem ad sanctum nicolaum sepultus. Zum Einbande des Codex wurde das Bruchstück einer deutschen Pergamenturkunde gebraucht, welche, so viel sich erkennen lässt, einen Vergleich zwischen den Brüdern Niclas und Andres purnyezer enthält. Dieselbe wurde zu wienn ausgestellt und gehört dem XV. Jahrh. an.

XI. 158. Papierhandschrift des XV. Jahrh. 323 Blätter in 4°. Altes Eigenthum St. Florians.

1) Bl. 1ᵃ—60ᵇ. Summa Anonymi de poenitentia. Anfang: Septem sunt vicia capitalia ab una radice etc. Das vorletzte Capitel handelt de poenis infernalibus, das letzte: quare interdum electis consolatio spiritualis subtrahatur. Bl. 24ᵃ—26ᵃ kommen die casus episcopales und papales vor. 2) Bl. 61ᵃ—65ᵃ. Varia notata theologica et historica. Nämlich de fide catholica, de aetatibus mundi et hominis, de virtutibus et peccatis, de visionibus s. Brigidae, de aetate mundi secundo; hier werden von der Geburt Christi bis zur Zeit des Schreibers 1401 Jahr gezählt. Bl. 65ᵇ—72ᵇ unbeschrieben. 3) Bl. 73ᵃ—145ᵃ. Tractatus Anonymi super Miserere. Anfang: Miserere mei deus etc. Notandum quod septem sunt defectus hominum impellentes ad dei misericordiam etc. Schluss: eternitati perseverantia ad honorem domini nostri J. Chr. etc. 4) Bl. 145ᵇ—147ᵃ. Nota de iis, qui nolunt communicare et de iis qui deum susceptum per peccatum mortale expellunt. 5) Bl. 147ᵃ—150ᵃ. Sermo Anonymi. Anfang: Suscepimus deus misericordiam in medio etc. 6) Bl. 150ᵇ—166ᵃ. De septem gradibus per quos ad thronum dei ascenditur. Anfang: Fecit Salomon thronum de ebore grandem etc. 7) Bl. 166ᵇ - 239ᵇ. Sermones super Cantica Canticorum. Anfang: Introduxit te rex in cellaria sua etc. Et nota triplex est cellarium in quod introducitur. Bl. 210ᵃ—241ᵇ unbeschrieben. 8) Bl. 242ᵃ—262ᵇ. Tractatus de quatuor novissimis. Anfang: Memorare novissima tua et in eternum non peccabis. Eccl. VII. Sic dicit Augustinus plus vitanda est etc. Vergl. XI. 142. Nr. 1 u. XI. 350. Nr. 4. Bl. 263ᵃ—265ᵇ unbeschrieben. 9) Bl. 266ᵃ—323ᵃ. Sermones varii. Die innere Seite des vordern Deckels ist mit dem **Fragment eines canonistischen Tractats aus dem XV. Jahrh. auf Pergament** bekleidet.

XI. 159. Papierhandschrift des XV. Jahrh.   113 Blätter in 4°.
Alter Eigenthümer Stift St. Florian.

Quaestiones 115 partim dogmaticae, partim morales et canonisticæ
methodo scholastica resolutæ. Anfang: Utrum generalis resurrectio
omnium sit futura etc. Am Ende scheinen einige Zeilen zu fehlen.
Die Deckel sind von innen mit dem Fragment einer Predigt aus dem
XV. Jahrh. auf Papier bekleidet.

XI. 160. Pergamenthandschrift des XV. Jahrh. 139 Blätter in 8°.
Altes Eigenthum St. Florians.

1) Bl. 1ᵃ—10ᵃ. Tractatus de exercitio beatæ vitæ beati Thomæ
de Aquino. Anfang: Ecce descripsi eam tibi tripliciter etc. Prov. XII.
Cum omnis sciencia gerat trinitatis insigne etc. 2) Bl. 10ᵃ—12ᵃ.
Contemplatio beati Thomae de Aquino. Anfang: Contemplatorum
aquilinos obtnitus acui etc. Bl. 12ᵇ unbeschrieben. 3) Bl. 13ᵃ—24ᵃ.
Tractatus de elevatione mentis in Deum s. Thomæ de Aquino. Anfang: Suspendium elegit anima mea. Job. Nota quod anima etc.
4) Bl. 24ᵃ—30ᵃ. Tractatus Francisci de vita contemplativa. Anfang:
Maria optimam partem elegit etc. 5) Bl. 30ᵇ- 114ᵇ. Itinerarius mentis
fratris Rudolfi. Anfang: Eum qui venit ad me non ejiciam foras.
Joan. VI. etc. 6) Bl. 115ᵃ—139ᵃ. Itinerarius mentis in Deum compilatus a fratre Bonaventura ord. fratrum minorum generali ministro.
Anfang: In principio primum principium etc. Vergl. XI. 96. Nr. 4.

XI. 161. Pergamenthandschrift des XV. Jahrh.   126 Blätter
in 12°. Alter Eigenthümer Wernhardus pelczkamrer zu
St. Florian, von dem sie im XV. Jahrh. noch an das
Kloster gekommen ist.

1) Bl. 1ᵃ—28ᵃ. Magistri Henrici de Hassia cognitio peccati.
In deutscher Sprache. Ueberschrift: Hie hebt an das puech mayster
hainreichs von hezzn und wirt genannt kchanntnüss der sündt.
Anfang: Unser Herr Jesus Christus der alle die werlt mit seiner
parmherezicheat umvangen hat etc. Schluss: Damit hab das puch-
lein ein Ennd. In dem namen des vator des suns und des heiling
geistes amen. Die selb gothait müezz mir des helfen, das alle die
das pühel lesent oder horent lesen sich davon pezzern, das sie von
den Ewigen freuden Nymer geschaidn werden. Das Werk handelt
vornehmlich von der Beicht. 2) Bl. 28ᵛ—126ᵃ. Ejusdem de peccatis in genere et in specie. Das Werk ist titellos und beginnt mit
dem Capitel: Warumb all sünd mit ganzem vleyzz ze meiden sind.
Anfang: Es ist ze merkchen, das all sünd mit ganczem vleyzz ze
meiden sind etc. Schluss: Got der ist parmherzig und Guetig. Explicit hoc Totum. Das Vorstehblatt enthält allerlei Notata aus dem
canonischen Rechte. Zwischen den Zeilen ist zu lesen: wernhardus
pelczkamrer zu sand Florian LXXVI. Jare. Die Notata selbst sind
aus dem XIV. Jahrh. Am untern Rande: dicz puechl ist des chlosters
czu sand florian und das hat getieht mayster hainreich von hezzn
lerar czu wienn und hat daz püchl genantt kchanntnüss der sündt.

Auf der innern Seite des vordern Deckels steht: LXXVI wernhardus pelczkamrer zw florian, auf dem hintern Deckel derselbe

Name und ober demselben: Caspar probst zu sand florian der LXXVI.
Jare. (Caspar II. Vorster Probst 1467—1481). Beide Werke werden
als noch ungedruckt bei Pez Thes. Anecd. Diss. Isag. in I. Tom.
pag. LXXVII. aufgeführt, aber irrthümlich für Eines angesehen. Vergl.
codex XI. 316. Nr. 8.

XI. 162. Pergamenthandschrift des XV. Jahrh. 114 Blätter in 12°.
Früherer Eigenthümer Joannes Buchorn ein unbekannter
Anhänger' Luthers.

Liber precatorius theodiscus catholicus. Die ersten 5 Blätter
fehlen. Der Codex beginnt mit den Worien: Moyses pet willen deines
Knechtes alle vinsternuss erleuchten wollest. Das letzte Gebet: haist
des segfeuers almuassen, das sind die sieben plut vergissung unser er-
losung Bl. 87ᵇ steht von einer Hand des XVI. Jahrh.: Ich Johan
Buchorn glaube nit. Bl. 106ᵃ: O Herr Jesu Christe erbarme dich
der blinden Papisten. Der hintere Deckel zeigt auf Pergament das
Bruchstück eines grammaticalischen Tractats aus dem XV. Jahrh.

XI. 163. Papierhandschrift mit einigen Pergamentblättern unter-
   mengt aus dem XV. Jahrh. 377 Blätter in 12°.
   2 Spalten. Alter Eigenthümer Stift St. Florian.

1) Bl. 1ᵃ—12ᵇ. Tractatus de libro cordis seu conscientiae le-
gendo. Ueberschrift: Sequitur sermo, quod ante omnia liber cordis
est legendus et grate lecciones proponuntur ad legendum. Anfang:
Secundum duplicem faciem de cordis apercione tractare intendimus.
2) Bl. 13ᵃ—136ᵇ. Liber qui dicitur stimulus amoris. Eingang: Liber iste igitur stimulus amoris in dulcissimum et pium dominum Jesum Christum etc. Das erste Capitel beginnt: Currite gentes undique et miremini etc. Der Verfasser ist Bonaventura. Siehe Denis,
vol. I. pars I. 935. Das Werk befindet sich in der Folioausgabe
Lugduni 1668 im VII. Bde. 192. In unserer Handschrift fehlen die
beiden Prologe und im III. Theile das XX. Hauptstück: de statu beatorum in coelesti Hierusalem. Die Ordnung ist hie und da geändert,
der abweichenden Lescarten sind wenige. 3) Bl. 136ᵇ—159ᵃ. Tractatulus in quo datur modus cogitandi, ruminandi, meditandi et con-
templandi passionem Jesu Christi. Anfang: Sepcies in die laudem
dixi tibi. Rogasti me ut aliquem modum etc. 4) Bl. 159ᵃ—174ᵃ.
Tractatus beati Anshelmi de mensuratione crucis. Anfang: Quoniam
jubente filio tuo Christo etc. 5) Bl. 174ᵃ—183ᵇ. Opus anepigraphum.
Anfang: Si quis vult post me venire etc. Primo aliena ne rapiat etc.
Der Tractat handelt von dem Fortschritt und den Hindernissen des
geistlichen Lebens. 6) Bl. 184ᵃ—192ᵇ. Aliud opus anonymum. Anfang: O homo considera diligentissime fructus quos quis consequitur
ex meditacione passionis domini etc. 7) Bl. 193ᵃ—212ᵇ. Tractatus
de reformatione hominis. Anfang: Qui sequitur me non ambulat etc.
Hec sunt verba ex quibus ammonemur etc. 8) Bl. 212ᵇ—230ᵇ. Nicolai de Tinkchelpühel tractatus de arte bene moriendi. Anfang: Cum
de presentis exilii miseria mortis transitus etc. 9) Bl. 230ᵇ—233ᵇ.
Oratio beati Augustini pro variis impetrandis. Anfang: Te igitur

piissimum patrem rogo in nomine etc. 10) Bl. 233ᵇ—240ᵇ. Tractatulus de Missa et declaratione signorum ejus. Anfang: Volens accedere ad missarum Sollempnia probet etc. 11) Bl. 241ᵃ—241ᵇ. Fragmentum sermonis ad sacerdotes. 12) Bl. 242ᵃ—253ᵇ. Tractatus de
meditatione mortis. Anfang: Qui vult vitam suam secundum dominum
dirigere etc. 13) Bl. 254ᵃ—304ᵇ. Epistola Humberti de tribus votis
substantialibus. Anfang des Prologs: Filiis gracie et coheredibus glorie
karissimis religiosis etc. Cap. I. De studiosa obediencia. Diligenti
studio fratres karissimi satagamus etc. Am Ende mit rother Tinte:
Explicit tractatus de tribus votis substancialibus magistri humberti.
Mit schwarzer Tinte darunter: Gersonis est auctoris. 14) Bl. 305ᵃ
—320ᵃ. Dialogus de sacramento eucharistiae. Anfang: Quoniam
ad virtutum scolas o summa et eterna etc. Der Dialog wird zwischen
der Weisheit und den Schüler geführt. 15) Bl. 320ᵃ—326ᵇ. Dialogus inter Jesum et hominem. Anfang: Quis michi det te fratrem
meum suggerentem ubera etc. Siehe XI. 285. N. 8. 16) Bl. 327ᵃ—328ᵃ.
Tractatus beati Bernardi de nomine Jesu. Rythmice. Anfang:
Dulcis Jesu memoria, dans cordi vera gaudia etc. 17: Bl. 328ᵇ—344ᵇ.
Opus anepigraphum. Anfang: Suspendium elegit anima mea. Job.
Nota quod anima devota etc. Es ist der Tractatus de elevatione
mentis in Deum des heil. Thomas von Aquin. Vergl. XI. 160. N. 3.
18) Bl. 345ᵃ—353ᵃ.

Aliud opus anonymum. Anfang: Maria optimam partem elegit etc.
Es ist der Tractatus Francisci de vita contemplativa, der XI. 160.
N. 4. vorkommt. 19) Bl. 353ᵃ. Nota quod tota trinitas operata est
incarnationem. Bl 353ᵇ—355ᵇ unbeschrieben. 20) Bl. 356ᵃ—364ᵃ.
Opus anepigraphum. Anfang: Ecce descripsi eam tibi tripliciter prov.
XII. Cum omnis sciencia gerat trinitatis insigne etc. Ist derselbe
Tractat der oben XI. 160. N. 1. Tractatus de exercitio beatae vitae
heisst. Hier wird derselbe aber Bl. 364ᵃ dem heil. Bonaventura zugeschrieben mit dem Titel: Itinerarium mentis in se ipsum. 21) Bl.
364ᵃ—367ᵇ. Opus anepigraphum. Anfang: Possent eciam predicti
gradus aliter distingwi etc. Schliesst: Explicit Itinerarium in se ipsum
per dominum bonaventuram Cardinalem.

Das Ganze ist ein Auszug aus dem Itinerarius mentis in Deum
vergl. XI. 160. N. 6. 22) Bl. 367ᵇ—368ᵃ. Tabula in qua monet
Bonaventura Cardinalis omnes missam celebrantes, qualiter se debent
praeparare. 23) Bl. 368ᵃ—368ᵇ. Excerpta aliquot theologica. 24) Bl.
369ᵃ—371ᵃ. Instructio per plures modos ruminandi passionem Jesu
Christi. Anfang: Nescio quod melius et quod salubrius etc. Bl.
371ᵇ—372ᵃ unbeschrieben. 25) Bl. 372ᵇ—375ᵇ. Varia excerpta
theologica. Darunter eine kurze Auslegung des Pater noster Bl. 375ᵃ.
Die innere Seite des zweiten Deckels enthält eine oratio in festo
purificationis b. Mariae Virginis aus dem XIV. Jahrh.

XI. 164. Papierhandschrift mit Pergamentblättern vermengt aus
dem XV. Jahrh. 578 Blätter in 12°. 2 Spalten. Alter
Eigenthümer Stift St. Florian.

1) Bl. 1ᵃ—53ᵇ. Fratris David de compositione exterioris hominis.

Anfang des I. Cap.: Ad exercicium humilitatis quinque prodesse possunt etc. Der Verfasser ist David de Augusta ord. Min. Siehe Fabricius Bibl. unter David. Von den ersten Blättern dieser Abhandlung sind einige Theile weggerissen. 2) Bl. 54ᵃ—20ᵟᵇ. Ejusdem de septem profectibus religiosorum. Anfang Bl. 59ᵃ: Profectus religiosorum septem distingwitur processibus etc. 3) Bl. 207ᵃ—229ᵇ. Ilugonis de s. Victore libellus de domo conscientiae. Anfang: Domus hec in qua habitamus etc. 4) Bl. 230ᵃ—274ᵇ.

Ejusdem tractatus de oculo morali. Anfang: Si diligenter in lege domini voluerimus meditari etc. 5) Bl. 275ᵃ—280ᵇ. Prothemata sermonum. Es kommen darunter viele deutsche Worte vor. Bl. 279ᵇ unbeschrieben. Bl. 280ᵇ: Qui me scribebat Benedictus nomen habebat. 6) Bl. 281ᵃ—288ᵇ. S. Bernardi epistola exhortatoria ad fratrem Joannem. Anfang: In Christo fratri dilecto Joanni frater ejus Bernhardus etc. Quum dilecte mi frater in domino adhuc etc. 7) Bl. 288ᵇ—290ᵇ. Alia epistola beati Bernardi de perfectione spirituali vitae et morum. Anfang: Si plene vis assequi quod intendis etc. 8) Bl. 290ᵇ. Sententiae Augustini et Ambrosii de jejunio. 9) Bl. 291ᵃ—292ᵇ. Versus de regulis juris. Anfang: Beneficium ecclesiasticum non potest licite etc. 10) Bl. 292ᵇ—296ᵇ.

Excerpta sexti libri decretalium Bonifacii papae VIII. 11) Bl. 297ᵃ—298ᵃ. Praefatio in librum qui intitulatur paradisus et quaedam ejusdem capitula. Anfang: In hoc libro quem de vita sanctorum patrum scripturi sumus etc. 12) Bl. 298ᵇ. Notata aliquot theologica. 13) Bl. 299ᵃ—300ᵇ. Speculum religiosorum beati Bernardi abbatis. Anfang: Si quis emendacionis vite desiderio tractus etc. 14) Bl. 300ᵇ—301ᵇ. Excerpta theologica varia. Bl. 302ᵃ—305ᵇ herausgerissen. 15) Bl. 306ᵃ—310ᵇ. Epistola beati Bernardi de solitaria et monastica vita. Aufang: Fratri et filio karissimo in Christo Petro Bernhardus peccator monachus etc. 16) Bl. 310ᵇ—325ᵇ. Opusculum beati Augustini de contemplatione praesentis vitae et futurae. Anfang: Quoniam in medio laqueorum positi sumus etc. 17) Bl. 326ᵃ—348ᵃ.

Tractatus beati Augustini de contemplatione etiam de amoro dictus. Anfang: In quo est amor dei sepe cogitat etc. 18) Bl. 348ᵃ—370ᵃ. Apologia beati Bernhardi abbatis ad abbatem Wilhelmum Cluniacensem. Anfang: Venerabili patri clarevalensium fratrum qui in clarevalle sunt inutilis servus. Bl. 370ᵇ unbeschrieben. 19) Bl 372ᵃ—378ᵇ. Pars regulae s. Benedicti. Anfang: Ausculta o fili precepta magistri etc. In dem Capitel quod primus humilitatis gradus sit obedientia sine mora bricht der Codex mit den Worten ab: secuti que sua sunt et voluntatem. Auf dem Vorstehblatt rückwärts sind 2 kleine theologische Notizen. Die Deckel zeigen Bruchstücke einer Missa de purificatione b. Mariae virginis aus dem XIV. Jahrh.

XI. 165. Papierhandschrift mit wenigen Pergamentblättern vermischt aus dem XVI. Jahrh. 232 Blätter in 12°. Altes Eigenthum St. Florians.

1) Bl. 1ᵃ—186ᵃ. Breviloquium animi cujuslibet animi devoti religiosi reformativum. Aufang: Dominus regnavit, decorem indutus

est etc. 2) Bl. 186ᵃ—218ᵃ. Tractatus exhortatorius ad emendandum vitium irae. Anfang: Beatus dicit Augustinus super psalmo 60. etc. Bl. 218ᵇ—219ᵃ unbeschrieben. 3) Bl. 219ᵃ—232ᵇ. Collectio orationum officii divini in festo aliquo passionis et dolorum Jesu Christi dici consuetarum. Anfang der Ersten: O domine deus omnipotens, o sancta atque individua nobilissima trinitas etc. Auf den innern Dekkelseiten befinden sich die Bruchstücke eines Directorium Liturgicum aus dem XII. Jahrh.

XI. 166. Theils Papier- theils Pergamenthandschrift aus dem XIV. und XV. Jahrh. 307 Blätter in 12°. 2 Spalten. Alter Eigenthümer Stift St. Florian.

1) Bl. 1ᵃ—84ᵇ. Tractatus de regimine Religiosorum. Anfang: Num quid nosti ordinem celi et rationem ejus ponis in terra etc. 2) Bl. 85ᵃ - 160ᵃ. Tractatus Bonaventurae de septem gradibus Religiosorum; imago vitae etiam dicitur. Anfang: Flecto genua mea ad patrem domini mei etc. Die 7. Stufe handelt de contemplatione et sapientia in Form eines Dialogs zwischen dem Menschen und der Seele. 3) Bl. 160ᵇ—181ᵇ und 269ᵇ—270ᵃ. Opuscula aliquot Petri Damiani. Die Werkchen sind: De horribili morte hominis et de mordacis conscientiae stimulis, de vitio linguae, de vita spirituali. 4) Bl. 182ᵃ—265ᵇ. Tractatus Alberti magni de veris virtutibus. Anfang des Prologs: Sunt enim quedam vicia que frequenter etc. Das Register dazu ist Bl. 270ᵇ. 5) Bl. 266ᵃ—267ᵇ. Enumeratio indulgentiarum de quibus habentur Bullae Rom. Pont. Romae in ara coeli apud fratres minores. 6) Bl. 268ᵃ—269ᵇ. Decem Regulae vitae perfectae. Anfang: Sensus sollicite custodire et sunt refrenandi etc. 7) Bl. 270ᵇ—272ᵇ. Varia excerpta theologica. Die Nummern 1—7 Handschrift des XV. Jahrh. 8) Bl. 272ᵃ—307ᵇ. De natura animalium. Lateinisches Gedicht aus dem XIV. Jahrh. auf Pergament. Anfang: Naturis variis animalia sunt redimita, Tuque tuos mores his redimire stude. Bl. 272 kommt zweimal vor.

XI. 167. Papierhandschrift des XV. Jahrh. 248 Blätter in 12°. Altes Eigenthum St. Florians.

1) Bl. 1ᵃ—88ᵇ. Hugonis de sancto Victore de claustro animae. Bloss das 2. und 3. Buch. Am Ende: Explicit tractatus domini Hugonis de institucione monasterii in loco exilii per manus exulum patrie sue et regni, die s. Valentini martyris. Anno domini 1439. 2) Bl. 89ᵃ—101ᵇ. Tractatus ejusdem Hugonis de modo orandi. Anfang: Quo studio et quo affectu a nobis orandus etc. 3) Bl. 102ᵃ—119ᵃ. Tractatus Anshelmi de mensuratione crucis docens qualiter perfectio attingatur ex doctrina Chr. Anfang: Quoniam jubente filio tuo etc. 4) Bl. 119ᵃ—125ᵇ. Joannis Gersonis de modo confessionis et absolutionis super quaestione sibi facta de statuto ord. Carthusiensis. Anfang: Confessio sacramentalis fundatur in solo etc. 5) Bl. 126ᵃ—128ᵇ. Enumeratio indulgentiarum de quibus habentur Bullae Rom. Pont. Romae in ara coeli apud fratres minores. 6) Bl. 128ᵃ—129ᵇ. Nota

circa casus in Missa contingentes. Anfang: Primus est quod si contingat sacerdotem etc. 7) Bl. 130ᵃ—147ᵃ. S. Bernardi abbatis forma honestae et spiritualis vitae. Anfang: Dileccionem tuam attencius deprecor etc. Bl. 147ᵇ unbeschrieben. 8) Bl. 148ᵃ—248ᵇ.

Tractatus Alberti Magni de veris virtutibus. Anfang des Prologs: Sunt enim quedam vicia que frequenter etc.

XI. 168. Papierhandschrift des XVI. Jahrh. 150 Blätter in 12⁰. Alter Eigenthümer Stift St. Florian.

Mystica Theologia. Anfang: Mistica theologia que est finis tocius theologie ab ignorantibus vilipenditur. Am Ende sind mehrere Blätter herausgerissen. Die letzten Worte sind: Quantum autem fructum consequatur tota ecclesia fidelium per tales dei speciales amicos quis poterit explicare. — Die Vorstehblätter vorn und rückwärts enthalten Fragmente eines physicalisch-astronomischen Tractats aus dem XV. Jahrh. auf Pergament. Es ist darin eine Beschreibung der Temperamente und eine Anleitung zur Herstellung einer Sonnenuhr.

XI. 169. Papierhandschrift des XV. Jahrh. 174 Blätter in 12⁰. Alter Eigenthümer Stift St. Florian.

1) Bl. 1ᵃ—88ᵇ. Anonymi de efficacia et virtute sacramentorum. Anfang: Sciendum quod virtus sacramentorum in generali etc. Das Werk schliesst im Artikel de matrimonio, doch scheint Einiges zu fehlen. Bl. 89ᵃ—97ᵇ unbeschrieben. 2) Bl. 98ᵃ—103ᵇ. De articulis fidei. Anfang: Si respectus habetur ad eos qui symbolum condiderunt etc. Der Aufsatz enthält sehr viele deutsche Sätze beigemengt. Bl. 104ᵃ unbeschrieben. 3) Bl. 104ᵇ—138ᵃ. De caritate et virtutibus moralibus. Anfang: Caritas secundum apostolum definitur sic etc. Es kommt darin sehr viel Deutsches vor. Bl. 137ᵇ beginnt eine neue Rubrik de donis; allein nach wenigen Zeilen bricht der Artikel ab. Bl. 138ᵇ—157ᵇ unbeschrieben. 4) Bl. 158ᵃ—159ᵃ. Lob der christlichen Liebe, deutsch. Anfang: Die lieb ist ain tugent die aiuen yeden etc. Bl. 159ᵇ—160ᵃ unbeschrieben. 5) Bl. 160ᵇ—161ᵇ. Expositio parabolae: Exit qui seminat. 6) Bl. 161ᵇ—163ᵇ. Nota, quotupliciter mundus dividitur et quomodo mundus hominem a sua salute amovet. Bl. 163ᵃ unbeschrieben. 7) Bl. 164ᵃ—166ᵇ.

Pater noster, Credo, Magnificat, eine Oration de Spiritu sancto und eine pro defunctis, Alles deutsch. 8) Bl. 167ᵃ—167ᵇ. Notata, Quomodo et pro quibus Memento dicendum in Missa, quare juxta Crucifixum imagines Mariae et Joannis ponuntur, de magna caede Christianorum sub Diocletiano et circa casum de Professione voti religiosi. 9) Bl. 168ᵃ—169ᵇ. Adnotationes breves ad aliqua evangelia. Bl. 170ᵃ unbeschrieben. 10) Bl. 170ᵇ—174ᵇ. Von verschiedenen Wassern zur Vertreibung von allerlei Krankheiten; deutsch. Das Vorstehblatt enthält ein Fragment aus einem Calendarium liturgicum des XII. Jahrh.

XI. 170. Papierhandschrift des XV. Jahrh. 191 Blätter in 12⁰. Alter Eigenthümer Stift St. Florian.

6 *

1) Bl. 1ᵃ—4ᵃ. Joannis Gersonis de modo confessionis et absolutionis sacramentalis responsio super quaestione sibi facta de statuto
ord. Chartusiani. 2) Bl. 4ᵃ—9ᵇ. Ejusdem de modis excommunicationum. 3) Bl. 9ᵇ—55ᵇ. Ejusdem de decem praeceptis et septem capitalibus vitiis. Anfang: Christianitati suus qualiscunque zelator etc.
4) Bl. 56ᵃ—91ᵇ. Confessionale magistri Nycolai de Tinkchelspüchel
doctoris egregii Theol. facultatis. Anfang: Secundum Magistrum et
doctores in 4. di. 16. tres sunt partes etc. 5) Bl. 92ᵃ—94ᵇ. Anonymi de frequenti meditatione passionis Christi. Anfang: Nescio quid
melius et quid salubrius quam etc. Vergl. XI. 163. N. 24. 6) Bl.
95ᵃ—96ᵇ. Oratio quaedam de passione Jesu Christi. Anfang: Domine
Jesu Christe fili dei vivi creator et restitutor etc. Bl. 97ᵃ unbeschrieben. 7) Bl. 97ᵇ—132ᵇ.

Gersonis tractatus de pollutionibus. Anfang: Dubitatum est apud
me frequenter et diu etc. 8) Bl. 133ᵃ—153ᵇ. Ejusdem XII conside-
rationes super spirituum probatione, editae in concilio Constantiensi.
Anfang: Probare spiritus si ex deo sunt jubet discipulus ille etc.
9) Bl. 153ᵇ—168ᵃ. Anonymi remedia contra tentationes hujus temporis tradita ab experto. Anfang: Ad honorem dei dicam aliqua remedia etc. 10) Bl. 168ᵃ—191ᵇ. Quaestio domini Bernhardi Abbatis
Cassinensis super regula beati Benedicti quam ponit in libello suo,
quem vocat speculum monachorum. Anfang: Queritur an omnia sint
precepta que in beati etc. Der Autor ist Bernardus Ayglerius 1263
Abt von Cassino, später Cardinal, gest. 1282.

XI. 171. Grösstentheils Pergamenthandschrift aus dem XIV. und
XV. Jahrh. 365 Blätter in 12°. Zur Hälfte in 2 Spalten. Alter Eigenthümer Stift St. Florian.

1) Bl. 1ᵃ—251ᵇ. Opus anepigraphum. Das erste Blatt fehlt.
Das Zweite beginnt: Item nomine empcionis vel vendicionis intelligas
omnem contractum etc. Das ganze Werk zerfällt in 4 Bücher. Das
Register Bl. 241ᵇ—251ᵇ zeigt, dass es eine Summa confessariorum
sei. Auf dem äussern Deckel steht Summa Raymundi. Alte Schrift.
Die Handschrift ist durchaus auf Pergament und gehört dem XIV.
Jahrh. an. 2) Bl. 252ᵃ—255ᵃ. De jejunio et de die cinerum. Anfang: Tu autem cum jejunas ungere caput tuum etc. Bl. 251ᵇ ist
eine Note de observatione jejunii von späterer Hand. Die Handschrift
ist aus dem XIV. Jahrh. auf Pergament. 3) Bl. 255ᵃ—256ᵃ.

Quomodo Deus debeat placari et quomodo in tentationibus et tribulationibus sit invocandus. Pergament XIV. Jahrh. 4) Bl. 256ᵇ—257ᵃ.
Nota de jejunio. Pergament, XV. Jahrh. 5) Bl. 257ᵇ—258ᵃ. Tractatus de successione. Bl. 257 und 258 kommen doppelt vor. Anfang:
Quoniam de successione, que observatur de Jure civili etc. Pergament,
XIV. Jahrh. 6) Bl. 258ᵇ—263ᵃ. Notata ex Jure Canonico. Dieselben beziehen sich auf die tabelliones, privilegia clericorum und Con-
cordanz der geistlichen und bürgerlichen Gesetze. Theils Pergament,
theils Papier bis zum Ende. 7) Bl. 263ᵇ—279ᵃ. Tractatus de usu-
ris. Anfang: Civitas seu persona singularis do ceteris possessionibus
etc. 8) Bl. 279ᵃ—289ᵃ.

Tractatus de testamentis. Anfang: Testamentum est voluntas alicujus etc. 9) Bl. 289ᵃ—295ᵇ. Processus Judicialis. Anfang: Antequam dicatur de processu judicii etc. Am Ende: Explicit processus
judiciarius. Petrus Erer plebanus in Ebs. 10) Bl. 296ᵃ—306ᵇ. Notata varia ex Jure Canonico. Bl. 302ᵇ—303ᵇ unbeschrieben. 11) Bl.
307ᵃ—314ᵇ. Tractatus matrimonialis Joannis super quarto. Anfang:
Christi nomine invocato. Ad honorem ipsius ac reverendissimi patris
mei Guidonis de Rayson Bononiensis archidiaconi etc. 12) Bl. 315ᵃ
— 324ᵇ. Varia notata ex Jure Canonico. Bl. 323ᵇ unbeschrieben.
13) Bl. 325ᵃ—331ᵃ. Calendarium latinum ecclesiasticum cum notis.
Bl. 331ᵇ unbeschrieben. 14) Bl. 332ᵃ—350ᵇ.

Ex novis et antiquis juribus excerpta. 15) Bl. 350ᵇ—362ᵇ.
Tractatus de confessione et ejusdem materiae notae. Anfang: Circum-
stancie peccatorum in confessione exprimende etc. Bl. 363ᵃ unbeschrieben. 16) Bl. 363ᵇ—365ᵇ. Medica. Den Artzneimitteln sind
auch deutsche Worte beigesetzt. Hie und da kleine juridische Notizen. Die 4 Vorsetzblätter von Pergament enthalten einen Tractat de
consanguinitate et affinitate mit Tabellen und Zeichnungen: Derselbe
beginnt: Fecit deus duo luminaria magna etc. Alle vorgenannten
Werke von N. 4 angefangen sind aus dem XV. Jahrh.

XI. 172. Papierhandschrift des XVI. Jahrh. 220 Blätter in
12ᵃ. Alter Eigenthümer Stift St. Florian.

Liber precum latinus. Viele Gebete sind von einer spätern
Hand eingetragen oder ergänzt. Bl. 178ᵃ—199ᵇ ist eine deutsche
Regel des heil. Augustin.

XI. 173. Pergamenthandschrift des XV. Jahrh. mit Ausnahme
mehrerer Blätter von Papier. 121 Blätter in 12°. Alter
Eigenthümer Stift St. Florian.

Deutsches Gebetbuch. Die 4 Vorsetzblätter enthalten ein Register
und ein Gebet von späterer Hand. Bl. 90ᵃ—113ᵇ sind von Papier.
Bl. 114ᵃ—121ᵇ ein deutsches Calendarium mit Noten.

XI. 174. Papierhandschrift vom Jahre 1747. 687 Seiten in 4°.
Altes Eigenthum St. Florians.

1) Seite 1—466. Manuductio ad perfectionem religiosam. Das
Werk wurde von Johann Georg Probst zu St. Florian anno 1747
zur Unterweisung für Novizen und Novizenmeister zusammengestellt.
2) Seite 467—537. Ejusdem Appendix I. De vitiis exstirpandis
Usus practicus. Seite 538—540 leer. 3) Seite 541—616. Ejusdem
Appendix II. De virtutibus implantandis Usus practicus. 4) Seite
617—687. Praxis instituendi probe et cum fructu adolescentes.
Das Werk wurde von einem Jesuiten aus den Werken des Paters
Lancicius s. J. zusammengetragen und von Johann Georg Wismayr
anno 1712 niedergeschrieben.

XI. 175. Papierhandschrift vom Jahre 1781. 135 Blätter in 4°.
Altes Eigenthum St. Florians.

Geistliche Gespräche zum Unterrichte für junge Professen wessen

Ordens sie immer sind, von dem Pater Miet von Vesoul zu Paris, aus
dem Französischen übersetzt von dreien Novizen zu St. Florian 1781.
Das Werk bricht im zweiten Theile im VII. Gespräche vom heil.
Messopfer unvollendet ab.

XI. 176. Papierhandschrift vom Jahre 1756. 508 Seiten in 4°.
Die Handschrift gehörte ursprünglich dem Kloster Wiblingen.

Sacra Parthenica sive Dissertatio Hermeneutico-Theologico-Histo-
rico-Critica de Episcoporum ἀγαμία, B. V. Mariae perpetuae Virginitatis voto, Voto Continentiae aut Castitatis monastico et Sensu loci
Paulini I. ad Timotheum IV. versu 3. conscripta a P. Martino Mack
O. S. Ben. Wiblingae Professo et Bibliothecario ad annum 1756.

XII. 177. Papierhandschrift des XVIII. Jahrh. 223 und 125 Seiten
in 4°. Ursprüngliches Eigenthum St. Florians.

1) Seite 1—174. Manuductio ad Perfectionem Religiosam ad
usum privatum Novitiorum concinnata a Domino Joanne Pachel Can.
Reg. ad s. Florianum, Decano emerito et Novitiorum magistro. Nach
der Inscription gehörte das Manuscrict dem Noyizen Engelbert Hoffmann, der 1755 Probst von St. Florian wurde. 2) Seite 176—223.
Recollectio Spiritualis triduana dirigente Domino Josepho Pröller Can.
Reg. Capitulari ad s. Florianum ibidemque novitiorum magistro. 3) Seite
1—125. Le Glaneur ascétique et moral tiré des discours du Révérend
Père Jean le Jeune de l'oratoire et décrit en latin par un novice des
Chanoines Réguliers du St. Augustin. Die Abhandlung bricht Seite
125 unvollendet ab. Auf dem dritten Blatte von rückwärts: Recipe
die Theriack Pillulen zu machen.

XI. 178. Papierhandschrift des XVIII. Jahrh. 150 Blätter in 4°.
Ursprüngliches Eigenthum St. Florians.

1) Bl. 1ᵃ—46ᵇ. Manuductio ad perfectionem religiosam ad usum privatum concinnata. Es ist dasselbe Werk wie XI. 177. N. 1. geschrieben
von der Hand des Prälaten Johann Georg Wismayr von St. Florian. 2) Bl.
47ᵃ—105ᵃ. Usus practicus de vitiis exstirpandis et virtutibus implantandis.
Dasselbe Werk wie XI. 174. N. 2. und 3. von der Hand des Vorgenannten geschrieben. 3) Bl. 107ᵃ—127ᵇ. Polycrates Gersensis exau-
thoratus seu causaKempensis victrix Authore Eusebio Amort Pollingano.
Ist eine genaue Abschrift des Werkchens, das unter dem nämlichen
Titel 1729 bei Straub in München erschienen ist. Von derselben
Hand. 4) Bl. 131ᵃ—136ᵃ. Epistola de approbato a P. T. libro
Jansenistico anno 1735. Das anstössige Buch sind die Institutiones
Catholicae in modum Catechescos autore Carolo Joach. Colbert Episcopo Montis Pessuli. Anfang: Avertimus etiam correptiones in ami-
citia etc. 5) Bl. 136ᵃ—150ᵃ. Responsio ad hanc occasione libelli
praefati Coloniae jam 1708 censura ordinaria probati et typis excusi.
Anfang: Arguit Censor Anonymus librum hunc principio Gallice editum
etc. Von derselben Hand.

XI. 179. Papierhandschrift vom Jahre 1747. 66 Blätter in 4°. Ursprüngliches Eigenthum St. Florians.

Exercitia Triduana pro via purgativa a novitiis sub annum obeunda; item pro via illuminativa et instructio compendiosa fructuose meditandi, conscripta a Domino Josepho Weiller Can. Reg. et novitiorum magistro 1747.

XI. 180. Papierhandschrift vom Jahre 1788. 308 Seiten in 4°. Ursprüngliches Eigenthum des Klosters Wiblingen.

Instructio practica ad vitam moresque instituendos. Das Werk ist von dem Frater Thomas Ziegler Professen von Wiblingen späteren Bischof von Linz niedergeschrieben und enthält vieles auf die Einrichtungen im Kloster Wiblingen Bezügliche.

XI. 181. Papierhandschrift des XVIII. Jahrh. 193 Blätter in 4°. Ursprüngliches Eigenthum St. Florians.

1) Bl. 1ᵃ—182ᵃ. Manuale Novitiorum dictatum a Rev. Domino Philippo Saller (vel Seiler) Can. Reg. Pollingae Professo et ss. Theologiae Doctore. 2) Bl. 185ᵃ—193ᵃ. Diarium pro anno Novitiatus seu Probationis praecipue collectum. Ist eine Tagesordnung der Novizen.

XI. 182. Papierhandschrift des XVII. Jahrh. 34 Blätter in 8°. Ursprünglicher Eigenthümer Kloster Wiblingen.

Notae et observationes in Regulam s. Patris Benedicti approbatae et receptae abs Rmia. Abbatibus congregationis Helveticae Benedictinae in monasterio s. Galli congregatis die 7. Septembris 1636. Praemonitio: Descriptae sunt hae Notae non quales ad litteram per totum quamvis a potiori, bene vero quoad substantiam.

XI. 183. Papierhandschrift vom Jahre 1791. 315 Seiten in 8°. Ursprünglicher Eigenthümer Kloster Wiblingen.

Novitialia Wiblingana seu Institutiones Theologico-Asceticae de iis quae scire et facere oportet monachum Benedictinum e Congregatione s. Josephi Wiblingae Professum conscripta a fratre Aloysio 1791. Der Schreiber hiess nach S. 315 Aloisius Ganther.

XI. 184. Papierhandschrift vom Jahre 1759. 186 Seiten in 8°. Ursprüngliches Eigenthum von Kloster Garsten.

Principia vitae asceticae sacra, novitiis Garstensibus accomodata, a fratre Floriano Nidermayr descripta 1759.

XI. 185. Papierhandschrift vom Jahre 1679; 320 Seiten in 8°. Ursprünglicher Eigenthümer Johann Carl Seyringer Doctor beider Rechte und Gerichtsadvokat des Landes ob der Enns um 1692.

Catholischer Catechismus, in welchem kürzlich doch ausführlich auss Zeugnüssen heiliger Schrift und alter heiliger Väter die vier Haubtstück des Christlichen Catholischen Glaubens gelehrt und wider die Secten dieser Zeit erwissen werden. Cum Consensu Ordinarii. Geschrieben im Jahr 1675 zu Lintz. Nach Seite 320 wurde die

Schrift vollendet 1679. Der ganze Catechismus ist in deutscher Sprache verfasst.

XI. 186. Papierhandschrift des XV. Jahrh. 321 Blätter in 8°. Alter Eigenthümer Arnoldus de Kemmat.

1) Bl. 1ᵃ—176ᵇ. Anonymi in quartum sententiarum. Anfang: Circa quartum sentenciarum est notandum quod in prima distinccione magister etc. Am Schlusse: Explicit hoc opus per me Arnoldum de Kemmat tunc temporis servitorem in Rennach (Rana in Unterösterreich) cum sancta Margareta anno 1457. Bl. 177ᵃ—178ᵇ leer. 2) Bl. 179ᵃ—200ᵇ. Quaestio utrum sacerdos post pollutionem a missae sacrificio cessare debeat. Anfang: Dubitatum est apud me frequenter et diu etc. Siehe XI. 170. N. 7. 3) Bl. 201ᵃ—213ᵃ. Tractatus de missae sacrificio. Anfang: Ad honorem gloriose et individue trinitatis etc. 4) Bl. 213ᵇ—220ᵃ. Tractatus responsivus ad quaestionem monachi Cartusiensis an pro exercitio spirituali liceat conventum et prolixitatem divini officii dimittere et qui libri fructuosius sint legendi. Anfang: Gracia et pax. Si inimicos jubemur diligere etc. 5) Bl. 220ᵇ—230ᵇ. Tractatus de confessione. Anfang: Queritur an male loqui de alys iu eorum absencia etc. 6) Bl. 231ᵃ—242ᵃ. Tractatus de decem praeceptis. Anfang: Incipiunt decem precepta secundum quod etc. Bl. 242ᵇ—250ᵇ leer. 7) Bl. 251ᵃ—290ᵇ. Aliud opus de missae sacrificio. Anfang: Quam brevis fuerit missa in verbis et in ceremoniis etc. 8) Bl. 290ᵇ—298ᵇ. Excerpta de summa synodali. Anfang: Debet eciam confitens se ipsum accusare non etc. Die Notizen beziehen sich auf die Beicht. Bl. 299 leer. 9) Bl. 300ᵃ—319ᵃ. De arte moriendi. Anfang: Cum de presentis exilii miseria mortis transitus etc. Am Ende steht: Risus cum fletu, anno domini 1451 deo grachas. 10) Bl. 319ᵇ—321ᵇ. Brevis notitia bene moriendi. Anfang: Si veraces fidelesque amici etc.

XI. 187. Papierhandschrift des XV. Jahrh. 244 Blätter in 8°. Alter Eigenthümer Stift St. Florian.

1) Bl. 1ᵃ—211ᵃ. Consolatorium timoratae conscientiae Joannis Nider ord. Praedicatorum. Anfang: Aput disciplinas reperimus physicas etc. Vergl. XI. 115. N. 1. Am Schlusse: Et sic est finis hujus opusculi, editum a magistro sacrae theologie johanne nider ordinis predicatorum in concilio basileensi circa annos domini 1433. 2) Bl. 211ᵃ—239ᵇ. Tractatus de instinctibus magistri Hiurici de frimaria. Anfang: Semen cecidit in terram bonam et ortum fecit etc. Ueber den Verfasser (ord. Fr. Eremitarum, Doctor Parisiensis) siehe Fabricius Bibl. med. unter Henricus de Uri und Ossinger Bibl. Augustiniana Urimaria Heuricus pag. 952. Denis. vol. I. pars. II. p. 1548. 3) Bl. 240ᵃ—244ᵇ. Alexandri physici egregii tractatulus de virtutibus et proprietatibus mensium per circulum anni. Anfang: Januarius quia jauue custos etc.

XI. 188. Papierhandschrift des XVI. Jahrh. 276 Blätter in 8°. Alter Eigenthümer Stift St. Florian.

Deutsches Gebetbuch.

XI. 189. Papierhandschrift des XVII. Jahrh. 107 Blätter in 8°.
Alter Eigenthümer Stift St. Florian.

Deutsches Krankenbuch. Weiss und Manier die Kranken zu
trösten etc.

XI. 190. Papierhandschrift des XVII. Jahrh. 58 Blätter in 8°
Eigenthümer Johann Jacob Olben Dechant von Frei-
stadt circa 1686, später Can. Reg. von St. Florian.

Trostreiche Schussgebettlein auf alle tag durch das gantze Jahr.
Der Schluss fehlt.

XI. 191. Papierhandschrift des XVII. Jahrh. 144 Blätter in 8°.
Eigenthümer Wolfgang Hueber Profess von St. Florian
1614.

1) Bl. 1ª—60ª. Cursus beatae Virginis Mariae. Bl. 60ᵇ unbeschrieben. 2) Bl. 61ª—63ᵇ. S. Anselmi deploratio Virginitatis amis-
sae. Anfang: Anima mea, anima aerumnosa etc. 3) Bl. 64ª—64ᵇ.
Oratio Isidori. Anfang: Metuo diem judicii, diem tenebrarum etc.
Auf Bl. 64ᵇ befinden sich allerlei Notizen, welche die Person des Besitzers angehen. 4) Bl. 65ª—70ª. Regula s. Augustini. Lateinisch.
Bl. 70ᵇ leer. 5) Bl. 71ª—89ᵇ. Regel des heil. Augustin, deutsch.
Voran geht eine lateinische epistola Rev. Domini Thomae Rueff Praepositi Claustroneuburgensis in D. Augustini Regulae germanicae com-
mendationem. 6) Bl. 90ª. Oratio ad Jesum. Anfang: O bone Jesu,
o dulcis Jesu, o Jesu Fili Mariae Virg. etc. Bl. 90ᵇ—131ᵇ unbeschrieben. 7) Bl. 132ª—141ᵇ.
Litaniae, Sententiae, Orationes. Letztere zum Theil deutsch.
Das Vorsetzblatt enthält persönliche Notizen und auf der Kehrseite
einen alten Kupferstich: Die Flucht nach Egypten.

XI. 192. Papierhandschrift vom Jahre 1624. 497 Blätter in 8°.
Alter Eigenthümer St. Florian.

Anonymi Manuductio pro Magistro Novitiorum ad bene forman-
dos informandosque Tyrones Religionis Canonicorum Regularium s. P.
Augustini 1624.

XI. 193. Papierhandschrift des XVIII. Jahrh. 150 Seiten in 8°.
Alter Eigenthümer Probst Johann Georg von St. Florian.

Religiosus tepidus a Christo crucifixo in decendiali solitudine ad
renovandum spiritum excitatus, propter singularem utilitatem ex Idio-
mate Italico in Germanicum, nunc in Latinum translatus. Nach der
Vorrede wurde die lateinische Uebersetzung durch ein Mitglied der
Gesellschaft Jesu veranstaltet und durch den Druck bekannt gemacht.

XI. 194. Papierhandschrift des XIX. Jahrh. 83 Blätter in 12°.
Ursprünglicher Eigenthümer Joseph Vogel, Hofopern-
sänger, der das Büchlein 1826 dem Probste Michael
Arneth von St. Florian schenkte.

Gebete und Betrachtungen aus Jakob Böhme's Schriften. Die
Auszüge sind vom oben genannten Joseph Vogel gemacht worden.

XI. 195. Papierhandschrift aus dem XV. und XVI. Jahrhundert. 182 Blätter in 12°. Alter Eigenthümer Kloster Wiblingen.

1) Bl. 2ᵃ—78ᵇ. Petri de Alliaco scala de septem gradibus. Anfang: Penitencia vera velud scala quedam est, qua etc. Am Schlusse: Explicit libellus de septem gradibus scale continens meditaciones devotas super septem psalmos penitenciales a domino petro de Heliaco Cameracensi episcopo factus in Synodo Constanciensi. 2) Bl. 79ᵃ—93ᵇ. Informatio religiosorum ac devotorum sacerdotum. Anfang: Cadente horologio mox in momento et quasi etc. 3) Bl. 93ᵇ—100ᵃ. Officium parvum de passione Domini. Anfang: Si quis emendacioris vite desiderio tactus etc. 4) Bl. 100ᵇ—160ᵇ. Tractatus de arte moriendi cum orationibus pro moribundis. Anfang: Cum de presentis exily miseria mortis transitus etc. Bl. 159ᵇ—160ᵇ eine Note über das Agnus Dei und seine Kräfte in deutschen Versen und eine deutsche Ablassverkündung „von der fronegken." Bl. 161 leer. 5) Bl. 162ᵃ—170ᵇ. Varii tractatus Pseudo-Bernardi, nämlich de honestate vitae, formula compendiosa vitae spiritualis, epistola ad parentes suos, exhortatio ad novitios, speculum monachorum. Handschr. d. XVI. Jahrh. Bl. 171ᵃ—172ᵇ unbeschrieben. 6) Bl. 173ᵃ—182ᵇ.

Meditationes circa passionem Domini. Anfang: Licet Christus magnam habuit passionem interiorem etc. Handschr. d. XVI. Jahrh. Bl. 1 enthält Fragmente eines Antiphonariums aus dem XIII. Jahrh. auf Pergament.

XI. 196. Papierhandschrift aus dem XVI. Jahrh. 90 Blätter in 12°. Alter Eigenthümer ein gewisser Mathius Lindenmair aus Freiburg im Breisgau circa 1609 laut Inscription auf dem vorderen Deckel.

Liber precum, latine. Voran ein Kalendarium, welches jedoch mit dem März beginnt. Bl. 55ᵇ ist die Namenschiffre F. W. F. 1596. Das Ende fehlt.

XL 197. Papierhandschrift aus dem Jahre 1699. 276 Blätter in 12°. Ursprünglicher Eigenthümer Kloster Wiblingen.

Quare? Quia. Seu Apparatus principiorum Asceticorum e diviti ss. literarum, ss. patrum, celebriorum autorum aurifodina erutus. Tomulus II. Ascetica particularium exercitiorum principia Superiorum et Inferiorum. Opera P. Menradi Heuchlinger Ord. s. P. Ben. pro tempore Prioris indigni Wiblingae anno 1699.

XI. 198. Pergamenthandschrift des XVII. Jahrh. 104 Blätter in 12°. Alter Eigenthümer Stift St. Florian.

Liber precum, latine. Bl. 104ᵇ befindet sich ein deutsches Gebet. Die darauffolgenden Vorstehblätter enthalten auf Papier ein Officium Immaculatae conceptionis B. M. V. von späterer Hand. Der Codex ist durchaus sehr zierlich geschrieben.

XI. 199. Papierhandschrift vom Jahre 1740. 779 Blätter in 12°. Ursprünglicher Eigenthümer eine gewisse Anna Weissin.

Lutherisches Gebetbuch, deutsch.

XI. 200. Pergamenthandschrift des XV. Jahrh. 180 Blätter in 12°. Alter Eigenthümer Chorherrnkloster St. Dorothee in Wien.

1) Bl. 1ª—15ª. Regula beati Augustini Episcopi. Weicht von den gedruckten Ausgaben etwas ab. Auf Bl. 15 folgt sogleich Bl. 20. Bl. 9 fehlt. 2) Bl. 15ᵇ—180ᵇ. Statuta monasterii s. Dorotheae Virginis Viennae. Anfang des Prologs: Cum ex primo et principali nostre regule precepto etc. Bl. 138ª beginnt der Prolog zum zweiten Theile: Sicut premissum fuit in prologo libelli ceremoniarum etc. Mit Ausnahme der Prologe zum ersten und zum zweiten Theile ist Alles so wie im Codex XI. 49. N. 2. Der Schluss der Handschrift fehlt.

Auf der innern Seite des zweiten Deckels sind die Anzeichen des bevorstehenden Unterganges der Welt und eine Notiz über die Zerstreuungen beim Gebete zu lesen aus dem XV. Jahrh.

XI. 201. Papierhandschrift des XVI. Jahrh. 179 Blätter in 12°. Alter Eigenthümer Stift St. Florian.

1) Bl. 1ª—163ª. Miscellanea Theologiae moralis. Die Handschrift beginnt ohne Titel: Peccatur superbia majorem vel parem non paciendo etc. Das Werk handelt de peccatis, de 10 mandatis, de 7 donis spiritus sancti, de 5 sensibus, de 7 virtutibus, de 8 beatitudinibus, de peccatis alienis et capitalibus, de examine conscientiae, de interrogationibus in confessione faciendis, de regimine circa infirmos etc., darauf folgen die casus papales und episcopales und allerlei Absolutionsformeln. Bl. 163ᵇ unbeschrieben. 2) Bl. 164ª—179ª.

Versus ad grammaticam pertinentes. Anfang: Argumenta probant, praelibant communia, fingunt etc. Scheint nicht ganz zu sein. Die letzte Zeile lautet: Exultans gaudet, fit exaltans quia superbit. Bl. 179ᵇ enthält allerlei gereimte lateinische Denksprüche.

XI. 202. Papierhandschrift vom Jahre 1579. 89 und 13 Blätter in 12°. Alter Eigenthümer Kloster Wiblingen.

1) Bl. 1ª—8ᵇ. Tractatus de examine conscientiae. Bl. 9ª—11ᵇ leer. 2) Bl. 13ª—61ᵇ. Tractatus de Rosario b. Virginis Mariae. Anfang: Miles quidam flagitiose vitam transigens etc. Bl. 62ª—66ᵇ leer. 3) Bl. 67ª—84ᵇ. Indulgentiae variis personis et congregationibus pro sedulo cultu Rosarii circa 1573—1576 concessae. Bl. 85ª bis 89ᵇ leer. 4) Bl. 1ª—6ª. Meditatio de peccatis. Bl. 6ᵇ—7ᵇ unbeschrieben. 5) Bl. 8ª—13ᵇ. De praeparatione animi ad confessionem generalem.

XI. 203. Papierhandschrift des XV. Jahrh. 135 Blätter in 12°. Alter Eigenthümer Kloster Wiblingen.

Deutsches Gebetbuch.

XI. 204. Papierhandschrift des XVI. Jahrh. 233 Blätter in 12°. Alter Eigenthümer: Kloster der Clarisserinnen zu Söfflingen bei Ulm.

1) Bl. 1ᵃ—230ᵇ. Kranken und Sterbbuch für die Clarisserinnen zu Sefflingen. In lateinischer Sprache. 2) Bl. 231ᵃ—233ᵇ. Verzeichniss der Sefflinger Jahrtäge. Deutsch.

XI. 205. Papierhandschrift vom Jahre 1496. 282 Blätter in 12°. Alter Eigenthümer Kloster Sefflingen.

Gebet- und Krankenbüchl geschrieben von einer Clarisserinn zu Sefflingen 1496. Voran geht eine Ordnung, die kranke Schwester mit den Sterbsacramenten zu versehen oder die Todte zur Erde zu bestatten in latein. Sprache; alles Andere ist in deutscher Sprache geschrieben.

XI. 206. Papierhandschrift vom Jahre 1753. 156 Blätter in 12°. Ursprünglicher Eigenthümer Kloster Wiblingen.

Ordo diei religiosi seu variae preces ad quaslibet actiones per diem occurrentes concinnatae et scriptae per Fratrem Gregorium Kolb monachum Wiblingensem 1753.

XI. 207. Papierhandschrift vom Jahre 1600. 216 Blätter in 12°. Ursprünglicher Eigenthümer Kloster Sefflingen.

Deutsches Gebet- und Betrachtungsbuch. Nach Bl. 216ᵃ ist es geschrieben von Schwester Katharina Cäcilia Wollgeschaffen anno 1600.

XI. 208. Papierhandschrift aus dem XV. und XVI. Jahrhundert. 199 Blätter in 16°. Ursprünglicher Eigenthümer Kloster Wiblingen.

Libellus Meditationum et Precum. Bl. 117ᵃ—129ᵃ ist der Tractatus b. Bernardi de planctu Virginis M. Bl. 158ᵃ—172ᵃ Desselben Tractatus de apertione cordis. Er beginnt: De apertione cordis tractare intendimus.

XI. 209. Papierhandschrift des XV. Jahrh. 444 Blätter in 16°. Ursprünglicher Eigenthümer Kloster Wiblingen.

Betrachtungen auf die gemeinen Jahreszeiten und Festtage, deutsch.

XI. 210. Papierhandschrift vom Jahre 1578. 47 Blätter in 16°. Ursprünglicher Eigenthümer Kloster Wiblingen.

Libellus precatorius potissimum Mariae. Grösstentheils lateinisch.

XI. 211. Papierhandschrift des XVIII. Jahrh. 2 Bände zu je 130 und 114 Blättern in 2°. Alter Eigenthümer Stift St. Florian.

Theologisches Excerptenbuch nach Materien in alphabetischer Ordnung.

XI. 212. Papierhandschrift des XIX. Jahrh. 293 Seiten in 2°. Früherer Eigenthümer Pfarrer Schwinghaimb Can. Reg. von St. Florian.

Verschiedene Literarische Versuche theologischen Inhalts von

Franz Schwinghaimb Can. Reg. von St. Florian gest. 1850. Die grösseren Abhandlungen sind mit einigen Veränderungen edirt, nämlich: Ueber das Breviergebeth Linz 1838. Ueber Kirchensprache und Landessprache in der Liturgie Linz 1839. Recension der von Dr. C. H. Blumenbach zu Cölln 1838 herausgegebenen Broschüre: Beleuchtung der Schrift des Hochw. Bischofes von Linz über die 16 Thesen, welche Erzbischof Clemens August von Cölln seinem Clerus zur Unterzeichnung vorgelegt hat, im Jahrgang 1840 von Benkerts Athanasia. Die kleineren verbreiten sich über Exegese, Dogmatik, Moral und Pastoraltheologie.

XI. 213. Papierhandschrift der Jahre 1719 und 1720. 313 und 271 Seiten in 4°. Ursprünglicher Eigenthümer St. Florian.

1) Seite 1—313. Tractatus de Virtutibus Theologicis R. P. Dominici Briccialdi Itali e Soc. Jesu datus Romae in Collegio Romano anno 1719—20. 2) Seite 1—271. Ejusdem Tractatus de Justitia et Jure. Beide Tractate sind nicht im Druck erschienen. Die Bibliothèque des écrivains de la Compagnie de Josus von de Backer weist keinen Schriftsteller dieses Namens auf. Beide Tractate wurden geschrieben von Damian Franz Schuemann Can. Reg. s. Floriani, damals Zögling des Collegium Germanicum in Rom.

XI. 214. Papierhandschrift aus den Jahren 1718 und 1719. 36 und 386 Blätter in 4°. Ursprünglicher Eigenthümer St. Florian.

Vincentii Quiniggi Soc. Jesu Controversia de Romano Pontifice, cui praemittitur Prodromus ad Controversias particulares data Romae in Collegio Germanico anno 1718 et 1719. Auch dieser Schriftsteller findet sich nicht in der Bibliothèque des écrivains de la Comp. de Jesus. Die Handschrift rührt von dem obengenannten Franz Schuemann her.

XI. 214A. Papierhandschrift vom Jahre 1740. 474 Seiten in 4°. Ursprüngliches Eigenthum St. Floriana.

1) Seite 1—336. Synopsis theologiae moralis pro iis qui accedere debent ad examen pro audiendis confessionibus authore Dominico Briccialdi s. J. examinatore synodali Romae. 2) Seite 337—413. Dissertatio prima de occasione proxima peccandi in lucem edita a R. P. Raffagos natione Hispano nec non Romae tunc temporis professore Theologiae ordinario. Seite 414 leer. 3) Seite 415—449. Dissertatio secunda de explicandis in confessionali circa occasionem proximam et peccata in ea commissa. Von demselben Verfasser. Seite 450 leer. 4) Seite 451—474. Regulae conscientiae directivae 58 authore R. P. Martino Seyringer s. J. theologo. Der ganze Codex wurde laut Inscription auf dem zweiten Vorstehblatt eigenhändig von dem Probst Johann Georg von St. Florian anno 1740 geschrieben.

XI. 215. Papierhandschrift aus dem Jahre 1785. 56 Seiten in 4°. Ursprüngliches Eigenthum St. Floriana.

Genuina doctrina s. Augustini de gratia ut vocant in actu efficaci
Deoque praedestinante. Der Aufsatz ist von Gottfried Schoiber Can.
Reg. Sanflorianensis anno 1785.

XI. 216. Pergamenthandschrift des XIII. Jahrh. 175 Blätter in
2°. 2 Spalten. Alter Eigenthümer St. Florian.

1) Bl. 8ᵃ—173ᵃ. Petri Comestoris Historia Scholastica. Mit den
gedruckten Ausgaben Basel 1486 und Paris 1518 verglichen zeigt
der Text bis zum Abschnitt von der Himmelfahrt Christi wenig abweichende, aber viele fehlerhafte Lesearten und Auslassungen. Von
der Himmelfahrt an ist der Text sehr abgekürzt, enthält aber viele
Notizen, welche in jenen fehlen. Ausserdem schliessen die gedruckten
Ausgaben mit dem Tode des heil. Petrus und Paulus, unser Text mit
der Zerstörung Jerusalems durch Titus.

Die Capiteleintheilung ist bis zum obengenannten Abschnitt dieselbe. Hie und da grosse gemalte Initialen und Miniaturen. Die Ausgabe des Cardinals Quirinus Venetiis 1729 stand betreffs der Vergleichung nicht zu Gebote. Ueber Petrus Comestor gest. zu Paris
1179 siehe Histoire Litt. de la France Tom. XIV. p. 12. Von einer
Hand des XV. Jahrh. ist am Schlusse hinzugefügt: Anno domini 1138
Chunradi III. fratris fridrici ducis swevorum Petrus comestor hystoriam
scolasticam compilavit. Darauf folgt desselben Epitaphium:

> Petrus eram quod petra tegit dictusque comestor,
> Nunc comedor, vivus docui, non cesso docere
> Mortuus, ut discat qui me videt incineratum,
> Quod sumus, iste fuit; erimus quando, quod hic est.

Auf dem Vorsetzblatt 1ᵃ ist eine refutatio eorum qui contra consuetudinem universalis ecclesiae in magno die Veneris videlicet in
Parasceve lautiores sibi epulas et convivia student praeparare. Auf Vorsetzblatt 1ᵇ eine refutatio eorum qui dogmatizant quod sacerdos de
illa hostia, quam in missa conficit, nulli debeat communionem praebere.
Auf Vorsetzblatt 2ᵃ—6ᵇ eine mit Tafeln versehene Darstellung der
heil. Väter „a quibus per leviticum et regalem tribum Christus origi-
nem habuit,“ zum Schulgebrauche. Auf Vorstehblatt 7: De terra hiero-
solymitana et quis eam nunc occupet. Alles aus dem XIII. Jahrh.
2) Bl. 173ᵃ—173ᵇ.

Expositio circa liberationem s. Petri e carcere Act. Ap. XII. 10.
Anfang: In hac petri liberacione tanto gloriosius ostenditur divinum
miraculum. 3) Bl. 173ᵇ. Necrologium sacerdotum fratrum nostrorum
quorum statio est contra nolam. (campanam parvam.) Ist veröffentlicht im Notizenblatt der kais. Academie zu Wien, Jahrgang 1852
S. 296. 4) Bl. 174ᵃ—174ᵇ. Versus aliquot capita Codicis Juris
Ecclesiastici in compendio referentes. Anfang: Filius ad monachos
transit per pacta paterna etc. 5) Bl. 175ᵃ—175ᵇ.

Septem regulae Tichonii metrice; versus de beata Virgine, de
missae celebratione. 6) Bl. 175ᵇ. Quaestio an absolutio data a
Praelato suo Canonico regulari scolarem acolythum percutienti valeat.

XI. 217. Pergamenthandschrift des XIV. Jahrh. 249 Blätter in 2°. 2 Spalten.   Alter Eigenthümer Stift St. Florian.

Legendae Sanctorum. Der Codex enthält mehrere reich verzierte Initialen. Voraus geht ein Verzeichniss der einzelnen Legenden.

XI. 218. Pergamenthandschrift des XV. Jahrh. 247 Blätter in 2°. 2 Spalten.   Altes Eigenthum St. Floriana.

Sermones de Sanctis. Anfang des Prologs: Laudate dominum in sanctis ejus. ps. 150. Sciens propheta divinitus inspiratus quod etc. Den Schluss bildet ein reichhaltiges alphabetisches Register.

XI. 219. Papierhandschrift vom Jahre 1573. 620 Blätter in 2°. Alter Eigenthümer Stift St. Florian.

Predigten für alle Sonntage, für die Festtage des Herrn und der Heiligen von Georg Lichtenwalder, dem Fürstbischof Urban von Passau anno 1573 gewidmet. In deutscher Sprache.

XI. 220. Pergamenthandschrift aus dem XII. Jahrh. von verschiedenen Händen. 272 Blätter in 2°. Altes Eigenthum St. Florians.

Legendae Sanctorum. Bl. 188ᵃ—193ᵃ eine Hystoria sancti Wolfgaugi. Bl. 200ᵃ—207ᵃ eine ausführliche vita s. chunigundis. Bl. 207 quam multa miracula de ycona s. Marie facta sunt. Bl. 208ᵃ—211ᵇ passio floriani martiris, metrice. Anfang: Adgrediar metricis floriani martiris almi. Laude pia dignam modulis perstringere palmam. Bl. 211ᵇ folgt ein Ritmus de eodem:

In hoc festo martiris fratres jocunde

\mur.

Ne fermenti veteris feco pregrave . . .
Beide sind abgedruckt bei Hieronymus Pez Script. Rer. Aust. I. 53. Bl. 218ᵃ—222ᵇ eine passio s. Blasii epis. et mart. metrice. Anfang: Alma trophea canam quibus inclitus assecla Christi, etc. Bl. 231ᵇ eine Notiz von dem König David, dem Sohne des Priesters Johannes, der mit grossem Heere zum Succurs des heil. Landes aus Indien herbeikam. Bl. 232ᵃ—243ᵇ eine vita s. Augustini von Possidius. Bl. 249ᵃ—251ᵇ eine mira revelatio septem dormientium.

XI. 221. Papierhandschrift des XV. Jahrh. 406 Blätter in 2°. 2 Spalten.   Altes Eigenthum St. Florians.

1) Bl. 1ᵃ—399ᵇ. Postilla magistri Thomae de Haselbach super Evangelia de sanctis. Anfang: Ambulans Jesus juxta mare galilee etc. 2) Bl. 400ᵃ—406ᵇ. Sermo amplus de immaculata conceptione B. Mariae Virginis. Von späterer Hand. Voraus geht die Bulle des Basler Concils über diese Angelegenheit. Anfang der Rede: Nec dum erant abissi et ego jam concepta eram. Verba sunt Salomonis originaliter etc.

XI. 222. Papierhandschrift des XV. Jahrh. 249 Blätter in 2°. 2 Spalten.   Alter Eigenthümer Kloster Wiblingen.

Legendae Sanctorum. Am Schlusse fehlen einige Blätter. Voraus
ein alphabetisches Register. Eingang: Universum tempus presentis
vite in quatuor etc.

XI. 223. Pergamenthandschrift des XIV. Jahrh. 144 Blätter in 2°.
　　　2 Spalten. Altes Eigenthum St. Florians.

1) Bl. 1ᵃ—97ᵃ. Anonymi liber Visionum. Anfang: Incipit über
visionum. De Monacho qui vidit sanctam Mariam visitantem messores
suos. Capitulum I. Fuit in cenobio clarevallis etc. 2) Bl. 97ᵇ—144ᵇ.
Adhortationes sanctorum patrum ad profectum perfectioris vitae monachorum pertinentes. Anfang: Interrogavit quidam abbatem Autonium
dicens etc. Der vordere Deckel hat ein Bruchstück von einem Missale aus dem XII. Jahrh. mit Neumen.

XI. 224. Papierhandschrift des XV. Jahrh. 383 Blätter in 2°.
　　　2 Spalten. Altes Eigenthum St. Florians.

1) Bl. 1ᵃ—360ᵇ. Sermones de Sanctis magistri Thomae de
Haselbach. Die erste Rede beginnt: Ambulans Jesus juxta mare galilee etc. Bl. 361ᵃ—372ᵇ fehlen. Bl. 373 leer. 2) Bl. 374ᵃ—383ᵇ.
Tractatus de arte moriendi. Anfang: Cum de presentia exilii miseria
mortis transitus etc. Die Vorsetzblätter vorn und rückwärts sind
Fragmente einer philosophischen Abhandlung über Aristoteles auf Pergament aus dem XIV. Jahrh.

XI. 225. Papierhandschrift des XV. Jahrh. 184 Blätter in 2°.
　　　2 Spalten. Altes Eigenthum St. Florians.

1) Bl. 2ᵃ—161ᵃ. Sermones de Sanctis. Anfang: Ecce nos reliquimus omnia etc. Bonis actibus et meritis etc. Bl. 161ᵇ leer. 2) Bl.
162ᵃ—167ᵇ. De excommunicatione. Es kommen daselbst auch die
casus ad papam, ad episcopum, ad plebanum pertinentes vor. 3) Bl.
167ᵇ.-184ᵇ. Sermones varii. 4) Bl. 184ᵇ.
　　Nota de litania majori. Anfang: Letania major est in festo beati
Marci etc. Das Vorsetzblatt 1ᵃ enthält eine längere Note de puritate
conservanda saec. XV. Am obern Rande steht die Notiz: Candida,
triticea, tennis, non magna, rotunda. Expers fermenti, non salsa sit
hostia Christi.

XI. 226. Pergamenthandschrift des XIV. Jahrh. 299 Blätter in 2°.
　　　2 Spalten. Altes Eigenthum St Florians.

　　Sermones de tempore et de sanctis Variorum. Unter den Ver-
fassern erscheinen: Syboto, Richardus, Donatus, frater Lucas, Wilhelmus, Ludwicus, Peregrinus, Jacob de Voragine, Chunradus de solio,
Chunradinus. Vergl. XI. 302. Auf dem Deckel rückwärts ist das
Bruchstück einer Predigt über den Namen Jesus aus derselben Zeit
auf Pergament.

XI. 227. Papierhandschrift des XV. Jahrh. 209 Blätter in 2°.
　　　2 Spalten. Alter Eigenthümer Stift St. Florian.

Sermones Magistri Pauli Wann de Sanctis. Anfang: Rabi ubi

habitas, venite et videte etc. Ista verba ad primum intelliguntur de beato Andrea etc. Siehe XI. 241 und 329. Ueber Paulus Wann vergl. Aschbach Gesch. d. Wiener Universitaet Seite 570.

XI. 228. Papierhandschrift des XV. Jahrh. 215 Blätter in 2°. 2 Spalten. Alter Eigenthümer nach der Inschrift auf dem hintern Deckel Dominus Stephanus de baslach. (Schrift des XV. Jahrh.)

1) Bl. 1ᵃ—83ᵃ. Diversi Sermones de tempore et de sanctis. Bl. 83ᵇ leer. 2) Bl. 84ᵃ—104ᵃ. De miseria humanae conditionis Innocentii III. papae. Anfang des Prologs: Domino patri karissimo et portuensi episcopo Lotharius indignus dyaconus etc. Am Schlusse: Explicit Innocencius quartus (irrthümlich) per manus petri L. 3) Bl. 104ᵇ—215ᵃ. Sermones de tempore et de sanctis. Hie und da sind längere Erklärungen beigesetzt z. Beispiele: Bl. 112ᵃ nota de usurario; gleich darauf nota quod significant Tesseres sive Taxilli; Bl. 122ᵃ eine Legende s. Floriani martyris. Die Deckel sind mit Fragmenten eines Matutinale aus dem XV. Jahrh. bekleidet.

XI. 229. Papierhandschrift des XV. Jahrh. 262 Blätter in 2°. 2 Spalten. Altes Eigenthum St. Florians.

Soccus de Sanctis. Die erste Predigt de sancto Andrea beginnt: Venite post me faciam etc. Gregorius exponens verbum propositum etc. Am Ende: Explicit Socus de Sanctis per manus Michahel de Ardinga quem dominus comparavit in sacrificio suo, deus sit merces ipsius, Amen. Bl. 260ᵇ—262ᵃ enthalten zerstreute Versuche zu einem Realindex. Bl. 262ᵇ ist ein Prothema für das Fest Mariä Verkündigung. Ueber den Verfasser, einen deutschen Cisterzienser, und seine sermones soccii Fabr. Bibl. unter Soccii Sermones. Vergl. codex XI. 269. N. 1.

XI. 230. Papierhandschrift des XIV. Jahrh. 147 Blätter in 2°. 2 Spalten. Alter Eigenthümer nach einer Inscription Bl. 147ᵃ: Augustinus awer de patavia. (Schrift des XV. Jahrh.)

1) Bl. 1ᵃ—94ᵇ. Sermones de Sanctis. Anfang: De sancto Andrea. Eligo tibi viros et vade liberare fratres tuos in galyleam etc. Haec verba sunt Machabeorum etc. Bl. 95ᵃ leer, 95ᵇ Inhaltsverzeichniss der folgenden Predigten. 2) Bl. 96ᵃ—146ᵃ. Saxo de Sanctis per circulum anni. Ueberschrift: Incipit liber novus Saxo de Sanctis per circulum anni. Anfang de sancto Andrea: Illi continuo relictis retibus secuti sunt eum. Ita scribitur in ewangelio hodierno etc. Bl. 145ᵃ ist eine Note betreffs der Zulassung zur öffentlichen Busse. Bl. 147ᵃ Einige Notizen moralischen Inhalts. Daneben steht: Illum librum apportavit hic augustinus awer de patavia cum alijs libris.

Darunter eine astronomische Anmerkung: Anno domini 1524 in mense februario fient sequentes conjuncciones planitarum.

XI. 231. Papierhandschrift des XV. Jahrh. 272 Blätter in 2°. 2 Spalten. Alter Eigenthümer Virgilius Pfarrer in Wartberg, der das Buch dem Kloster St. Florian schenkte.

1) Bl. 1ᵃ—5ᵃ. Narratio fabulosa de Amelio et Amico. Anfang: Temporibus pipini regis francorum quidam puer in Bericano ortus est castro. Schluss: Passi sunt autem milites Christi Amelius et Amicus sub Desiderio rege longobardorum etc. Bl. 5ᵇ—12ᵇ leer. 2) Bl. 13ᵃ—166ᵇ. Sermones de Dominicis per annum. Eingang: Adventum domini recolentes scientes eum venisse etc. Vergl. XI. 318. N. 3. Am obern Rande steht: Iste liber est vergilii plebano (sic) in wartperg usque libram civitatem, quem postea liber donavit Monasterio s. floriani pataviensis dyocesis. Bl. 167ᵃ—168ᵇ leer. 3) Bl. 169ᵃ—272ᵇ

Sermones de Sanctis. Anfang de s. Nicolao: Beati sunt servi illi quos etc. Quia obliviscimur bonorum et dormitamus etc. Das Vorsetzblatt bildet das Bruchstück eines Messbuches aus dem XV. Jahrh. auf Pergament.

XI. 232. Papierhandschrift des XV. Jahrh. 379 Blätter in 2°. 2 Spalten. Altes Eigenthum St. Florians.

1) Bl. 1ᵃ—311ᵃ. Sermones de Sanctis per circulum anni conscripti 1452. Eingang: Predicavi jam per plures annos et raro dixi legendas et vitas sanctorum etc. Die erste Rede ist de sancto Juliano et ejus conjuge Basillo. Bl. 311ᵇ leer. 2) Bl. 312ᵃ—327ᵇ. Tractatulus de chorea, cancionibus, instrumentis musicis ad populum per magistrum Paulum Wann Pataviae in ecclesia cathedrali. Eingang: De hys dicam primo de chorea, secundum quod colligere potui etc. 3) Bl. 328ᵃ—379ᵇ. Tractatus de poenitentia et ejus partibus. Anfang: Nisi penitenciam habueritis omnes peribitis. Luc. 13. Haec verba Salvator proposuit etc. Der Verfasser ist nach der Ueberschrift der Magister Paulus Wann.

XI. 233. Papierhandschrift des XV. Jahrh. 264 Blätter in 2°. 2 Spalten. Altes Eigenthum St. Florians.

1) Bl. 1ᵃ—144ᵇ. Sermones de Sanctis. Anfang: Vestigia ejus secutus est pes meus etc. Job. 23. Tria sunt necessaria cuilibet viro etc. 2) Bl. 145ᵃ—184ᵇ. Tractatus anepigraphus. Anfang: Medici dicunt quod sangwis puerorum sanat a lepra etc. Eine Ueberschrift fremder Hand aber aus dem XV. Jahrh. bezeichnet den Tractat als: Exempla naturalia et moralia, womit das alte Inhaltsverzeichniss auf dem 2. Vorsetzblatt übereinstimmt. 3) Bl. 185ᵃ—190ᵃ.

Tractatus Henrici de Hassia contra schisma. In Versen. Die Ueberschrift lautet: Tangitur hic scisma temporis sub ymagine monstri, omnibus ingeniis mox a cunctis perimendi. Incipit inveccio contra monstrum babilonis. Querela de perdito labore. Anfang: Heu frustra scripsi multos dictamine movi etc. 4) Bl. 190ᵇ—200ᵃ. Dialogus magistri Mathaei de communione, utrum melius sit continue vel saepe communicare vel raro. Anfang: Multorum tam clericorum quam laicorum querela est etc. Bl. 200ᵇ—203ᵇ unbeschrieben. 5) Bl. 201ᵃ—254ᵇ. Principiata super sententias Magistri Henrici de Oyta. Anfang: Que sursum sunt sapite. Coloss. 3. Avicenna sexto naturalium parte prima capitulo ultimo dicit etc. Bl. 255 unbeschrieben. 6) Bl. 256ᵃ—264ᵇ.

Donatus cum interpretatione germanica. Es ist nicht der alte classische Schriftsteller, sondern eine anonyme grammaticalische Abhandlung. Anfang: Hic dominus, hujus domini, huic domino etc. Das Vorstehblatt enthält das Fragment eines Antiphonariums aus dem XII. Jahrh. mit Neumen.

XI. 234. Papierhandschrift des XV. Jahrh. 277 Blätter in 2°. 2 Spalten. Altes Eigenthum St. Florians.

1) Bl. 1ᵃ—11ᵃ. Officium de sancta Barbara cum modis musicis. Bl. 11ᵇ—13ᵇ leer. 2) Bl. 14ᵃ—25ᵇ. Sermones de ss. Trinitate, in coena Domini, de Spiritu Saucto. 3) Bl. 26ᵃ—74ᵃ. Opus anepigraphum. Anfang: Sanctorum veneranda atque sanctissima vita etc. Es enthält in 46 Capiteln Heiligenlegenden. Bl. 74ᵇ—78ᵇ unbeschrieben. 4) Bl. 79ᵃ—84ᵃ. Ordinationes et regulae cancellariae papae. Das erste Blatt war schon vor der jetzigen Blattnumerirung herausgerissen. Anfang: Item ordinavit idem dominus noster VI. idus februarii pontificatus sui etc. 5) Bl. 84ᵃ—93ᵃ. Modus inquisitionis sectae haereticae Waldensium. Anfang: Anno domini 1391 die quarto mensis Septembris etc. Bl. 91ᵇ—93ᵃ formulae abjurationis sectae Waldensium et formulae absolutionis latine et germanice. 6) Bl. 93ᵃ—112ᵃ.

Tractatus contra articulos sectae Waldensium. Anfang: Cum dormirent homines etc. 7) Bl. 112ᵇ 115ᵇ. Tractatus bonus de officio inquisitionis. Anfang: Circa inquisicionis officium consideranda sunt tria etc. 8) Bl. 115ᵇ—124ᵇ. Alius tractatus de officio inquisitionis. Anfang: Sicut scribitur in lege civili etc. 9) Bl. 124ᵇ—127ᵇ. Consilium domini Jacobi de Mediolano. Anfang: Questio est aliquis dixit quod non credebat etc. 10) Bl. 127ᵇ.—133ᵇ.

Quaestiones bonae contra haereticos. Anfang: Questio est utrum aliquis pro heresi arrestatus etc. 11) Bl. 133ᵇ—135ᵃ. Consultationes de rebus haereticorum abalienandis. Anfang: In nomine domini. Nos comes etc. Sanctorum Marcelliani et Petri presbiter Cardinalis respondemus etc. 12) Bl. 135ᵇ—138ᵇ. Sermo de somno et vigilia. Anfang: Hora est jam nos de somno surgere etc. Fratres in deo devoti egregius omnium ecclesiarum doctor etc. 13) Bl. 139ᵃ—171ᵃ. Auctoritates totius philosophiae. Anfang: Omnes homines natura scire desiderant etc. 14) Bl. 171ᵃ—172ᵃ.

Notae variae de Pater noster, Ave Maria, Credo etc. 15) Bl. 172ᵃ—172ᵇ. Introductio omnium artium. Anfang: Cum omne ens nostrum etc. Ist unvollständig. Bl. 173ᵃ leer. 16) Bl. 173ᵇ. Formulare eines Einladungsschreibens von Seite des Decans und Conventes von St. Florian für einen verstorbenen Mitbruder die heil. Messe zu appliciren. Bl. 174 leer. 17) Bl. 175ᵃ—207ᵇ. Legendae Sanctorum. Darunter die Legenden vom heil. Maximilian, Heinrich, Gerhohus de monasterio quod pollinga dicitur, Leonhard. Bl. 208ᵃ—210ᵇ leer. 18) Bl. 211ᵃ—242ᵃ. Exempla varia. Anfang: In quodam cenobio erat quidam monachus etc. Bl. 242ᵇ leer. 19) Bl. 243ᵃ—259ᵃ.

Liber collectionum Joannis Galensis. Anfang: Cum doctor sive predicator ewangelicus etc. Der Verfasser wird auch Joannes Guallensis oder Wallensis geschrieben, war aus dem Orden des heil. Francis-

cus und Doctor Parisiensis um 1276, siehe Oudin de Script. Eccles.
tom. 3. 494. 20) Bl. 259ᵃ—268ᵇ. Tractatus s. Thomae de Aquino
de ss. Eucharistia. Anfang: Comedite et bibite amici mei et inebriamini etc. Bl. 268ᵇ sind einige theologische Anmerkungen. 21) Bl.
269ᵃ—277ᵃ. Sermones de Eucharistia. Die erste Predigt beginnt:
Quomodo potest carnem suam dare ad manducandum Joan. VI. Quomodo sedet sola civitas etc.

XI. 235. Papierhandschrift des XV. Jahrh. 198 Blätter in 2⁰. 2 Spalten. Altes Eigenthum St. Florians.

1) Bl. 1ᵃ—140ᵇ. Postilla Antonii Parmensis super evangelia dominicalia. Anfang: Dominica prima in adventu. Cum appropinquasset
Jesus iherusolimam Mat. 21. Tempus quod hodie incipit et durat etc.
Siehe XI. 318. 2) Bl. 141ᵃ—145ᵃ. Sermones aliquot Anonymi. Bl.
145ᵇ leer. 3) Bl. 146ᵃ—171ᵇ. Expositio decem praeceptorum Heinrici de firmaria. Anfang: Audi israhel precepta domini tui etc. In
verbis istis spiritus sanctus circa precepta divina etc. 4) Bl. 172ᵃ
—198ᵇ. Sermones de Sanctis per totum annum. Anfang: De sancto
Andrea. Venite post me. Congregamini ad me filü ut annunciem vobis etc.

XI. 236. Papierhandschrift des XV. Jahrh. 344 Blätter in 2⁰. 2 Spalten. Alter Eigenthümer Stift St. Florian.

1) Bl. 1ᵃ—161ᵇ. Sermones de Tempore per annum. Anfang: In
octava penthecostes secundum Johannem. Erat homo ex phariseis
nomine nicodemus etc. Require in exaltacione sancte crucis etc. Bl.
162ᵃ—166ᵇ unbeschrieben. 2) Bl. 167ᵃ—344ᵃ. Sermones de Sanctis
et aliquot de festis Domini et B. Mariae Virginis. Anfang de sancto
Nicolao: Justus quasi leo confidens etc. Iste justus potest dici beatus
nicolaus etc.

XI. 237. Papierhandschrift des XV. Jahrh. 297 Blätter in 2⁰. 2 Spalten. Alter Eigenthümer Stift St. Florian.

Sermones de Sanctis. Anfang de sancto Martino: Nudus fui et
cooperuisti me. Verba sunt Christi ad beatum etc.

XI. 238. Papierhandschrift vom Jahre 1381. 86 Blätter in 2⁰. 2 Spalten. Alter Eigenthümer Stift St. Florian.

Sermones de Sanctis, granum piperis genannt. Anfang de sancto
Andrea: Simili pena servus et dominus est afflictus. Sap. 18. Filius
dei condolens etc. Bl. 86ᵃ: Anno domini 1381 completus est iste liber
feria sexta post Laetare. Die Deckel sind einwärts mit Bruchstücken
eines moralischen Tractats aus dem XIV. Jahrhundert auf Pergament bekleidet.

XI. 239. Papierhandschrift des XV. Jahrh. 310 Blätter in 2⁰. 2 Spalten. Altes Eigenthum St. Florians.

Sermones de festivitatibus Christi et de Sanctis. Der Codex beginnt mit Bl. 43 in der Predigt de Ascensione Domini: ab acie odore

socias persequitur et sentit etc. Die Deckel sind beklebt mit Bruchstücken eines canonistischen Tractats aus dem XIII. Jahrhundert auf
Pergament.

XI. 240. Papierhandschrift des XV. Jahrh. 311 Blätter in 2°.
2 Spalten. Alter Eigenthümer Fridericus Rodmestaler,
Priester der Dioecese Bamberg anno 1446.

1) Bl. 1ª—206ᵇ. Sermones dominicales collecti ex sermonibus
Discipuli. Unter Discipulus ist der deutsche Dominikaner Johann Herolt
um 1418 zu verstehen. Quétif Script. O. Praed. I. 762. Vergl. codex
XI. 305 und 307. Anfang am ersten Sonntag: Ecce rex tuus venit
tibi etc. Thomas de Aquino dicit quod nulla accio sit perfecta etc.

Laut der Inschrift Bl. 206ᵇ ist die Handschrift vollendet worden
1446 im Kloster Schlägl durch Friedrich Rodmestaler aus Stadt Kronach,
Priester der Dioecese Bamberg, damals Kapellan in Schlägl, Prämon-
stratenserkloster in Oberoesterreich. 2) Bl. 207ª—219ᵇ. Sermones
Anonymi varii argumenti. Anfang: Sermo de cogitacione, locutione et
operacione. Cogitacio eorum apud altissimum etc. Sciendum est hic
quod etc. 3) Bl. 219ᵇ—229ᵇ. Sermones Communis Sanctorum ipsius
Discipuli. Anfang: De apostolis. Ego vos elegi etc. Ex quo dicit
Christus etc. 4) Bl. 230ª—236ª. Prothemata Sermonum de Sanctis.
Bl. 236ᵇ—237ᵇ unbeschrieben. 5) Bl. 238ª—248ª.

Sermones varii. Bl. 248ᵇ—249ᵇ leer. 6) Bl. 250ª—281ᵇ. Sermones de Sanctis per circulum anni, et de summis festivitatibus. Anfang de adventu domini. Adventus Christi agitur per quatuor septi-
manas etc. Bl. 282ª—287ª unbeschrieben. 7) Bl. 287ᵇ. Briefformulare am untern Rande und von kürzester Art. 8) Bl. 288ª—303ᵇ.

Tractatus de decimis. Es ist die regula decimarum des magister
Andreas Hispanus oder Andreas de Escobar, siehe Denis vol. I. pars
I. 973. Anfang: Decimarum solucionem et primiciarum etc. Bl. 304ª
—307ᵇ leer. 9) Bl. 308ª—310ª. Sermo de octo beatitudinibus.
Anfang: Videns Jesus turbas ascendit etc. Crisostomus super Matheum,
omnis predicator accenditur etc. 10) Bl. 310ª—311ᵇ. Conversio s.
Catharinae. Anfang: Legitur in quadam historia quod etc.

Darunter eine kurze Note über die Auslegung der heil. Schrift
und das Formular eines Beichtzettels. Das darauffolgende Vorsetzblatt enthält das Verzeichniss der Schriften des alten Bundes und auf
der Kehrseite eine Verkaufsurkunde des Chunz Mayr Bürger zu Passau
vom Jahre 1413 auf Pergament in deutscher Sprache. Die beiden
Deckel sind mit Bruchstücken eines Missale aus dem XII. Jahrhundert bekleidet.

XI. 241. Papierhandschrift des XV. Jahrh. 193 Blätter in 2°.
2 Spalten. Altes Eigenthum St. Florians.

Sermones de Sanctis magistri Pauli Wann. Anfang de s. Andrea:
Rabi ubi habitas etc. Ista verba ad literam intelliguntur de beato
Andrea etc. Siehe XI. 227 und XI. 329. Der Autor Canonicus von
Passau Dr. Theologiae et Decretorum starb nach 1500. Die Vorsteh-
blätter vorn und rückwärts sind Reste eines Matutinale aus dem XII.
Jahrhundert.

XI. 242. Papierhandschrift des XV. Jahrh. 303 Blätter in 2°.
2 Spalten. Alter Eigenthümer Stift St. Florian.

1) Bl. 1ᵃ—261ᵇ. Sermones de Sanctis magistri Thomae de Haselbach. Anfang: Ambulans Jesus juxta mare galilee etc. Beatus Ambrosius quarto libro super lucam etc. Bl. 262ᵃ—263ᵇ leer. Bl. 154ᵃ:
Anno 1455 sabbato ante letare per me d. i. g. 2) Bl. 264ᵃ—303ᵇ.
Tractatus domini Nicolai Tinkelspühel de tribus partibus poenitentiae.
Anfang: Ecce nunc tempus acceptabile etc. Duo sunt tempora hominis. Es sind Predigten. Vergl. XI. 339. N. 3. Auf dem 2. Vorsetzblatt rückwärts ist ein Inhaltsverzeichniss und auf der Kehrseite eine
Note des Petrus de Palude bezüglich der Beicht. Der vordere Deckel
enthält das Bruchstück eines dialectischen Tractats aus dem XIV.
Jahrh., der zweite das Bruchstück eines Missale aus dem XV. Jahrh.;
beide auf Pergament.

Ueber die beiden Wiener Professoren Nicolaus von Dinkelspühel
aus Schwaben gest. 1433 und Thomas Ebendorfer von Haselbach
gest. 1464 siehe Aschbach Gesch. d. Wiener Universitaet, Seite 430
und 493.

XI. 243. Pergamenthandschrift des XII. Jahrh. bis auf ein Paar
       Blätter, welche dem XIII. angehören. 177 Blätter in
       2°. Altes Eigenthum St. Florians.

Passionale Sanctorum variorum autorum. Bl. 20ᵇ enthält ein
Compendium vitae Wilbirgis virginis reclusae ad s. Floriani. Leider
fehlt die untere Hälfte des Blattes. Das Vorhandene ist abgedruckt
bei Pez Script. Rer. Aust. Tom II. p. 277. Die Handschrift ist aus
dem XIII. Jahrh. Bl. 21ᵃ—22ᵇ enthält eine vita Bertholdi ersten
Abtes des Klosters Garsten aus dem XIII. Jahrh. Ueberschrift: Bern-
toldi confessio. Anfang: Egregius Dei famulus Berhtoldus etc. Sie
ist abgedruckt bei Pez Script. Rer. Austr. Tom. II. p. 132. Alle übrigen Theile des Codex sind aus dem XII. Jahrh. In der vita s. Ambrosii bricht er unvollendet ab; mit dem heil. Nicolaus beginnt er.
Den einzelnen Legenden gehen sehr grosse sorgfältig ausgeführte
Initialen vorans. Der vordere Deckel ist mit dem Fragment eines
Calendariums aus dem XV. Jahrh. auf Papier bekleidet.

XI. 244. Pergamenthandschrift des XII. Jahrh. 199 Blätter in
       2°. Altes Eigenthum St. Florians.

1) Bl. 1ᵃ—194ᵃ. Speculum Ecclesiae Honorii Augustodunensis.
Alte Ueberschrift: Fratris Solitario (sic) De Speculo ecclesie. Anfang:
Cum proxime in nostro conventu resideres etc. Ueber den Verfasser,
der um 1120 lebte und seine Schriften siehe Pez Thes. Anec. Diss.
Isag. zum Tom. II. p. IV. et seqq. Das Ganze ist eine Predigt-
sammlung über Sonn- und Festtage des Herrn und der Heiligen, die
1531 zu Cöln bei Quentel, 1544 zu Basel im Druck erschien.
2) Bl. 194ᵃ—197ᵃ.

De Dominica Oratione et de Symbolo. Ist eine homiletische Umschreibung des Pater noster und Credo. Anfang: Karissimi oraciones

vestras cottidie etc. 3) Bl. 197ᵃ—198ᵃ. Confessio et Indulgentiae.
Anfang: Abrenuncio diabolo, Et omnibus operibus ejus etc. 4) Bl.
198ᵃ—199ᵇ. Exhortatio bona. Anfang: Quia deus karissimi voluit
vos hodie etc. 5) Bl. 199ᵇ. Variae Benedictiones. Unter Andern
aus dem XIII. Jahrh. ein Wurmsegen, ein Blutsegen; einige andere
Segenssprüche, dann Responsorien mit Neumen aus dem XII. Jahrh.
Ein Zahnsegen am obern und untern Rande von Bl. 199ᵃ ist aus dem
XII. Jahrhundert. Ueber das Zahnweh als fressender Wurm gedacht
siehe Pfeiffer Germania XIII. 183.

An den Rändern dieser Handschrift sind hie und da religiöse lat.
Verse oder Hymnen gleichfalls aus dem XII. Jahrh. angebracht; zugleich kommen darin viele zierliche Initialen vor.

XI. 245. Pergamenthandschrift des XIV. Jahrh. 227 Blätter.
2 Spalten. Altes Eigenthum St. Florians.

1) Bl. 1ᵃ—226ᵃ. Legenda Sanctorum. Die erste Legende ist
vom heil. Alexius. Anfang: Alexius fuit filius enfemiani etc. 2) Bl.
226ᵇ—227ᵇ. Hymni aliquot in honorem s. Elisabeth cum modis musicis. Der erste beginnt: Letare germania clara felix germine etc.
Die Schrift ist von anderer Hand.

XI. 246. Pergamenthandschrift des XIV. Jahrh. 211 Blätter
in 2°. Altes Eigenthum St. Florians.

Legenda Sanctorum. Die Ueberschrift: Incipit Nova Legenda.
Anfang: Universum tempus presentis vite in quatuor etc. Die erste
Legende ist de adventu Domini: Adventus domini per quatuor septi-
manas agitur etc. Dieses Legendarium macht mit dem vorausgehen-
dem ein Werk aus. Beide sind mit grosser Sorgfalt geschrieben.

XI. 247. Pergamenthandschrift des XII. Jahrh. 193 Blätter in
2°. Alter Eigenthümer laut Inscription am Schlusse
monasterium s. Joanis Evangelistae in Waldhausen.
(Ehemaliges Chorherrnstift in Oberoesterreich.)

1) Bl. 1ᵃ—167ᵇ. Bedae historia gentis Anglorum. Ueberschrift:
Incipit prefacio bedo famuli dei in hystoriam gentis anglorum. Anfang:
Gloriosissimo Regi Cheolulfo Beda famulus Christi et presbiter. Hystoriam gentis anglorum et ecclesiasticam etc. Schluss: et confiteantur
memorie sanctitatis ejus. Mit der gedruckten Ausgabe Coloniae 1688
verglichen zeigt unser Text manche fehlerhafte Lesearten, aber auch
solche, welche der Verbesserung der Ersteren dienen könnten. Die
Capiteleintheilung ist dieselbe. 2) Bl. 166ᵃ—168ᵃ. Breviarium ante-
cedentis Historiae Anglorum. Anfang: Verum ea que temporum distinccione etc. Schluss: rege edilbaldo merciorum XV. annum agente imperii. Mit dem gedruckten Text verglichen zeigt unsere Handschrift
hier eine grosse Lücke. Hierauf folgen die Worte Beda's: Hec de
hystoria ecclesiastica britanniorum etc., welche die gedruckte Ausgabe
aufführt. 3) Bl. 168ᵃ—168ᵇ.
Catalogus operum Bedae ab ipso compositus. 4) Bl. 169ᵃ—193ᵇ.
Vita s. Augustini episcopi. Anfang: Inspirante rerum omnium factore

et gubernatore etc. Schluss: dei promissis cum eodem perfruar.
Amen. Es ist die vita s. Augustini von Possidius. Der Text stimmt
mit ganz wenigen Abweichungen mit der Pariser Ausgabe der Werke
des heil. Augustin 1838 Tom. XI. p. 69. zusammen. Den Anfang der
einzelnen Bücher schmücken grosse gemalte Initialen. Das Vorstehblatt enthält das Bruchstück eines Tractates de principe aus dem
XI. Jahrh. Auf dem innern Deckel: Quicunque istum librum sub-
traxerit, anathema sit, fur et adulator. Darunter die Worte Augustins:
Quisquis amat dictis absentum rodere vitam. Hac mensa indignam
noverit esse suam. Weiter folgt: Quem vult exaltat, quem vult fortuna
recalcat. Diese 3 Inscriptionen sind aus dem XII. Jahrh.

XI. 248. Pergamenthandschrift aus dem XV. und XVI. Jahrh.
134 Blätter in 2°. Altes Eigenthum St. Florians.

1) Bl. 1ᵃ—12ᵃ. Regula s. Augustini. Anfang des I. Cap.: Hec
sunt que precipimus ut observetis etc. 2) Bl. 12ᵇ. Decem seu principalia Praecepta. 3) Bl. 12ᵇ—16ᵃ. Ritus vestiendi Novitios et Pro-
fessionis emittendae. 4) Bl. 16ᵃ—17ᵇ. De fraternitate laicali. 5) Bl.
17ᵇ—22ᵃ. Contractus Confraternitatis. Bezieht sich auf die Gemein-
schaft der Gebete und guten Werke und enthält eine Aufzählung aller
geistlichen Häuser, mit welchen St. Florian conföderirt war. Schluss:
Acta sunt hec anno domini 1452 octavo Kalendas Decembris. Bl. 52ᵇ
leer. 6) Bl. 23ᵃ—45ᵃ. Martyrologium. Ohne Aufschrift. Es hat bei
weitem weniger Heilige älteren Datums als das jetzt gebräuchliche
Martyrologium Romanum. Unter dem 2. Mai heisst es: Eodem die
memoria beate Valerie vidue que jussu divino corpus beati Floriani
martiris sepelivit. Unter dem 4. Mai mit rother Schrift: Eodem die
in Norico ripensi loco lauriaco nativitas sancti Floriani martiris; mit
schwarzer Schrift: qui presidia Aquilini jussu ligato ad collum saxo
in flumen Anesum precipitatus est et mox omnibus qui circumstabant
videntibus oculi precipitatoris ejus crepuerunt.

Beide Notizen bezeugen die Bestimmung dieses Martirologiums
für die Kirche St. Florian.

Bl. 45ᵇ unbeschrieben. 7) Bl. 46ᵃ—114ᵃ. Necrologium. Das
Necrologium enthält die Namen der abgestorbenen Mitglieder des
Klosters St. Florian und der mit demselben conföderirten Klöster,
ausserdem kommen aber auch Bischöfe und weltliche Herren in demselben vor. Es ist zwar von einer Hand des XVI. Jahrh. geschrieben,
geht aber mit seinen Angaben bis ins XI. Jahrh. zurück.

Der ganze Codex ist sehr schön geschrieben und vortrefflich
erhalten.

XI. 249. Pergamenthandschrift des XI., XII. und XIII. Jahrh.
88 Blätter in 2°. Altes Eigenthum St. Florians.

1) Bl. 1ᵃ—26ᵇ. Necrologium monasterii s. Floriani. Ausser
den Sterbtagen der Angehörigen des eigenen und fremder Häuser
kommen auch die Gedächtnisstage weltlicher Regenten, Bischöfe und
Edler vor. Die ältesten Bestandtheile sind aus dem Anfange des
XII. Jahrh. Daran knüpfen sich die Fortsetzungen bis ins XIII. Jahrh.

Ein kurzer Auszug davon ist in Stülz, Geschichte von St. Florian.
Linz 1835 S. 193, veröffentlicht worden. 2) Bl. 27ᵃ—31ᵇ. Regula
s. Augustini. Am Ende folgen die X Gebothe. Handschr. saec. XI.
3) Bl. 31ᵇ—88ᵃ. Excerpta Canonum. Das erste Stück: Admonemus
itaque et obsecramus etc., gehört einer Homilie Pabst Leo IV. an,
von den Worten de ministerio etiam vobis comisso an aber dem
Bischof Ratherius von Verona; siehe Ratherii opera edit. Ballerini
pag. 418. Darauf folgen Auszüge aus Isidor, Gregorius Magnus.
Prosper, Augustinus wie sie Amalarius Diacon von Metz zusammengestellt und das Aachner Concil 816 approbirt hat. Siehe Coll. Conc.
Germ. Tom. I. pag. 437 und Amort Disciplina Vetus Canonic. Reg.
pag. 283. Handschr. des XI. Jahrh. 4) Bl. 88ᵃ. Donatio Comitis
Sighardi proprietatis suae ad Puocha. Schenkung von gewissen Gü-
tern an das Kloster St. Florian. Puocha die alte Bezeichnung für
den Ort St. Florian. Es werden dabei eine grosse Zahl von Zeugen
aufgeführt. Handschr. des XII. Jahrh. 5) Bl. 88ᵇ. Orationes duae.
Das erstere Gebeth ist mit Neumen versehen. Handschr. d XII. Jahrh.
Am obern Rande des Blattes steht: XIII. Kal. octob. manegoldus oc
cisus de wesena. Das darauffolgende Vorsetzblatt 89 enthält ein Fragment aus einer Sammlung von Orationen aus dem XI. Jahrh. Auf
dem vordern Deckel klebt das Bruchstück eines Tractats oder einer
Predigt de Passione Domini aus dem XV. Jahrh. auf Papier.

XI. 250. Pergamenthandschrift aus dem XII., XIII., XIV. und
XV. Jahrh. 185 Blätter in klein 2ᵒ. Altes Eigenthum
St. Florians.

1) Bl. 2ᵇ—63ᵃ. Constitutiones antiquae Canonicorum Regularium.
Bl. 2ᵇ—4ᵃ. Constitutiones Salisburgenses. Anfang: Incipiunt consti-
tuciones a sanctis patribus ordinis sancti Augustini per Salisburgensem
provinciam constitutis edite in capitulis salzburge canonice celebratis.
Quia regularis ordinis nostri observancia etc. Handschr. d. XIII. Jahrh.
Bl. 6ᵃ—63ᵃ folgen andere Constitutionen, welche beginnen mit: Noc-
turnis itaque horis in dormitorio und schliessen mit dem Paragraph
de nova religione inhibenda. Diese sind von mehreren Händen des
XII. Jahrh. geschrieben. Zwischen diesen beiden Sammlungen ist
Bl. 4ᵃ—5ᵇ ein Artikel de publico excessu von einer Hand des XV.
Jahrh. eingeschaltet, welcher beginnt: Quomodo procedendum sit in
penitencia publica und dessen Schlusszeilen auf Bl. 63ᵃ zu suchen sind.
Bl. 2ᵃ und Bl. 63ᵇ unbeschrieben. Bl. 1 ist Vorsetzblatt und enthält
ein Fragment eines dialectischen Tractats aus dem XIV. Jahrh. mit
Randglossen. 2) Bl. 64ᵃ—64ᵇ. Anselmus: Cur Deus Homo. Bloss
die Vorrede und Inhaltsverzeichniss der ersten 10 Capitel. Hand-
schrift d. XII. Jahrh. 3) Bl. 65ᵃ—153ᵇ. Isidorus de summo bono.
Anfang: Summum bonum Deus est quia incommutabilis est etc.
Schluss des 3. Buches: non quos coelestis aula laetificandos condit.
Wenige Abweichungen von dem Text bei Arevalus Romae 1797.
XII. Jahrh. Darunter steht von einer Hand des XIII. Jahrh. mit
feinen zierlichen Schriftzügen, wie sie in italienischen Schriftstücken
dieser Zeit vorkommen: Explicit ysidorus, sententiarum liber domus

sancti floriani. Weiter unten: Est reprobum reprobare probum, quem vos reprobastis. In exprobrando probum reprobos vos esse probastis. Nach grösserem Zwischenraum ein Satz mit der Ueberschrift: Augustinus. Conpunccio sera, raro est vera; sed si vera, nunquam est sera. Gegen den untern Rand: Explicit explicint, ludere scriptor eat. 4) Bl. 154ᵃ—177ᵇ. Glossae admodum sneeinctae in sacram Scripturam. Anfang: Desiderii mei etc. Aus der Vorrede des heil. Hieronymus zum Pentateuch. Diese Glossen sind durchaus nicht dieselben mit den in der Ausgabe der Werke Isidors von Arevalus Romae 1803. Tom. VII. p. 407 abgedruckten. Das Glossarium ist viel reichhaltiger und erstreckt sich über die ganze heil. Schrift, während die bei Arevalus nur bis zum zweiten Buch der Könige gehen. Handschrift des XII. Jahrh., letzte Blätter des XIII. Jahrh. Da der obere Theil dieses Codex von Moder stark angegriffen ist, lässt sich nicht entnehmen, ob dieses Werk eine Aufschrift trug oder nicht 5) Bl. 178ᵃ—185ᵇ. Glossae ad summam aliquam de poenitentia. Anfang unleserlich. Schluss: quod novere solent dare privignis suis ut eo cicius moriantur. Handschrift des XIV. Jahrh. Das Vorsetzblatt am Ende mit der Signatur 186 ist ein Fragment eines dialectischen Tractats mit Glossen aus dem XIII. Jahrh.

XI. 251. Pergamenthandschrift des XII. Jahrh. 203 Blätter in klein 2°. Altes Eigenthum St. Florians.

Speculum ecclesiae Honorii Augustodunensis. Anfang: Cum proximo in nostro conventu resideres etc. Auf dem zweiten Deckel findet sich das Fragment einer Predigt de nativitate Domini aus einem Codex rescriptus des XII. Jahrh. Ueber Honorius siehe codex XI. 244. Codex XI. 251 ist am Ende mauk.

XI. 252. Pergamenthandschrift aus dem XIII. und XV. Jahrh. 279 Seiten. Ehemaliges Eigenthum des Klosters Wiblingen. Format in 4°.

1) Seite 1—228. Speculum ecclesiae Honorii Augustodunensis. Prolog: Fratres cantuariensis ecclesie Honorio solitario salutem. Cum in nostro conventu resideres etc. Schluss: perennem gloriam se cum illis adepturos gaudeant. Explicit liber qui dicitur speculum ecclesie. 2) Seite 229—230. Brevis Expositio symboli. Anfang: Symbolum grece latine dicitur collocacio sivo signum. 3) Seite 230—232. De septem donis Spiritus sancti. Anfang: Primum donum vel bonum est quod etc. 4) Seite 232—233. Sermo de fuga vitiorum. Anfang: Fugiamus de habitacione aquilonis etc. In verbis istis prophetam etc. 5) Seite 234—279. Historiae Sanctorum. Es sind die Legenden der heil. Katharina, Margaretha, Alexius, Christophorus, Martha, der 11000 Jungfrauen und des heil. Jodocus. In der letzten Legende bricht die Handschrift unvollendet ab. Die erste beginnt: Tradunt annales hystorie quod constantinus etc. Die Handschrift gehört dem XV. Jahrh. an. Auf dem vordern Deckel klebt das Fragment eines Antiphonariums auf Pergament aus dem XV. Jahrh.

XI. 253. Pergamenthandschrift des XV. Jahrh. 240 Blätter in 4°. 2 Spalten. Altes Eigenthum St. Florians.

Legendae Sanctorum. Anfang: Adventus domini significat tempus renovacionis etc. Die Erste ist de adventu Domini, die Letzte de s. Agathone.

XI. 254. Pergamenthandschrift des XIV. Jahrh. 327 Blätter in 4°. 2 Spalten. Altes Eigenthum St. Florians.

Legendae Sanctorum. Die Erste de adventu Domini: Universum tempus presentis vite etc. Die Letzte de dedicatione ecclesiae schliesst: quam ipse nobis parare dignetur qui etc. Das Vorsetzblatt am Anfang enthält Legenden de divisione apostolorum und de passione sanctorum decem millium martyrum; die Vorsetzblätter am Schlusse enthalten mehrere Legenden, Orationen, eine Predigt de octe beatitudinibus und eine mystische Auslegung über die XII Schaubrode. Die Schrift auf den Vorsetzblättern gehört einer spätern Hand an. Auf dem vordern Deckel ist ein Fragment eines grammaticalischen Tractats aus dem XIV. Jahrh. auf Pergament.

XI. 255. Papierhandschrift des XV. Jahrh 257 Blätter in 4°. Altes Eigenthum St. Florians.

1) Bl. 1ᵃ—6ᵇ. Bulla Synodi generalis Basiliensis. Anfang: Vox illa jocunditatis etc. Schluss: Datum Basilee XVIII. Kal. May 1436. Bl. 7 und 8 unbeschrieben. 2) Bl. 9ᵃ—14ᵇ. Constitutiones synodales Pataviensis dioecesis de modo visitandi clericos. Anfang: Visitatores ergo qui erunt viri docti etc. Schluss: sed que Christi querere videantur. Diese bischöfliche Synode wurde von Leonhard Bischof von Passau 1435 gehalten. Bl. 15 und 16 unbeschrieben. 3) Bl. 17ᵃ—17ᵇ. De arte memorandi figura. 4) Bl. 18ᵃ—79ᵃ. Excerpta de sermonibus et dictis magistri Nicolai de Dynkelspühel. Die Excerpte sind genommen aus seinen Werken de praeceptis Dei, de septem peccatis, de 8 beatitudinibus, de tribus partibus poenitentiae, de oratione Dominica. 5) Bl. 79ᵃ—81ᵃ. Ex dictis Anselmi. 6) Bl. 81ᵃ—103ᵇ. Exhortatio ad Novitium. Anfang: Esto devotus deo etc. Schluss: quod volueris impetrabis. 7) Bl. 103ᵇ—104ᵇ. De passione Domini ex stimulo amoris. Anfang: Currite gentes undique et miremini etc. Schluss': dulcedo et spes tua. 8) Bl. 104ᵇ—111ᵃ. Anfang: Ad compaciendum Domino Jesu Christo etc. Schluss: hoc libentissime nobis dabit. 9) Bl. 111ᵇ—116ᵃ. De jejunio et tentatione. Anfang: Nota jejunium primo valet etc. 10) Bl. 116ᵃ—151ᵇ. Tractatus Alberti Magni de veris virtutibus. Anfang: Sunt quedam vicia que etc. Schluss: secundum dictamen perfecte rationis ordinans et disponens. Bl. 155ᵃ—160ᵇ unbeschrieben. 11) Bl. 161ᵃ—257ᵃ. Quaestiones super quartum Sententiarum. Anfang: Circa quartum sentenciarum queritur primo utrum in quolibet hominum statu etc. Schluss: sed pena dampnatorum per accidens. 12) Bl. 257ᵇ. Nota a quibus absolvi potest et non absolvi. Die beiden Deckel sind mit Fragmenten eines Directorium Liturgicum aus dem XII. Jahrh. bekleidet.

XI. 256. Pergamenthandschrift des XIV. Jahrh. 240 Blätter in 2°. 2 Spalten. Altes Eigenthum St. Florians.

Sermones de Sanctis. Anfang de s. Andrea: Vestigia ejus secutus est pes meus etc. Tria sunt necessaria cuilibet viro perfecto etc. Schluss der letzten Predigt de dedicatione ecclesiae: et cum ipso sunt omnia, ipsi honor et gloria in secula seculorum. Die Vorsetzblätter vorn und rückwärts enthalten Stücke aus dem Corpus Juris Canonici mit Randanmerkungen aus dem XIV. Jahrh.

XI. 257. Pergamenthandschrift des XIV. Jahrh. 214 Blätter in 2°. 2 Spalten. Altes Eigenthum St. Florians.

Sermones per Dominicas et de Sanctis. Auf der Aussenseite des Deckels steht von einer Hand des XV. Jahrh. sermocinaciones pertholdi. Anfang: Erunt signa in sole et luna etc. In epistola dicitur: Nox precessit. Glossa: Infidelitatis et ignorancie. Die letzte Predigt ist ad Religiosos und beginnt: Timens helyas fugit in Bersabe etc., sie bricht unvollendet ab bei den Worten: qui jam obiit, non teneris pro ipso orare. Nach dem Inhaltsverzeichniss sollten noch 25 Predigten folgen. Der Verfasser ist der berühmte Minorit Berthold von Regensburg, der 1272 gestorben ist. Die von Pfeiffer 1862 zu Wien herausgegebenen Predigten stimmen nicht zu den unsern. Nach dem Inhaltsverzeichniss ist Bl. 7ᵃ—8ᵃ von einer Hand des XV. Jahrh. eine Predigt de nativitate Domini eingeschaltet. Anfang: Puer natus est nobis etc. Dicitur in osee IV. Non est veritas etc. Das Fragment eines Graduale aus dem XIV. Jahrh. mit Neumen klebt auf der innern Seite des vordern Deckels.

XI. 258. Pergamenthandschrift des XV. Jahrh. 180 Blätter in 4°. Altes Eigenthum St. Florians.

1) Bl. 1ᵇ—116ᵇ. Liber de Sanctis Jacobi de Lozanna. So lautet die Ueberschrift der Predigten des Jacobus de Lausana Ord. Praed. der 1321 gestorben ist. Quétif Tom. 1. 517. Anfang de s. Andrea: Michi autem absit gloriari etc. Narrat Valerius Maximus quod etc. Den Schluss macht ein sermo animarum: Omnes morimur et quasi aqua dilabimur etc. nos omnes morimur tam imperatores etc. Am Ende: Explicit liber finitus anno domini 1309. Letzteres Datum kann sich nur auf die Zeit der Abfassung des Werkes beziehen. 2) Bl. 117ᵃ—147ᵇ. Liber Paschasii de corpore Christi. Anfang: Quisque catholicorum recte dominum etc. Schluss: gaudia quantocius venire valeamus prestante domino etc. Der Text stimmt mit sehr wenigen Abweichungen mit der in der Bibliotheca Patr. Parisiis 1610. Tom. VI. befindlichen Ausgabe dieses Werkes von Paschasius Ratbertus Abt von Corbie an. 865. 3) Bl. 147ᵇ—166ᵇ. Duo libri soliloquiorum s. Isidori Hispalensis Episcopi. Eingang: In subsequenti hoc libro qui nuncupatur etc. Anfang des II. Buches: quanto es magna dignitate prelatus. 4) Bl. 166ᵇ—177ᵃ. Vita s. Mariae Egyptiacae. Ueberschrift: Incipit vita sancte marie egypciace quam scripsit paulus venerabilis dyaconus sancte neapolitano ecclesie. Anfang: Secretum

regis celare bonum est etc. Schluss: tunc migravit ad dominum in pace. Gracia domini nostri Jesu Christi etc. 5) Bl. 177ª—180ᵇ. Vita saucti Simeonis monachi. Anfang: Saucte recordacionis beatus symeon cujus deposicionem hodie celebramus etc. Schluss: sed circuit omne genus et in omnibus dominatur.

XI. 259. Pergamenthandschrift des XIV. Jahrh. 146 Blätter in 4°. 2 Spalten. Altes Eigenthum St. Florians.

Sermones de Sanctis. Anfang de s. Andrea: Misit de summo et accepit me etc. Considerans beatus Andreas immensam Dei bonitatem etc. Schluss mit einem Sermo communis, dessen Ende: et ibi omnes eritis reges et regine in secula seculorum. Die ersten Blätter 1ª—8ᵇ sind mit Predigten de Nativitate Domini und de novo sacerdote beschrieben, jedoch von fremder Hand. Bl. 5ª ist eine kurze Legende der heil. Katharina eingeschoben. Am Ende des Buches Bl. 146ᵇ—147ª ist eine Predigt de s. Bartholomaeo von späterer Hand nachgetragen. Auf der innern Seite des hintern Deckels befindet sich ein Verzeichniss der Indulgenzen der Kirche St. Florian aus dem XV. Jahrh.

XI. 260. Pergamenthandschrift des XIV. Jahrh. 232 Blätter in 4°. 2 Spalten. Altes Eigenthum St. Florians.

Sermones de Tempore et de Sanctis. Anfang de adventu Domini: Mitte manum tuam de alto etc. Ecce karissimi sicut naufragi etc. Schluss de animabus: Animas pauperum tuorum ne obliviscere etc. Cum gemitu multo ecclesia orat etc.

XI. 261. Pergamenthandschrift des XIII. Jahrh. 190 Blätter in 4°. 2 Spalten. Altes Eigenthum St. Florians.

1) Bl. 1ª—124ᵇ. Sermones de Tempore et de Sanctis per aestatem. Anfang: Videns Dominus civitatem jerusalem flevit etc. Quod enim semel fecit cum perituram etc. Darüber steht von einer Hand des XV. Jahrh. de omelia Gregorii dominica prima. Die letzte Predigt de dedicatione beginnt: Ingressus Jesus perambulabat etc. Ex quo tempore primus homo descendit etc. 2) Bl. 124ᵇ—136ª. Vita sanctae Marthae virginis et hospitae Christi. Anfang: Cum sancte ecclesie typum beata martha etc. Schluss: cujus regnum et imperium sine fine permanet. 3) Bl. 136ᵇ—138ᵇ. Sermo de Pascha. Anfang: Quoniam recentia magis placent etc. Schluss: justicia et pax osculate sunt ubi nos perducat etc. 4) Bl. 139ª—190ª. Sermones Petri Manducatoris in conventu praelatorum, sacerdotum et monachorum. Anfang: Erudimini qui judicatis terram. Nolite arbitrari quod etc. Schluss des letzten Sermons: qui venturus est judicare vivos et mortuos et seculum per ignem. Amen. Auf dem hintern Deckel befinden sich eine Reihe deutscher Denksprüche und eine latein. Note de quatuor lignis in cruce Domini, beide aus dem XIII. Jahrh.

XI. 262. Pergamenthandschrift des XIV. Jahrh. 252 Blätter in 4°. 2 Spalten. Alter Eigenthümer Stift St. Florian.

Sermones de Tempore et de Sanctis. Anfang de adventu Domini:

Scientes quod hora est jam nos de somno etc. Hic apostolus hortatur surgere a somno culpe etc. Die letzte Predigt beginnt: Pastor bonus animum suam ponit etc. Verus pastor scilicet Christus fecit quod docuit. Bl. 245ᵇ—246ᵃ und Bl. 252ᵃ—252ᵇ sind 2 Predigten von späterer Hand eingetragen. Die Vorstehblätter vorn und rückwärts sind Fragmente der hebräischen Literatur auf Pergament

XI. 263. Pergamenthandschrift des XIV. Jahrh. 104 Blätter in 4°. Alter Eigenthümer Stift St. Florian.

Sermones de Sanctis. Anfang de s. Andrea: Elige tibi viros et vade in galileam etc. Ad laudem et honorem beati Andree cujus etc. Schluss de sancta Elisabeth: Consideravit agrum et emit illum etc. Ad laudem et honorem beate Elisabeth verba predicta etc. Auf dem vordern Deckel klebt das Fragment eines Matutinale aus dem XIV. Jahrh. Am untern Raude ist der Brief eines Poenitentiarius Romanae urbis in Angelegenheit eines Todschlägers hingeschrieben. Handschr. des XIV. Jahrh.

XI. 264. Pergamenthandschrift des XII., XIII. und XIV. Jahrh. 213 Blätter in 4°. Zum grössten Theile 2 Spalten. Alter Eigenthümer Stift St. Florian.

1) Bl 2ᵃ—118ᵃ. Sermones magistri Petri Manducatoris per anni circulum ad monachos, canonicos regulares et sacerdotes. Ueberschrift: Incipit ordo sermonum magistri petri manducatoris per anni circulum non tantum ad clericos scolares, sed et ad monachos et ad canonicos regulares et ad sacerdotes. Sermo primus in synodo: Erudimini qui judicatis terram. Nolite arbitrari quod alienum etc. Letzter Sermon in coena ad scolares: Veni in altitudinem maria etc. Ecce verus Jonas loquitur ad nos etc. Ueber Petrus Manducator oder Comestor siehe Histoire Litt. de la France Tom. XIV. p. 12. Die Handschrift ist aus dem XIII. Jahrh. Vergleiche Codex XI. 216 und XI. 261. N. 4. Bl. 1 ist ein Vorsetzblatt und enthält ein Fragment aus einer Passionsgeschichte Jesu Christi aus dem XII. Jahrh. 2) Bl. 118ᵃ—118ᵇ. Notulae aliquot de sex peccatis quae peccavit Adam, de opere sex dierum, de duplici corona sauctorum. Handschrift des XIII. Jahrh. 3) Bl. 119ᵃ—146ᵇ. Opus anepigraphum. Anfang: Divinarum scripturarum lectionem accedentibus etc. Schluss: et munera magna sibi optulit. Das Werk handelt von der heil. Schrift und ihrer Auslegung mit Beziehung vieler scholastischer Fragen. Bl. 146ᵇ heisst es: Auctor hujus operis trinomius dicitur fuisse, siquidem dictus est dida et ecclesiastes et salemon. Die Handschrift ist aus dem XII. Jahrh. 4) Bl. 147ᵃ—163ᵇ. Aliud Opus anepigraphum. Anfang: Arta sunt in quibus summa nostre salutis consistit fides, caritas. Schluss: quamvis corpus Christi quod caro est. Scholastisches Werk, welches von den vorzüglichsten Glaubenswahrheiten handelt. Handschrift des XII. Jahrh. 5) Bl. 164ᵃ—173ᵇ. Vita beati Antonii de ordine fratrum minorum. Anfang: Assidua fratrum postulacione nec non et obediencie etc. Schluss: rivum gracie sicientibus effundas. Handschrift des XIV. Jahrh. Bl. 174ᵃ—175ᵇ unbeschrieben. 6) Bl. 176ᵃ—181ᵃ.

Liber de ente et essencia. Anfang: Qnia modicus error in principiis etc. Schluss: In qno sit finis et consummacio hujus sermonis. Amen. Explicit de ente et essencia liber. Handschrift des XIV. Jahrh. Der Autor ist Aristoteles. 7) Bl. 181ᵇ. Notae aliquot ad philosophiam spectantes. Handschrift des XIV. Jahrh. 8) Bl. 182ᵃ—188ᵇ. Expositiones super compendium Thomae. Anfang: Commentator super quarto Phisicorum dicit: etc. Schluss: Explicit super compendium Thome d'Aquino. Anno 1324. 9) Bl. 189ᵃ—213ᵇ. Expositor modorum significandi. Anfang: Scribit philosophus etc. Schluss hec de modis significandi sufficiant. Anno 1325.

XI. 265. Pergamenthandschrift des XIV. Jahrh. 198 Blätter in 4°. 2 Spalten. Altes Eigenthum St. Florians.

Sermones Gilberti de Tempore et de Sanctis. Ueberschrift: Incipit opus magistri Gilberti de Sanctis. Anfang de Angelis: Stelle manentes in ordine et cursu suo etc. Jud. VI. Verba ista exponi possunt de angelis. Schluss de passione: Sanguis Christi emundabit consciencias nostras etc. Hodie incipit ecclesia officium de passione etc. Das Werk gehört vielleicht dem Gilbertus Tornacensis aus dem Orden der Fratres Minores an, welcher um 1260 zu Paris lehrte und nach Oudin de Script. Eccl. Ant. Tom. III. 199. Sermones de Tempore et de Sanctis verfasste.

XI. 266. Pergamenthandschrift des XIII. Jahrh. 161 Blätter in 4°. 2 Spalten. Altes Eigenthum St. Florians.

Pars hiemalis homiliarum de Tempore et de paucis Sanctis. Anfang: Dom. II. secundum Lucam. In illo tempore dixit Jesus discipulis suis: Erunt signa in sole etc. Quibusdam interrogantibus dominum et salvatorem nostrum etc. Schluss de apostolis: Qui sunt hi qui ut nubes volant etc. Beatorum fratres apostolorum sollempnia celebrantes etc.

Auf den Vorsetzblättern 1 und 162, ebenso auf Bl. 161ᵇ sind allerlei Denksprüche und Anmerkungen aus Classikern und geistlichen Schriftstellern.

XI. 267. Papierhandschrift aus dem XIV. und XV. Jahrh. 126 Blätter in 4°. Zum Theile in 2 Spalten. Altes Eigenthum St. Florians.

Bl. 1ᵃ—118ᵇ. Sermones de Tempore et de Sanctis. Anfang: Adventus Domini triplex est etc. Hic und da sind kurze und längere Notizen eingestreut z. B. Bl. 85ᵃ und ᵇ de cognatione Bl. 86ᵇ und 87ᵃ de modo legendi in Jure Canonico, Bl. 88ᵃ—89ᵇ de confessione, Bl. 90ᵃ—99ᵃ allerlei Auszüge aus der Summa Pisana und aus Henricus de Hassia. Bl. 103ᵃ—106ᵃ allerlei moralische Denksprüche und Gleichnisse. 2) Bl. 119ᵃ—126ᵇ. Epistola anepigrapha. Eingang: Reverentissimo in Christo patri hugoni magistro ord. fratrum predicatorum dignissimo ac sacre pagine professori ejus subditus frater Alfons etc. Cum ergo propter parvitatem meam et insufficienciam meam etc.

Der Brief bricht bei den Worten ab: de quo dicit Jacob patri-
archa et propheta. — Der Brief handelt von dem wahren Messias
und ist von den marrokkanischen Juden Samuel verfasst. Die Deckel
sind mit Fragmenten eines dialectischen Tractats aus dem XIV. Jahrh.
auf Pergament bekleidet.

XI. 268. Papierhandschrift des XV. Jahrh. 189 Blätter in 4°.
Alter Eigenthümer: Stephanus professus monasterii St.
Floriani.

Sermones de Tempore per circulum anni. Anfang de adventu Domini: Cum appropinquasset Jhesus ierosolima. Tempus quod hodie
incipit et durat etc. Schluss de Dominica secunda: Cum sublevasset
oculos Jhesus etc. Istud evangelium expositum est etc. Am Ende
fehlen einige Zeilen. Der Autor ist Antonius de Azario. Siehe XI.
332. Nr. 2. und XI. 318. Nr. 1. Bl. 121ᵃ ist eine Aufzählung derjenigen qui repellendi sunt a sacra communione. Bl. 130ᵇ ein modus
absolvendi excommunicatos. Bl. 131ᵃ eine Note de censuris ecclesiasticis. Das vordere Vorsetzblatt enthält ein Fragment von einem Calendarium Ecclesiasticum aus dem XII. Jahrh. Auf dem hintern Deckel
ist zu lesen: Comparatus et elaboratus est liber iste per religiosum
virum et dominum Stephanum professum et canonicum hujus monasterii.
Schrift des XV. Jahrh.

XI. 269. Papierhandschrift des XV. Jahrh. 246 Blätter in 4°.
Altes Eigenthum St. Florians.

1) Bl. 1ᵃ—93ᵃ. Sermones de Tempore. Am obern Rande Bl. 1ᵃ
steht: Sermones Soccii von späterer Hand. Anfang: Alleluja apok.
Apok. 19. dicit Gregorius: Qui ad vera predicacionis verba etc. Letzte
Predigt: Nolite judicare ut non judicemini. Inquo verbo a judicio
temerario etc. Ueber die Sermones Soccii verfasst von einem Cister-
cienser von Marienrayd bei Hildesheim siehe Fabricius. Bibl. Med.
et. Inf. Latin. unter Soccii. Bl. 93ᵇ—96ᵇ unbeschrieben. 2) Bl. 97ᵃ
—172ᵇ. Sermones de Festis et de Sanctis variorum autorum. Es
kommen darin Predigten von Urban de Mellico, von Andreas de Wey
tra, von Nicolaus de greez vor, welche laut Subscription 1421—1423
zu Wien gehalten worden sind. Bl. 173ᵃ—180ᵇ unbeschrieben. 3) Bl.
181ᵃ—246ᵃ. Tractatus anepigraphus de vitiis. Anfang: Dicturi de
singulis viciis, ante omnia etc. Schluss: quod propter peccatum ade
introductum. Am Ende scheint Einiges zu fehlen. Die Vorstehblätter vorn und rückwärts enthalten auf Pergament Fragmente einer
Glosse zum Corpus Juris Canonici aus dem XIV. Jahrh.

XI. 270. Papierhandschrift aus dem Jahre 1442. 378 Blätter
in 4°. Ursprünglicher Besitzer Mauritius Czandel socius divinorum in Braunau.

Sermones de Sanctis. Anfang de s. Andrea: Ascendamus in
palmam et apprendamus fructus ejus. De sancto Andrea apostolo
qui ascendit etc. Schluss de sancto Spiritu: Implemini spiritu sancto.
Eph. V. Spiritus sanctus qui est lux inobfuscabilis etc. Nach dem

Ende steht mit rother Schrift: Mauricius czandel de excelsamontis ecclesia tunc temporis socius divuorum in prawnaw anno 1442 vicesima die mensis Aprilis. Auf der innern Seite des vordern Deckels: Anno domini 1458 obiit dominus andreas in die sancti ulrici cancellarius illustris principis ludwici potens verbo et in opere cujus anima requiescat in pace. Et eodem anno in profesto sancte Margarethe defunctus est dominus Joachim plebanus in landaw anno domini 1468; septima die mensis aprilis obiit dominus simon sobenel.

XI. 271. Pergamenthandschrift des XV. Jahrh. 44 Blätter in 4°. 2 Spalten. Altes Eigenthum St. Florians.

Vita Wilbirgis inclusae. Ueberschrift: Incipit vita wilbirgis incluse et sororis domus sancti Floriani quam scripsit Eynwicus frater ejusdem Monasterii et Decanus. Anfang: Benedictus deus et pater domini nostri Jesu Christi etc. Schluss: que pater posuit in sua potestate qui cum eodem etc. Das Leben der Wilbirgis wurde nach einem Mölkercodex saec. XIV. veröffentlicht von Bernard Pez Augustac. Gruber. 1715. in 4°; nach einem Waldhausercodex saec. XIV. von dessen Bruder Hieronymus Pez im II. Bande der Script. Rer. Austr. p. 212. Unsere Handschrift blieb so wie die andere XI. 291 beiden Brüdern unbekannt: sie enthält die besten Lesearten von Allen und ist mit grosser Sorgfalt geschrieben. Der Abweichungen sind übrigens nicht viele. Ueber die Klausnerinn Wilbirg s. Theol. Quartschr. Linz. 1849.

XI. 272. Pergamenthandschrift des XIV. Jahrh. 197 Blätter in 4°. 2 Spalten. Altes Eigenthum St. Florians.

Sermones de Tempore. Anfang de Dominica I. in adventu: Preparare in occursum dei etc. Quando rex vel aliquis alius princeps etc. Letzte Predigt: Qui descendit ipse est et qui ascendit etc. Humilitas est via ad gloriam etc.

XI. 273. Pergamenthandschrift des XIV. Jahrh. 341 Blätter in 4°. 2 Spalten. Altes Eigenthum St. Florians.

Anfang de Dominica I. in adventu: Abjiciamus opera tenebrarum etc. Scriptum est et ad hebreos IV : adeamus cum fiducia ad thronum etc. Schluss der letzten Predigt: Et hoc est cimiterium de quo dicitur hic: Mortuus est dives etc.

XI 274. Pergamenthandschrift des XIV. Jahrh. 71 Blätter in 4°. 2 Spalten. Altes Eigenthum St. Florians.

1) Bl. 1ᵃ—62ᵃ. Peregrini Sermones de Sanctis. Anfang de s. Andrea: Vestigia illius secutus est pes meus etc. Dominus vocans Petrum et Andream etc. Schluss de s. Ursula: Adducentur regi virgines post eam etc. David propheta spiritu s. revelante etc. Der Verfasser, ein polnischer Dominikaner, lebte um 1322. Siehe Quétif Tom. 1. pag. 551. 2) Bl. 62ᵇ—64ᵇ. Quaedam Legendae de s. Oswaldo (zwei mal), Egydio, et de s. Dorothea. Sie sind von späterer Hand. 3) Bl. 65ᵃ—71ᵇ. Sermones aliquot de Festis, de Nativitate,

de Corpore Christi, de Assumtione etc. Auf dem Deckel rückwärts
stehen zwei längere Anmerkungen de Litania. Anfang: Letanie bis
fiunt in anno. Hierauf folgt eine Note de Judaeo quodem qui fecit
sibi imaginem s. Nicolai eamque in domo sua collocavit. Alles von
einer Hand des XIV. Jahrh.

XI. 275. Papierhandschrift des XV. Jahrh. 180 Blätter in 4°.
Altes Eigenthum St. Florians.

Sermones de summis Festivitatibus. Anfang de Nativitate Domini: Lux aurore oriente sole absque nubibus rutilat. Quia nativitatis
dominice dies etc. Schluss de uno martyre: Esto fidelis usque ad
mortem etc. Verba proposita possunt esse preceptoris nostri Domini
etc. Bl. 179^b eine Note quare in Nativitate Christi tres missae can-
tentur. Der vordere Deckel hat auf der innern Seite das Fragment
eines Directorium Ecclesiasticum auf Papier aus dem XV. Jahrh.

XI. 276. Papierhandschrift des XV. Jahrh. 116 Blätter in 4°.
Aeltester Eigenthümer unbekannt. Georg Hochschardner
Can. Reg. s. Floriani gestorben 1821 schenkte dieselbe
laut Inscription an die Bibliothek.

1) Bl. 1^a—35^b. Legende vom heil. Christophorus in deutschen
Reimen. Anfang: Got mit seiner gotleich macht. Der cze pild ma-
niger hant getat. Schluss: Und furten si all geleich. Mit gesanch
in daz hymelreich. Explicit passio Christoffori amen.

Die Handschrift wird erwähnt in: Altdeutsche Blätter von Haupt
und Hoffmann. 2. Bd. p. 91, wo mehrere Verszeilen vom Anfang und
Ende angeführt werden. Bl. 36 leer. 2) Bl. 37^a—54^a. Ein langes
Gebet. Anfang: Herr ob allen Herren und gott ob allen gottern etc.
Schluss: das ich an die schar chom deiner erbelten chinder. Amen.
Mit rother Schrift darunter: Hie hat diez gepet ein end, gott uns
zu hymel send. Bl. 54^b—56^h leer. 3) Bl. 57^a—116^a. Das Buch
der ewigen Weisheit. Ueberschrift: Hie hebt sich an das puch der
ewigen weisheit. Anfang: Es stund ein prediger zu einer zeit vor
einer metten für ein crucifix etc. Schluss: Und den grossen durst den
ich ewichleich gehabt han etc. Amen. Mit rother Schrift: Hie hat
der ewigen weishait puch ein end.

Es ist Heinrich Suso's des berühmten Dominikauers gest. 1365
Buch von der ewigen Weisheit. Siehe Heinrich Suso's Leben und
Schriften in jetziger Schriftsprache herausgegeben von Diepenbrock
Regensburg 1829.

XI. 277. Pergamenthandschrift aus dem Jahre 1345. 83 Blätter
in 1°. 2 Spalten. Aeltester Besitzer: Stift St. Florian.

1) Bl. 1^a—61^a. Sermones de festis Domini et Sanctorum. Anfang de assumtione Beatae Mariae Virginis: Ascendit gloria domini
de medio civitatis etc. Hec verba ad laudem et gloriam etc. Schluss
de conversione s. Pauli: Saule Saule quid me persequeris etc. Super idem psalmus: Retribue servo tuo. Ponit Augustinus etc. 2) Bl.
61^a—67^a. Gesta Salvatoris. Aufang: In nomine sancte et individue

trinitatis incipiunt gesta salvatoris domini nostri Jesu litteris scripta
ad nichodemum hebraicis quo invenit theodosius imperator in pretorio
poncii pylati in codicibus publicis. Schluss fehlt. Letzte Worte: in
quo mihi bene complacui. Et nunc preibo Es ist das sogenannte
Evangelium Nicodemi oder Acta Pilati. Siehe Fabricius Codex Apo-
cryphus N. Test. Tom. l. p. 238. Unsere Handschrift geht bis zum
Ende des XVIII. Kap. bei Fabricius und weicht oftmals von den
dortigen Lesearten ab. Bl. 67ᵇ unbeschrieben. 3) Bl. 68ᵃ—83ᵇ.
Liber de sacramento Eucharistiae Anfang: Ezechiel in visione dei
qui universum ecclesie statum previdit etc. Schluss: et exultacione
in eternum saciari. Quod ipse prestare dignetur etc.

Es ist ein Dialog zwischen der Kirche und einen Ungläubigen
über die Eucharistie. Nach dem Index wird es auch speculum Corporis Christi genannt.

Am Ende des Codex: Explicit liber domini udalrici de Egenberga
comparatus in petovia anno domini 1345.

XI. 278. Papierhandschrift des XIV. Jahrh.   116 Blätter in 4°.
Altes Eigenthum St. Florians.

1) Bl. 1ᵇ—26ᵇ. Tractatus praedicabilis magistri Francisci de
articulis fidei. Anfang: Funiculus duplex difficile rumpitur. Funiculus
iste quo etc. Schluss de articulo XII.: Carnis resurreccionem et vitam
eternam. Hunc gradum ponit beatus Matthyas etc. Vergl. XI. 347.
Nr. 4. 2) Bl. 26ᵇ—32ᵇ. Duo sermones de nativitate Christi et de
conversione s. Pauli. 3) Bl. 33ᵃ—59ᵇ. Anonymi expositio orationis
dominicae. Anfang: Pater noster. Oracionis dominicae continenciam
materialem etc. In der letzten Bitte bricht die Handschrift ab bei den
Worten: Et secundum hoc videtur mihi quod huic peticioni. Bl. 59ᵇ
unbeschrieben. 4) Bl. 60ᵃ—93ᵃ. Sermones Thomae de corpore
Christi per modum tractatus. Anfang: De sacrosancto corporis domini locuturi sacramento etc. Schluss: que nunc est et future ad
quam nos per ducat etc. Expliciunt 32 sermones per modum tractatus
thome de aquino doctoris. 5) Bl. 93ᵇ—94ᵇ. Sermo de corpore Christi
vel in coena. Anfang: Panis quem ego dabo etc. In verbis istis
notificatur etc. Schluss: et ad alciora desideria nos inflammans quod
ipse etc. 6) Bl. 95ᵃ—112ᵃ. Franciscus de celebratione Missae.
Anfang: Facta est grandis celebritas in jerusalem etc. 2. libro para-
lipom. 29 cap. Quia vero tytulus cui capitulum etc. Schluss: principio vitam carentem det scriptori harum misero. Amen. 7) Bl.
112ᵇ—116ᵇ. Duo Sermones. Die beiden Deckel zeigen von innen
Fragmente eines liber orationum in Missa adhibitarum aus dem
XIV. Jahrh. auf Pergament.

XI. 279. Papierhandschrift des XV. Jahrh. 390 Blätter in 4°.
Zum Theile in 2 Spalten. Alter Eigenthümer Stift St.
Florian.

1) Bl. 2ᵇ—126ᵃ. Sermones de Tempore. Anfang de adventu
Domini: Ecce rex tuus venit tibi. Sermo apostoli hodie monuit etc.
Schluss de vicesima quarta Dominica: Cum sublevasset oculos Jhesus

etc. In multis locis sacre scripture etc. Bl. 126ᵇ—131ᵃ unbeschrieben. Bl. 1 altes Inhaltsverzeichniss. 2) Bl. 131ᵇ—224ᵇ. Sermones
varii de Festis et de Sanctis. Hie und da sind Anmerkungen oder
blosse Predigtthemata eingeschaltet. Bl. 225ᵃ—226ᵇ unbeschrieben.
3) Bl. 228ᵃ—260ᵇ. Commentari s in Theoduli Eclogam. Ueberschrift: Egloga Theodolii. Anfang: Eglogarum tres sunt partes etc.
Schluss: Cayn et judam et multos alios. Explicit notula theodoli.
Amen. Siehe XI. 117 Nr. 4. 4) Bl. 261ᵃ—279ᵃ. Medelae
animae vulneratae. Ueberschrift: Incipit liber erudiens qualiter homo
per penitenciam et confessionem et satisfaccionem a peccatis expur-
gari debeat. Hic liber intitulatur medelo anime vulnerate. Anfang:
In principio narracionis nostre illius graciam etc. Schluss: Septima,
sed libera nos a malo. Amen 5) Bl. 279ᵃ—286ᵃ. Tabula diaetae
salutis. Ueberschrift: Incipit divisio membrorum prime diete que est
de viciis in communi. Anfang: Peccatum est deformitas quam etc.
Schluss: inestimabilis cantus. Explicit tabula diete salutis. Bl. 286ᵇ
unbeschrieben. 6) Bl. 287ᵃ—342ᵃ. Liber de statu conditionis humanae. Anfang des I. Cap.: Leccio Magistri Adezlay agregatoris de
origine mundi. Apostolus ad thymotheum: Omnis scriptura divinitus
etc. Schluss: compendium theonice veritatis solleniter revolvat. Ueber
diesen Adeslaus oder Ladislaus agregator ist weder bei Tritenheim,
noch bei Fabricius etwas Näheres zu finden. 7) Bl. 342ᵃ - 358ᵇ.
Liber de spiritus et animae differentia. Ueberschrift: Incipit liber de
spiritu et anima ex dictis beati Augustini; agregatoris. Anfang: Quoniam dictum est mihi per revelacionem etc. Schluss: diximus in libro
de natura universali. Deo gratias. Bl. 359ᵃ leer. 8) Bl. 359ᵇ—379ᵃ.
Tractatus de rhetorica. Eine practische Anleitung zum Briefschreiben
mit zahlreichen Briefmustern. Bl. 379ᵇ—382ᵇ leer. 9) Bl. 383ᵃ—
390ᵇ. Calendarium novum. Die Tage sind nach altrömischer und
moderner Weise gezählt.

XI. 280. Papierhandschrift des XV. Jahrh. 274 Blätter in 4°.
Altes Eigenthum St. Florians.

1) Bl. 1ᵃ—245ᵇ. Sermones varii de Tempore et de Sanctis.
2) Bl. 246ᵃ -270ᵇ. Anonymi Tractatus de confessione et poenitentia.
Anfang: Circa penitencias imponendas nota diligenter etc. Schluss
mit der Note: Omne peccatum aut est in Deum aut in proximum.
3) Bl. 271ᵃ—274ᵇ. Quatuor Sermones de dedicatione. Auf dem hintern Deckel steht: Multa venalia peccata dampnant hominem sicut
unum mortale peccatum. Exemplum in arbore de cujus ramis ita bene
fit ignis sicut de stipite.

XI. 281. Pergamenthandschrift des XV. Jahrh. 93 Blätter in 4°.
Altes Eigenthum St. Florians.

1) Bl. 1ᵃ—13ᵃ. Charta prima reformationis nostrae; (ad s.
Florianum). Anfang: In nomine Patris et filii et spiritus sancti. Amen.
Jam lucis orto sidere etc. Schluss: Datum ad Sanctum florianum in
d.e s. Benedicti abbatis anno domini 1419. Vergl. XI. 49. Nr. 3.
2) Bl. 13ᵃ—25ᵃ. Charta visitationis factae anno 1451. Anfang: In

nomine domini amen. Nos nicolaus sancte Dorothee wienne etc. Schluss:
Non permittat alicui faciliter negligere collacionem etc. Cetera puncta
require primo folio. Vergl. XI. 49. Nr. 4. Bl. 20ᵇ ist eine absolutio
ab excommunicatione majori. Bl. 25ª eine Benedictio mensae pro tribus diebus ante Pascha eingeschaltet. 3) Bl. 25ª—90ª. Statuta pro
Canonicis regu'aribus s Augustini. Anfang des Prologs: Quoniam
necessarium fuit Regulae Beati patris Augustini etc. Vergl. XI 49.
Nr. 2. 4) Bl. 90ª—93ᵇ. Chartae duae Moderationis quorundam in
cultu divino et de statutis servandis. Die zweite Charte ist mank.
Vergl. XI. 49. Nr. 5. Auf dem hintern Deckel ist ein Mittel gegen
das Podagra in deutscher Sprache aus derselben Zeit.

XI. 282. Pergamenthandschrift aus dem XIII. und XV.
Jahrh. 205 Blätter in 4°. Zur Hälfte in 2. Spalten.
Alter Eigenthümer Stift St. Florian.

1) Bl. 2ª—38ᵇ. Tractatus anepigraphus de musica. Anfang:
Primo videndum est quid sit musica. Schluss: et tribus terciis.
Handschrift des XIII. Jahrh. 2) Bl. 39ª—51ª. Excerpta decretalium domini Gregorii papae Noni. Anfang: Quoniam Romana ecclesia
omnium ecclesiarum etc. Schluss: auctoritate propria presumere vel
etiam usurpare. Der Autor dieser Zusammenstellung nennt s.ch in
der Vorrede Ulricus de volchenmarcht praepositus. Handschrift des
XV. Jahrh. 3) Bl. 51ª—69ᵇ. Summa notarie de his quae in foro
ecclesiastico coram quibuscunque judicibus occurrerint notariis con-
scribenda. So der alte Titel. Eingang: Reverendo etc. Cartnensi
archiepiscopo tocius Anglie primati Johannes Bononiensis notarius etc.
Anfang des I. Kap.: Licet tractatus instrumentorum in ytalie partibus
etc. Schluss: nullatenus revocare sub pena etc. Explicit iste l.ber,
sit scriptor termine liber. Siehe Quellen zur bair. u. deutsch. Gesch.
München 1864. 9. Bd. 2. Abth. Handschrift des XV. Jahrb. 4) Bl.
70ª—80ª. Summa dictaminis secundum quam notarii episcoporum et
archiepiscoporum debeant notariae officium exercere. Anfang: Omne
datum optimum et omne donum etc. Schluss: mandamus vobis quatenus et cetera. Explicit.

Der Verfasser nennt sich in der Vorrede Dominicus Dominici
oriundus de civitate Visentina in arte dictatoria discipulus discreti viri
domini Johannis Seveni. Ueber Dominicus de Dominicis gest. 1478
als Bischof von Brescia siehe Oudin de Scriptor. Eccles. Tom. III.
p. 2569 wo jedoch obiges Werk nicht vorkommt. Handschrift des
XV. Jahrh. Es findet sich in den Quellen zur bairisch. und deutschen
Gesch. München 1864. 9. Bd. 2. Abth. 5) Bl. 80ᵇ—81ᵇ. Notae
aliquot quae ad res notarii pertinent. Handschrift des XV. Jahrh.
Bl. 82 unbeschrieben. 6) Bl. 83ª—94ᵇ. Liber Job et Actus Apostolorum. Metrisch; der Verfasser ist Petrus de Riga. Anfang: Nomine
job vir erat simplex et juris amator. Handschrift des XIII. Jahrh.
Petrus de Riga Canonicus von Rheims gegen das Ende des XII. Jahrh.

Ueber ihn u. seine Schriften siehe Leyser Hist. Poet. Med. aevi 692.
7) Bl. 95ª—139ᵇ. Sermones de Tempore. Anfang de adventu domini: Hora est jam nos de somno surgere. Sompnus est status pec-

cati etc. Schlusspredigt: Accipietis virtutem supervenientis spiritus etc. In his verbis loquens dominus sacerdotibus etc. Handschrift des XV. Jahrh. 8) Bl. 140ᵃ —140ᵇ. Preces ad induitionem sacerdotis ad missam. Handschrift des XV. Jahrh. 9)Bl. 140ᵇ. Notae aliquot theologicae. Handschrift des XV. Jahrh. 10) Bl. 141ᵃ—153ᵃ. De vita dulcissimae Virginis Mariae. Anfang des Prologes: Ecclesia katholica nequaquam universa respuit apocrifa etc. Schluss desselben: Explicit prologus. Incipit de vita liber dulcissime virginis marie in quo agitur de resurreccione Jhesu filii dei et de assumpcione matris sue virginis Marie. Anfang des Werkes: Christi corpus deitas abhinc glorificavit. Abhoc reducens anima hunc resuscitavit etc. Schluss: Sit laus Jhesu et gloria sit virgini Marie. Quia completum est carmen hujus ymnodie. Das ganze Werk, welches der Verfasser im Prolog unter die Apocryphen zählt, ist metrisch bearbeitet. Handschrift des XV. Jahrh. 11) Bl. 153ᵃ—158ᵃ. Acta et Miracula s. Mariae Magdalenae et sanctae Katharinae. Handschrift des XV. Jahrh. 12) Bl. 158ᵇ—159ᵇ. Sermo de sancto Francisco. Anfang: Homo quem rex honorare vult. Schluss: piis precibus pervenire faciat sanctus franciscus etc. Handschrift des XV. Jahrh. 13) Bl. 159ᵇ— 172ᵇ. Casus varii ex Sacrae Scripturae citatis testibus decisi; item de poenitentiis injungendis. Anfang: Si princeps intromisit se contenciose etc. Handschrift des XV. Jahrh. 14) Bl. 172ᵇ—181ᵇ. Summa confessionum. Anfang: Incipiunt interrogaciones que de Scripturis Sanctis et Canonibus sacris in foro penitencie etc. Schluss: et concedo tibi quod valeant omnes remissiones a quocunque fiant. Es scheint Einiges zu fehlen. Handschrift des XV. Jahrh. 15) Bl. 182ᵃ—205ᵇ. Sermones de Sanctis. Anfang de s. Andreae: Extendam palmas meas ad dominum. Hoc verbum Moysis beatus Andreas apostolus potuit dicere. Schlusspredigt de sacerdote: Accede ad altare et ymola pro peccato etc. Hec verba scripta sunt Levit. IX. que dixit Moyses etc. Es fehlen einige Zeilen. Handschrift des XV. Jahrh. Das Vorstehblatt mit 1 bezeichnet und das auf dem hintern Deckel geklebte Blatt enthalten Predigtfragmente aus dem XIV. Jahrh. auf Pergament.

XI. 283. Pergamenthandschrift des XV. Jahrh. 384 Blätter in 4⁰. 2 Spalten. Altes Eigenthum St. Florians.

Sermones de Tempore et de Sanctis. Eine Sammlung der verschiedensten Predigten und der verschiedensten Handschriften. Manchen Predigten sind deutsche Worte und Formeln beigemengt.
Bl. 365ᵃ—366ᵃ. Zwei Noten: Isti mittendi sunt ad curiam Romanam und Subscriptos excommunicamus et denunciamus in die cene.

XI. 284. Pergamenthandschrift des XIV. Jahrh. 95 Blätter in kl. 4⁰. 2 Spalten. Alter Eigenthümer Kloster Wiblingen.

1) Bl. 1ᵃ—36ᵇ. Deutsche Heiligenlegende. Die ersten 36 Blätter fehlen. Das Blatt, welches jetzt die Signatur 1 trägt, beginnt: jar alleine ob einem bache daz si niedur enkein kurzwil in das was-

ser gesah. Schluss: Sysoius sprach: Ein mensch huet sins mundes und mache sin sel lebende.

Es sind keine Biograßen, sondern lauter kleine Züge aus dem Leben der Heiligen und gehören zu „der Altväter Leben"; siehe Wackernagel Gesch. der deutschen Lit. Seite 351. 2) Bl. 37ᵃ—84ᵃ. Predigten von Nicolaus von Strassburg. Ueberschrift: Dis sint bredien bruoder Niclaus von Strasburg des lesmeisters bredierordens. Anfang: Wan liset hätte ein Ewangolium daz únser herre sine zwelf iungern heimlich zu im nam und sprach. Schluss der Letzten: daz wir ewklich bi got bliben, dez helf úns got. Amen. Hie sint us bruder Niclaus bredien. Die erste Predigt dieser Handschrift und die Anfänge der eilf Folgenden sind abgedruckt in den Altdeutschen Blättern von Haupt und Hoffmann II. Bd. S. 165. u. folg. Diese gedruckten Theile wurden von Pfeiffer in seiner Ausgabe der Predigten des Nicolaus von Strassburg (Deutsche Mystiker des XIV. Jahrh. I. Bd. 261. u. Einl.) benützt. Der Verfasser gehörte dem Predigerorden an und lebte um 1326. 3) Bl. 84ᵃ—95ᵇ. Eine Predigt von unsers Herrn Fronleichnam. Ueberschrift: Das ist eine bredie von únsers herren fronlichamen. Anfang: Memoriam fecit mirabilium suorum etc. Disú wort sprichet der wissag david in dem salter etc. Das Ende fehlt; die letzten Worte sind: wan nach des globen sage; und daz ist uns wol bezeichent bi. Das Ganze ist mehr Abhandlung als Predigt. Der Codex ist sehr rein und sorgfältig geschrieben.

XI. 285. Pergamenthandschrift des XIV. Jahrh. 184 Blätter in kl. 4°. Altes Eigenthum St. Florians.

1) Bl. 1ᵃ—4ᵇ. Regula s. Augustini quatuor capitulis distincta. Es ist die Regula communis, die sich im 1. Tom. der Maurinerausgabe der Werke des heil. Augustin Parisiis 1689 im Briefe 211 ad Sanctimoniales befindet, aber in eine andere Form gebracht. 2) Bl. 5ᵃ —68ᵇ. Tractatus de regimine vitae religiosae. Anfang: Numquid nosti ordinem celi etc. Schluss: tui meriti manus levet. Explicit tractatus de vita religiosa. 3) Bl. 68ᵇ—118ᵇ. Tractatus de septem gradibus perfectionis. Anfang: Flecto genua mea ad patrem etc. Schluss: a quo processerunt hec omnia. Das Werk ist von Bonaventura und heisst auch liber Moditationum, Imago vitae aeternae oder Soliloquium siehe Denis Vol. II. Pars. I. 273. 4) Bl. 119ᵃ—132ᵃ. Speculum s. Augustini. Anfang: Adesto michi verum lumen etc. Schluss: imperium per infinita, indefessa et inmortalia secula. Amen. 5) Bl. 132ᵃ—134ᵇ. Versus s. Bernardi de contemplatione. Anfang: Si contemplari vis et defigere visum etc. Schluss: Tecum perpetuo; per secula tu benedictus es. 6) Bl. 134ᵇ—135ᵇ. Rhythmus Bernardi de Jesu. Anfang: Dulcis Jhesu memoria. Sed super mel et omnia etc. Schluss: Jhesum ymnis et precibus. Cum ipso frui sedibus. Amen. Explicit jubilus s. Bernhardi de Jhesu. 7) Bl. 136ᵃ— 145ᵃ. Soliloquium Hugonis a sancto Victore. Anfang: Loquar secreto anime mee etc. Schluss: dulcissime caritatis tue jaculo. Amen. 8) Bl. 145ᵇ—150ᵃ. Dialogus Christi et animae devotae. Anfang: Quis michi det te fratrem meum etc. Schluss: gloriam tecum et cum

sanctis tuis vitam eternam. Amen. 9) Bl. 150ª—156ª. Tractatus
de tentatione. Anfang: Temptacio autem quid est quam quatuor venti
etc. Schluss: quasi locustas reputabant. Bl. 156ᵇ unbeschrieben.
10) Bl. 157ª—160ᵇ. Tractatus de septem gradibus contemplationis.
Der Anfang fehlt. Die ersten Worte sind: salubriter perlustrata
ita secundum apostolum docetur de omnibus etc. Schluss: altera me-
lior et beata. Der Verfasser ist Bonaventura. 11) Bl. 160ª — 169ᵇ.
Proslogion s. Anselmi. Anfang: Eya miser homuncio fuge paululum
occupaciones etc. Schluss: quam hominis animam ad hec esse factam.
12) Bl. 1 9ᵇ—181ᵇ. Tractatus Bonaventurae de ligno vitae. Anfang: Christo crucifixo confixus sum cruci. Schluss: Decus et imperium per infinita secula seculorum. Amen. Explicit arbor de ligno
vite sive de fructibus crucis fratris bonaventure. Auf dem Vorsteblatt
zu Anfang steht: In isto libro quem comparavit Symon pro domo s.
Floriani, continentur etc. Am Ende dieses Inhaltsverzeichnisses heisst
es: Et isti tractatus sunt omnes valde correcti por eundem Symonem
cui misereatur Dei filius Dominus noster Jesus Christus.

Sie sind aber in Wahrheit sehr schlecht corrigirt.

XI. 286. Pergamenthandschrift des XV. Jahrh. 98 Blätter in kl.
4°. 2 Spalten. Altes Eigenthum St. Florians.

Peregrini Sermones de Festivitatibus et de Sanctis. Die Predigten beginnen mit dem Feste de Purificatione B. Virginis Mariae,
wovon jedoch der Anfang fehlt. Die ersten Worte sind: tam so-
lempniter honoraret et illud spacium dicebatur lustrum. Letzte Predigt de sancta agnete: Mulierem fortem quis inveniet. Inventa est in
beata agnete. Vergl. XI. 271. Nr. 1. Das hintere Vorstehblatt enthält einen Predigteingang.

XI. 287. Pergamenthandschrift des XIV. Jahrh. 128 Blätter in
kl. 4°. 2 Spalten. Altes Eigenthum St. Florians.

Sermones de Tempore et de Sanctis. Anfang: Ecce rex tuus
venit tibi. Ecce dicit propheta ammirative; ecce dicit demonstrative
etc. Schluss: Cum elevatum fuerit signum in montibus etc. Tria sunt
que induunt hominem ad intuendum etc. Bl. 72ᵇ einige deutsche
Verse. Das Vorstehblatt 1 enthält ein Predigtfragment.

XI. 288. Pergamenthandschrift des XIV. und XV. Jahrh. 94
Blätter in kl. 4°. Alter Eigenthümer ein gewisser
Jacobus in der Ratstrazz.

Miracula, Parabolae et Historiae variae. Dieselben beziehen sich
hauptsächlich auf die seligste Jungfrau Maria.
Bl. 26ª—28ᵇ sind 2 Predigten de corpore Christi und de passione Jesu Christi.
Das Werk beginnt: Ad honorem partus beatissime marie virginis
que non solum peperit etc. Schluss: excitata multis injuriis perfectam
didicerat pacienciam. Auf dem vordern Vorsetzblatt ist zu lesen:
Anno domini 1329 in quarta feria proxima ante Geori iste liber ob-
ligatus domino Ulrico ad Sanctum Pangracium pro sex talenta de-

uariorum a Jacobo in der Ratstrazz residenti. (sic.) Auf dem hintern
Deckel klebt ein der hebräischen Literatur angehöriges Fragment.

XI. 289. Pergamenthandschrift des XIV. Jahrh. 230 Blätter
in kl. 4°. Altes Eigenthum St. Florians.

Sermones de Sanctis et de summis Festivitatibus. Ueberschrift:
Opus greculi de Sanct.s per circulum anni. Anfang de s. Andrea:
Eleazarus gloriosam mortem magis etc. Verba ista diligenter consi-
derata in tr.bus etc. Bl. 91ᵃ—116ᵇ kommen Sermones in synodo
vor; weiterhin Sermones fratris berengerii und fratris bernardi. Vorsetzblätter und Deckblätter vorn und rückwärts enthalten Fragmente
eines Matutinale aus dem XV. Jahrh. auf Pergament.

XI. 290. Papierhandschrift vom Jahre 1615. 510 Seiten in 8°.
Alter Eigenthümer Wolfgang Hasenberger Can. Reg.
S. Floriani anno 1615.

Sermones de Tempore et de Sanctis. Titelblatt: Flosculi sermonum de Dominicis per totum Annum decerpti ex Prato Rev. Dom.
F. Hugonis de Prato, Autore vetustissimo Ord. S. Dominici; Item
Moralia ad plerasque Sanctorum Festivitates et natales dies ex Rev.
Dom. F. Baldnino Junio Autore Juniori Ord. s. Francisci de obser-
vantia, per Wolfgangum Hasenberger Can. Reg. professum indignum
s. Floriani. Tibi gloria michi gratia utrique satis 1615. —
Es sind übrigens nicht reine Excerpte, denn nach hie und da
vorkommenden Bemerkungen hat der Sammler auch vom eigenen
Geiste hinzugesetzt. Auf einem der letzten Vorstehblätter kommt der
grosse Titel des Fürsten Joh. Ulrich von Eggenberg vor.

XI. 291. Pergamenthandschrift des XV. Jahrh. 50 Blätter in
12°. Altes Eigenthum St. Florians.

Vita Wilbirgis Inclusae. Ueberschrift: Incipit vita Wilbirgis incluse et sororis domus s. Floriani quam scripsit Einwicus frater ejusdem Monasterii et praepositus. Anfang: Benedictus deus et pater domini nostri jesu christi qui a gloria sua nullum excipit sexum etc.
Schluss: que pater posuit in sua potestate qui cum eodem patre etc.
Diese Handschrift ist etwas jünger als XI. 271.

XI. 292. Papierhandschrift vom Jahre 1550. 163 Blätter in 16°.
Alter Eigenthümer Chorherrnkloster Polling in Baiern,
später Benediktiner-Kloster Wiblingen in Württemberg.

1) Bl. 1ᵃ—122ᵃ. Sermones hiemales et aestivales. Bl. 59ᵃ:
Fratris Adami Ullman. Collegit atque predicavit anno aetatis suae
24, anno 1550. Nach Bl. 138 war er aus Polling. Es sind lauter
Predigtentwürfe. Bl. 122ᵇ—131ᵇ leer mit Ausnahme von 126ᵃ—127ᵃ,
wo ein unvollständiges Register ist. 2) Bl. 132ᵃ—163ᵇ. Modus administrandi Sacramenta et alias functiones pastorales. Grösstentheils
deutsch.

XI. 293. Pergamenthandschrift des XV. Jahrh. 157 Blätter in 16°. Alter Eigenthümer Stift St. Florian.

Sermones de Tempore et de Sanctis. Es sind Predigtentwürfe über die betreffenden Episteln und Evangelien. Bl. 62ᵃ eine Note über die mystische Bedeutung der Edelsteine. Bl. 153ᵇ—156ᵃ. compendium computi manuale.

XI. 294. Papierhandschrift des XVII. Jahrh. 237 Blätter in 16°. Alter Eigenthümer Stift St. Florian.

Dominicale. Es sind blosse Predigtentwürfe für eine Anzahl Sonntage.

XI. 295. Papierhandschrift des XVII. Jahrh. 4 Bände in 4°. zu 224, 183, 204 und 168 Blättern. Auf der innern Deckelseite der einzelnen Bände steht: dalla libraria Corsinia a Roma 1765.

Conclavi da Nicolo V. ad Urbano VIII. Eine Geschichte der Pabstwahlen von 1447 bis 1623 in italienischer Sprache. Vergl. dazu Codices italici 780—789 im Katalog der Münchner Hofbibliothek Tom. VII. Monachii 1858 und Adrian Katalog der Giessner Universitätsbibliothek Francofurti 1840 Codices 637—639.

XI. 296. Papierhandschrift vom Jahre 1722. 53 Blätter in 4°. Ursprüngliches Eigenthum St. Florians.

Das Leben der ehrwürdigen Jungfrau Wilbirgis ins Deutsche übersetzt von Richard Wöss Can. Reg. s. Floriani.

XI. 297. Papierhandschrift des XVII. Jahrh. 48 Blätter in 4°. Ursprüngliches Eigenthum St. Florians.

Vita Wilburgis inclusae et sororis Domus s. Floriani.

Ist dasselbe Werk wie XI. 271 und XI. 291. Der Eingang fehlt jedoch. Diese Handschrift wurde von den beiden Pez bei Herausgabe ihrer Vita Wilbirgis benützt; der Text stimmt am meisten mit dem von Bernhard Pez veröffentlichten überein.

XI. 298. Papierhandschrift vom Jahre 1718. 22 Seiten in 4°. Ursprüngliches Eigenthum St. Florians.

Unsers Erlöser und Heylands Jesu Christi ewig denkwürdigst Trost- Gnad und Geheimbnüss Reichister Letzter Abscheidungs - Tag in 24 Stundt Ganz Richtig und Schrüfftmässig eingetheilt unnd Erwissen durch den Ersten Jubl-Priester zu St. Florian. Anno 1718. Soli Deo.

XI. 299. Papierhandschrift des XVIII. Jahrh. 389 Seiten in 4°. Ursprünglicher Eigenthümer Stift St. Florian.

Mellificium Historicum Sacroprofanum e diversis scriptoribus collectum et alphabeti ordine digestum opera philologi Anonymi.

Eine Sammlung historischer Beispiele zur Unterstützung kirchlicher Lehren und Einrichtungen.

XI. 300. Papierhandschrift des XV. Jahrh. 370 Blätter in 2°. 2 Spalten. Alter Eigenthümer Stift St. Florian.

Sermones de Tempore per circulum anni. Eingang: Nuncia populo omnia scelera eorum etc. Der Verfasser sagt darin, dass er „doctoris officio in alma universitate wiennensi functus sit". Erste Predigt de adventu Domini: Hora est jam nos de sompno surgere. Aristoteles in libro de sompno et vigilia dicit quod tres etc. Letzte de dedicatione: Vidi civitatem sanctam etc. Multi forte interrogare possent etc.

XI. 301. Papierhandschrift des XV. Jahrh. 425 Blätter in 2°. 2 Spalten. Alter Eigenthümer Stift St. Florian.

1) Bl. 1ᵃ—416ᵃ. Sermones de Tempore per circulum anni. Incipit Prologus in opus presens. Crebro multa sollicitudine dum etc. Im Verlauf nennt sich der Verfasser selbst: Ego Thomas de haselpach. Erste Predigt de adventu: Cum appropinquasset iesu ierusolimis etc. Hodie mater sancta ecclesia incipit etc. Letzte: Loquente iesu ad turbas etc. Hystoria presentis ewangelii continet etc. Bl. 416ᵇ un beschrieben. 2) Bl. 417ᵃ—425ᵇ. Pericopae Evangeliorum. Beginnt mit der Perico, e: In illo tempore cum appropinquasset etc. de dominica prima in adventu und schliesst mit: In illo tempore erant appropinquantes ad iesum publicani et peccatores etc.

XI 302. Pergamenthandschrift des XIV. Jahrh. 217 Blätter in 2°. 2 Spalten. Altes Eigenthum St. Florians.

Sermones de Tempore et Festis variorum autorum. Anfang: Dominica in passione domini. Christus assistens pontifex. Officium pontificis est beneficia conferre. Schluss: Sermo chunradi de s. trinitate. Sanctus, Sanctus, Sanctus dominus deus exercituum. In utroque testamento trinitas predicatur. Hie und da finden sich homiletische Fragmente in deutscher Sprache. Die Predigten sind von Ludwicus, Chunradus, Peregrinus, Siboto, Jacobus de Voragine etc.

XI 303. Pergamenthandschrift aus dem XIV. Jahrh. 204 Blätter in 2°. 2 Spalten. Altes Eigenthum St. Florians.

1) Bl. 1ᵃ—140ᵃ. Sermones de Tempore. Anfang: Incipit opus Jacobi de Voragine. Humane labilis vite decursus etc. Schluss der letzten Predigt: ad illum beatum finem perducat nos ille qui est principium et finis qui sine fine etc.

Jacobus de Voragine italienischer Dominikaner starb als Erzbischof von Genua 1298. Siehe Quétif und Echard Script. Ord. Praed. I. 454. 2) Bl. 140ᵇ—144ᵃ. Omelia sancti Bernhardi Abbatis. Anfang: In illo tempore missus est angelus gabriel a deo etc. Libet attemptare illud agredi quod etc. Schluss: qualecunque opusculum devotissime destinatum. Explicit Omelia sancti Bernhardi. Bl. 144ᵇ leer. 3) Bl. 145ᵃ—192ᵇ. Tractatus de naturis animalium distinctus per viginti libros.

Nach dem Kapitelverzeichniss und der Aufzählung der 24 Philosophen, aus deren Werken die folgenden Materien genommen sind, beginnt der sermo generalis de quadrupedibus: Generaliter primo videndum est de quadrupedibus etc. Das XX. Buch de diversis curis fehlt. 4) Bl. 192ᵇ - 196ᵇ. Speculum de sex generibus irrationalium animalium. Anfang des Prologes: Per inobedienciam prothoparentis homo cicius etc. Das darauffolgende Werk ist in Versen: Fecundaus dignis. aries precedit agmina signis. Schluss: Christi creatura nova fis de virgine pura. Eine Hand des XV. Jahrh. hat an den untern Rand geschrieben: Sunt moralitates et misticaciones pulchre duplici metro. 5) Bl. 196ᵇ—197ᵃ. Planctus animae contritae et compatientis versibus pacceritis. (sic). Anfang: Flere volo me flere juvat volo nil nisi flere. Absque modo flere gestio flere volo. Schluss: Flere volo. reprobos sequitur conclusio duplex. Corporis et anime mors. ego flere volo. 6) Bl. 197ᵃ. Indignatio animae contra carnem versibus differentialibus. Anfang: Marcet vere ymbre rosa crebro mea sit caro rosa. Am Ende: Qui scripsit scripta manus ejus sit benedicta.

Sor   superno   scrip   li   potia

       te   rum   tur   bri   tur.

Mor   reprobo   rap   li   moria

7) Bl. 197ᵇ -204ᵇ. Liber Anshelmi Cantuariensis Archiepiscopi de similitudinibus. Aufang: Cap. I. Tripliciter intelligitur voluntas. Schluss fehlt. Die letzten Worte im Cap. de Gaudio et tristitia: quia predictas omnes beatitudinis partes obtinebit perfecte. Auf dem vordern Deckel ist das Fragment eines Hymnus de virgine martyre mit Neumen, auf dem hintern Deckel das Fragment eines Missale, beide aus dem XIV. Jahrh., aufgeklebt.

XI. 304. Papierhandschrift vom Jahre 1469. 335 Blätter in 2°. 2 Spalten. Alter Eigenthümer Stift St. Florian.

1) Bl. 1ᵃ - 279ᵇ. Sermones Quadragesimales et Paschales. Anfang: Cum jejunatis nolite fieri etc. Secundum naturales aurum etc. Schluss der letzten Predigt: ut francisco cum seraphico eterno fruar gaudio. 2) Bl. 279ᵇ— 313ᵇ. Reductorium epistolarum et evangeliorum totius anni de tempore. Lauter Predigtentwürfe. Am Ende: finitus est liber anno 1469 dominica Oculi. Bl. 314ᵃ--335ᵃ alphabetisches Register. Auf dem vordern Deckel eine Note de beata Virgine und eine Invocatio spiritus sancti ante sermonem.

XI. 305. Papierhandschrift des XV. Jahrh. 275 Blätter in 2°. 2 Spalten. Alter Eigenthümer Wolfgangus Chadolter de weyssenkirchen.

1) Bl. 1ᵃ—274ᵃ. Sermones de Tempore Discipuli. Am obern Rande von Bl. 1ᵃ: Theodoricus herolt de nurnberga ord. predicatorum. Darauf folgt ein unvollständiges Register. Erste Predigt: Ecce rex tuus venit tibi mansuetus etc. Egregius doctor noster beatus Thomas de aquino dicit etc. Letzte: Est puer unus hic habens quinque panes etc. Concludendo sermones istos de tempore etc. Auf dem Vorstehblatt ist von einer gleichzeitigen Hand geschrieben: Discipulus appellatur proprio nomine theodoricus herolt cognominatur. Nach Quétif

l. c. Tom. I. 762. hiess Herolt Johann und lebte um 1418. Vergl. XI. 210 und 307. 2) Bl. 271ᵇ—275ᵃ. Nota de religiosis proprietariis. Anfang: Dicunt aliqui religiosi perversi etc. Das Vorstehblatt am Anfang und das Deckblatt rückwärts enthalten Fragmente eines Breviariums aus dem XIII. Jahrh.

XI. 306. Pergamenthandschrift des XIV. Jahrh. 196 Blätter in 2⁰. 2 Spalten. Altes Eigenthum St. Florians.

Liber distinctionum seu Subsidium concionatorium secundum ordinem alphabeticum. Zu Anfang scheint Einiges zu fehlen. Der Codex beginnt: Circa abjeccionem nota qualiter in sacra scriptura sumitur etc. Der nächstfolgende Absatz hat die Aufschrift: Abire; der Allerletzte: Zona.

XI. 307. Papierhandschrift des XV. Jahrh. 485 Blätter in 2⁰. 2 Spalten. Alter Eigenthümer Stift St. Florian.

Sermones de Tempore et de Sanctis. Anfang: Ecce rex tuus venit tibi mansuetus etc. Egregius doctor Thomas de aquino dicit etc. Schluss: et sic postmodum vitam in bono finivit. Amen. Der Verfasser ist Johann Herolt; siehe XI. 305. No. 1. und XI. 210. Das Vorstehblatt enthält eine Note de conceptione humana aus Augustinus und das Salve Regina sammt Oration deutsch.

XI. 308. Papierhandschrift des XV. Jahrh. 288 Blätter in 2⁰. 2 Spalten. Alter Eigenthümer Augustinus Scevogel, Pfarrer zu Ranna in Unteroesterreich, und später Professus ad s. Florianum.

Sermones de Tempore et de Festis. Aufang: Benedictus qui venit in nomine domini etc. Ewangelium quod in prima dominica adventus ejus secundum breviarium pataviense etc. Schluss der letzten Predigt: non noverunt nec forte noscere tenebantur. Amen. Voraus geht ein Kalendarium magistri Joannis de gmund. Am Ende desselben heisst es: Hic liber datus est monasterio s. floriani a domino Augustino Sevogel quondam plebano in Rana postea professo in eodem monasterio. Auf dem ersten Blatt des Kalendariums steht folgende Notiz: Anno ab incarnacione Domini 1422 pridie Nonas mensis Julii id est in octava apostolorum Petri et Pauli Rex ungarie venit wyenne (sic) post cenam hora quasi septima. Darunter steht eine absolucio ex passagio generali Grecorum decreta in Sacrosancta Synodo Basileensi et de consensu domini nostri Eugenii papae quarti. Das Vorstehblatt enthält ein Fragment der dictamina rhetorica magistri guidonis aus dem XIV. Jahrh. Das Vorsetzblatt am Ende ist ein der hebräischen Literatur angehöriges Pergamentblatt.

XI. 309. Papierhandschrift des XV. Jahrh. 329 Blätter in 2⁰. 2 Spalten. Alter Eigenthümer Stift St. Florian.

1) Bl. 1ᵃ—230ᵃ. Sermones de Tempore, de Passione, super Pater noster, de Poenitentia. Von den ersteren Predigten sind grosse Theile weggerissen. Die zweite Predigt de adventu Domini beginnt:

Miserunt a Jherosolimis judei sacerdotes et levitas ad iohannem etc.
Ubi notandum magisterium Nycolai de Lyra quod etc. Die letzte
Predigt de poenitentia schliesst: a quo nos custodiat, qui sine fine
vivit et regnat. Amen. Bl. 230ᵇ—233ᵇ unbeschrieben. 2) Bl.
234ᵃ—320ᵃ. Tractatus de septem mortalibus peccatis. Anfang: Homo
quidam fecit cenam magnam etc. Notandum quod ut docet Magister II.
sentenciarum etc. Schluss: ex hoc aliis qui talia ignorant. 3) Bl.
320ᵇ -329ᵇ. Confessionale Magistri Nicolai de Dinkelsbühel. Anfang:
Sciendum Magistrum et doctorem in quarto etc. Schluss fehlt. Letzte
Worte: an si violenciam ei intulit, hoc eciam etc. Die Deckel sind
von innen mit hebräischen Bruchstücken bekleidet.

XI. 310. Papierhandschrift vom Jahre 1427. 390 Blätter in 2°.
2 Spalten. Altes Eigenthum St. Florians.

1) Bl. 1ᵃ—386ᵇ. Sermones de Tempore et de Sanctis Discipuli.
Anfang: Ecce rex tuus venit tibi mansuetus etc. Egregius doctor
noster sanctus thomas de aquino dicit etc. Bl. 123ᵃ steht mit rother
Schrift: Explicit pars hyemalis sermonum discipuli collecti ex pluribus
libris per fratrem Theodoricum anno domini 1418. Et sic est finis
hujus laboris in eo qui omnium principium et finis deus et dominus
cunctorum est benedictus in secula seculorum. Amen. Bl. 292ᵃ Schluss
der letzten Predigt de dominica 25.: quem vivum querebant mortuum
inveniebant. Mit rother Schrift: Explicit pars estivalis in sermones
discipuli Anno domini 1427. In die decollacionis sancti Johannis
baptiste in felden. Orate pro me N (icolao). Bl. 293ᵃ folgen die
Sermones communes discipuli omni tempore predicabiles, an deren
Schlusse es heisst: Et sic est finis hujus operis, sit laus honor gloria
et graciarum accio deo nostro jhesu christo. Anno domini 1427.
Schwarze Schrift so wie das Nächstfolgende. Expliciunt sermones
collecti ex diversis sanctorum dictis et ex pluribus libris, qui intytu-
lantur sermones discipuli, quia in istis sermonibus non subtilia per
modum magistri, sed simplicia per modum discipuli conscripsi et collegi, sicut in principio istius libri scilicet in primo sermone in prima
dominica adventus premisi. Et si quid in presentibus sermonibus
minus bene posui, in hoc me correccioni sancte matris ecclesie et
cuilibet caritativo correctori subjicio et offero ad emendam. Folgen
Register. Bl. 386ᵇ ffinitus est iste liber per manus Nicolai illo tempore In felden Anno domini 1427. Rothe Schrift. 2) Bl. 387ᵃ—389ᵃ.
Inhibitiones a sacra coena. 3) Bl. 389ᵃ—390ᵇ. Casus Papales et
Episcopales. Mit rother Schrift: Et sic hujus laboris sit finis in eo
qui omnium principium finis deus et dominus cunctorum qui est benedictus in secula seculorum. Amen. ffinitum sub anno domini 1427.
Auf dem darauffolgenden Vorstehblatt beginnt die Lösung eines Zwei-
fels, welche aber bald abgebrochen und auf den 2 Vorstehblättern zu
Anfang des Codex vollständig ausgeführt wird, nämlich „utrum licitum
sit in ecclesia pecuniam, candelam aut alia hujus modi offere". Veranlassung zu diesem Zweifel gab, wie es in dem Schriftstück heisst,
ein Bürger zu Ybbs Namens Griesser, der wegen Ketzerei verbrannt
worden ist. Siehe Denis Vol. I. Pars I. 970. Ueber Johann Herolt,

der hier wieder wie XI. 305. als Theodoricus auftritt, ist zu vergleichen XI. 240. 305. 307.

XI. 311. Papierhandschrift des XV. Jahrh. 505 Blätter in 2°. 2 Spalten. Altes Eigenthum St. Florians.

Milizii sermones de Tempore et de Sanctis. Anfang: Emitte domine sapienciam de sede magnitudinis tue ut mecum sit etc. Die erste Predigt de adventu: Ecce rex tuus venit tibi. Pro spiritus sancti gracia impetranda etc. Die letzte de s. Katharina: Sponsus sangwinum tu mihi es. Ecclesia sancta videns membra sua pro peccatis etc. Am Schlusse des Codex in grosser schwarzer Schrift: Explicit Registrum super sermonibus Milizii. Ueber Milicz einen der Vorläufer Husens gest. 1374, siehe Welte Kirchenlexicon u. codex XI. 97 N. 5 und N. 19. Weitläufige Nachrichten über Milic von Kremsier hat Palacky Gesch. von Böhmen. 3. Bd. 1. Abth. S. 164—173 und in der Monographie: Die Vorläufer des Husitenthums in Böhmen, Prag 1869. Die dort Seite 29 citirten Sermones de Tempore et de Sanctis stimmen aber nicht mit den unserigen überein.

XI. 312. Papierhandschrift des XV. Jahrh. 493 Blätter in 2°. Grösstentheils 2 Spalten. Alter Eigenthümer Stift St. Florian.

1) Bl. 1ᵇ—283ᵃ. Tractatus de septem Sacramentis per modum sermonum collectus et Pataviae ad populum 1469 praedicatus. So der alte Titel. Anfang: Samaritanus vulnerato appropians alligavit vulnera ejus. Hec verba salvatoris nostri magister sentenciarum etc. Schluss: et tandem in gloria premium sibi correspondens et vitam eternam. Amen. Bl. 283ᵇ—288ᵇ unbeschrieben. 2) Bl. 289ᵛ—493ᵇ. Tractatus de scrutinio scripturae seu contra induratam Judaeorum perfidiam per modum dialogi. Anfang: Scrutamini scripturas in quibus putatis etc. Schluss: bonitas sine malicia, felicitas sine miseria cui etc. Der Verfasser ist Paulus von Burgos gest. 1435 als Patriarch von Aquileja; siehe Fabricius Bibl. med. Lat. und Welte Kirchenlex. unter Lyra.

XI. 313. Pergamenthandschrift des XV. Jahrh. 384 Blätter in 2°. 2 Spalten. Alter Eigenthümer Stift St. Florian.

1) Bl. 1ᵃ—372ᵇ. Sermones super Epistolas totius anni. Dominica I. in adventu: Abjiciamus opera etc. Quia nunc tempore quo moram hic vobiscum duxi patavie diebus dominicis consuevi predicare etc. Schluss des Werkes: ut deus illorum corda illuminet et ad veram et catholicam fidem eos perducat. Amen. 2) 373ᵃ—384ᵇ. Tractatus de chorea. Nach kurzem Eingang, in welchem die Quellen des Werkes angegeben werden, beginnt dasselbe: Dubitatur primo utrum coreisacio aliquid sit licitum vel etc. Schluss: ut in eternum valeamus letari et gandere cum Christo. Amen. ffinitus est liber 1471. Die beiden Vorstehblätter von Pergament enthalten latein. Predigtfragmente aus dem XIII. Jahrh. in Reimprosa. .

XI. 314. Papierhandschrift des XV. Jahrh. 271 Blätter in 2°. 2 Spalten. Altes Eigenthum St. Florians.

Sermones super epistolas totius anni. Eingang: Videte quoniam non solum michi laboravi sed omnibus. Hanc propositionem scribit sapiens iehsus filius zirach. Dom. I. in adventu: Scientes quia hora est jam etc. Hic commendat caritatem eo quod etc. Schluss der letzten Predigt: qui affuit principio misericorditer medio et finivit liberaliter in secula seculorum. Amen In rother Schrift folgt: Defficiunt vires hinc per me vade libelle, Certifica dubios contractus argue pravos.

XI. 315. Papierhandschrift des XV. Jahrh. 239 Blätter in 2°. 2 Spalten. Alter Egenthümer St.ft St. Florian.

Sermones de Tempore. Eingang: Veni ad liberandum nos domine deus noster. Karissimi modo peragimus adventum domini nostri etc. Dom. I. in adventu: Hora est jam nos de sompno etc. Hic apostolus duo facit, primo hortatur etc. Schluss der letzten Predigt: Tunc dicent montibus cadite super nos et collibus cooperte nos. Darauf folgen Versus super Salve Regina und 2 längere Stellen aus Leviticus und Joel. Zu Anfang des Codex ist ein Register, auf welches zwei Predigten in coena Domini und Annunciatione beatae Mariae Virginis folgen. Daran schliesst sich ein Stück aus Luc. Ev. II. Das vordere Vorsetzblatt von Pergament ist das Fragment eines Tractates de symbolo aus dem XIV. Jahrh. Das hintere Vorsetzblatt ist ein Stiftbrief für die Kapelle des heil. Johann bei Villach vom Jahre 1413 in deutscher Sprache auf Pergament. Der Stifter heisst „Hainrich hemml", der Kaplan „Albrecht von Eger", die Zeugen „Hainreich Abbt zu Arnoltstain und Hanns der Chefaluler Richter zu Villach". Auf dem vordern Deckel sind drei längere Anmerkungen: Quae post somnum accidunt und Durus efficitur homo per peccatum und Dormire diu in peccatis periculosum est.

XI. 316. Papierhandschrift des XV. Jahrh. 443 Blätter in 2°. 2 Spalten. Altes Eigenthum St. Florians.

1) Bl. 1ᵃ- 441ᵃ. Sermones de Tempore. Eingang: Ecce dabit voci suae vocem virtutis. Quamvis a multis multipliciter sunt conflati sermones etc. Erste Predigt: Dicite filiae Sion: Ecce rex tuus venit tibi mansuetus. Istud tempus dicitur adventus domini, quia etc. Letzte: Ecce dies veniunt dicit dominus etc. Quia in sequenti dominica adventum filii dei in mundum recolere debemus etc. 2) Bl. 441ᵇ–443ᵇ. Tractatus de cognatione. Das Vorstehblatt von Pergament enthält einen Bestandbrief ausgestellt 1424 von Niclas Abt zu Melk zu Gunsten seines Hofmeisters über gewisse Güter zu Radendorf.

XI. 317. Papierhandschrift aus dem XV. Jahrh. 425 Blätter in 2°. 2 Spalten. Altes Eigenthum St. Forians.

1) Bl. 1ᵃ—327ᵃ. Sermones super epistolas totius anni. Anfang: Quia nunc tempore quo moram hic vobiscum duxi etc. Schluss: et ad veram katholicam fidem eos perducat. Amen. Vergl. XI. 313. N. 1.

Bl. 327ᵇ—331ᵇ unbeschrieben. 2) Bl. 332ᵃ—375ᵃ. Manuale Confessorum magistri Johannis Nyder. Anfang: Quoniam juxta beati Gregorii in suo pastorali sentenciam etc. Schluss: de confessorum erudicione sub compendio dixisse sufficiat. Explicit manuale confessorum editum per venerabilem virum magistrum Johannem Nyder sacre theologie doctorem ord. predicatorum. 3) Bl. 375ᵇ—409ᵇ. Anonymi Directorium confessorum. Anfang: Ad laudem dei et animarum salutem meique principaliter etc. Schluss: cum de necessitatis articulo tractaretur. Deo gracias. 4) Bl. 410ᵃ—414ᵃ. Speculum mortis beati Augustini. Anfang: Quoniam karissimi in via hujus vite fugientis etc. Schluss: et cum domino nostro ihesu christo vitam eternam possideatis qui etc. Explicit speculum mortis beati Augustini. Exemplum detis alys quoscunque docetis. Quidcunque agant aly, sis memor Christe tui. Darauf folgen einige Epochen der kirchlichen Zeitrechnung und eine kleine Note über die geringe Zahl derjenigen, die das gelobte Land betraten. 5) Bl. 414ᵃ—415ᵇ. De octo turpitudinibus quas quandoque conjugales solent inter se exercere. Anfang: Prima est coytus in diebus et noctibus sacris. Bl. 416 leer. 6) Bl. 417ᵃ—426ᵃ. Hainrici de Hassia de poenis damnatorum. Anfang: Sciendum quod in fine temporum omnipotens deus etc. Schluss: et quod ad hoc concurrat specialis dei gracia.

XI. 318. Papierhandschrift des XIV. Jahrh. 234 Blätter in 2°. 2 Spalten. Alter Eigenthümer Stift St. Florian.

1) Bl. 1ᵃ—52ᵇ. Antonii Parmensis Sermones de Quadragesima et de Tempore. Erste Predigt: Comparatus sum luto etc. Miseriam condicionis humane describit sanctus Job etc. Schluss der Letzten: primo ergo pro se, secundo pro populo christiano. Ueber Antonius Parmensis Ord. Praed. saec. XIV. siehe Quétif. Script. Ord. P. unter Antonius de Azario. Vergl. XI. 235. Nr. 1. 2) Bl. 52ᵇ—56ᵇ. Stella Clericorum. Voran mit rother Schrift: Lege, relege, et incipe et vive et perpende. Der Tractat beginnt: Quasi stella matutina in medio nebule etc. Schluss: cui ait pater non vidi sed audivi. Mit rother Schrift darunter: Qui vult cras semper crastinat in cras. Sic crastinando crastinat nec scit quando. Darauf folgen einige Noten moralischen Inhalts. 3) Bl. 56ᵇ—59ᵃ. Versus de morte et anima. Anfang: Noctis sub silentio tempore bruinali. Corpus carens video spiritu vitali. 4) Bl. 59ᵃ—60ᵇ. Colloquium inter mortem et magistrum Polycarpum. Anfang: Venite ad scolas meas, narrabo etc. 5) Bl. 60ᵇ—62ᵃ. Tractatulus de confessione. 6) Bl. 62ᵃ—62ᵇ. Notabile bonum. 7) Bl. 63ᵃ—230ᵇ. Postilla Chunradi de Gemunden. Anfang: Adventum domini recolentes, scientes eum venisse etc. Schluss der letzten Predigt: vita glorie eternaliter vivere valeamus quod etc. Explicit postilla Chunradi de Gemunden per manus Johannis. Maria hilf edlen chonigin und pitt für uns dein liebs chind Jesum Christum. Weder Tritenheim noch Fabricius kennen diesen Chunrad de Gemunden. Trotz des etwas veränderten Schlusses sind es dieselben Predigten, welche XI. 46 einem gewissen Nicolaus beigelegt werden. 8) Bl. 231ᵃ—234ᵇ. Sermones varii. Am Ende heisst es irrthümlicher Weise:

Explicit postilla s. Benedicti. Die Deckel sind mit Resten eines Messbuches aus dem XIV. Jahrh. bekleidet.

XI. 319. Papierhandschrift des XV. Jahrh. 371 Blätter in 2°.
2 Spalten. Altes Eigenthum St. Florians.

1) Bl. 1ᵃ—370ᵃ. Sermones de Tempore et de Festis. Dominica I. in adventu: Benedictus qui venit in nomine domini. Et ponuntur verba ista in fine Ewangelii quod etc. Die letzte Predigt de
dedicatione: Elegi locum istum mihi etc. Circa hec verba sciendum
quod triplicia sunt loca etc. 2) Bl. 370ᵃ -371ᵃ. Requisita ad justum
bellum. Nota quod ad pugnam requiritur virtus etc.

XI. 320. Papierhandschrift vom Jahre 1414. 160 Blätter in 2°.
2 Spalten. Altes Eigenthum St. Florians.

1) Bl. 3ᵃ—123ᵇ. Sermones anepigraphi. Anfang: Adventum
domini recolentes scientes eum venisse etc. Schluss der letzten Predigt: et in futuro vita glorie quam nobis etc. Es sind die Sermones
de Tempore, welche oben XI. 318. Nr. 3. dem Chunradus de Gemunden zugeschrieben werden. Bl. 1ᵇ— 2ᵃ. Sermo de nativitate dom.
Auf Bl. 123ᵇ befinden sich 2 Noten; eine de excommunicatis, die
andere quod deus in die palmarum habet quatuor processiones. Bl.
124 leer. 2) Bl. 125ᵃ- 150ᵃ. Anonymi tractatus de virtutibus. Caput I. de commendatione s. Mariae: Quid dicemus de te virgo sere-
nissima. Schluss des Werkes: et si signa et prodigia fecerit supplicia
non evadet. 3) Bl. 150ᵃ 156ᵇ. Henrici de virmaria exploratio dominicae passionis. Anfang: Quia nichil est utilius, nichil salubrius etc.
Schluss: sepeliri et integre conservari quod nobis praestet. Henricus
de Firmaria, Urimaria, Weimar siehe oben XI. 146. Nr. 3, 4) Bl.
157ᵃ—160ᵃ. Duo sermones de apostolis Petro et Paulo et de decem
leprosis. 5) Bl. 160ᵃ—160ᵇ. Repellendi a sacra communione et
casus papales atque episcopales. Symbolum Apostolicum.

XI. 321. Papierhandschrift des XV. Jahrh. 247 Blätter in 2°.
2 Spalten. Altes Eigenthum St. Florians.

Postilla Nicolai de Dünkelspiehl super Evangelia dominicalia per
circulum anni. Titel: Postilla magistri nicolai tinklspuehl, qui incepit
predicare hanc postillam anno domini 1430. Anfang: Benedictus qui
venit in nomine domini. Ewangelium de lectura ecclesiastica in dominica palmarum. Et ideo ad idem tempus reservabo etc. Schluss: et
evidenciam facti ne videatur confictum. Ueber Dünkelspiehl Scriptor.
Univ. Vienn. Pars. I. 86.

XI. 322. Papierhandschrift des XV. Jahrh. 220 Blätter in 2°.
2 Spalten. Alter Eigenthümer Johannes Weischiricher.

1) Bl. 1ᵃ -214ᵇ. Sermones de Tempore. Eingang: Humane
labilis vite decursus etc. Dom. I. in adventu: Praeparare in occursum dei tui Israel. Quando rex vel aliquis princeps etc. Schluss
der letzten Predigt: Ad illum beatum finem perducat nos ille qui est
etc. Der Verfasser ist Jacobus de Voragine. Vergl. XI. 303. Nr. 1.
Finitus est hic liber per manus Johannis weischiricher 1488. Bl. 215ᵃ
—219ᵇ unbeschrieben. 2) Bl. 220ᵃ. Assignatio aurei numeri et
literae dominicalis ab anno 1390—1419.

XI. 323. Papierhandschrift des XV. Jahrh. 278 Blätter in 2°. 2 Spalten. Alter Eigenthümer „quidam plebanus in wartperg in der Rydermarich"; nämlich Virgilius Schilling. Siehe XI. 72.

1) Bl. 1ᵃ—248ᵃ. Sermones de Tempore. Dom. I. in adventu: Cum appropinquasset Jesus ierusolimis et venisset bethfage etc. Illud ewangelium hodiernum quod etc. Letzte Predigt: Suspiciens Jesus etc. Loco ewangelii dicam aliqua de dominica etc. 2) Bl. 248ᵃ—252ᵇ. Sermo de s. Katharina et sermo in investura domini N. plebani in sekirchen. 3) Bl. 252ᵇ—253ᵇ. Miraculum de beata Virgine. Anfang: Legitur de beata Virgine quod in civitate Romana etc. 4) Bl. 254ᵃ —254ᵇ. Notae complures de diebus oblationis, quatuor temporum, de poenitentia. 5) Bl. 255ᵃ—257ᵃ. Geistliche Auslegung der Messgewänder und Messceremonien, deutsch. Anfang: Es ist zw merkchen, wenn der priester will mess haben etc. Bl. 257ᵇ—259ᵇ unbeschrieben. 6) Bl. 260ᵃ—278ᵃ. Die sonntäglichen Evangelien, deutsch. Am Ende: Iste liber est monasterii domus beati floriani pat. diœc. quem donavit Vergilius Schilling plebanus in valle Castune (Gastein), quondam plebanus in wartperg in der Rydermarich. Der Codex wurde, nach verschiedenen Notizen zu urtheilen, in der Salzburger Diocese geschrieben; die Predigten enthalten zahlreiche Sätze zugleich in deutscher Uebersetzung. Das Vorsetzblatt ist ein verstümmelter Vollmachtsbrief vom Jahre 1419, ausgestellt von „Gotfridus hofman Castellanus in Sunching" in der Regensburger Diocese für seinen unbekannten Rechtsanwalt. Es werden darin auch genannt Jacobus Bayer procurator generalis Ecclesiae Salczburgensis, Eberhardus Storchenberg officialis Curiae et Ecclesiae Salczburgensis, ein nobilis ac strenuus vir Ludwicus Rainawer de viechhawsen, ein Jacobus Aschawer armiger etc.

XI. 324. Papierhandschrift des XV. Jahrh. 246 Blätter in 2°. 2 Spalten. Alter Eigenthümer Stift St. Florian.

Sermones de Tempore et de Sanctis. Dom. I. in adventu: Sancta mater ecclesia sicut filia gratuita etc. Schluss des Werkes de s. Virgilio: sed jam eam diligencius diligatis sicut sancti patres et nostri praecessores fecerunt. Hierauf werden noch einige Predigten an Sonntagen nachgetragen. Die Predigten enthalten lange und kurze Stellen in deutscher Sprache und scheinen in der Diocese Salzburg geschrieben worden zu sein. Die Vorstehblätter voran und rückwärts sind Fragmente eines Messbuches mit Neumen aus dem XII. Jahrh.

XI. 325. Papierhandschrift des XV. Jahrh. 291 Blätter in 2°. 2 Spalten. Altes Eigenthum St. Florians.

Soccus de Tempore a festo Paschae per circulum anni usque ad adventum. Der Anfang ist wegen Moder unleserlich. Die zweite Predigt beginnt: Si consurrexistis cum Christo que sursum etc. In quibus verbis duo facit apostolus etc. Schluss der Letzten: et doloris sui non recordentur amplius prestante nobis domino nostro Jesu Christo. Amen. Darauf folgen mehrere Ansätze zu einem alphabetischen Register. Vergl. XI. 269. Nr. 1.

XI. 326. Papierhandschrift des XV. Jahrh. 349 Blätter in 2°.
2 Spalten. Altes Eigenthum St. Florians.

1) Bl. 3ª—161ª. Collationes Thomae de Haselbach de epistolis
in festis Sanctorum per circulum anni. Prolog: Laudate dominum in
sanctis ejus etc. Auf das Proprium Sanctorum folgt das Commune
Sanctorum, welches mit den Worten schliesst: per quam veniamus ad
plenitudinem gaudiorum quam nobis prestare dignetur etc. Finis hujus
Communis feria quinta post Galli Anno 1448. Bl. 1 enthält ein
Heiligenregister. Bl. 2 unbeschrieben. Bl. 130ª—132ᵇ fehlen; Bl.
161ᵇ—164ᵇ alphabetisches Register. 2) Bl. 164ᵇ—179ᵇ. Sermones
de Communi Sanctorum Pauli Choln Licentiati sacrae Theologiae. Anfang: Nimis honorati sunt amici tui Deus. Revolvendo sacras scripturas invenio etc. Schluss: Gloria propter honorem et gaudium re-
surreccionis domini nostri crucifixi in secula seculorum. Amen. Ueber
den Verfasser geben weder Tritenheim noch Fabricius Auskunft.
3) Bl. 180ª—213ᵇ. Sermones varii anepigraphi. 4) Bl. 214ª—283ᵇ.
Collationes variae Thomae de Haselbach. Prologus: Nuncia populo
meo scelera eorum. Ita speculatori prelato ecclesie precipit dominus
etc. Das Werk beginnt mit der Collatio de dominica I. in adventu
und schliesst mit der Collatio de malo consiliario. 5) Bl. 284ª—335ᵇ.
Sermones varii in varia scripturae loca. 6) Bl. 336ª—342ᵇ. Manuale
Confessorum. Anfang: Quoniam juxta beati Gregorii in suo pastorali
sentenciam etc. Schluss fehlt. Letzte Worte: quasi eorum secta foret
una de religionibus. Der Verfasser ist Johannes Nyder. Vergl. XI.
317. Nr. 2. Bl. 343ᵇ—347ᵇ unbeschrieben. 7) Bl. 348ª—349ª.
Quaestiones cum suis conclusionibus ex scriptis Nicolai de Dünkels-
pichel. Quaestio prima: Utrum in quolibet hominum statu fuerunt
aliqua sacramenta. Auf dem vordern Deckel ist ein Hymnus de sancto
Valentino, auf dem zweiten eine Sequenz de s. Paulo, beide mit Neumen auf Pergament aus dem XIV. Jahrh. aufgeklebt.

XI. 327. Pergamenthandschrift des XIV. Jahrh. 172 Blätter
in 2°. 2 Spalten. Altes Eigenthum St. Florians.

1) Bl. 1ª—105ª. Homiliae Odonis de Tempore. Alter Titel:
Incipit opus Odonis. Dom. I. in adventu: Cum appropinquasset ihesus hirosolimis et venisset bethphage etc. require in pascis palmarum.
Dom. II. Erunt signa in sole et luna etc. in hoc ewangelio principaliter agitur etc. Letzte Predigt de dedicatione. Schluss: ad quam
cellam nos perducat qui vivit et regnat etc. 2) Bl. 105ª. Sermo de
annunciatione Beatae Virginis. Anfang: Legimus quod Salomon rex
fecit sibi tronum etc. 3) Bl. 105ᵇ. Nota de emendando delictorum
carnalium appetitu. Anfang: Nichil sic ad emendandum etc. Bl. 106
unbeschrieben. 4) Bl. 107ª—172ᵇ. Opus anepigraphum. Anfang:
Lumen anime intendere cupientes dicta naturalia divinis applicamus
etc. Schluss: abjecta fuerant et obmissa causas et effectus.

XI. 328. Papierhandschrift vom Jahre 1476. 166 Blätter in 2°.
2 Spalten. Altes Eigenthum St. Florians.

1) Bl. 1ª—148ª. Postilla magistri Jeronimi praedicatoris Salczpurgensis super Evangelia dominicalia. Anfang: Ewangelium hodier-

num quod lectum est in officio missae etc. Weder Tritenheim noch
Fabricius wissen etwas von diesem Jeronimus Salczpurgensis. 2) Bl.
148ᵇ—151ᵃ. Brevis narratio de haeresi Waldensium in Austria
saec. XIV. Anfang: Anno domini 1312 inventi sunt articuli subnotati
etc. Abgedruckt bei Pez Script. Rer. Aust. II. 534 aber ungenau
und mit Hinweglassung der kirchlichen Procedur gegen die Ketzer.
Bl. 151ᵇ—155ᵇ leer. 3) 156ᵃ—166ᵇ. Sermones aliquot Anonymi.

XI. 329. Papierhandschrift des XV. Jahrh. 377 Blätter in 2º.
2 Spalten. Alter Eigenthümer Stift St. Florian.

1) Bl. 1ᵃ—347ᵇ. Sermones de Tempore Pauli Wann. Dom. I.
in adventu: Cum appropinquasset ihesus ierosolimis etc. Thema:
Ecce rex tuus venit tibi mansuetus etc. In precedentibus dominicis per
totam estatem etc. Schluss de dominica XXIV: dignam coronam re-
portabimus quam nobis etc. Siehe XI. 227 und 211. 2) Bl. 348ᵃ—377ᵇ.
Sermo de passione Domini in parasceve per magistrum Paulum Wann
1462 in ecclesia Kathedrali s. stephani patavie. Anfang: Thema; non
est species ei neque decor etc. In verbis premissis propheta ille etc.
Paulus Wann sanctae Theologiae et Decretorum doctor Canonicus ac
Praedicator ecclesiae Pataviensis obiit 1489. Siehe Erhard Gesch.
d. St. Passau. 2. Thl. 66.

XI. 330. Papierhandschrift des XIV. und XV. Jahrh. 424 Blätter in 2º. Grösstentheils 2 Spalten. Alter Eigenthümer
Stift St. Florian.

1) Bl. 1ᵃ—10ᵇ. Evangelia quottata per circulum anni de tempore et de sanctis. Handschrift des XV. Jahrh. Bl. 11ᵃ—12ᵇ unbeschrieben. 2) Bl. 13ᵃ—24ᵃ. De septem vitiis capitalibus per
bestiam in apocalypsi designatis. Anfang: Vidi mulierem sedentem etc.
Hec est bestia quam Johannes vidit in spiritu etc. Schluss: quin super
addant aliena. Darauf folgt eine Uebersichtstafel der verschiedenen
Laster. Handschrift des XIV. Jahrh. 3) Bl. 24ᵃ—25ᵃ. Notae aliquot de vitiorum incentoribus, de desparatione et de novem peccatis
alienis. Handschrift des XIV. Jahrh. 4) Bl. 25ᵃ—25ᵇ. De interro-
gatoriis a viris et mulieribus in confessione faciendis. Handschrift
des XIV. Jahrh. 5) Bl. 25ᵇ—26ᵃ. Notabilia de claustro animae et
hujus claustri quatuor lateribus. Handschrift des XIV. Jahrh. 6) Bl.
26ᵃ—26ᵇ. De quadruplici sensu sacrae scripturae. Handschrift des
XIV. Jahrh. 7) Bl. 26ᵇ—32ᵇ. Sermo longus et bonus de corpore
Christi cum multis dubiis de eadem materia et subtilitatibus. Anfang: Lucas. Homo quidam etc. Christus pro nobis factus fecit cenam
magnam etc. Handschrift des XIV. Jahrh. 8) Bl. 32ᵇ—34ᵇ. Sermo
de malis quae veniunt ex peccato. Anfang: Homo quidam descen-
debat de iherusalem in yericho. Homo iste figuram tenet peccatoris.
Handschrift des XIV. Jahrh. 9) Bl. 34ᵇ—36ᵇ. Auctoritates variae.
Handschrift des XIV. Jahrh. Bl. 37ᵃ leer. 10) Bl. 37ᵇ—55ᵃ. Expositio historiae dominicae passionis. Anfang: Hec cum dixisset iesus
egressus est. Scribitur in scholasticis docmatibus etc. Schluss: in
eternam vitam ad eundem terminum perducat quod etc. Handschrift
des XIV. Jahrh. Bl. 55ᵇ—56ᵇ leer. 11) Bl. 57ᵃ—134ᵃ. Quadra-

gesimale et Passionale. Rothe Aufschrift: In capite jejunii. Anfang:
Cum jejunatis nolite fieri etc. Licet karissimi testo ewangelista dignus
sit quilibet mercenarius etc. Schluss: non posset invenire quod ipse
nobis concedat etc. Handschrift des XV. Jahrh. 12) Bl. 134.
Sermo super illud: In omnibus requiem quaesivi et in hereditate domini morabor. Eccles XXIV. Handschrift des XV. Jahrh. Bl. 135
leer. 13) Bl. 136ᵃ—137ᵇ. Socci Sermo in passione Domini Vergl.
XI. 269. Nr. 1. Handschrift des XV. Jahrh. Bl. 138 leer. 14) Bl.
139ᵃ—174ᵇ. Sermones varii. Handschrift des XV. Jahrh. 15) Bl. 175ᵃ.
Assignatio literae dominicalis et aurei numeri a 1363—1383. Handschrift des XIV. Jahrh. Darauf folgt ein Inhaltsverzeichniss dieses
Codex aus dem XV. Jahrh. 16) Bl. 176ᵇ. Prologus s. Augustini de
psalmorum virtute. Handschrift des XIV. Jahrh. 17) Bl. 176ᵃ—188ᵇ.
Testamenta duodecim patriarcharum. Rothe Ueberschrift: Hec sunt
testamenta duodecim prophetarum et patriarcharum filiorum Jacob
patriarche in quibus sunt aptissime et pulcherrime de Christo prophetie
quas nuper transtulit magister Robertus grossum caput Linconiensis
Episcopus de greco in latinum. Anfang: Ruben. Transcriptum testamenti Ruben quecunque etc. Schluss: et habitavit usque ad diem
exitus eorum in egypto. Handschrift des XIV. Jahrh. Siehe XI. 52.
Nr. 1. 18) Bl. 189ᵃ—228ᵇ. S. Thomae de Aquino tractatus de sacro
corpore Christi. Anfang: De sacramento corporis domini locuturi etc.
Schluss: vite que nunc est et in futuro ad quam etc. Handschrift
des XIV. Jahrh. Bl. 229ᵃ eine Note de observatione canonum et constitutionum ecclesiae. Handschrift des XV. Jahrh. Bl. 229ᵇ unbeschrieben. 19) Bl. 330ᵃ—384ᵃ. Tractatus de constitutionibus et de
consuetudine. Anfang: De materia hujus rubricae habetur in decreto
etc. Schluss: diversi agri novalium et terrarum ab antiquo cultarum.
Handschrift des XV. Jahrh. Bl. 384ᵇ—386ᵇ leer. 20. Bl. 387ᵃ—420ᵇ.
Problemata Aristotelis. Anfang: Cum omne id calidius sit quod de
aliqua substancia etc. Schluss: unde Plato: O dii deorum quorum
opifex etc. Handschrift des XIV. Jahrh. Bl. 421ᵃ—423ᵇ leer.
21) Bl. 424ᵃ—424ᵇ. Tabula in qua invenitur intervallum a nativitate
domini usque ad Carnisbrivium. Die Berechnung beginnt vom Jahre
1351. Handschrift des XIV. Jahrh. Auf dem vordern Deckel befindet sich das Fragment eines lateinischen Gedichts aus dem XIV. Jahrh.,
dessen Inhalt sich auf die Einrichtungen der Bundeslade bezieht. Auf
dem zweiten Deckel ist das Bruchstück einer Summa poenitentiae
gleichfalls aus dem XIV. Jahrh.

XI. 331. Papierhandschrift des XV. Jahrh. 146 Blätter in 2°.
      2 Spalten. Altes Eigenthum St. Florians.

     Sermones de Tempore. Anfang: Adventum domini recolontes,
scientes etc. Schluss: in presenti vita gratie et in futuro vita glorie
quam nobis etc. Auf dem vordern Deckel das Fragment eines philos.
Tractats aus dem XV. Jahrh. Vergl. XI. 320.

XI. 332. Papierhandschrift des XV. Jahrh. 172 Blätter in 2°.
      2 Spalten. Altes Eigenthum St. Florians.

     1) Bl. 1ᵃ—8ᵇ. Tractatus de vitiis capitalibus. Anfang: Misit

rex Saul apparitores snos ut raperent Davit. Davit interpretatur desiderabilis etc. Schluss: et modum et ordinem non habent. Hoc opus exegi, sit summo gloria regi. Bl. 9ᵃ—10ᵇ unbeschrieben. 2) Bl. 11ᵃ—162ᵃ. Postilla Parmensis. Anfang: Cum appropinquasset ihesus ierosolimis etc. Tempus quod hodie incipit et durat etc. Schluss: Evangelii ubi dicitur: Erat autem propinquum pascha dies festus iudeorum. Explicit postilla Ewangeliorum dominicalium per circulum anni nec non Ewangeliorum ferialium per totam quadragesimam. Vergl. XI. 318. Nr. 1. 3) Bl. 162ᵃ—171ᵃ. Sermo in die Parasceve et complures sermones de novo sacerdote. 4) Bl. 171ᵃ—171ᵇ. Die Titel der Bücher des alten und des neuen Bundes und der Werke des Aristoteles verdeutscht. 5) Bl. 172ᵃ—172ᵇ. Mystica expositio aliquot historiarum Veteris Foederis. Das Vorstehblatt, welches darauf folgt, enthält eine Note de usurariis und eine zweite de decimis.

XI. 333. Papierhandschrift des XV. Jahrh. 290 Blätter in 2°. 2 Spalten. Altes Eigenthum St. Florians.

1) Bl. 4ᵃ—135ᵇ. Sermones de Sanctis et aliquot de Tempore. Anfang: Vestigia ejus secutus est pes meus etc. Tria sunt necessaria cuilibet viro perfecto. Schluss des Werkes: quem deus misericorditer suscitavit. Bl. 1. Altes Inhaltsverzeichniss. Bl. 2ᵃ—3ᵇ und 136ᵃ—140ᵇ leer. 2) Bl. 111ᵃ—153ᵇ. Sermones aliquot in synodo vel ad clerum. Anfang: Sacerdotes contempserunt legem meam etc. Reverendi patres et domini sicut deus omnipotens etc. Schluss: et demum ad patriam salutis eterne qui vivit etc. 3) Bl. 154ᵃ—164ᵇ. Liber beati Bernhardi de diligendo Deo. Anfang: Viro illustri domino aemerico etc. Schluss: esse poterit miseracionis affectum. Valete in Christo et per matrem ejus illibatam et non corruptam. 4) Bl. 165ᵃ—215ᵇ. Augustini de Ancona tractatus super: Missus est angelus Gabriel etc. Anfang: Quatuor michi tremorem ac timorem faciunt etc. Schluss: in hora mortis nostre acquirat salvatorem. Amen. Explicit tractatus super Missus est fratris Augustini de Ancona ordinis heremitarum sancti Augustini. Augustinus de Ancona oder Augustinus Triumphus starb 1328. Ueber seine Schriften Ossinger Biblioth. August. 44. 5) Bl. 216ᵃ—253ᵇ. Speculum Beatae Virginis. Anfang: Quoniam ut ait beatus Jeronimus etc. Schluss: ille liberalissimus communicator sive benedictus fructus ventris tui qui etc. Der Verfasser ist Bonaventura, Siehe Denis vol. II. pars. I. 430 und 882. 6) Bl. 254ᵃ—269ᵃ. De revelationibus beatae Brigittae. Incipit sermo angelicus de excellentia beatae Virginis quam angelus declaravit beatae Brigittae ex praecepto dei et ipsa ex eodem praecepto devote conscripsit qui debent legi in matutinis divisi per ferias hebdomadae per totum anni circulum. Anfang: Cum beata brigitta principissa de regno swecie etc. Schluss: quod virginis nostre Marie dignissimis precibus idem ihesus christus prestare dignetur qui etc. 7) Bl. 269ᵇ—290ᵇ. Liber meditationum sive orationum domini Cardinalis et Doctoris Bonaventurae. Anfang: Flecto genua mea ad patrem etc. Schluss: in gaudium dei mei qui est trinus et unus benedictus in saecula saeculorum. Auf dem vordern Deckel klebt das Fragment eines liber spi-

ritualia aus dem XIV. Jahrh., welches Gebete, Segnungen und den Brief Jesu Christi an König Abgarus von Edessa enthält; auf dem hintern Deckel das Bruchstück eines Tractats de grammatica aus dem XIV. Jahrh., beide auf Pergament.

XI. 334. Papierhandschrift vom Jahre 1387. 307 Blätter in 2°. 2 Spalten. Altes Eigenthum St. Florians.

1) Bl. 1ª —305ª. Postilla Domini Chunradi de Walthusa. Anfang: Postillam studencium sancte Pragensis universitatis etc. Schluss de dominica XXV: Cum sublevasset Jesus oculos etc. Hec dominica quia a quibusdam ecclesiis legitur etc. Es sind Sermones de Tempore per circulum anni. Am Ende derselben heisst es: Explicit Postilla domini Chunradi de Walthusa scripta et finita per mathiam de Budissin sed comparata per Stephanum tunc temporis decanum et custodem Monasterii s. floriani cui ac omnibus in ea legentibus et utentibus ea misereatur deus; ffinita vero est anno domini 1387 in vigilia s. Michihelis et omnium angelorum. Ueber den berühmten Verfasser, Chorherrn von Waldhausen in Oberoesterreich, gest. 1369, siehe Welte Kirchenlexicon, und Palacky Gesch. von Böhmen 3. Bd. 1. Abth. S. 161—164, ferner dessen Vorläufer des Husitenthums Prag 1869; dort geschieht Seite 16 auch der Postille Erwähnung. 2) Bl. 305ᵇ—307ᵇ. Sermo Chunradi de Walthusa. Alter Titel: Hunc sermonem compilavit dominus Chunradus de Walthusa et predicavit enn voyenne in castro coram duce anno domini 1351 ffecitque eum annotari ut eo utentes orent pro eo crucifixum. Anfang: Ecce sacerdos magnus etc. Sic scribitur quod beato Ambrosio referente etc. Schluss: venite benedicti patris mei.

XI. 335. Papierhandschrift des XV. Jahrh. 271 Blätter in 2°. 2 Spalten. Alter Eigenthümer Stift St. Florian.

1) Bl. 1ª—84ᵇ. Sermones de Tempore. Anfang in die ascensionis: Assumptus est in celum etc. Aristoteles dicit quod omne grave tendit etc. Dom. I. in adventu Bl. 51ª beginnt: Hodie sancta mater ecclesia incipit etc. Letzte Predigt de die Rogationum: Petite et dabitur vobis. Videmus quando aliquis homo multum esurit etc. 2) Bl. 85ª. De proprietatibus vocum avium et animalium. 3) Bl. 85ª. De nominibus singulorum dierum hebdomadae. 4) Bl. 85ª—145ᵇ. Liber de naturis. Anfang de septem regionibus: Sermo generalis de 7 regionibus etc. Schluss de Melancolico: expers fraudis timidus lureique coloris. Vergl. XI. 633 und 634. 5) Bl. 146ª—174ª. Promtuarium Discipuli de miraculis beatae Mariae Virginis. Anfang: Ad dei omnipotentia laudem cum sepe irritant etc. Schluss: et frequenter ores pro me. Et sic est finis. Bl. 174ᵇ—175ᵇ leer. 6) Bl. 176ª—186ª. Tractatus de s. Eucharistiae sacramento. Anfang: Eloquentissimo viro domino Johanni in Praga fratri suo dilecto etc. Schluss: et in desiderio salutis omnium christianorum. Amen. 7) Bl. 186ᵇ. Enumeratio librorum Vet. et Nov. Testamenti cum numero capitulorum. Bl. 187 leer. 8) Bl. 188ª 271ª. Tractatus de dilectione Dei et proximi et de decem praeceptis Nicolai de Dünkelsbichel.

Anfang: Scribitur Math. XXII. quod quidam legis doctor etc. **Schluss:** et digna premio glorie sempiterno ad quam nos etc. Die Vorstehblätter vorn und rückwärts sind Reste eines Matutinale aus dem XIV. Jahrh. auf Pergament.

XI. 336. Papierhandschrift des XV. Jahrh. 323 Blätter in 2°. 2 Spalten. Altes Eigenthum St. Florians.

1) Bl. 1ᵃ—163ᵇ. Sermones Socci; pars hyemalis. Anfang: Exurge a mortuis et illuminabit etc. Cogitanti mihi quod deum etc. Schluss: miserabili et crudeli Christus nos defendat. Explicit. Vergl. XI. 269. Nr. 1 und XI. 325. 2) Bl. 164ᵃ—318ᵇ. Ejusdem Quadragesimale. Anfang: Sanctificate jejunium etc. Sanctificare jejunium est adjunctis aliis bonis etc. Schluss: predicare possumus in hoc festo. Explicit. Darauf folgen bis zum Ende Versuche eines alphabetischen Registers.

XI. 337. Papierhandschrift des XV. Jahrh. 259 Blätter in 2°. 2 Spalten. Alter Eigenthümer Ulricus plebanus in opernicz.

Sermones de Tempore Lucinii Esculani. Anfang: Dilecto sibi in Christo fratri nicolas Ordinis fratrum predicatorum ffrater nicolas lucinius Esculanus prior Faventinus etc. Schluss: et in nostro opere posuit finem et terminum et cui est benediccio in secula, Amen. Explicit Lucinius Esculanus per dominum Ulricum plebanum in opernicz comparatus. Ueber den Verfasser, der um 1330 lebte, siehe Quétif und Echard Tom. 1. 566. Nicolaus de Asculo. Auf dem Vorstehblatt rückwärts ist eine längere Note de cognatione spirituali.

XI. 338. Papierhandschrift des XV. Jahrh. 252 Blätter in 2°. 2 Spalten. Alter Eigenthümer Stift St. Florian.

1) Bl. 1ᵃ—249ᵃ. Sermones de Tempore. Anfang: Humane labilis vite decursus etc. Dom. 1. in adventu: Preparare in occursum domini dei tui. Quando rex vel princeps aliquis etc. Schluss der Letzten: si illi panes a diabolo facti fuissent. Es scheinen einige Zeilen zu fehlen. Vergl. XI. 303. Nr. 1. XI. 322. Nr. 1. XI. 345. 2) Bl. 249ᵇ—251ᵇ. Medica. Sie sind theils deutsch, theils lateinisch. Bl. 250ᵃ—250ᵇ ist ein Verzeichniss von Messen und Gebeten, mit denen besondere Gnaden verbunden sind. 3) Bl. 252ᵃ. Notae Historicae. Sie beziehen sich auf den Kometen von 1456, auf die Ermordung des Grafen Ulrich von Cilli, auf den Tod des Ladislaus Posthumus. 4) Bl. 252ᵇ. Notae aliquot tributa subditorum in Wachovia spectantes. Die vorderen Vorsetzblätter enthalten Wirthschaftsnachrichten aus der Wachau, einen lat. Hymnus mit Noten, eine Bulle Pabst Sixtus von 1480 de indulgentiis iis concessis qui magistro et hospitali s. Joannis Jerosolimitani succurrerint, und eine Privileginmsbestätigung für die Leute zu Weissenkirchen und in der Wachau von Kaiser Friedrich III. anno 1459. Die äussersten Vorsetzblätter, welche den codex von vorn und rückwärts schirmen, sind aus dem XIII. Jahrh. und enthalten auf Pergament Theile eines moralischen Tractats,

XI. 339. Papierhandschrift des XV. Jahrh. 208 Blätter in 2°.
2 Spalten. Alter Eigenthümer Stift St. Florian.

1) Bl. 1ᵃ—158ᵇ. Sermones de Tempore. Anfang: In Vigilia
Nativitatis. De digno festo quod hoc sero et ulterius peragemus cogitavi etc. Letzte Predigt dom. XXI. Erat quidam regulus cujus filius etc. Hic dictus est regulus non quia parvus esset etc. Es kommen in den Predigten viele deutsche Stellen vor. 2) Bl. 159ᵃ—160ᵇ.
Contra griesser de ybs. Ist der bekannte Zweifel, utrum licitum sit
in ecclesia pecuniam candelam aut aliud hujusmodi offerre, welcher
von Nicolaus von Dünkelspiehl hier beantwortet wird. Vergl. oben
XI. 310. Er beginnt: Racione relapsi nuper combusti etc. Bl. 161ᵃ
—167ᵇ unbeschrieben. 3) Bl. 168ᵃ—208ᵃ. Tractatus de tribus partibus poenitentiae egregii viri et magistri Nicolai de Dinklspühl.
Anfang: Ecce nunc tempus acceptabile etc. Duo sunt tempora hominis etc. Schluss: naturale ecclesiasticum et divinum, a quo nos
custodiat etc. Auf den beiden Deckeln befinden sich Fragmente eines
Breviariums aus dem XII. Jahrh.

XI. 340. Papierhandschrift des XIV. Jahrh. 148 Blätter in 2°.
2 Spalten. Alter Eigenthümer Stift St. Florian.

1) Bl. 1ᵃ—113ᵃ. Sermones de Tempore. Dom. I. in adventu:
Hora est jam nos de sompno surgere. Hoc tempus dicitur tempus
adventus etc. Schluss: non vult abstinere quin ornet se a crinibus
alienis. Amen. Darauf folgt ein unvollständiges Register. Bl. 114
leer. 2) Bl. 115ᵃ—148ᵃ. Sermones varii. Anfang: Dicite filie syon
ecce rex tuus etc. In verbis istis habent doctoris mandata etc. Auf
dem vordern Deckel befindet sich eine deutsche Verkaufsurkunde vom
Jahre 1383. Christian der Hager und seine Geschwister verkaufen
gewisse Grundstücke an Hanus von Mairperig und dessen Ehefrau
Agnes. Zeugen Weychart von Hohenneck, Stephan Renolt und Leu-
tolt Paltram. Ort unbekannt.

XI. 341. Papierhandschrift des XV. Jahrh. 253 Blätter in 2".
2 Spalten. Alter Eigenthümer Stift St. Florian.

1) Bl. 1ᵃ—72ᵇ. Sermones de peccatis linguae. Anfang: Qui
in verbo non offendit etc. In quibus verbis beatus Jacobus etc.
Schluss: scienciam viarum tuarum nolumus. 2) Bl. 73ᵃ—119ᵃ. Sermones de custodia sensuum Thomae de Haselbach. Anfang: Quanta
mala incurrunt qui etc. Describitur nobis in hystoria Zedekie etc.
Schluss: expostulo preces pro mercede. Bl. 119ᵇ—120ᵇ leer. 3) Bl.
121ᵃ—191ᵇ. Tractatus de dilectione Dei et proximi et de decem
praeceptis Nicolai de Tinklsbühel. Anfang: Scribitur Math. XXII.
quod cum quidam legisdoctor etc. Schluss: et digna premio glorie
sempiterne ad quam nos etc. Bl. 92 leer. 4) Bl. 193ᵃ—215ᵇ. Tractatus de confessionibus et poenitentiis infirmorum compilatus a magistro
Johanne de Deo. Anfang: Hic tene quod subtiliter et astute etc.
Schluss: in operibus sed in amplitudine caritatis. Joannes de Deo,
Hispanus, Doctor in decretis, Professor Bononiensis vixit 1240. So
Oudin de scriptor. eccles. Tom. III. 177. 5) Bl. 215ᵇ—222ᵃ.

Tractatus de confessione. Er hat die Ueberschrift: Sermo in cena
domini bonus. Anfang: Probet autem se ipsum homo etc. Si humani
generis decursu multitudinem etc. Bl. 217ᵇ kommen vor die peccata
quae solus papa solvit et ligat. δ) Bl. 222ᵃ—253ᵇ. Alius Tractatus
de Confessione. Ueberschrift: Innocencius tercius. Darauf folgt dessen Decret: Omnis utriusque sexus fidelis postquam ad annos discre-
cionis pervenerit etc. Bl. 250ᵃ casus propter quos penitens ad episcopum remittendus. Schluss: et que episcopus communiter sibi reser-
vat quere alibi. Deo gracias. Die beiden Deckel sind mit Bruchstücken eines Missale aus dem XV. Jahrh. bekleidet. Auf der Innen-
seite des hintern Deckels steht der Name Leonardus Lempacher.

XI. 342. Papierhandschrift des XIV. Jahrh. 156 Blätter in 2°.
2 Spalten. Altes Eigenthum St. Florians.

Sermones de Tempore. Dom. I. in adventu: Ecce rex tuus venit
etc. Si aliquem amicum ad nos suscepturi sumus etc. Bl. 139ᵇ:
Explicit Greenlus de tempore per circulum anni. Das Werk schliesst
mit der Predigt de s. Martino; deren letzte Worte sind: Mundum est
cor meum et purus sum a peccatis etc. An den Deckeln kleben die
Bruchstücke eines Codex Decretalium aus dem XIV. Jahrh.

XI. 343. Papierhandschrift des XIV. Jahrh. 206 Blätter in 2°.
Fast durchgehends 2 Spalten. Alter Eigenthümer Stift
St. Florian.

1) Bl. 1ᵃ—164ᵇ. Sermones variarum materiarum. Anfang: de
commendatione sacrae scripturae: Gracia et veritas per Jesum Christum
facta est. Sicut dicit Jeronimus etc. 2) Bl. 165ᵃ—180ᵇ. Expositio
passionis Jesu Christi Michaelis de Hispania. Anfang: Passionem
Domini nostri Jesu Christi ad fructum fidelium suorum et ipsius laudem ordinare etc. Schluss: Cujus nos faciat ipse participes ut finaliter
recipiatis fructum redemcionis etc. Explicit passio Domini nostri Jesu
Christi compilata et ordinata per venerabilem virum fratrem Michahe-
lem de Hyspania in sacra theologia dignissimum bacularium fratrum
heremitarum ordinis sancti Augustini cujus anima requiescat in pace.
Amen. Eine spätere Hand hat dem Werke den Titel gegeben: Heremitarum hystoria. 3) Bl. 180ᵇ—184ᵇ. Duo sermones de passione
Domini. 4) Bl. 185ᵃ—189ᵇ. Collatio facta per dominum Clementem
papam quando constituit Ludovicum de Hispania principem insularum
fortunatarum. Anfang: Te faciam principem super gentem magnam.
Videtur nobis quod in sacra scriptura de novo aliquis fit etc. Schluss:
et exaltacionem fidei ipsius qui est benedictus etc. Clemens VI.
schenkte 1344 die Canarischen Inseln an den span. Prinzen Ludwig
de la Cerda. Siehe dazu Baronius Ann. Tom. XXV. ad annum 1344.
5) Bl. 190ᵃ—196ᵃ. Propositio Petri Rothomagensis Archiepiscopi
facta coram papa Johanne XXII. anno 1332 de passagio. Titel der
Handschrift: Proposicio quam feci ego Petrus Rothmagensis Archiepiscopus Nuncius Regis Francorum una cum Reverendo patre nostro
Johanne Episcopo Norinensi (Baronius Ann. Tom. XXIV. S. 545 hat
Morinensis) et dominus de Avalgorio (Baronius l. c. Analgoria) et

Petro Brouselli (Baronius l. c. Groselli) militibus pro facto passagio transmarino Anno domini 1332 secundum computacionem Ecclesie Romane die Mercurii 19. die februarii in Consistorio in presencia domini nostri pape et dominorum cardinalium. Anfang: Faciem suam firmavit ut iret ierhusalem etc. Videtur michi, quod ad hoc quod aliquis etc. Schluss: vobis et nobis videre concedat qui est benedictus etc. 6) Bl. 196ᵇ—206ᵃ. Sermo longus super illud: Jesus ductus est in desertum a spiritu ut tentaretur a diabolo. Anfang: Videtur mihi Karissimi quod quando aliquis habet inire etc. Schluss: quam repromisit deus diligentibus se quam nobis concedat etc. Das Vorstehblatt am Ende ist das Fragment eines Antiphonariums aus dem XII. Jahrh. mit Neumen.

XI. 344. Pergamenthandschrift des XIII. Jahrh. 217 Blätter in 2°. 2 Spalten. Altes Eigenthum St. Florians.

Sermones varii de Tempore et de Sanctis. Anfang Bl. 3ᵃ: Que est ista que progreditur etc. Ex ipsa forma questionis innuitur. Schluss de Joanne Baptista: Inter natos mulierum non surrexit etc. Quantus fuit Johannes tam prophetica etc. Am Ende fehlen einige Zeilen. Die 2 Vorstehblätter am Anfang enthalten Predigtentwürfe und moralische Notizen; das Vorstehblatt am Ende ein Inhaltsverzeichniss und wieder einige Noten moralischen Inhalts. Alles aus dem XIII. Jahrh.

XI. 345. Pergamenthandschrift des XIV. Jahrh. 240 Blätter in 2°. 2 Spalten. Früherer Besitzer Wolfgang Hasenberger professus s Floriani 1615.

Sermones de Tempore. Anfang: Humane labilis vite decursus salubri erudicione nos ammonet etc. Dom. I. in adventu: Preparare in occursum dei tui Israel. Quando rex vel aliquis princeps etc. Letzte Predigt de dom. XXV. Ut autem impleti sunt etc. Per istam Christi refeccionem qua omnes sunt repleti. Der Codex ist sehr schön geschrieben und mit zahlreichen zierlichen Initialen geschmückt. Am Ende steht von gleichzeitiger Hand: Anno domini 1379. Darauf folgen lange Inscriptionen des ehemaligen Besitzers Wolfgang Hasenberger bezüglich des Buches und eine Anzahl Denksprüche von ebendemselben. Auf der ersten Seite steht von einer Hand des XVIII. Jahrh.: Sermones de Tempore Anonymi Ord. Praed. Der Verfasser ist Jacob de Voragine. s. XI. 303. Auf den Deckeln sind die Fragmente eines latein. Gedichts angeklebt, dessen Inhalt der Genesis angehört. XIV. Jahrh.

XI. 346. Pergamenthandschrift des XIII., XIV. und XV. Jahrh. 244 Blätter in 2°. Grösstentheils 2 Spalten. Alter Eigenthümer Stift St. Florian.

1) Bl. 1ᵃ—90ᵇ. Quadragesimale Anonymi. Anfang: Filia populi mei induere cilicio etc. Quamvis sollempnitas quadragesimalis in sequenti dominica etc. Schliesst mit Feria III. Paschae: Surrexit dominus vere et apparuit symoni petro. Ubi vel quando symoni petro

apparuit etc. Handschrift des XIV. Jahrh. Es fehlen am Ende einige
Zeilen. 2) Bl. 91ᵃ—130ᵇ. Ordo judiciarius. Anfang: Tractaturi de
judiciis primo de preparatoriis etc. Schliesst mit dem Artikel de
Praescriptione. Letzte Worte: ecclesiastice perfeccioni magis conso-
nare videtur. Der Tractat behandelt das gerichtliche Verfahren des
weltlichen Forum's und gehört dem XIII. Jahrh. an. Darauf eine un-
leserliche Note desselben Zeitalters, welche beginnt: Nos Ulricus to-
tusque conventus ecclesiae s. Floriani. 3) Bl. 131ᵃ—151ᵃ. Excerpta
ex V libris Decretalium. Anfang: De institutionibus. Firmiter credimus etc. Cum contingit interdum quod laici etc. Handschrift des
XIII. Jahrh. 4) Bl. 154ᵃ—154ᵇ. Friderici Caesaris instituta. Anfang: Ad decorem et ad decus imperii et ad laudem romani principis
etc. Schluss: sit et intestabilis ut nec testandi liberam habeat fac-
tionem nec. Schluss fehlt. Handschrift des XIII. Jahrh. 5) Bl. 155ᵃ
—180ᵇ. Brocardica decretorum. Der Titel und Anfang ist fol. 156ᵃ:
Incipiunt procardica decretorum. Articulus: Quod nullus privetur jure
suo sine culpa sua. Der Schluss des Werkes fehlt. Bl. 155 enthält
Zusätze zur Brocardica. Handschrift des XIII. Jahrh. 6) Bl. 181ᵃ
—195ᵃ. Glossae ad antecedentia excerpta decretalium. Handschrift
des XIII. Jahrh. 7) Bl. 196ᵃ—206ᵇ. Tractatulus Theobaldi de
nummis sacratis quid mystice designent. Anfang: Petro magistro suo
theobaldus quidam etc. Schluss: Ut ter terni bis. Explicit de nummis sacratis. Die Handschrift ist aus dem XIII. Jahrh. Tritenheim,
Fabricius, Oudin kennen diesen Theobaldus nicht. 8. Bl. 206ᵇ. Litterae alphabeti graeci et quos numeros singulae significant. Handschrift des XIII. Jahrh. 9) Bl. 207ᵃ—210ᵇ. Tractatus de fide catholica. Anfang: Clemens papa. Cujus rem nominis et vite senciant
subjecti etc. Schluss: magna puniendi sunt pena et sic propositum
patet. Das Werk führt den unrichtigen Titel: Clementis pape de
arte fidei catholice; es ist demselben bloss von einem Anonymus gewidmet. Handschrift des XIV. Jahrh. 10) Bl. 210ᵇ—215ᵇ. Isidorus
de ordine creaturarum. Anfang des I. Cap.: Universitatis disposicio
bifaria racione debet intelligi. Schluss: Minas hominum non timemus.
Handschrift des XIV. Jahrh. 11) Bl. 215ᵇ—218ᵇ. Sermones aliquot.
Dazwischen ist eingeschaltet Bl. 216ᵃ ein Carmen latinum de corpore
Christi: Ave vivens hostia veritas et vita. Per te sacrificia cuncta sunt
finita etc. Bl. 216ᵇ—217ᵃ mehrere Orationen, die alle mit Ave Jesu
Christe beginnen. Handschrift des XIV. Jahrh. Bl. 217ᵇ—218ᵃ leer.
12) Bl. 219ᵃ—244ᵇ. Erkehantnuss der suntt magistri hainrich von
hezzen lerär zu wienn. So der Titel von etwas späterer Hand. An-
fang: Unser Herr Jhesus Christus der all die welt mit seiner parm-
herezichait umbfangen hat etc. Schluss: umb seiner sel frucht ar-
waiten und sol darumb. Es fehlen einige Zeilen. Handschrift des
XV. Jahrh. Vergl. XI. 461. Auf dem vordern Deckel klebt das
Fragment eines canonistischen Tractats aus dem XIV. Jahrh. auf
Pergament.

XI. 347. Pergamenthandschrift des XIV. Jahrh. 308 Blätter in
2ᵒ. 2 Spalten. Alter Eigenthümer Stift St. Florian.
    1) Bl. 1ᵃ—98ᵃ. Sermones de Tempore. Anfang: Erunt signa

in sole et luna etc. In epistola dicitur: Nox precessit. Glossa, infidelitatis et ignorancie. Schluss: ut ad celestem gloriam recipi more-
amur. Amen. Darauf eine kleine Note homiletischen Inhalts. 2) Bl.
99ª—191ᵇ. Sermones de Sanctis. Voraus gehen die Sermones de
communi Sanctorum. Anfang: Qui non accipit crucem et sequitur etc.
Vult Christus ut ipsum sequamur etc. Schluss de s. Mauricio: Con-
valuerunt de infirmitate fortes etc. In his verbis notantur tria genera
etc. 3) Bl. 195ª—277ᵇ. Collecta Perchtoldini. Anfang: Dicere propono qui sunt qui illuminantur etc. Letzte Predigt de decem praeceptis: Renovamini spiritu mentis vestre. Deus docuit angelos suos
in celo etc. Die Predigten sind in der Manier des Berthold von Regensburg gehalten. Siehe XI. 257. 4) Bl. 278ª—304ᵇ. Sermones
de articulis fidei. Anfang: Funiculus triplex difficile rumpitur. Funiculus iste quo a terra trahimur etc. Schluss: Patet ergo locus vite
eterne. Explicit. Die Predigten sind ein Werk des magister Franciscus; vergl. XI. 278. Nr. 1. 5) Bl. 304ᵇ—308ᵇ. Duo sermones de
martyribus. Das vordere Vorstehblatt ist ein Fragment aus dem
Canticum Canticorum dem XIV. Jahrh. angehörig; das Vorstehblatt
am Ende ein Schuldbrief vom Jahre 1406 von einem unbekannten
Kloster an den Juden Jacob zu Weytra und seinen Eidam. Von
anderer Hand steht darunter Michahel de Gors orate pro eo ad dominum Jesum Christum. Die Urkunde ist deutsch.

XI. 348. Pergamenthandschrift des XIV. Jahrh. 128 Blätter in
     2°. 2 Spalten. Alter Eigenthümer Stift St. Florian.

Postilla Antonii Parmensis Ord. Praed. de Tempore. Anfang:
De dom. I. in adventu: Cum appropinquasset Jhesus Jerosolimae etc.
Tempus quod hodie incipit et durat etc. Schluss de dom. XXV.:
Cum sublevasset oculos Jhesus. Quero supra dominica quarta in
Quadragesima.

XI. 349. Pergamenthandschrift des XIV. Jahrh. 162 Blätter
     in 2°. 2 Spalten. Altes Eigenthum St. Florians.

Sermones de summis Festivitatibus et de Sanctis. Anfang: Vado
ad eum qui me misit et nemo ex vobis etc. Verba sunt salvatoris
ad literam ascensionem suam etc. Schluss de Purificatione: Oblatus
est quia ipse voluit etc. In verbo proposito ad commendacionem ho-
dierne sollempnitatis etc.

XI. 350. Papierhandschrift des XV. Jahrh. 306 Blätter in 4°.
     Altes Eigenthum St. Florians.

1) Bl. 1ª—9ª. Duo Sermones de octo laqueis diaboli et de
missa. 2) Bl. 9ᵇ. Versus de virtutibus agni Dei. Anfang: Balsamus
et cera munda cum crismatis unda. 3) Bl. 10ª—10ᵇ. Duae tabulae literam dominicalem et aureum numerum exhibentes. Ueber der
zweiten Tafel steht mit Rothschrift: secundum breviarium ecclesie
sancti Floriani. 4) Bl. 11ª—37ᵇ. Tractatus asceticus de quatuor
novissimis. Anfang: Memorare novissima tua et in eternum non pec-

cabis. Dilectissimi sicut habetur ex dictis sanctorum et eciam etc.
Schluss: ac novissima providerent. Pax vobis. Vergl. XI. 142. N. 1
und XI. 158. N. 8. 5) Bl. 37ᵇ. Literae Praepositi s. Dorotheae
Viennae quibus fratri Canonico conceditur quemcunlibet confessorem
in itinere eligendi. 6) Bl. 38ᵃ—55ᵃ. Epistolarum Formularia. Alto
Ueberschrift: Literae secundum ordinem scilicet missiles. Es ist eine
interessante Sammlung von wirklich gegebenen Briefen aus dem
Freundeskreis St. Florians, der 2. Hälfte des XV. Jahrh. angehörig.
Bl. 55ᵇ unbeschrieben. 7) Bl. 56ᵃ—60ᵇ. Excerpta ex libello quod
dicitur consolatorium timoratae conscientiae. 8) Bl. 61ᵃ—66ᵃ. Excerpta ex libro qui dicitur stimulus amoris. 9) Bl. 66ᵇ—68ᵇ. Sermo
de Conceptione beatae Mariae Virginis anno 1486. Darauf folgt ein
Exemplum aus der legenda lombardica quod Ave Maria dictum devote
liberat hominem de potestate diaboli. Hierauf heisst es: Anno domini
1486 ego frater Augustinus fui missus ad waldchirchen per genero-
sum patrem dominum Leonhardum tunc temporis prepositum floriani
ante festum corporis Christi. Eo anno vina maxime fuerunt in caro
foro et eciam in precedenti anno nec erat pax. Nach einer Inscription
Bl. 44ᵃ war Augustinus Auer de Scherding der Schreiber dieses Codex.
Vergl. 126ᵇ. 10) Bl. 69ᵃ—75ᵃ. Tractatus quomodo homo debeat
purgari a peccatis. Anfang: Volens purgari a peccatis, graciam im-
petrare etc. 11) Bl. 75ᵃ—84ᵇ. Opusculum Joannis Gersonis de
tentationibus. Ueberschrift: Opusculum sive tractatus Johannis gerson Cancellarii parisiensis de diversis temptacionibus et 24 remediis
compositum in gallico sed translatum in latinum a quodam fratre domus majoris cartusie addens et diminuens secundum quod sibi vide-
batur sub correccione. Anfang: Pro humiliando nos sub potenti manu
etc. Schluss: in vera et profunda humilitate cum cordis compunccione
quam etc. 12) Bl. 85ᵃ—87ᵃ. Sermo de novo sacerdote. Bl. 87ᵇ—
92ᵇ unbeschrieben. 13) Bl. 93ᵃ—97ᵃ. Sammlung deutscher Gebete.
14) Bl. 97ᵃ. Nota de quatuor temperamentis. 15) Bl. 97ᵇ—304ᵇ.
Sermones varii. Dabei befinden sich allerlei Noten z. B. Bl. 100ᵃ—
101ᵃ deutsche Kirchengebete; Bl. 130ᵃ—131ᵇ de indulgentiis et
censuris; Bl. 150ᵃ quando aliquis plebanus debet investiri. Bl. 190ᵇ
eine medizinische, Bl. 205ᵃ eine arithmetische Notiz. Bl. 257ᵇ ist
ein Sermo in die s. Floriani. Bl. 305ᵃ leer. 16) Bl. 305ᵇ. Oratio
de beata Maria Virgine. Dieselbe wird wiederholt auf dem Vorstehblatt und Deckel am Ende. 17) Bl. 306ᵃ. Calendarium quod tantum Januarium et Februarium exhibet. Auf den Vorsetzblättern zu
Anfang sind deutsche Gebete, die Privilegia s. Joannis Baptistae in
latein. Versen und eine Note de quadruplici expositione sacrae scripturae aus derselben Zeit.

XI. 351. Pergamenthandschrift des XIV. Jahrh. 229 Blätter in
4°. 2 Spalten. Altes Eigenthum St. Florians.

1) Bl. 1ᵃ—29ᵇ. Sermones de Tempore. Anfang de adventu:
Ecce veniet desideratus cunctis gentibus. Verba ista diriguntur ad
patresantiquos. Schluss Dom. post Pentecosten: Levaverunt vocem
Luc XVI. Per decem leprosos significantur peccatores. 2) Bl. 30ᵃ

—221ᵃ. Chlaubanus de Tempore. Anfang: Hora est. Rom. XII. Hoc tempus dicitur tempus adventus quia tantus etc. Schluss in celebritate novi sacerdotis: Accede ad altare et immola etc. Hec verba scripta sunt Lev. IX. quando dixit moyses ad aaron etc. 3) Bl. 221ᵃ —229ᵇ. Variae notae ad doctrinam moralem spectantes. Das Vorstehblatt enthält einen moralischen Tractat aus dem XIV. Jahrh. bruchstückweise, auf den beiden Deckeln sind die Fragmente eines Lectionariums aus dem X. Jahrh.

XI. 352. Pergamenthandschrift aus dem XIII. Jahrh. 168 Blätter in 4°. 2 Spalten zum grössten Theile. Altes Eigenthum St. Florians.

1) Bl. 1ᵃ—84ᵇ. Sermones Lucae de Tempore. Anfang de adventu: Hora est jam nos de sompno surgere etc. Eccles XXXII. Hora surgendi ne te trahat i. e. aliis curis implicet te etc. Schluss: Dom. XXIV. Loquitur itaque dominus in ewangelio presenti de persecucionibus Antichristi. Am Ende: Explicit opus Luce. Nach Oudin Tom. II. 1262, hat ein Lucas Montis s. Cornelii juxta Leodium Abbas Ord. Praemonst. gest. um 1157 sermones verfasst. 2) Bl. 84ᵇ—100ᵃ. Sermones de Tempore et de Sanctis sparsim. 3) Bl. 100ᵃ—102ᵇ. Pars statutorum antiquorum Canonicorum Regularium. Anfang: Augustinus de Instruccione noviter Conversorum. Noviter quis veniens ad Canonicam professionem etc. 4) Bl. 103ᵃ—143ᵃ. Sermones de aliquot Sanctis et de Communi Sanctorum. Eingeschoben ist Bl. 115ᵃ —118ᵇ eine kurze Auslegung des Pater noster; eine Note de beatitudine animi; ein Sermo fratris Bertholdi und eine tabula librorum utriusque Foederis. 5) Bl. 143ᵃ—146ᵃ. Notae de jejunio, eleemosyna et oratione, de signis maris et terrae in consummatione saeculi. Bl. 146ᵇ unbeschrieben. 6) Bl. 147ᵃ—154ᵃ. Commentum super epistolas Horatii. Am Ende heisst es: Expliciunt Glosule Epistolarum. 7) Bl. 154ᵃ. Commentum super Aeneidem Virgilii et Bucolica. Nur unbedeutende Fragmente. 8) Bl. 154ᵇ. FragmentumGrammaticae Latinae. 9) Bl. 155ᵃ—168ᵃ. Liber de constructione tabernaculi, archae, item de vestibus sacerdotalibus cum mystica et literali expositione. Anfang: Auxiliante gracia domini nostri Jesu Christi de tabernaculi construccione locuturi etc. Schluss: et anime fideli pro parte conveniunt quod nobis largire etc. Auf dem Vorsetzblatt am Ende ist eine Note de timore mundano, humano et servili aus derselben Zeit. Der vordere Deckel hat von Innen eine Note de quatuor temporibus aus dem XIV., ein Inhaltsverzeichniss des Codex aus dem XV. Jahrh. Der Deckel am Schlusse ist mit einem Fragment aus der zweiten Rede Cicero's gegen Catilina §. 4 und 5 edit. Orelli aus dem XII. Jahrh. bekleidet.

XI 353. Pergamenthandschrift des XV. Jahrh. 187 Blätter in 4°. 2 Spalten. Altes Eigenthum St. Florians.

1) Bl. 1ᵃ—131ᵇ. Sermones de summis Festivitatibus et de Sanctis fratris Albertini Veronensis. Anfang de Assumtione beatae Virg. Mariae. Elevata est magnificencia tua etc. Ad laudem beate

et gloriose virginis Marie dictam proposui auctoritatem. Schluss;
In assumtione beatae Mariae Virginis: Extendit Noe manum et ap-
prehensam columbam etc. Sicut apostolus dicit II. Cor. X.: Omnia
contingebant etc. Expliciunt sermones festivi fratris Albertini veronensis per circulum anni. 2) Bl. 132ᵃ—186ᵃ. Postilla magistri Nicolai de Lira. Gleichzeitiger Titel: Incipiunt postille Magistri Nicolai
de Lira. Anfang dom. II. in adventu: Erunt signa in sole et luna.
Quia scriptum est: Bonus dominus et confortans etc. Letzte Worte
de dom. XXV.: Sic erit verbum quod egreditur de ore meo. Explicit
liber per manus magistri Petri. 3) Bl. 186ᵇ—187ᵇ. Ein Wasser-
Wunden und Sanct Tobiassegen, deutsch. Der Tobiassegen wurde benützt von Müllenhof, Denkmäler deutscher Poesie und Prosa Seite
142 und 421. f.

XI. 354. Papierhandschrift aus dem XV. Jahrh. 209 Blätter
in 4°. Ursprünglicher Eigenthümer Altmannus Angrer
in Neuburg, später Chorherr von St. Florian.

Sermones varii de Tempore. Bl. 130ᵇ steht: Expliciunt sermones
de assumcione gloriose virginis Marie per manus Altmanni Angrer
Canonici in hereczgn. Bl. 209ᵇ mit rother Schrift: Hy Sermones
continentur in hoc libello scripti per me Altmanum Angrer in Neu-
burga; darauf mit schwarzer: Anno domini 1423 etatis vero meo
anno 60. Auf dem ersten Vorstehblatt ist in rother Schrift zu lesen: Anno
domini 1423 feria secunda post Reminiscere Ego frater Altmannus veni ad
sanctum florianum ibidem reverenter receptus in hospitem. Post hoc in
mediante anno domini 1426 in die s. Erhardi episcopi a venerando patre et
domino Caspare preposito et domino Wolfgango licenciato tunc temporis decano, ceteris patribus dominis ac fratribus meis graciose receptus sum in fratrem conventualem ibidem. Et quicunque memoriale
hoc legerit una mecum humiliter refferat grates deo. Amen. Auf
dem zweiten Vorstehblatt ist folgende Adresse zu lesen: Honorabili
ac multum honesto viro domino Petro plebano in Newnchirchen super ypham. Am obern Raude: Wer nicht hat und haben mues dem
wirt sargen. Auf der Kehrseite des Blattes ist ein langes Verzeichniss von Werken heil. Väter oder Kirchenschriftsteller, dessen Beziehung sich nicht erkennen lässt. Das Vorstehblatt am Ende enthält das erste Blatt der summa dictaminum magistri Gwidonis aus dem
XIV. Jahrh.

XI. 355. Papierhandschrift des XIV. Jahrh. 193 Blätter in 4°.
Zum kleinerem Theile in 2 Spalten. Altes Eigenthum
St. Florians.

1) Bl. 1ᵃ—33ᵇ. Sermones de variis materiis. 2) Bl. 34ᵃ—49ᵇ.
Legenda longa et Sermo de s. Elisabetha. Anfang: Elizabeth interpre-
tatur deus meus cognovit. 3) Bl. 50ᵃ—66ᵇ. Speculum corporis
Christi. Anfang: Ezechielis in visione dei qui universum etc. Am
Ende fehlen einige Zeilen. Vergl. XI. 277. Nr. 3. 4) Bl. 67ᵃ—86ᵇ.

Sermones varii. Bl. 79ª sind die miracula de tribus regibus et de s. Udalrico eingeschaltet. 5) Bl. 86ᵇ—88ᵇ. Notabilia de animabus, de corpore Christi etc. 6) Bl. 89ª—104ᵇ. Commentum super composita verborum. Anfang: Flos de radice ejus descendet et requieset etc. 7) Bl. 105ª—131ᵇ. Computus ecclesiasticus cum commento. Anfang: Sapiencia edificavit sibi domum, excidit etc. Am Ende: Explicit computus ecclesiasticus cum commento per manus petri pucie. 8) Bl. 133ª und Bl. 134ᵇ—135ª und 138ᵇ. Metra de diversis materiis. 9) Bl. 135ᵇ—138ᵇ. Calendarium. Bl. 139ª—140ᵇ leer. 10) Bl. 141ª—171ᵇ. Commentum super Phisionomiam Aristotelis. Der Anfang fehlt. Schluss: Explicit commentum super phisionomyam Aristotelis. 11) Bl. 172ª—193ᵇ. Liber fortuniorum et infortuniorum. Anfang: Hic est liber similitudinum fortuniorum et infortuniorum filiorum Ade. Auf den Deckeln befinden sich die Reste eines Directorium liturgicum aus dem XII. Jahrh.

XI. 356. Pergamenthandschrift des XIV. Jahrh. 285 Blätter in 4º. 2 Spalten. Altes Eigenthum St. Florians.

1) Bl. 1ª—281ª. Sermones de Tempore. Anfang dom. I. in adventu: Preparare in occursum dei tui Israel etc. Excitat nos prenuncius regis primo ut preparemus etc. Letzte Predigt: Sic nos existimet homo ut ministros Christi etc. Paulus dicit: Provideamus bona non tantum coram etc. 2) Bl. 281ª—285ᵇ. Sermones varii. Auf dem vordern Deckel das Fragment eines moralischen Tractats aus dem XIV. Jahrh. auf Pergament.

XI. 357. Pergamenthandschrift des XIV. Jahrh. 268 Blätter in 4º. 2 Spalten. Altes Eigenthum St. Florians.

1) Bl. 1ª—201ᵇ. Sermones varii de Tempore. Bl. 172ᵇ eine längere deutsche Stelle. 2) Bl. 202ª—210ᵇ. Dialogus inter Christianum et Judaeum. Anfang: Judens dicit Christiano: Quia Christiani te dicunt litteris eruditum etc. 3) Bl. 211ª—227ª. Expositio Missae. Anfang: Christus existens pontifex futurorum bonorum etc. Hec verba scripsit apostolus in etc. 4) Bl. 227ª—233ᵇ. Tractatus de poenitentiis. Anfang: Vade si uxorem tuam vel filiam etc. 5) Bl. 233ᵇ—268ᵇ. Sermones Anonymi. Anfang: Voca operarios et redde illis etc. Tria possunt hic notari. Bl. 234ᵇ—235ᵇ. Versiculi de triginta denariis quibus venditus est Christus und verschiedene Notizen. Die Vorstehblätter vorn und rückwärts sind Bruchstücke eines Tractats de creatione aus dem XII. Jahrh.

XI. 358. Pergamenthandschrift des XIV. Jahrh. 249 Blätter in 4º. 2 Spalten. Altes Eigenthum St. Florians.

Postilla super Evangelia dominicalia per circulum anni. Anfang de adventu domini: Dicite filie syon ecce rex tuus etc. In verbis istis habent predicatores mandatum etc. Schluss dom. XXV.: Cum sublevasset oculos Jhesus. Vide de hoc ewangelio dominica in media Quadragesima, bis nempe legitur in anno. Auf Deckel und Vorstehblatt kurze Noten, welche auf die Predigten Bezug haben. Auf dem hintern Deckel die Inscription: Mein Gott die ehr. Georgius Messauer 1564. Melius est mori quam mendicare.

XI. 359. Pergamenthandschrift des XIV. Jahrh. 159 Blätter in 4°. 2 Spalten. Alter Eigenthümer Stift St. Florian.

Sermones de summis festivitatibus et de Sanctis. Anfang de s. Andrea: Venite post me, faciam vos etc. Tria facit dominus in verbis istis. Primo premittit invitacionem etc. Letzte Predigt: Erunt signa usque superveniet etc. Armabit creaturam in ulcionem etc. Es fehlt das Ende. Auf dem Deckel eine Note de triplici Maria.

XI. 360. Pergamenthandschrift des XIV. Jahrh. 139 Blätter in 4°. 2 Spalten. Altes Eigenthum St. Florians.

1) Bl. 1ª—105ᵇ. Sermones super Epistolas et Evangelia dominicalia. Anfang: Hora est jam nos de sompno surgere. Preparare debemus nos ad penitenciam tribus de causis. Schlusspredigt: Benedictus qui venit in nomine domini. Commendat apostolus in epistola caritatem. 2) Bl. 106ª—120ᵇ. Summa Sacramentorum. Anfang des Prologes: Quamvis de sacramentis ecclesiasticis etc. Das erste Capitel beginnt: Sacramentum igitur est ut ait augustinus etc. 3) Bl. 120ᵇ—122ª. Duo Sermones. 3) Bl. 122ª—137ª. Liber de doctrina confessionis. Anfang Presens compilacio materiam habet confessionis. 4) Bl. 137ª—139ᵇ. Aliquot Sermones.

XI. 361. Pergamenthandschrift des XIV. Jahrh. 412 Blätter in 4°. 2 Spalten. Altes Eigenthum St. Florians.

Sermones de Tempore et de aliis materiis. Bl. 16ª de Antichristo; vorzüglich viele sermones ad religiosos. Zwischen dem Blatte 412 und dem Vorstehblatte sind 12 Blätter ausgefallen. Das Vorstehblatt am Anfang enthält eine Notiz de confessione, das Vorstehblatt am Ende eine unvollendete Predigt, beide aus dem XV. Jahrh. Auf dem vordern Deckel ist ein Recept aus dem XIV. Jahrh.

XI. 362. Pergamenthandschrift des XIV. Jahrh. 153 Blätter in 4°. Zur Hälfte 2 Spalten. Altes Eigenthum St. Florians.

1) Bl. 1ª—47ª. Quadragesimale. Anfang: Cum jejunatis etc. Ad sanandum viciosas infirmitates nostre carnis etc. Letzte Predigt: Cum sero esset die illo etc. Queritur cur hoc ewangelium legatur in octava pasche etc. Bl. 47ᵇ—48ᵇ unbeschrieben. 2) Bl. 49ª—77ª. S. Thomae de Aquino super orationem dominicam, super symbolum Apostolorum et super decem praecepta. Anfang: Pater noster etc. Inter alias oraciones oracio dominica etc. Schluss: non desiderabis rem proximi tui etc. Explicit. Bl. 77ᵇ—78ᵇ unbeschrieben. 3) Bl. 79ª—153ᵇ. Sermones de Tempore. Anfang Dom. I. in adventu: Emitte agnum Domine dominatorem etc. In verbis propositis ysaias virtute preclarus etc. Schluss: Diliges dominum deum tuum etc. Quia vita anime nostre etc. Am Ende fehlen einige Zeilen.

XI. 363. Pergamenthandschrift des XIV. Jahrh. 163 Blätter in 4°. 2 Spalten. Altes Eigenthum St. Florians.

1) Bl. 1ᵃ—163ᵃ. Sermones de Tempore. Anfang in adventu dom. I.: Cum appropinquasset Jhesus etc. Istud ewangelium secundum hystoriam etc. 2) Bl. 163ᵃ—163ᵇ. Hymnus de beata Virgine cum neumis. Anfang: Ego comparabilis vernans rose flosculo etc. Auf dem vordern Deckel eine Note de distantia orbium et planetarum, eine zweite de aetatibus hominis; auf dem hintern Deckel eine Note de 12 abusionibus quibus frequenter religionis status corrumpitur.

XI. 364. Papierhandschrift des XV. Jahrh. 183 Blätter in 8° Alter Eigenthümer Stift St. Florian.

Sermones de Tempore. Anfang dom. I. in adventu: Hora est. jam nos de sompno surgere. Boecius de consolacione phylosophie unicuique inserta est etc. Schluss dom. XXIV.: Domine filia mea modo defuncta est etc. Ibi videtur esse contrarietas inter matheum et marcum etc.

XI. 365. Papierhandschrift des XV. Jahrh. 213 Blätter in 8°. Alter Eigenthümer Stift St. Florian.

1) Bl. 1ᵃ—5ᵇ. Bulle des Pabstes Paul gegen die Ketzer in Böhmen. Deutsch. Georg insikko (sic) „den man vormal Kunig zu pechaym hat genaut" wird excommunicirt. Bl. 6ᵃ leer. Bl. 6ᵇ enthält den Schluss einer Predigt. 2) Bl. 7ᵃ—145ᵇ. Chlaubanus de Sanctis. Anfang de s. Andrea: Relictis retibus et navi etc. Quidam dicunt frequenter, nobis predicatur etc. Schluss de s. Katharina: Domine deus meus tu exaltasti etc. Et hec verba bene potuit dicere beata Katharina etc. Siehe XI. 351. Nr. 2. Bl. 146 leer. 3) Bl. 147ᵃ—213ᵃ. Sermones de variis materiis.

XI. 366. Papierhandschrift des XV. Jahrh. 153 Blätter in 8°. Alter Eigenthümer Stift St. Florian.

Sermones super varias materias. Bl. 146ᵃ—118ᵇ ist eine Anmerkung eingeschoben: Quid sit duellum. Bl. 149ᵃ—152ᵃ folgen auctoritates ex proverbiis Salomonis.

XI. 367. Papierhandschrift des XV. Jahrh. 163 Blätter in 8°. Alter Eigenthümer Stift St. Florian.

Sermones dicti Grauum pauperum. Es sind durchaus Sermones de Sanctis. Anfang de s. Andrea: Simili pena servus cum domino est afflictus. Filius dei condolens humano generi etc. Schluss de s. Katharina: Domine deus exaltasti etc. conswetudo est regum et principum etc.

XI. 368. Papierhandschrift des XVI. Jahrh. 392 Blätter in 8°. Alter Eigenthümer Stift St. Florian.

Sermones de Tempore et de Sanctis sparsim.

XI. 369. Pergamenthandschrift des XIV. Jahrh. 255 Blätter in 8°. Altes Eigenthum St. Florians.

Auctoritates Sanctorum. Der Prolog beginnt: In conversionis mee primordio cum ob mentis recreacionem etc. Der Autor nennt sein Werk in diesem Prolog: Pharetra. Auf den Prolog folgt ein Verzeichniss der Quellen, die er benützt hat und die Kapiteleintheilung des ersten Buches. Das I. Cap. de deo beginnt: Gregorius in moralibus: Deus ipse manet intra omnia. Das ganze Werk zerfällt in 4 Bücher und schliesst: ab omnibus, quae voluerit, prohibetur. Explicit. Das Vorstehblatt und Bl. 1ª—4ᵇ enthalten Nachträge zu den Auctoritates von späterer Hand. Solche finden sich auch Bl. 253ᵇ— 255ᵇ. Dort ist auch eine Note über den 25. März, auf welchen die wichtigsten historischen Ereignisse fallen, sammt einem latein. Hymnus auf ebendenselben. Auf den beiden Deckeln sind Fragmente eines Hymnus de resurrectione und eines gleichen de ascensione aus einem Breviere des XII. Jahrh.

XI. 370. Pergamenthandschrift des XIV. Jahrh. 230 Blätter in 12°. Zum kleinsten Theile in 2 Spalten. Altes Eigenthum St. Florians.

1) Bl. 1ª—17ª. Dialogus de virtutibus beatae Mariae Virginis. Der Anfang fehlt. Der Codex beginnt mit den Worten: mirabilis partus virginis insolitus omnibus retro seculis. Schluss: veros et falsos discerno pastores. Explicit hic liber sit scriptor crimine liber. Der Dialog wird zwischen Peregrinus und Theodora geführt. Darauf folgt eine Nota de radice caritatis. 2) Bl. 17ª—25ᵇ. Libellus de vitiis et virtutibus. Eingang: Necessarium mihi videtur ut postulas etc. Schluss: in quacunque sanctorum professione. In Form eines Dialogs zwischen Peregrinus und Theodora. 3) Bl. 25ᵇ—27ᵇ. Notae aliquae de ecclesia matre virgine et sponsa Christi, de superna civitate, de praemio aeterno. 4) Bl. 27ᵇ—40ᵇ. Bernardus de superbia et ceteris vitiis. Anfang: Inicium omnis peccati et causa tocius perdicionis superbia. Schluss: Hec fratres mei qui pavet cavet qui negligit incidit. Explicit. 5) Bl. 40ᵇ—41ª. Sermo de assumtione Beatae Mariae Virginis. Anfang: Virgo hodie gloriosa celos ascendens etc. 6) Bl. 41ᵇ. Tropus de s. Elisabeth cum neumis. Anfang: O beata sponsa Christi elyzabeth etc. 7) Bl. 42ª—50ª. Auctoritates beati Bernardi de dignitate et excellentia beatae Mariae Virginis. Anfang: Non est quod me delectat magis etc. Schluss: exhiberi affectum non despicit. Darauf eine kurze Note s. Anshelmi de beata Virgine. 8) Bl. 50ᵇ—67ª. Liber florum collectus et continuatus de diversis libris beati Augustini. Anfang: Da michi domine scire et intelligero quis sis. 9) Bl. 67ᵇ—103ª. Sermones de omnibus solemnitatibus beatae Mariae Virginis. Anfang de annunciatione b. Virginis: Afferte mibi vas novum etc. Ipse est qui post me venit etc. 10) Bl. 103ª—104ᵇ. Sermo de s. Elisabeth. 11) Bl. 104ᵇ—105ᵇ. Hymnus de s. Margaretha cum neumis. Anfang: O margareta celorum virgo secreta etc. 12) Bl. 106ª—207ᵇ. Sermones varii, sermonum notae et themata. Bl. 177ᵇ ist ein carmen latinum, welches mit den Worten

beginnt: Herbarum quasdam dicturus carmine vires etc., aber unvollendet bleibt. Es ist der Eingang zu Macer: de virtutibus herbarum. Am Ende Bl. 207ᵇ heisst es: Libri possessor rogo sit super
ardua sessor. Quo Deus et cuncti saucti sunt federe juncti. 13) Bl.
208ᵃ—220ᵇ. Varia miracula. Anfang: In diocesi leodinensi juxta
florentis domum etc. 14) Bl. 221ᵃ—230ᵇ. Collectio variarum quaestionum. Anfang: Tres status habuit Adam de quibus singulis etc. Auf
den beiden Deckeln sind die Bruchstücke eines Tractats de grammatica
tica latina aus dem XIV. Jahrh.

XI. 371. Pergamenthandschrift des XIV. Jahrh. 594 Blätter in
8⁰. 2 Spalten. Alter Eigenthümer Stift St. Florian.

Sermones et sermonum themata de variis materiis.

XI. 372. Papierhandschrift des XV. Jahrh. 200 Blätter in 12⁰.
Alter Eigenthümer Stift St. Florian.

Discipulus de Tempore. Anfang: Ecce rex tuus venit tibi etc. Egregius doctor Thomas de aquino dicit etc. Letzte Predigt: Est puer
unus hic habens quinque panes etc. Notandum est quod per quinque
panes etc. Vergl. XI. 240.

XI. 373. Papierhandschrift vom Jahre 1745. 52 Blätter in 2⁰.
Altes Eigenthum St. Florians.

Annus Georgianus symbolice adumbratus seu sermones duodecim in vitam sanctissimi Christi martyris Georgii per signa Zodiaci
deducti, honori et venerationi Reverendissimi, Perillustris ac Am-
plissimi Domini Domini Joannis Georgii antiquissimae et celeberrimae
Collegiatae Ecclesiae ad s. Florianum ord. S. Augustini Can. Reg.
Lateranensium Praepositi vigilantissimi, S. R. M. Consiliarii etc. ob-
lati dedicati 16. May 1715 a clientum minimo F. Joanne Leopoldo a
S. Maria Magdalena Carmelita discalceato.

Vor jeder Predigt ist ein Elogium Symbolicum mit grossem sym-
bolischen Gemälde. Lemma und Unterschrift in Distichen. Das Ganze
ist in lateinischer Sprache. Auf dem vordern Deckel des schönen
Einbandes ist das Wappen des Karmelitenconvents zu Linz.

XI. 374. Pergamenthandschrift vom Jahre 1781. 4 Blätter in
4⁰. Ursprüngliches Eigenthum St. Florians.

Oratio habita in Capella Pontificia coram smo. Domino Pio
Papa VI. in festo omnium Sanctorum die prima Novembris 1781 a
Josepho nobili de Reichenau sacerdote Austriaco insignis Ecclesiae
Collegiatae ad s. Florianum prope Lincium Can. Reg. et Collegii Germanici et Hungarici Alumno. Voran ist das die ganze Seite ein-
nehmende Wappen der Reichenau. Die einzelnen Seiten haben Gold-
ränder; zu Anfang eine grosse Initiale in goldenem Rahmen.

XI. 375. Papierhandschrift des XVIII. Jahrh. 147 Blätter in 4⁰.
Früherer Besitzer Josephus Rosner Can. Reg. s. Floriani.

Orationes super varias materias compositae a Francisco Voluminio

Piccolomini s. Jesu Collegii Germanici Romae Rectore et ad alumnos ejusdem Collegii habitae ab anno 1734—37.

Auf dem Vorsetzblatt ist zu lesen: Ex libris Josephi Rosner Canonici reg. ad s. Florianum, qui in Collegio germanico s. Apollinaris Romae Theologiae studuit et Parochus in Feldkirchen anno 1792 aetatis suae 77. obiit. Vir de Canonia optime meritus.

XI. 376. Papierhandschrift des XVIII. Jahrh. 2 Bände in 4°. zu 267 und 362 Blättern. Ursprüngliches Eigenthum St. Florians.

Sonn- und Festtagspredigten des Leopold Treberer Can. Reg. s. Floriani et parochi domestici ab anno 1725—1732. Die Predigten sind von ihm selbst verfasst und geschrieben. Die Sprache ist die deutsche; die Zeit ihrer Entstehung das erste Viertel des XVIII. Jahrhunderts.

XI. 377. Papierhandschrift des XVIII. Jahrh. 143 Blätter in 4°. Ursprüngliches Eigenthum St. Florians.

Verschiedene Gelegenheitspredigten des vorgenannten Leopold Treberer. Es sind auch Leichenreden auf die Glieder des kaiserl. Hauses und Predigten bei Eröffnung des oberösterreichischen Landtages darunter. Entstehungszeit dieselbe wie oben; am Schlusse eine Anzahl lateinischer Predigten.

XI. 378. Papierhandschrift des XVIII. Jahrh. 402 Blätter in 4°. Altes Eigenthum St. Florians.

Anonyme Predigten de Tempore et de Sanctis. Die Predigten sind vom Jahre 1722—31 in Florian und Umgebung von einem Angehörigen des Stiftes St. Florian gehalten worden. Einige ältere Predigten von fremder Hand befinden sich darunter.

XI. 379. Papierhandschrift aus dem XVIII. Jahrh. 2 Bände in 4° zu 205 und 160 Blättern. Ursprüngliches Eigenthum St. Florians.

Vermischte Predigten Engelbert's Hoffmann Can. Reg. S. Floriani. Die Predigten sind 1740—49 in Florian und benachbarten Orten gehalten worden. Der Verfasser starb als Probst von St. Florian anno 1766.

XI. 380. Papierhandschrift vom Jahre 1753. 366 Blätter in 4°. Ursprüngliches Eigenthum St. Florians.

Florilegium Similitudinum et Sententiarum sacrarum et profanarum ex variorum scriptorum hortis transumptum ad exornandas Panegyres cujuscunque generis perquam commodum et horis subsecivis collectum ab Engelberto Hoffmann Can. Reg. et ad s. Floriani Decano 1753. Bl. 303 folgt ein alphabetisches Register.

XI. 381. Papierhandschrift vom Jahre 1770. 14 Blätter in 4°. Ursprüngliches Eigenthum St. Florians.

Lobrede auf den seligen Altmannus Bischofen von Passau und

Stifter von Göttweig, anno 1770 in diesem Stifte gehalten von Hör-
manseder Can. Reg. s. Flor.

XI. 382. Papierhandschrift vom Jahre 1751.   43 Blätter in 4°.
Ursprünglicher Besitzer Johann Giesecke Caplan zu
Windisch-Garsten.

Das Zügenglöckl als eine Sturmglocken.   Predigt gehalten vom
obengenannten Giesecke bei Gelegenheit der anno 1748 vorgenom-
menen Weihe eines solchen Glöckleins zu Windisch-Garsten. Die Predigt ist auch im Druck erschienen.

XI. 383. Papierhandschrift vom Jahre 1787.   52 Seiten in 8°.
Ursprünglicher Besitzer Dominicus Feilmayr Benedictiner von Kremsmünster.

Trauerrede auf den Hochwürdigen Hochedelgeborenen und Hoch-
gelehrten Herrn Maurus Gordon des Hochlöbl. Benediktiner-Stiftes
Garsten Würdigsten Abbtens Snr. k. k. Apostol. Majestät Rath, der
Löbl. Geistlichen Landesstände in Oberösterreich gewesten Verordne-
ten etc., zusammengetragen von Dom. Feilmayr Benediktiner zu Kremsmünster 1787.

XI. 384. Pergamenthandschrift des XIII. und XIV. Jahrh.
423 Blätter in 2°.   2 Spalten.   Altes Eigenthum St.
Floriaus.

Breviarium. Bl. 1ᵃ—92ᵇ gehören dem XIV. Jahrh. an und sind
eine spätere Ergänzung.   Bl. 93ᵃ bis zum Ende haben den Character
des XIII Jahrh. in Schrift und Ornamenten. Das Format ist grösstes
Folio; die Schriftzüge sehr gross und sorgfältig; übergrosse, schön
verzierte Initialen gehen durch die ganze Handschrift.   Voraus geht
ein Calendarium nach den Regeln der Passauer Diocese. Bl. 65ᵃ ein
officium s. Floriani.   Am Ende des Codex fehlen einige Blätter.

XI. 385. Pergamenthandschrift des XV. Jahrh.   321 Blätter
in 2ᵇ.   2 Spalten.   Altes Eigenthum St. Florians.

Missale.   Nach dem Ritus der Passauer Diocese; grosse reich
verzierte Initialen am Anfang des Codex und des Canon's. Vor diesem
letztern befindet sich eine blattgrosse Miniatur mit dem Bildniss des
Gekreuzigten.   Die Schriftzüge sind sehr gross.

XI. 386. Papierhandschrift des XV. Jahrh.   341 Blätter in 2°.
2 Spalten.   Altes Eigenthum St. Florians.

Breviarium.   Nach dem Ritus der Passauer Diocese.   Voran
geht ein Calendarium.   Bl. 187ᵃ officium s. Floriani.

XI. 387. Pergamenthandschrift des XIV. Jahrh.   278 Blätter
in 2°.   Altes Eigenthum St. Florians.

Psalterium für den Chorgebrauch, sehr grosse Buchstaben, Musiknoten späterer Zeit; neben vielen kleineren ganz einfach blau oder
roth ausgeführten Initialen kommen auch mehrere kunstreich verzierte vor.

XI. 388. Pergamenthandschrift des XIV. Jahrh. 287 Blätter in 2°. 2 Spalten. Altes Eigenthum St. Florians.

Missale der Passauer Dioecese; am Ende fehlen einige Blätter; voran ein Calendarium, welches mit dem Monat März beginnt. Vor dem Canon ist eine blattgrosse Miniatur mit dem Gekreuzigten auf Goldgrund. Ausserhalb des Rahmens des Bildes ist eine knieende Mönchsgestalt in weissem Habit mit einer Rolle, auf welcher zu lesen ist: Domine miserere mei. Auf der ersten Seite eine grosse, aber roh ausgeführte Initiale. Der vordere Deckel hat auf seiner innern Seite eine kleine Sequenz de s. Floriano.

XI. 389. Pergamenthandschrift des XIV. Jahrh. 284 Blätter in 2°. 2 Spalten. Altes Eigenthum St. Florians.

Missale der Passauer Dioecese. Voran geht ein Calendarium. Der Codex enthält viele roth und blau verzierte grosse Initialen, vor dem Canon ein blattgrosses Miniaturbild. Bl. 71ª ist ein officium contra Turcum. Am Ende desselben heisst es: Durante bello kalixtus papa concedit omnibus sacerdotibus hanc missam legentibus 100 dies indulgenciarum Anno 1466 apud Chriessenweysburch (Belgrad) morantibus.

Dieses Officium wurde von späterer Hand an dieser Stelle eingeschaltet. Das Vorsetzblatt von Papier enthält ein späteres Officium de 14 auxiliatoribus und die Collecten de s. Leopoldo confessore et Marchione Austrie.

XI. 390. Pergamenthandschrift des XIII. Jahrh. 292 Blätter in 2°. Altes Eigenthum St. Florians.

Missale der Passauer Dioecese. Vor dem Calendarium gehen verschiedene Benedictiones lardi in Pascha, agni, ovorum, casei, amoris s. Joannis Evangelistae; darauf folgt ein langes Gebet des Priesters vor der Messe. Bl. 70ª ist eine Sequenz de s. Floriano. Bl. 120ᵇ Bild und Collecten de s. Floriano. Der Codex hat viele schöne Initialen und vor dem Canon ein grosses Miniaturbild des Gekreuzigten.

XI. 391. Pergamenthandschrift des XIV. Jahrh. 280 Blätter in 2°. Altes Eigenthum St. Florians.

Missale der Passauer Dioecese. Voran ein Calendarium mit Directorium liturgicum und einigen necrologischen Notizen, welche auf die Familie des Schreibers Bezug haben. Es kommen in diesem Missale viele, theilweise schön verzierte Initialen vor. Vor dem Canon ist ein grosses in rothem Rahmen eingefasstes Bild des Gekreuzigten; ausserhalb des Rahmen's eine knieende Gestalt mit der Unterschrift: ffridericus Toblarus canonicus sancti Augustini. Wie aus den oben berührten nekrologischen Notizen erhellt, ist es der Schreiber dieses Buches. Das Vorstehblatt am Schlusse enthält kirchliche Hymnen.

XI. 392. Pergamenthandschrift des XIV. Jahrh. 337 Blätter in 2°. Altes Eigenthum St. Florians.

Missale der Passauer Dioecese. Vor dem Calendarium sind mehrere nachgetragene Officien mit Sequenzen, die Praefationen, ein Ordo ad induendum und ein Ordo missae. Das Calendarium ist mit einem Directorium liturgicum versehen. Es kommen in diesem Missale prachtvolle Initialen auf Goldgrund und viele bloss in Farben verzierte vor. Der Anfang des Canons wird durch ein reich geschmücktes Christusbild in 2 Spalten getheilt.

XI. 393. Pergamenthandschrift des XIV. Jahrh. 304 Blätter in 2°. Altes Eigenthum St. Florians.

Missale der Passauer Dioecese. Calendarium fehlt. Viele schön verzierte Initialen. Am Schlusse des Codex ist ein Ablassbrief von Pabst Innocenz VIII. vom Jahre 1490 angeheftet, auf welchem ein Hymnus de Immaculata geschrieben ist.

XI. 394. Pergamenthandschrift des XIV. Jahrh. 288 Blätter in 2°. Altes Eigenthum St. Florians.

Missale der Passauer Dioecese, Calendarium mit Directorium liturgicum; vor der Praefatio quotidiana ein grosses Bild des sitzenden und segnenden Christus; vor dem Canon Bildniss des Gekreuzigten; auf der ersten Seite des Canon's Christus mit Buch, Lamm und Taube in den Händen. Der Codex ist mit vielen Initialen geziert.

XI. 395. Pergamenthandschrift des XIV. Jahrh. 287 Blätter in 2°. Altes Eigenthum St. Florians.

Missale der Passauer Dioecese, Calendarium mit Directorium; darauf folgt die oratio s. Ambrosii ante missam und ein ordo missae; vor dem Canon grosses Gemälde des Gekreuzigten; viele mit Fleiss verzierte Initialen.

XI. 396. Pergamenthandschrift des XIV. Jahrh. 395 Blätter in 2°. Altes Eigenthum St. Florians.

Missale der Passauer Dioecese, Calendarium, aber nur die 2 ersten und die 2 letzten Monate mit Directorium liturgicum; viele prachtvolle Miniaturen und Initialen auf Goldgrund; vor dem Canon Bild des Gekreuzigten. Am Ende fehlen einige Blätter. Auf dem hintern Deckel sind Benedictiones lardi, agni, casei, ovorum.

XI. 397. Pergamenthandschrift des XV. Jahrh. 337 Blätter in 2°. Altes Eigenthum St. Florians.

Missale der Passauer Dioecese, Calendarium mit Directorium, zahlreiche Initialen; vor dem Canon sind 2 sicher mit Ornamenten und dem Bilde des Gekreuzigten geschmückte Blätter herausgeschnitten.

XI. 398. Papierhandschrift vom Jahre 1512. 166 Blätter in 4°. Altes Eigenthum St. Florians.

Rubricae Breviarii. So lautet der Titel auf dem Rücken des Einbandes. Voraus ein Calendarium, hierauf heisst es: Incipit ordo sive breviarium de ecclesiasticis observacionibus, quomodo legendum vel cantandum sit per circulum anni secundum ordinem et modum ecclesie saucti floriaui martiris. Der Codex ist grösstentheils in rother Schrift geschrieben. Bl. 91ᵇ ist das officium s. Floriani angegeben. Bl. 157ᵃ ist zu lesen: Scriptum est hoc breviarium anno domini 1512.

XI. 399. Pergamenthandschrift des XIV. Jahrh. 172 Blätter in 4°. Altes Eigenthum St. Florians.

Breviarium. Es beginnt mit dem I. Sonntag nach Pfingsten; es fehlt jedoch der Anfang. Am Ende fehlen gleichfalls ein oder mehrere Blätter. Das Ganze ist nur die Pars Aestivalis eines Breviariums.

XI. 400. Pergamenthandschrift des XIV. Jahrh. 306 Blätter in 4°. 2 Spalten. Altes Eigenthum St. Florians.

Breviarium. Es ist von späterer Hand theilweise ergänzt. Am Ende fehlen einige Blätter.

XI. 401. Pergamenthandschrift des XIV. Jahrh. 528 Blätter in 4°. Altes Eigenthum St. Florians.

Breviarium nach dem Ritus der Passauer Dioecese. Zu Anfang sind mehrere Tafeln zur Auffindung der verschiedenen Feste, darauf ein Breviarium de cantu in adventu und ein ordo baptismi. Bl. 12ᵃ —17ᵇ Calendarium. Viele spätere Ergänzungen. Das Vorsetzblatt 1 und Bl. 11ᵃ enthalten Fragmente eines dialectischen Tractats aus dem XIV. Jahrh.

XI. 402. Papierhandschrift des XV. Jahrh. 369 Blätter in 8°. Altes Eigenthum St. Florians.

Breviarium nach dem Ritus der Passauer Dioecese. Calendarium und Tafeln für Auffindung der goldenen Zahl, Indiction etc.; nebenher gehen historische Notizen des Jahres 1486. Bl. 15ᵇ—16ᵃ eine längere Anmerkung ad habendum bonum tempus aut malum pro flebothomia seu minucione. Den Codex umgeben vorn und rückwärts gedruckte und zerschnittene Ablassbriefe Pabst Innocenz VIII.

XI. 403. Pergamenthandschrift des XV. Jahrh. 530 Blätter in 4°. 2 Spalten. Altes Eigenthum St. Florians.

Breviarium nach dem Ritus der Kirche St. Florian, wie Bl. 530ᵇ angemerkt ist. Voraus geht ein Calendarium. Von dem ersten Nocturnum fehlen die ersten 8 Psalmen und der Anfang des 9.

XI. 404. Pergamenthandschrift des XV. Jahrh. 424 Blätter in 12°. Altes Eigenthum St. Florians.

Breviarium nach dem Ritus der Kirche St. Florian. Pars aestivalis. Viele Stücke sind von späterer Hand ergänzt. Voraus geht ein Calendarium.

XI. 405. Theils Pergament-, theils Papierhandschrift des XV. Jahrh. 404 Blätter in 12°. Altes Eigenthum St. Florians.

Breviarium der Kirche St. Florian. Vom Calendarium fehlen die ersten 2 Monate. Der Codex ist theilweise sehr schadhaft.

XI. 406. Pergamenthandschrift des XV. Jahrh. 503 Blätter in 12°. Alter Eigenthümer Stift St. Florian.

Breviarium secundum chorum majoris ecclesiae Ratisbonensis, wie es Bl. 247ᵇ heisst. Am Anfang und Ende des Codex geht Einiges ab. Er war mit farbigen, verzierten Initialen ausgestattet, die fast alle herausgeschnitten sind. Vom Calendarium fehlen Jänner und Februar.

XI. 407. Pergamenthandschrift des XV. Jahrh. 129 Blätter in 2°. Altes Eigenthum des Klosters der regulirten Chorherren zu Dürrenstein.

Psalterium für den Chorgebrauch; sehr grosse Buchstaben; Musiknoten der späteren Zeit; mehrere reich mit Gold und Farben verzierte Initialen. Es fehlen hie und da einige Blätter.

XI. 408. Pergamenthandschrift des XII. Jahrh. 183 Blätter in 2°. Altes Eigenthum St Florians.

Lectionarium. Es enthält die kirchlichen Lesestücke aus den Evangelien und andern heil. Schriften. Das erste Blatt fehlt. Viele Initialen sind mit Thierfiguren und Riemenwerk rother und gelber Farbe verziert. Die Schriftzüge sind sehr gross. Bl. 9 ist eine spätere Einschaltung und enthält librum generationis Jesu Chr. secundum Mathaeum mit Musiknoten aus dem XV. Jahrh.

XI. 409. Pergamenthandschrift des XVI. Jahrh. 68 Blätter in 2°. Altes Eigenthum St. Florians.

Antiphonarium. Der Anfang fehlt. Notenschrift späterer Zeit; grosse Initialen in rother oder blauer Farbe. Bl. 67ᵃ die Antiphonen de s. Floriano.

XI. 410. Pergamenthandschrift des XV. Jahrh. 191 Blätter in 2°. Altes Eigenthum St. Florians.

Psalterium für den Chorgebrauch mit Musiknoten. Einige grosse Initialen sind bunt verziert. Die vorderen Vorsetzblätter enthalten Antiphonen, die rückwärtigen verschiedene Hymnen auf Papier mit Musiknoten.

XI. 411. Pergamenthandschrift des XIII. Jahrh. 144 Blätter in 2°. Altes Eigenthum St. Florians.

Vespertinale. Dasselbe enthält Orationes, Capitula und Preces de Tempore et de Sanctis, die Litaniae majores, die Lectiones cum Responsoriis des Todtenofficiums; am Schlusse fehlen einige Seiten. Es kommen viele grosse zierlich ausgeführte Initialen vor; Bl. 91ᵇ das Bild des heil. Florian. Die Vorstehblätter, welche jetzt mit 1—5 bezeichnet sind, haben Capitula und Collecten verschiedener Heiliger, deren Schriftcharakter das XIV. Jahrh. verräth.

Auf dem hintern Deckel ist das Fragment einer Passionsgeschichte aus den 4 Evangelien zusammengestellt, welches dem X. Jahrh. angehört. Auf dem vordern Deckel klebt das Bruchstück eines Calendariums aus dem XII. Jahrh., den Monat November enthaltend.

XI. 412. Pergamenthandschrift des XII. Jahrh. 134 Blätter in 2°. Altes Eigenthum St. Florians.

Vespertinale der Kirche St. Florian desselben Inhalts, wie das vorhergehende; die grossen Initialen in demselben Geschmacke verziert. Das erste Vorsetzblatt ist das Fragment eines Missales aus dem XII. Jahrh. mit Neumen. Auf dem zweiten Blatte ist der unvollständige Psalm 5. Darauf kommen verschiedene Orationen von späterer Hand, darunter eine pro Altmann Episcopo. Auch am Schlusse sind einige im XIII. Jahrh. hinzugefügte Orationen de s. Francisco, Dominico, de sancta Elisabeth, Anna.

XI. 413. Papierhandschrift vom Jahre 1459. 367 Blätter in 2°. 2 Spalten. Alter Eigenthümer Stift St. Florian.

Rationale divinorum officiorum. Es ist ein Handbuch der Liturgie in 8 Büchern. Der Prolog beginnt: Quecunque in ecclesiasticis officiis, rebus ac ornamentis consistunt etc. Der Verfasser ist Guilielmus Duranti O. Praed. gest. 1296. Siehe Fabricius Bibl. und Quétif Script. O. Praed. I. 480. Das Vorstehblatt besteht aus dem Bruchstück eines dialectischen Tractats aus dem XV. Jahrh. auf Pergament.

XI. 414. Papierhandschrift des XV. Jahrh 325 Blätter in 2°. 2 Spalten. Altes Eigenthum eines gewissen Leonhard Haller.

Breviarium nach dem Ritus der Passauer Dioecese; Sommertheil; voraus Calendarium von dem die 4 letzten Monate fehlen. Der Codex hat viele mit Gold und Farben geschmückte aber in einem rohen Geschmacke ausgeführte Initialen. Am Ende heisst es: finitum est per me leonhardum Haller anno domini 1487.

XI. 415. Papierhandschrift des XV. Jahrh. 321 Blätter in 2°. 2 Spalten. Alter Eigenthümer Stift St. Florian.

Breviarium der Passauer Dioecese mit Calendarium. Bl. 316^b— 318^a allerlei liturgische Noten. Bl. 318 mystische Auslegung der 7 Tageszeiten.

XI. 416. Pergamenthandschrift des XIV. Jahrh. 584 Blätter in 8°. 2 Spalten. Altes Eigenthum St. Florians.

Breviarium der Kirche St. Florian, sehr zierlich geschrieben mit vielen und schönen Initialen.

XI. 417. Pergamenthandschrift vom Jahre 1439. 586 Blätter in 8°. Altes Eigenthum St. Florians.

Breviarium nach dem Gebrauch der Passauer Dioecese. Voran geht ein Calendarium und verschiedene astronomische Tafeln, eine Zeitbestimmung pro flebothomia et minutione und eine Heiligenlitanei. Der Codex ist rein und zierlich geschrieben.

Auf der innern Seite des ersten Deckels heisst es: ps. 98. Da mihi intellectum ut discam mandata tua. Georgius Erlbach 1487.

XI. 418. Pergamenthandschrift des XV. Jahrh. 443 Blätter in 8°. 2 Spalten. Alter Eigenthümer Stift St. Florian.

Breviarium fratrum minorum secundum consuetudinem Curiae Romanae. So ist zu lesen Bl. 90ᵃ, woselbst eine Initiale mit Randverzierung zu sehen. Die beiden Deckeln sind mit Fragmenten einer Passionsgeschichte der Apostel Petrus und Paulus aus dem XV. Jahrh. bekleidet.

XI. 419. Pergamenthandschrift des XV. Jahrh. 130 Blätter in 8°. Alter Eigenthümer Stift St. Florian.

Officia varia cum Hymnario. Enthält die Officien de Trinitate, de Corpore Christi, de festis Beatae Mariae Virginis, ein Commune Sanctorum und die Hymnen für die vorzüglichsten Feste des Herrn, der heiligen Jungfrau und einzelner Heiligen.

XI. 420 Papierhandschrift vom Jahre 1482; 385 Blätter in 8°. Alter Eigenthümer Stift St. Florian.

Breviarium secundum Rubricam Chori Ecclesiae Pataviensis liber hyemalis. So Bl. 108ᵃ. Vorn fehlen die ersten 20 Blätter; ebenso fehlt am Ende einiges von den später eingetragenen Festen.

XI. 421. Papierhandschrift vom Jahre 1488. 216 Blätter in 12°. Altes Eigenthum St. Florians.

Diurnale nach den Rubriken der Kirche St. Florian. Vom Calendarium fehlt der Monat Jänner. Bl. 118ᵇ ist zu lesen: Ego frater Sigismundus Graff professus Monasterii domus Sancti Floriani finivi in die Sanctorum Apostolorum Symonis et Jude istud pauculum per manus proprias de quo sit laus et gloria omnipotenti Deo per infinita secula seculorum. Amen. Anno ejusdem 1488. Gegen das Ende nämlich Bl. 213ᵃ wird die Jahrzahl 1488 wiederholt. Am Schlusse des Codex fehlt ein Blatt.

XI. 422. Papierhandschrift des XVI. Jahrh. 173 Blätter in 12°. Alter Eigenthümer Stift St. Florian.

Breviarium nach den Rubriken der Passauer Diocese; Sommertheil. Vom Calendarium sind nur die Monate August, September, October, November vorhanden. Der Codex ist vorne durch Moder stark beschädigt.

XI. 423. Pergamenthandschrift des XVI. Jahrh. 158 Blätter in 12°. Alter Eigenthümer Leonhardus Popper.

Breviarium Sommertheil; ohne Calendarium.

XI. 424. Pergamenthandschrift des XVI. Jahrh. 284 Blätter in 12°. Alter Eigenthümer Stift St. Florian.

1) Bl. 1ᵃ–260ᵃ. Matutinale et Vespertinale de Tempore. 2) Bl. 261ᵃ–284ᵃ. Meditatio s. Bernhardi super Salve Regina. Anfang: Ad salutandum virginem Mariam primo debes etc. Schluss: O clemens es subjectis, pia jam correctis, dulce predilectis. Dazwischen

ist Bl. 271ᵃ—288ᵇ eine Anzahl Orationen de Beata und das Stabat mater.

XI. 425. Papierhandschrift des XVI. Jahrh. 106 Blätter in 16°. Altes Eigenthum St. Florians.

Manuale Parochi. Dasselbe enthält die 7 Busspsalmen „cum sua Letania secundum consuetudinem nostri monasterii", den Cursus beatae Mariae virginis ad Matutinum, den Modus baptizandi pueros, die Unctio infirmi, Benedictio lardi etc. in festo paschae, quando funus debet duci ad ecclesiam, Benedictio mulieris post partum, Benedictio salis et aquae, Quomodo sponsa est introducenda, Interrogationes circa infirmos, Forma absolutionis infirmorum. Vigiliae majores „secundum modum nostri monasterii pataviensis dyaecesis" und eine im Jahre 1496 gedruckte Agende der Passauer Dioecese, wie das alte Inhaltsverzeichniss am Anfange des Codex angibt.

XI. 426. Papierhandschrift des XVI. Jahrh. 427 Blätter in 16°. Altes Eigenthum St. Florians.

Breviarium nach den Rubriken der Kirche St. Florian. Hie und da sind Pergamentblätter eingeschaltet. Zu Anfang eine roh verzierte Initiale.

XI. 427. Papierhandschrift vom Jahre 1505. 275 Blätter in 16°. Altes Eigenthum St. Florians.

Diurnale nach den Rubricken der Kirche St. Florian. Calendarium mit astronomischen Tafeln. Bl. 273ᵃ: Finit diurnale anno 1505. Am Ende fehlt ein Blatt.

XI. 428. Papierhandschrift vom Jahre 1494. 359 Blätter in 2°. 2 Spalten. Altes Eigenthum St. Florians.

Breviarium. Pars aestivalis secundum modernum breviarium Ecclesiae Pataviensis, wie Bl. 11ᵃ zu lesen ist. Calendarium und astronomische Tafeln. Grosse Schrift. Bl. 351ᵃ: Laudetur deus qui est eternus et finis hujus operis per Martinum prukgehnar die bonifacii pape anno 1494. Darauf folgt eine Oration und ein Hymnus de s. Floriano und die Litaniae majores von späterer Hand.

XI. 429. Papierhandschrift vom Jahre 1494. 329 Blätter in 2°. 2 Spalten. Altes Eigenthum St. Florians.

Breviarium. Pars hyemalis secundum modernum breviarium Ecclesiae Pataviensis. So Bl. 1ᵃ. Ein Calendarium mit verschiedenen Tafeln zur Bestimmung der goldenen Zahl, des Sonntagsbuchstaben etc. etc. und verschiedene besondere Officien gehen dem Blatt 1 voraus.

Bl. 324ᵃ ist am untern Rande zu lesen: Finis hujus operis per me Martinum prwgkelner anno 1494. Darauf folgen Bl. 324ᵇ—329ᵇ die Officien de s. Floriano, de s. Stanislao, die Litaniae majores und eine Anzahl Hymnen an den grossen Festtagen des Herrn.

XI. 430. Papierhandschrift des XV. Jahrh. 327 Blätter in 2°. 2 Spalten. Alter Eigenthümer Stift St. Florian.

Breviarium. Bl. 62ᵃ: Incipit ordo sew observancia ad Canonicas horas qualiter cantande vel legende sint per circulum anni secundum pataviensem Ecclesiam. Voraus ein Calendarium. Das Vorstehblatt am Anfang ist das Fragment eines Bestandbriefes eines unbekannten Klosters bezüglich einer Anzahl Weingärten vom Jahre 1446 in deutscher Sprache auf Pergament. Ein Theil der Urkunde ist weggeschnitten. Das Vorstehblatt am Ende ist ein Stück aus einem Lectionarium des XII. Jahrh.

XI. 431. Papierhandschrift aus den Jahren 1400—1402; 2 Bände in 2° zu 195 und 192 Blättern, 2 Spalten. Altes Eigenthum St. Florians.

Rationale divinorum officiorum. Eingang: Quecunque in ecclesiasticis officiis rebus ac ornamentis etc. Vergl. XI. 413. Am Ende eines jeden Bandes steht: Per manus Martini delhota. Zwischen den Einband und das Manuscript hat man beim Einbinden als schützende Hülle in beiden Codices die Hälfte einer Pergamenturkunde geschoben, welche die Abschrift des Heirathscontractes enthält, welcher von König Wenzel für seine Nichte Elisabeth einerseits, von dem Herzog von Orleans für seinen Erstgebornen andrerseits geschlossen worden ist. Wegen der eigenthümlichen Lage der Urkunde lässt sich das Datum der Urkunde nicht annehmen. Nach Pubitschka Gesch. Böhmens 7. Bd. hat obengenannte Nichte König Wenzel IV. im Jahre 1409 den Herzog Anton von Burgund geheirathet. Nach Palacky Gesch. von Böhmen 3. Bd. 1. Abth. Seite 113 hat Wenzel bei seiner Anwesenheit in Rheims 1398 versprochen, seine Nichte Elisabeth dem in unserer Urkunde genannten Prinzen Karl, erstgebornem Sohn des Herzogs von Orleans zu vermählen.

XI. 432. Papierhandschrift des XV. Jahrh. 194 Blätter in 2°. Zum Theile in 2 Spalten. Altes Eigenthum St. Florians.

1) Bl. 1ᵃ. Tabula ad inveniendam primationem lunae. 2) Bl. 1ᵇ—7ᵃ. Calendarium. 3) Bl. 7ᵇ—39ᵇ. Tractatus de computo ecclesiastico cum tabulis. Eingang: Computus est sciencia considerans tempus etc. Der Tractat ist metrisch abgefasst mit Commentar in Prosa. Er beginnt: Tres lucis primas noctis tres sangwis ymas etc. Bl. 40ᵃ—41ᵇ leer. 4) Bl. 42ᵃ—110ᵃ. Disputatio Belial contra Jesum Christum. So lautet der alte Titel auf dem Deckel des Buches. Die rothe Ueberschrift beim Beginn des Tractats heisst: Utrum Christus de jure spoliaverit infernum; super hoc lis introducitur et causa committitur. Anfang: Universis Christi fidelibus atque orthodoxe sancte matris etc. Der Verfasser ist Jacobus de Theramo, über welchen Panzer Annalen I. 64. Bl. 110ᵇ—111ᵇ leer. 5) Bl. 112ᵃ—118ᵃ. Medicina pauperum. Es ist eine medicinische Abhandlung, welche mit den Worten beginnt: Finaliter tradit generalis dicta pauperum clericorum etc. Das Ende fehlt. Bl. 118ᵇ—121ᵇ leer. 6) Bl. 122ᵃ—127ᵇ. Modus suscipiendi visitatores papales. Anfang: Postquam more consueto in Capitulo litteras legerunt etc. 7) Bl. 128ᵃ—137ᵃ. Constitutiones imperiales Caroli imperatoris. Anfang: In nomine etc. Karolus

quartus divina favente clemencia Romanorum imperator etc. Omne regnum in se divisum desolabitur. Nam principes ejus facti sunt etc. Am Ende: Explicit aurea bulla. Bl. 137ᵇ—138ᵇ leer. 8) Bl. 139ᵃ —183ᵃ. Epistolae variae et Acta ad res Concilii Basileensis pertinentia. Bl. 160ᵃ—164ᵇ werden die Väter des Concils namentlich aufgeführt. Bl. 183ᵇ—184ᵇ leer. 9) Bl. 185ᵃ—194ᵃ. Diplomata et Epistolae variae Praepositorum s. Floriani germanice et latine. Auf der innern Seite der Deckeln kleben die Fragmente eines Breviariums aus dem XII. Jahrh.

XI. 433. Papierhandschrift des XV. Jahrh. 183 Blätter in 2⁰. Zum grössern Theile in 2 Spalten. Alter Eigenthümer Stift St. Florian.

1) Bl. 1ᵃ—60ᵇ. Expositio super Hymnos. Anfang: Accedite ad eum et illuminamini etc. Illud est verbum psalmiste sermonem suum ad nos dirigentis etc. Das Ende fehlt. 2) Bl. 61ᵃ—132ᵇ. Expositio Sequentiarum. Anfang: Tonum faciunt sicut doctores ecclesie etc. 3) Bl. 133ᵃ—182ᵃ. Expositio Threnorum. Anfang: Et factum est postquam in captivitatem ductus est Israhel. Nota ad intellectum sequencium etc. 4) Bl. 182ᵇ—183ᵃ. Expositio non completa super locum: Vere Deus est in loco isto. Auf dem vordern Deckel befindet sich das Fragment eines scholastischen Tractats aus dem XIII. Jahrh.; auf dem hintern Deckel das Bruchstück eines Codex aus dem XIV. Jahrh., der philosophische Abhandlungen über Aristoteles enthielt.

XI. 434. Pergamenthandschrift des XIV. Jahrh. 267 Blätter in 2⁰. Altes Eigenthum St. Florians.

Liber Benedictionum. Ueberschrift am Anfang: Incipit liber benedictionum ad omnia necessaria per circulum anni. Es enthält aber nicht bloss zahlreiche Benedictionen, sondern auch eine Menge alter Ceremonien in die Palmarum, in Coena domini, in die Parasceves, in Sabbato Paschae, in Nocte sancta etc. Bl. 245ᵃ—257ᵇ eine Regel des heil. Augustinus, die mit unserer gedruckten dem Sinne nach übereinstimmt, nur dass sie am Ende um eine eindringliche Ermahnung: Multa sane differentia est inter renunciantes saeculo etc. vermehrt ist. Bl. 258ᵇ und 261ᵃ die in unsere Confraternität aufgenommenen Conyente s. Nicolai Pataviae; S. Hypoliti; s. Mariae in Serovia; s Joannis in Waldhausen et s. Agapiti in Cremsmünster. Die Schrift ist sehr gross; die Antiphonen und Responsorien sind mit Musiknoten versehen. Das Vorstehblatt besteht aus dem Fragment eines schön geschriebenen Breviers aus dem XIV. Jahrh.

XI. 435. Papierhandschrift des XV. Jahrh. 16 und 273 Blätter in 2⁰. 2 Spalten. Altes Eigenthum St. Florians.

Breviarium. Nach den Rubriken der Passauer Dioecese; Wintertheil. Bl. 1ᵃ—5ᵇ. Calendarium von dem die Monate Jänner und Februar fehlen. Bl. 6ᵃ—16ᵃ Hymnarium. Darauf folgt ein mit grossen Lettern gedrucktes Psalterium, welches jedoch der beiden ersten Blätter ermangelt. Dasselbe umfasst Bl. 3ᵃ—86ᵇ. Bl. 60ᵃ ist eine

gemalte und mit Randverzierungen versehene Initiale. Bl. 87 leer.
Bl. 88ᵃ beginnt die Handschrift mit dem Officium de prima Dominica
in adventu; es fehlt jedoch der Anfang. Auch zwischen den Blättern, die jetzt die Nummern 261 und 262 tragen, sind einige Blätter
herausgeschnitten. Das Vorsetzblatt am Ende enthält einen Stiftbrief
auf Pergament, wodurch Benedict Ponhalm einen Jahrtag in der St.
Laurenzpfarrkirche zu Enns stiftet. Zeuge ist der Edle Veste Wolfgang Schoenstorffer. Datum: Enns 1490. Die Urkunde ist deutsch.

XI. 436. Theils Papierhandschrift aus dem XV. Jahrh., theils
        Pergamenthandschrift aus dem XIII. Jahrh. 140 Blät-
        ter in 2°. Papierhandschrift in 2 Spalten. Altes
        Eigenthum St. Florians.

1) Bl. 1ᵃ—45ᵇ. Expositio Hymnorum. Anfang: Seneca ad Lu-
cillum ep. XI. sic scribit: Nulla sapiencia naturalia etc. Bl. 46 leer.
2) Bl. 47ᵃ—105ᵃ. Expositio Sequentiarum. Anfang: Seneca in libro
epistolarum sic ait, vir speculativus etc. Am Ende: Expliciunt dicta
bona et utilia super sequencias; que dicta sunt erphordie data. Bl.
79ᵛ—81ᵇ sind eingeschaltet: Ein metrum de sancta Trinitate; am
obern Rande steht: Bruno episcopus olomucensis fecit metrum. Es
beginnt: Esse quod est, ex se Deus est, per quem datur esse etc.
Jede Verszeile endet mit dem Worte esse. Ferner 2 Predigten de s.
Philippo et Jacobo und de dominica post ascensionem, die Osterse-
quenz: Victimae paschali laudes immolent Christiani und verschiedene
theologische Notizen. Auch Bl. 105ᵃ—105ᵇ finden sich nachgetragene Sequenzen, darunter eine deutsche, und theologische Noten.
3) Bl. 106ᵃ—109ᵃ. Exhortatio ad Sacerdotes. Hiemit beginnt die
Pergamenthandschrift des XIII. Jahrh. Dieselbe war einmal noch
reichhaltiger; denn auf derselben Seite, wo obige Exhortatio beginnt,
ist der Schluss der Regel des heil. Augustinus und die 10 Gebothe.
Die Exhortatio beginnt: Admonemus itaque et obsecramus fraterni-
tatem vestram etc. 4) Bl. 109ᵃ—139ᵃ. Excerpta ex decretis Concilii Aquisgranensis. Sie sind theilweise aus Augustinus, Prosper, Gregorius, Isidorus entlehnt und beziehen sich auf die sittliche Haltung
der Kleriker und Seelsorger. 5) Bl. 139ᵃ—140ᵃ. Preces liturgicae
in electione Praepositi vel Decani. 6) Bl. 140ᵇ. Nomina Episcoporum Pataviensum a Wuvilone usque ad Joannem dictum Scheffenber-
ger und quot quisque annos sederit. Die letzten Bischöfe sind von
jüngerer Hand eingetragen; der letzte von der ersten Hand ist Ulricus gest. 1221. Siehe Erhard Gesch. von Passau I. 80.

XI. 437. Pergamenthandschrift des XV. Jahrh. 180 Blätter in
        8°. Altes Eigenthum St. Florians.

Diurnale nach den Rubriken der Kirche s. Florian; Wintertheil;
Calendarium mit Zeittafeln; mehrere gemalte Initialen mit Randverzierungen.

XI. 438. Pergamenthandschrift des XV. Jahrh. 91 Blätter in
        4°. Altes Eigenthum des Klosters Wiblingen bei Ulm.

Antiphonarium. Schöne Schrift mit zierlichen Initialen und Musiknoten. Der Anfang fehlt.

XI. 439. Pergamenthandschrift des XIV. Jahrh. 90 Blätter in 8°. Alter Eigenthümer Kloster Wiblingen.

Antiphonarium cum modis musicis. Dasselbe beginnt Bl. 27ª. Der Anfang fehlt, ebenso das Ende. Bl. 1ª—26ᵇ stehen eine Anzahl Psalmen, denen aber gleichfalls Anfang und Ende abgeht. Bl. 14ᵇ eine gemalte Initiale.

XI. 440. Papierhandschrift vom Jahre 1587. 174 Blätter in 8°. Alter Eigenthümer Kloster Wiblingen.

Diurnale secundum ritum fratrum Wiblingensium anno salutis 1587. Voran geht ein Calendarium. Geschrieben hat es Frater Casparus Ummhofer.

XI. 441. Papierhandschrift vom Jahre 1649. 12 Blätter in 8°. Altes Eigenthum St. Florians.

Officium s. Martyris et Patroni nostri Floriani. Dasselbe ist von David Furman nachmaligen Probst von St. Florian in metrische Form gebracht und dem Probst Mathias Gotter gewidmet.

XI. 442. Papierhandschrift des XVII. Jahrh. 11 Blätter in 8°. Altes Eigenthum eines unbekannten Karmeliterconvents.

1) Bl. 1ª—4ª. Benedictio Habitus pro Confratribus Beatissimae Virginis Mariae de Monte Carmelo. 2) Bl. 4ª—11ᵇ. Modus impertiendi Generalem Absolutionem moribundis Confratribus B. Virginis Mariae de monte Carmelo. Zuerst in lateinischer, dann in deutscher Sprache.

XI. 443. Pergamenthandschrift des XVIII. Jahrh. 31 Blätter in 12°. Alter Eigenthümer Stift St. Florian.

Exorcismus contra imminentem tempestatem, fulgur et grandinem.

XI. 444. Papierhandschrift vom Jahre 1575. 157 Blätter in 12°. Altes Eigenthum des Klosters Wiblingen.

Cursus Marianus secundum consuetudinem ordinis s. Benedicti, cum multis aliis precibus. Voraus geht ein Calendarium. Am Schlusse heisst es: Anno domini 1575 finitus est iste libellus per fratrem Georgium Frey Guncianum. Scriptor mente pia petit unum Ave Maria.

XI. 445. Pergamenthandschrift des XV. Jahrh. 271 Seiten in 12°. Altes Eigenthum des Klosters Wiblingen.

Diurnale secundum ritum Ord. Fratrum Praedicatorum cum Rubricis germanicis. Am Ende fehlen einige Blätter.

XI. 446. Papierhandschrift des XVI. Jahrh. 402 Seiten in 12°. Altes Eigenthum des Klosters Wiblingen.

Diurnale per anni circulum. Der Schreiber nennt sich im Acrostichon des Vorsetzblattes Bartholomaeus Ster. Die Handschriften des Codex sind sehr verschiedenen Characters. Am Ende fehlt etwas Weniges.

XI. 447. Papierhandschrift des XVI. und XVIII. Jahrh. 536
Seiten in 12°. Altes Eigenthum des Klosters Wiblingen.

Diurnale privatum. Es enthält den Cursus Marianus, die Buss-
und Stuffenpsalmen, Litaneien etc. Es wurde 1587 vom Frater Georgius Frey geschrieben. Das Completorium und die darauffolgenden
Gebete wurden vom Pater Hermann Bodmar geschrieben und gehören
dem XVIII. Jahrh. an.

XI. 448. Pergamenthandschrift des XVIII. Jahrh. 130 Blätter
in 16°. Alter Eigenthümer Stift St. Florian.

Officium Beatae Mariae Virginis. Voraus gehen zahlreiche Gebete, in denen beständig von einem gewissen Franciscus Christophorus die Rede ist. Der Codex ist mit grosser Sorgfalt geschrieben.

XI. 449. Theils Pergament-, theils Papierhandschrift des XVI.
Jahrh. 208 Blätter in 16°. Altes Eigenthum des
Klosters Wiblingen.

Diurnale privatum. Es enthält das Officium Beatae Mariae Virginis secundum consuetudinem Curiae Romanae, Ordnung der heil.
Oelung bei den Clarisserinnen, die Busspsalmen, das Todtenofficium,
den Ordo administrandi s. Viaticum et sepeliendi apud Clarissas, und
verschiedene Gebete in deutscher Sprache. Einige kleinere Theile
sind von späterer Hand geschrieben. Bl. 93ᵇ ist ein alter illuminirter
Holzschnitt, die Fusswaschung darstellend, hineingeklebt.

XI. 450. Pergamenthandschrift des XV. Jahrh. 52 Blätter in
16°. Altes Eigenthum des Klosters Wiblingen.
Antiphonarium breve pro cantoribus chori cum modis musicis.

XI. 451. Pergamenthandschrift des XV. und XVI. Jahrh. 191
Blätter in 16°. Altes Eigenthum des Klosters Wiblingen.

Diurnale privatum pro Monialibus. Inhalt: Cursus Marianus,
Horarum Diurnales Psalmi, Psalmi poenitentiales, Officium mortuorum,
Officium de ss. Sacramento. Der Codex ist sehr abgegriffen und theil-
weise zerrissen.

XI. 452. Pergamenthandschrift des XVI. Jahrh. 334 Blätter in
16'. Altes Eigenthum St. Florians.

Diurnale nach den Rubriken der Kirche St. Florian. Calendarium mit astronomischen Tafeln geht voran. Das Diurnale ist mit
zahlreichen Miniaturen, Initialen, Randornamenten geschmückt, aber
etwas abgenützt. Bl. 219ᵃ ein Bild des heil. Florian; am untern
Rande der Wappenschild des Klosters St. Florian von zwei Engeln
gehalten und in einem obern und untern Felde der Buchstabe P. Es
dürfte dem Probst Peter III. (anno 1508—1545) gehört haben.

XI. 453. Papierhandschrift vom Jahre 1523. 182 Seiten in 16°.
Ursprünglicher Eigenthümer Gregorius de Rosenberg.

Ordo Missae cum orationibus praeparatoriis. Seite 82 steht am
untern Rande: 1523 Frater Gregorius de Rosenberg.

XI. 454. Papierhandschrift des XVI. Jahrh. 77 Blätter in 16°. Alter Eigenthümer ein gewisser Sigismundus Kern.

Diurnale privatum. Es enthält die 7 Busspsalmen mit verschiedenen Gebeten, den Accessus und Recessus Altaris, eine Litanei. Von Bl. 71 fangen deutsche Gebete an bis zum Ende, wo sich der Name Sigismundus Kern befindet.

XI. 455. Pergamenthandschrift des XV. Jahrh. 71 Blätter in 16°. Altes Eigenthum des Klosters Wiblingen.

Diurnale. Es kommen darin vor die Antiphonae, Capitula und Orationes vom Advent bis zum Festum Corporis Christi und die Horae gloriosae Virginis Mariae.

XI. 456. Pergamenthandschrift des XV. Jahrh. 477 Seiten in 16°. Altes Eigenthum des Klosters Wiblingen.

Diurnale. Es begreift das Psalterium, Litaneien, Antiphonen, Capitula, Orationes und Cantica. Voran geht ein Calendarium.

XI. 457. Pergamenthandschrift des XVI. Jahrh. 190 Blätter in 32°. Altes Eigenthum des Klosters Wiblingen.

Libellus Precum. Es enthält den Cursus Marianus, Psalmos poenitentiales, Symbolum Athanasianum, Officium mortuorum und mehrere andre Officien und Gebete.

XI. 458. Pergamenthandschrift des XV. Jahrh. 142 Blätter in 32°. Altes Eigenthum des Klosters Wiblingen.

Antiphonarium cum modis musicis.

XI. 459. Pergamenthandschrift des XVI. Jahrh. 234 Blätter in 32°. Altes Eigenthum St Florians.

Diurnale nach den Rubriken der Kirche St. Florian. Ein Calendarium geht voraus. Bl. 234 ist von viel späterer Hand der Name Frater Georgius Wickenberger eingetragen.

XI. 460. Papierhandschrift des XV. Jahrh. 296 Blätter in 2°. 2 Spalten. Altes Eigenthum St. Florians.

Breviarium nach den Rubriken der Passauer Dioecese; Sommertheil; voraus ein Calendarium. Auf der innern Seite des vordern Deckels ist ein altes roh gemaltes Brustbild Christi.

XI. 461. Pergamenthandschrift des XVI. Jahrh. 393 Blätter in 2°. Altes Eigenthum St. Florians.

Breviarium nach den Rubriken der Kirche St. Florian; Calendarium; roh verzierte Initialen. Die Vorsetzblätter vorn und rückwärts sind Bruchstücke eines Missale aus dem XIV. Jahrh. mit Neumen

XI. 462. Pergamenthandschrift des XVI. Jahrh. 344 Blätter in 2°. Altes Eigenthum St. Florians.

Breviarium nach den Rubriken der Kirche St. Florian. Schrift und rohe Initialenverzierung wie im vorhergehenden Codex. Das Calendarium fehlt. Das Vorsetzblatt am Ende ist ein Fragment aus demselben Missale, welchem die Vorsetzblätter des erstgenannten Codex angehörten. Dasselbe enthält Sequenzen mit Neumen.

XI. 463. Pergamenthandschrift des XII. Jahrh. 187 Blätter in 2°. Altes Eigenthum St. Florians.

Missale nach den Rubriken der Passauer Dioecese. Das Fest des heil. Florian kommt wohl im Calendarium, aber nicht im Missale vor. Nach Bl. 24 und am Ende geht Einiges ab. Das Vorsetzblatt am Ende enthält ein gleichzeitiges Necrologium. Auf dem vordern Deckel ist ein langer lateinischer Segensspruch aus dem XII. Jahrh. Auf dem obern Rande des hintern Deckels steht:

> Omnis homo quacunque domo vel lege fruatur.
> Provideat quando taceat vel quando loquatur.

Darauf folgt eine Bemerkung über das letzte Gericht und Preces in Quadragesima; alles aus derselben Zeit des XII. Jahrh.

XI. 464. Pergamenthandschrift vom Jahre 1391. 204 Blätter in 2°. Alter Eigenthümer unbekannt.

Missale Armeno-Schismaticum. Voraus geht ein Calendarium und Computus paschalis. Der Codex wurde nach der Angabe auf der letzten Seite vom Priester Sergius in urbe Magentia anno 1391 geschrieben. Der Codex ist mit zahlreichen Miniaturen im byzantinischen Geschmack geziert; Sprache, die armenische.

XI. 465. Pergamenthandschrift des XIII. Jahrh. 111 Blätter in 2°. Altes Eigenthum St. Florians.

Breviarium cum Neumis. Am Ende fehlen einige Blätter, eben so nach Blatt 106. Der Codex enthält eigentlich nur das Psalterium und darnach die Officien einiger hervorragender Feste. Das Vorsetzblatt ist ein Fragment eines Graduale aus dem XI. Jahrh.

XI. 466. Pergamenthandschrift des XII. Jahrh. 119 Blätter in 2°. Altes Eigenthum St. Florians.

Liber officiorum ecclesiasticorum. Dasselbe zerfällt in 3 Bücher; jedem geht eine Capiteleintheilung voraus. Das erste Buch beginnt: In antiquis libris missalium et lectionarii etc. Das Werk wurde lange dem Alcuin untergeschoben. Unsere Handschrift unterscheidet sich in Capiteleintheilung, Anordnung des Textes, Lesearten häufig von der Editio Emmerana Ratisbonae 1777. Ueber das Werk und dessen Autor siehe Mabillon Acta S.S. Ord. s. Benedicti saec. IV. P. I. in Elogio B. Alcuini p. 177. et Zaccaria Bibl. Ritualis Tom. II. 51. Deckel und Vorsetzblatt am Anfang bedecken die Acta s. Juliani et sociorum, dann der beata Basilissa; die Schrift gehört dem Ende des XI. Jahrh. an. Der Deckel rückwärts ist mit dem Fragment eines Antiphonariums aus dem XIV. Jahrh. auf Pergament mit Neumen bekleidet. Auf der gegenüberstehenden Seite ist eine Oratio de beata Virgine, welche von späterer Hand eingetragen wurde.

XI. 467. Pergamenthandschrift des XII. Jahrh. 166 Blätter in 2°. Altes Eigenthum St. Florians.

1) Bl. 3ᵃ—165ᵃ. Pastorale. Es ist ein Handbuch der verschiedensten liturgischen Verrichtungen; auch die Ordalien kommen darin vor. Bl. 1ᵃ—2ᵇ enthalten ein gleichzeitiges Inhaltsverzeichniss und die Anfänge von 128 Psalmen. 2) Bl. 165ᵇ—166ᵃ. Nota de eo qui Sacrilegium committit. Die Schrift ist von anderer Hand. 3) Bl. 166ᵇ. Nota de Immunitate. Gleichfalls von anderer Hand. Auf dem Deckel rückwärts ist ein Verzeichniss ausgeliehener Bücher s. Floriani, welches dem XII. Jahrh. angehört.

XI. 468. Pergamenthandschrift des XIV. Jahrh. 430 Blätter in 2°. 2 Spalten. Altes Eigenthum St. Florians.

Breviarium secundum Rubricam Romanam wie Bl. 7ᵃ am obern Rande steht. Bl. 7ᵇ eine reich verzierte grosse Initiale. Bl. 1ᵃ—6ᵇ ein Calendarium, welches hie und da historische Notizen besonders in Bezug auf böhmische Regenten aufführt. Vor dem Calendarium sind allerlei Zusätze secundum Rubricam monasterii s. Floriani, welche von einer Hand des XV. Jahrh. herrühren. Am Ende fehlt ein Blatt.

XI. 469. Pergamenthandschrift des XV. Jahrh. 196 Blätter in kl. 2°. 2 Spalten. Altes Eigenthum St. Florians.

Missale nach den Rubriken der Passauer Dioecese. Calendarium, darauf der Ordo Missae, von dem das erste Blatt fehlt. Vor dem Canon ist eine blattgrosse sehr roh ausgeführte Miniatur des Gekreuzigten. Hie und da kommen grosse Initialen vor, die mit Fleiss und Sorgfalt gearbeitet sind.

XI. 470. Papierhandschrift vom Jahre 1514. 123 Blätter in 4°. Alter Eigenthümer Stift St. Florian.

Missale. Dasselbe enthält kein Calendarium; auch fehlte ursprünglich schon das Proprium de Tempore und der Ordo Missae. Voraus gehen Accessus und Recessus altaris und verschiedene Benedictiones. Auf dem ersten der 2 ungezählten Blätter, welche auf Bl. 9 folgen, steht am obern Rande: 1514. Auch die Blätter des Canons sind nicht gezählt. Auf dem ersten steht die Jahrzahl 1505. Vor demselben ist ein schöner alter illuminirter Holzschnitt. Auf der innern Seite des vordern Deckels ist ein sehr alter Holzschnitt, den heil. Hieronymus vorstellend und gleichfalls illuminirt, aufgeklebt. Das Vorsetzblatt am Ende besteht aus dem Fragment eines canonistischen Tractats aus dem XV. Jahrh. auf Pergament.

XI. 471. Pergamenthandschrift des XV. Jahrh. 339 Blätter in 4°. Alter Eigenthümer Kloster St. Florian.

Breviarium nach den Rubriken der Passauer Dioecese ohne Calendarium. Auf dem vordern Deckel sind von einer Hand des XV. Jahrh. einige Noten de anni similitudine, de quatuor temporibus, ad faciendum incaustum; dann folgende Denksprüche: Spe fruor quous-

que fortunam amplectar. Grata superveniet quae non sperabitur hora.
Gratior est pulchro veniens ex corpore virtus.

XI. 472. Papierhandschrift des XV. Jahrh. 238 Blätter in 4°.
Alter Eigenthümer Stift St. Florian.

Breviarium. Dasselbe hat bloss das Proprium de Tempore bezüglich des Matutinums und der Laudes, dann das Commune Sanctorum und ein Hymnarium. Anfang und Ende fehlen.

XI. 473. Pergamenthandschrift vom Jahre 1604. 68 Blätter in
4°. Ursprünglicher Eigenthümer Stift St. Florian.

Liber brevia Responsoria de Tempore et de Sanctis continens.
Anno Domini 1604. Sehr grosse Schrift mit Musiknoten.

XI. 474. Pergamenthandschrift des XV. Jahrh. 218 Blätter in
4°. Alter Eigenthümer Stift St. Florian.

Breviarium. Pars aestivalis secundum chorum et rubricam pataviensem. Die ersten 4 Monate im Calendarium fehlen. Bl. 18ª
am untern Rande: Contra catarram Recipe etc.

XI. 475. Pergamenthandschrift des XV. Jahrh. 495 Blätter in
4°. 2 Spalten. Altes Eigenthum St. Florians.

Breviarium nach den Rubriken der Kirche St. Florian. Calendarium sammt Zeittafeln. Bl. 142ª, 383ᵇ, 495ª·ᵇ de s. Floriano. Am
Ende fehlen ein Paar Blätter.

XI. 476. Pergamenthandschrift des XI. und XIII. Jahrh. 68
Blätter in 4°. Altes Eigenthum St. Florians.

1) Bl. 1ª—48ᵇ. Quaestiones de ecclesiasticis consuetudinibus.
Anfang: Quare Septuagesima celebratur. Der Autor nennt sich nicht;
es ist weder Micrologus noch Durantus. Es werden darin die Gründe
vieler liturgischer Gebräuche des Mittelalters aufgeführt. Die Handschrift ist aus dem XIII. Jahrh.
2) Bl. 49ª. Brevis Expositio formulae: Lucernam sub modio
ponere. Handschrift des XI. Jahrh. 3) Bl. 49ª—58ᵇ. Expositiones
Nominum sacrae scripturae. Anfang: Apostolus missus; Petrus a
petra etc. Handschrift des XI. Jahrh. 4) Bl. 59ª—60ᵇ. Notae
aliquot de adventu Domini ad judicium. Handschrift des XI. Jahrh.
5) Bl. 60ᵇ—64ª. Sermo de nativitate Domini. Anfang: Johannes
evangelista dicit: Verbum caro factum est. Handschrift des XI. Jahrh.
6) Bl. 64ª—67ᵇ. Excerpta ss. Patrum. Aus Gregorius, Sixtus, Augustinus, Hieronymus, Isidorus. Handschrift des XI. Jahrh. 7) Bl.,
67ᵇ—68ª. Ordo quo dicendi erant libri s. Scripturae in officio
divino. Die alte Ueberschrift lautet: brevialium. Handschrift des
XI. Jahrh. 8) Bl. 68ª—68ᵇ. Hymnus de s. Nicolao. Anfang:
Laude Christo debita celebremus inclita nicholai merita. Handschrift
des XI. Jahrh.

XI. 477. Pergamenthandschrift des XIV. Jahrh. 299 Blätter in
4°. 2 Spalten. Altes Eigenthum St. Florians.

Breviarium secundum chorum ecclesiae s. Floriani; voraus ein Calendarium. Am Ende sind viele Nachträge jüngerer Hand.

XI. 478. Pergamenthandschrift des XV. Jahrh. 416 Blätter in 4°. Altes Eigenthum St. Florians.

Breviarium secundum chorum ecclesiae s. Floriani; Calendarium mit verschiedenen Tafeln; Cisiojanus; viele mit Gold und Farben geschmückte Initialen.

XI. 479. Papierhandschrift des XV. Jahrh. 154 Blätter in 8°. Alter Eigenthümer Stift St. Florian.

Psalterium. Ueberschrift: Incipit prologus sancti ieronimi presbiteri in sephartallim quod interpretatur volumen ympnorum. Folgen die 150 Psalmen. Die Deckel sind von innen bekleidet mit Fragmenten eines Matutinale aus dem XIII. Jahrh., welche vom Feste der heil. Agnes handeln.

XI. 480. Pergamenthandschrift des XV. Jahrh. 280 Blätter in 8°. Alter Eigenthümer Stift St. Florian.

Antiphonarium Neumatum. Auf den Vorsetzblättern, welche den Codex umschliessen, sind Bruchstücke einiger Legenden vom heil. Evangelisten Johannes etc. aus dem XIV. Jahrh. auf Pergament.

XI. 481. Papierhandschrift des XVIII. Jahrh. 21 Blätter in 2°. Altes Eigenthum St. Florians.

Ritus benedicendi novum coemeterium ex Romano Pontificali in compendium contractus, in Benedictione Solemni novi coemeterii San Florianensis prope hortum culinarem anno 1718 noviter erecti primum adhibitus a Joanne Georgio Praeposito ad sanctum Florianum anno 1753.

XI. 482. Papierhandschrift des XVIII. Jahrh. 231 Blätter in 2°. Altes Eigenthum St. Florians.

Caeremoniale Collegii s. Apollinaris. Titelblatt: Caeremoniae ecclesiae s. Apollinaris Collegii Germanici et Ungarici Urbis, authoritate reverendissimi patris Joannis Ambrosii Centurioni pro tunc Rectoris approbatum, a perillustri domino Gabriele Hermanno Pathachich croata Abbate infulato s. Spiritus de Hrapkop pro tunc Sacrarum Caeremoniarum Magistro in hanc formam redactum anno 1722.

XI. 483. Papierhandschrift des XVI. Jahrh. 145 Blätter in 2°. Ursprünglicher Eigenthümer unbekannt. Auf dem Vorstehblatt steht: Ludtwig Fulzeder 1659.

Agenda der christlichen Kirchen im Ertzhertzogthumb Oesterreich ob der Enns. In deutscher Sprache. Auf dem Vorsetzblatt allerlei christliche Denksprüche.

XI. 484. Papierhandschrift des XV. Jahrh. 43 Blätter in 2°. 2 Spalten. Anno 1546 war der Besitzer ein gewisser Wolfgang Waldner.

Missale, welches nur eine Anzahl besonderer Messen enthält. Der Canon und die Missa pro defunctis ist gedruckt von Johann Winterburg in Wien 1499. Auf dem hintern Deckel ist ein Verzeichniss derjenigen, welche anno 1512 und 1544 ein Requiem gesungen haben. Dort befindet sich auch die Inscription des vormaligen Besitzers.

XI. 485. Papierhandschrift des XVIII. Jahrh. 163 Blätter in 4°. Altes Eigenthum St. Florians.

Caeremoniale Collegii s. Apollinaris. Ist von Codex XI. 482 nur durch das Format und durch die Schrift verschieden.

XI. 486. Papierhandschrift des XVIII. Jahrh. 23 Blätter in 4°. Altes Eigenthum St. Florians.

Antiphonarium ecclesiae s. Floriani cum modis musicis.

XI. 487. Pergamenthandschrift des Jahres 1749. 12 Blätter in 4°. Altes Eigenthum St. Florians.

Litaniae omnium Sanctorum. Sehr schön geschrieben.

XI. 488. Papierhandschrift des XIX. Jahrh. 125 Blätter in 8°. Ursprünglicher Besitzer Franz von Schwinghaimb Pfarrer zu Windhang.

Ueber Kirchensprache und Landessprache in der Liturgie. Eigenhändiges Manuscript des Verfassers Franz von Schwinghaimb. Dasselbe erschien im Druck bei Huemer Linz 1837.

XI. 489. Pergamenthandschrift des XIII. Jahrh. 124 Blätter in kl. 2°. 2 Spalten. Altes Eigenthum St. Florians.

1) Bl. 2ᵃ—15ᵇ. Expositio Hymnorum. Anfang: Liber iste dicitur liber hynnorum, ymnus dicitur laus dei etc. 2) Bl. 16ᵃ—27ᵃ. Summa de iis quae in ecclesiis ab earum ministris geruntur. Anfang: Necessarium est nobis fratres karissimi etc. 3) Bl. 27ᵃ—36ᵃ. Summa de virtutibus et vitiis. Anfang: Primo omnium querendum est homini etc. Alter Beisatz: Est pars libri scintillarum. 4) Bl. 36ᵃ—44ᵇ. Dubia sacrae scripturae cum objectionibus et earum solutionibus. Anfang: Omnis Prophetia adimpleta est vel adimplenda. 5) Bl. 44ᵇ—45ᵇ. Sermo de adventu Domini. 6) Bl. 46ᵇ—48ᵃ. Admonitiones s. Bernardi abbatis. Anfang: Multi multa sciunt, se ipsos nesciunt. Am Ende von späterer Hand: Explicinut libri soliloquiorum beati Bernardi abbatis. Bl. 45ᵇ am untern Rande: Meditationes beati Bernardi alias Hugonis von einer Hand des XV. Jahrh. 7) Bl. 48ᵇ—50ᵇ. Sermones duo de beata Virgine, item de s. Michaele. 8) Bl. 51ᵃ—59ᵃ. Auctoritates Sanctorum ad consolationem peccatorum et de variis materiis. Anfang: Pernhardus, peccavi peccatum grande. 9) Bl. 59ᵃ—60ᵇ. Sermones duo de passione Domini et de annunciatione beatae Mariae Virginis. Am Ende heisst es: Anno 1080 fridericus Imperator ⊖ (nämlich obiit). Anno 1197 heinricus Imperator ⊖. 1207 Philippus rex occiditur. 1210 Fridericus rex eligitur; eodem anno

ungari reginam Ge(rtruden) occiderunt; 1212 facta est expeditio puerorum; 1221 Innocentius papa synodum Rome celebravit.   10) Bl.
61ᵃ—88ᵃ. Pronunciamentum de Sanctis. Anfang: Octavianus primus
romanorum imperator etc. Die rothe Ueberschrift lautet: de nativitate
Christi. Hierauf folgt de s. Stephano etc. Es sind lauter kleine Heiligenlegenden.   11) Bl. 88ᵃ—90ᵇ. Tractatus de Symbolo Nicaeno.
Anfang: Omnis sciencie integritas in duobus consistit.   12) Bl. 90ᵇ
—92ᵇ. Sermones duo de adventu Domini et de incarnatione.   Dazwischen ist eine Note: Sex sunt utilitates in sumpcione eucharistie.
Am Ende 2 Noten de 12 dignitatibus hominum und de misericordia
Dei.   13) Bl. 93ᵃ—114ᵇ. De vita sanctorum patrum tertia pars.
Anfang: Vere mundum quis dubitet etc.   Zwischen dem vorausgehenden Index capitum und obigem Anfang des Prologes sind Bl. 94ᵇ—96ᵇ
mehrere kurze Sermones und eine Note de jejunio quatuor temporum
eingeschaltet.   14) Bl. 114ᵇ—124ᵇ. Sermones varii. Bl. 117ᵇ—118ᵃ
sind 2 Noten eingeschaltet contra illos qui nolunt sumere eucharistiam
und contra illos, qui, priusquam dominum recipiunt, ipsum expellunt
per peccatum mortale. Bl. 121ᵃ sind allerlei metra und Denksprüche
eingeschaltet de Eucharistia, de Poenitentia et de Confessione; darauf
folgt Bl. 121ᵇ eine längere Anmerkung de Confessione. Auf dem
vordern Deckel ist ein Inhaltsverzeichniss des Codex aus dem XV.
Jahrh. Das erste Vorsetzblatt ist aus einem Calendarium des XI.
Jahrh. und enthält nebst Tafeln für Epacten, Indiction etc. allerlei
Witterungs- und Gesundheitsregeln. Das zweite Vorsetzblatt jetzt mit
1 signirt, hat eine Predigt in festo omnium Sanctorum aus dem XIII.
Jahrh. Der hintere Deckel ist mit dem Fragment eines Codex des
XIII. Jahrh. bedeckt und enthält ausser einer halb zerstörten und un-
leserlichen Legende von einem sächsischen Canonicus und verschie-
denen Schreibübungen folgende Verse aus dem XIII. Jahrh.

> Quilibet ypocrita, suspiciendus est heremita.
> Sub specie tincta, latet anguis habens aconita.
> Septem sunt cara, quia sunt bona vel quia vara.
> Balsamus, ambra, tyrus, aurum, caro, gamphora.

————————   —— ——

(Das siebente fehlt).

Baltasar et Caspar Melchior. portans haec nomina solvitur a
morbo domini pietate caduco.

XI. 490. Pergamenthandschrift des XV. Jahrh.   490 Blätter in
4°. Altes Eigenthum St. Florians.

Breviarium secundum chorum s. Floriani; Calendarium geht voraus. Viele grosse blau und roth verzierte Initialen. De sancto Floriano Bl. 99ᵃ, 136ᵃ, 386ᵃ, 488ᵃ. Vorn und rückwärts einige nachgetragene Feste von jüngerer Hand. Am Ende fehlt ein Blatt. Das
Vorsetzblatt ist ein Bruchstück eines philosophischen Tractats aus dem
XV. Jahrh.

XI. 491. Papierhandschrift des XVI. Jahrh. 170 Blätter in 4°.
Altes Eigenthum St. Florians.

Antiphonarium cum modis musicis. Auf dem Vorsetzblatt steht

am obern Rande: Haglsperg. Bl. 169ᵇ am obern Rande: Jacobus
Eschenperger comparavit. Auf dem vordern Deckel allerlei Denksprüche und die Jahrzahl 1551.

XI. 492. Papierhandschrift des XV. Jahrh. 213 Blätter in 4°.
Alter Eigenthümer ein gewisser Christianus Pernezeller
de Straubing.

Breviarium. Pars aestivalis secundum chorum pataviensem. Calendarium mit zahlreichen Zeittafeln geht voraus. Bl. 187ᵇ steht am
untern Rande: Cristannus Pernezeller de Straubing. Deo gratias.
Derselbe Name wird Bl. 210ᵇ wiederholt.

XI. 493. Papierhandschrift des XVII. Jahrh. 45 Blätter in 2°.
Alter Eigenthümer Romanus Döll Prior von Wiblingen.

Genealogia Curlandiae et Semgalliae Ducum. Grosser illustrirter
Stammbaum mit den Bildnissen und Elogien genannter Fürsten in
deutscher und lateinischer Sprache. Der Stammbaum ist ausgeführt
von Laurentius de Churelichz kais. Rath und Reichsherold Viennae
1676. Die Elogien sind von dessen Sohn Maximilian. Der Codex
wurde von einem gewissen „Joachimns Ziegler Austriacus Viennensis
utriusque juris Baccalaureus" anno 1687 obengenanntem Prior zum
Geschenk gemacht.

XI. 494. Papierhandschrift des XVIII. Jahrh. 211 Seiten in
2°. Altes Eigenthum des Klosters Wiblingen.

Septem Saecula prima Episcopatus Constantiensis. Latine. Die
Disquisitio praevia handelt de initiis Christianae Religionis ejusque
propagatione intra limites Episcopatus Constantiensis primis 5 saeculis
von Seite 1—77. Das 1. Buch de Episcopis Vindonissensibus et
Constantiensibus saec. VI. von Seite 77—160. Das 2. Buch de Episcopis, Gaudentio, Joanne et Martiano saec. VII. Der unbekannte
Verfasser, wahrscheinlich ein Mitglied des Klosters Wiblingen war
ein Zeitgenosse von Trudpert Neugart dem verdienstvollen Verfasser
des Episcopatus Constantiensis, St. Blasien 1803, Freiburg 1862.

XI. 495. Papierhandschrift des XVIII. Jahrh. 163 Seiten in 2°.
Altes Eigenthum des Klosters Wiblingen.

1) Seite 1—78. Divi Ettonis Monasterii Historia. Die Geschichte
geht von den Uranfängen Ettenheimmünster's bis zum 42. Abt Lan-
delinus, der 1775 zu dieser Würde erhoben wurde. Seite 79—80
leer. 2) Seite 81. Excerpta ex Indiculo Ducum Regumque Bohemiae in Hist. Prof. Cod. LXXII. Biblioth. Caesareae Viennensis.
Seite 82 leer. 3) Seite 83—94. Chronicon Cremifanense ex Historiae
Prof. Cod. LXXXII. saec. XII. Bibl. Caes. Vienn. Anfang: 283 B.
Maximilianus Laureacensis archiepiscopus a Numeriano martyrizatur
apud urbem Celejam. Schluss: 1220 Consecrata est capella s. Mariae
a domino Eberhardo archiepiscopo. Es ist diese Chronik abgedruckt
bei Adrian Rauch Rerum Austr. Scriptores Tom. I. 157. Seite 95
leer. 4) Seite 96. Notitia de Comitibus Buchhornensibus ex Hist.

Prof. Codice CXXVIII. Bibl. Caes. Vienn. Seite 97 leer. 5) Seite
98—138. Chronicon Osterhofense ex Hist. Prof. Cod. XCV. saec.
XIII. Bibl. Caes. Vienn. Anfang: 520 Romanus exercitus apud Otin-
gas a Theodone duce Bawariae prosternitur. Schluss: cui succedit
venerabilis et deo devotus Albertus (1313). Die Chronik ist abgedruckt bei Adrian Rauch 1. Bd. Rer. Austr. Scriptor. Seite 491;
Rauch beginnt mit dem Jahre 1197. Alles, was in unserer Abschrift
dem Jahre 1197 vorausgeht, bezieht sich, einige wenige Notizen über
Osterhofen ausgenommen, auf bairische und deutsche Geschichte. Ein
Theil dieser Chronik, nämlich von 1285 an bis zum Ende ist auch
abgedruckt bei Boehmer Fontes Rer. Germ. 2. Bd. S. 554. Seite 139
—140 leer. 6) Seite 141. Excerpta ex Codice CXI. Hist. Ecc.
Saec. XV. Bibl. Caes. Vienn. Dieselben beziehen sich auf Kloster-
angelegenheiten. Seite 142 leer. 7) Seite 143—156. Catalogi Episcoporum Ratisbonensium. Abschrift ex Cod. CXI. Hist. Eccl. Saec.
XV. Biblioth. Caes. Vienn. 8) Seite 157—159. Fragmentum Chronici Maurimonasteriensis in Alsatia ex Codice CCXXIX. Hist. Prof.
saec. XV. Bibl. Caes. Vienn. 9) Seite 160—163. Fragmentum
Chronici Ueberlingani de Origine Civitatis Constantiensis ex Cod.
CCXLVI. Hist. Prof. Saec. XV. Bibl. Caes. Vienn.

XI. 496. Papierhandschrift des XVIII. Jahrh. 158 Seiten in 2°.
Ursprüngliches Eigenthum des Klosters Wiblingen.

Abhandlung von den Werken der ältesten Augsburger Buch-
drucker im XV. Jahrh. von Franz Krismer Carthäuser von Buxheim;
abgeschrieben von P. Meinrad Hamberger Conventualen von Wiblingen. Die Arbeit Krismer's wurde benützt von Veith bei Herausgabe
seiner Diatribe de Origine et Incrementis Artis Typographicae etc.,
welche den Annales Typographiae Augustanae von Zapf vorge-
druckt ist.

XI. 497. Papierhandschrift aus dem Ende des XVIII. Jahrh.
8 Bände in 2°; zu 192, 179, 180, 232, 270, 220, 249,
301 Blättern. Ursprünglicher Eigenthümer unbekannt.

Topographische Beschreibung des Mühl-Hausruck und Traun-
Kreises. Die Beschreibung beruht auf amtlichen Erhebungen zum
Behufe der Mappirung Oberösterreichs und ist mit den Beglaubigun-
gen der betreffenden Obrigkeiten versehen. Die Beschreibung des
Mühl- und Hausruckkreises rührt aus dem Jahre 1788, diejenige des
Traunkreises aus dem Jahre 1791.

XI. 498 Papierhandschrift aus dem XVIII. Jahrh. mit Ausnahme weniger Blätter, welche dem XIX. Jahrh. angehören. 125 Blätter in 2°. Ursprünglicher Eigenthümer Alexander Gregor Tischler Syndicus.

Memoir oder Bedenkbuch bei der kais. königl. landesfürstl. Stadt
Egenburg. Enthält Abschriften von Urkunden und Akten aus den
Jahren 1415—1522, welche auf die Geschichte der Stadt Eggenburg
Bezug haben.

XI. 499. Papierhandschrift aus dem Jahre 1839. 6 Blätter in 2°.
Ursprüngliches Eigenthum des Verfassers.

Vortrag gehalten bei der General-Versammlung des Museal-Ver-
eines für Oesterreich ob der Enns und das Herzogthum Salzburg im
Jahre 1839 von Jodok Stülz, Chorherrn von St. Florian. Der Auf-
satz handelt von den leitenden Grundsätzen bei der Gründung des
Diplomatars von Oberoesterreich, vom Nutzen und Werth der Geschichte.
Abgedruckt im Linzer Musealbericht 1840, S. 1—10.

XI. 500. Papierhandschrift aus dem Jahre 1858. 9 Seiten in 2°.
Ursprünglicher Besitzer Joannes Hack Fuldensis.

1) Seite 1—2. Modus quo R. P. Andreas Lavitius S. J. a Pseudo-
Demetrio a. 1605 ad Leonem XI. P. M. missus cum hoc ageret. In
latein. Sprache. 2) Seite 2—6. Litterae quas Macrina Demetrii uxor
anno 1606 et 1609 Pontifici Maximo scripsit. 2 Briefe in latein.
Sprache. 3) Seite 6—9. Litterae quas, ut R. P. Lavitius Leoni XI.
P. M. traderet, Demetrius a. 1605 scripsit. 1 Brief in latein. Sprache.
Diese Actenstücke wurden vom obengenannten Johann Hack „ex libro
manuscripto et in bibliotheca Principis Rasumofski in Schwertberg
servato" sorgfältig und genau abgeschrieben.

XI. 501. Papierhandschrift vom Jahre 1841. 76 Seiten in 2°.
Ursprüngliches Eigenthum des Verfassers.

Skizze des Lebens des Johann Georg Adam Freiherrn von
Hoheneck, verfasst und vorgetragen von Anton Ritter von Spaun,
ständ. Syndicus in der General-Versammlung des Museums Francisco-
Carolinum anno 1841. Abgedruckt im Linzer Musealblatt. 6. Bericht.
1842. S. 1—47.

XI. 502. Papierhandschrift aus dem Jahre 1858. 9 Seiten in 2°.
Ursprünglicher Besitzer Joannes Hack Fuldensis.

Preussisch-Englische und Preussisch-Russische geheime Artikel
aus den Jahren 1813 und 1814. Abgeschrieben nach authentischen
Documenten im Archive des Fürsten Rasumoffsky zu Friedeck bei
Schwertberg vom obengenannten Johann Hack anno 1858. Sprache
der Originalien und der Abschrift ist die französische.

XI. 503. Papierhandschrift vom Jahre 1858. 11 Seiten in 2°.
Ursprünglicher Besitzer Joannes Hack Fuldensis.

Verschiedene Noten von dem Fürsten Andreas Rasumoffsky,
Russischen Botschafter am Oesterreichischen Hofe, zur Zeit des Wiener
Congresses an die Cabinete von Oesterreich, Preussen und England
in der Angelegenheit von Sachsen und Polen gerichtet und von Kaiser
Alexander mit eigenhändigen Randnoten begleitet. Nach den Origi-
nalien im Archiv zu Friedeck copirt von Johann Hack anno 1858.
Sprache die französische.

XI. 504. Papierhandschrift des XIX. Jahrh. 6 Seiten in 2°.
Ursprünglicher Besitzer unbekannt.

Kurze Bemerkungen über Palm's Tod. Die Schilderung der Vorfälle bei Palm's Verurtheilung und Hinrichtung ist von einem Augenzeugen. Sprache deutsch.

XI. 505. Papierhandschrift vom Jahre 1858. 2 Blätter in 2°. Ursprünglicher Besitzer Joannes Hack Fuldensis.

Zur Geschichte der Theilung des Königreiches Sachsen auf dem Wiener Congresse. Das Acktenstück ist nach einem authentischen Documente im Archive zu Friedeck von dem mehrerwähnten Hack anno 1858 abgeschrieben worden. Es besteht aus einer Tabelle der verschiedenen Territorien Sachsen's, mit deren Abtretung an Preussen Oesterreich einverstanden war und einer Tabelle der weitergehenden Forderungen Preussens. In französischer Sprache.

XI. 506. Papierhandschrift des XVI. Jahrh. 27 Blätter in 2°. Ursprünglicher Besitzer unbekannt.

Iter Pezzenianum Libertatis ergo Christianae susceptum a Nicolao Engelhardo Argentoratensi descriptum. Engelhard war Reisebegleiter des Rechtsgelehrten Bartholomaeus Petz, den Kaiser Rudolph II wegen Abwehr der Türkengefahr an die Höfe vieler deutscher Fürsten sendete. Die Reise wurde 1592 angetreten von Wien aus und ging über Prag, Nürnberg, Würzburg, Heidelberg, Frankfurt, Köln, und zurück über Baiern und Oesterreich nach Wien.

XI. 507. Papierhandschrift des XVIII. Jahrh. 31 Blätter in 2°. Ursprüngliches Eigenthum St. Florians.

1) Bl. 1 —11ᵇ. Fructus Australes seu effectus unionis Lateranensis. 2) Bl. 12ᵃ—21ᵃ. Introductio Canonicorum Regularium ad Ecclesiam Lateranensem et Concessio Privilegiorum. 3) Bl. 21ᵃ—31ᵇ. Constitutiones Pontificiae et Romanarum Congregationum Decisiones ad. Can. Reg. S. Salvatoris aliosque spectantes.

XI. 508. Papierhandschrift des XVIII. Jahrh. 2731 Seiten in 2°. Ursprünglicher Eigenthümer Graf Franz Christoph von Khevenhiller.

Beschreibung: Frantzen Christophen Khevenhiller's zu Aichelberg Graven zu Frauckenberg Lebenslauf und was sich beyläuffig darinnen und zur selben Zeit sowoll in aignen gescheften, anbevohlenen verrichtungen und denkwürdigen geschichten als andern sehr nützlich fürwissenden Negotiationen zugetragen, sambt einer kurzen verzeichniss seiner Reisen wie es Georg Moshemer aus wolgedachten Herrn Graven Schriften und Verzeichnis mit grossen Fleis gezogen und Er Herr Grav es zu continuirung der vorhergehenden Historien hierher setzen lassen. So der alte Titel. Auf dem Titelblatte sind die zierlichen Wappen Khevenhiller's und seiner Gemahlin Barbara von Teufel gemalt. Der Band enthält auf 2636 Folioseiten die Geschichte des Grafen vom Jahre seiner Geburt 1588 bis 1623 inclusive, und zwar anfangs nur sein Leben, aber von 1610 an auch die Geschichte seiner Zeit und namentlich die Ereignisse, an denen er selbst Theil nahm

oder deren Augenzeuge er war. In den gedruckten Annales Ferdi-
nandei von Khevenhiller ist grösstentheils weggelassen, was im Be-
sondern Khevenhiller's Person angeht; das übrige ist dortselbst fast
wörtlich nur bisweilen in einer andern Ordnung abgedruckt. Vollendet
wurde das Werk 1628, wie Khevenhiller selbst im Epilog auf der
letzten Seite angiebt. Unser Band fängt an mit Seite 2031; er ist
also nur die Fortsetzung eines oder mehrerer anderer; er beginnt mit
dem 16. Buche. Die vorhergehenden Bücher enthalten die Genealogie
der früheren Khevenhiller, die geschichtlichen Aufzeichnungen des
Oheimes Johann, kais. Gesandten am Madrider Hofe und des Vaters
Bartholomaeus Khevenhiller. Es ist im Verlaufe öfter davon die Rede,
indem auf die Erzählung beider hingewiesen wird. Der Anhang von
Seite 4671 an enthält die Genealogien der Seitenlinien und von Einzelnen ausführlichere Lebensnachrichten, welche theilweise sehr interessant sind. Stücke aus diesem Lebenslauf sind veröffentlicht worden
von Stülz im Linzer Musealblatt Jahrg. 1839 unter dem Titel: Des
Grafen Franz Christoph Khevenhiller Brautwerbung; ferner im Jahrg.
1841, N. 13, 15, 25; im Archiv für Kunde oesterr. Geschichtsquellen
IV. 331. unter dem Titel: Die Jugend und Wanderjahre des Grafen
Fr. Chr. von Khevenhiller.

XI. 509. Pergamenthandschrift des XII. Jahrh. 119 Blätter in 2°.
Altes Eigenthum St. Florians.

Paulus Orosius historiarum adversus paganos libri septem. Das
Werk findet sich in Gallandi Bibl. Pat. Venet. 1788 fol. Tom. IX.
Unser Codex würde Gallandus für die Herstellung des Textes sehr
erwünscht gewesen sein. Die Vorstehblätter vorn und rückwärts sind
Dupla der Blätter 41 und 46.

XI. 510. Papierhandschrift des XVIII. Jahrh. 4 Bände zu 1783
Seiten in 2°. Früherer Eigenthümer Bischof Gregorius
Ziegler von Linz.

De personis illustribus et historia imperialis monasterii B. Mariae
Virginis in Zwifalten. Unsere 4 Bände enthalten Pars II. Tom. II
et III; Pars III. Tom I und II. und umfassen den Zeitraum von
1555—1658. Der Verfasser hiess Bernard Joseph Neher und war
Benedictiner des genannten Hauses. Er lebte noch 1790. Der letzte
der 4 Bände wurde von Neher angefangen und von Pater Roman
Gruber 1798 vollendet. Die Annales Zwifaltenses von Sulger Augsburg 1698 beruhen auf denselben Quellen wie die Arbeit Neher's;
letztere ist aber viel weitläufiger. Bei den einzelnen Biographien der
Aebte sind die gemalten Wappen derselben.

XI. 511. Papierhandschrift des XVII. Jahrh. 342 Blätter in 2°.
Altes Eigenthum des Klosters Wiblingen.

Epistolarum Wiblingensium libri primi supplementum secundum
ab anno 1612—1650. Die ersten 112 Briefe sind Abschriften, welche
Pater Felicianus Diele von Wiblingen gemacht hat: die darauffolgenden Nummern 113—166 sind Originalien. Diele's Abschriften wurden
im XVIII. Jahrh. gemacht.

XI. 512. Papierhandschrift des XVIII. Jahrh. 2 Theile zu 235 und 228 Seiten in einem Folioband. Früherer Eigenthümer Gregorius Ziegler, Bischof von Linz.

Chronicon imperialis monasterii Ursinensis. Der Codex enthält im ersten Theile die Chronik des Klosters Irrsee (Ursinium) bei Kauffbeuern von der Stiftung desselben anno 1182 bis 1710; im zweiten Theile Urkunden in Abschrift und Abhandlungen über einzelne Zeitereignisse; endlich Verzeichnisse aller Päpste, Kaiser, Bischöffe von Augsburg, aller Pfarreien der Augsburger Dioecese etc. etc. Geschrieben wurde der Codex von Pater Placidus Emer, der freien Reichsabtei Ursin Professen und Subprior.

XI. 513. Papierhandschrift des XVIII. Jahrh. 262 Blätter in 2°. Früherer Eigenthümer Gregorius Ziegler, Bischof von Linz.

Aktenstücke zur Geschichte des Klosters Zwifalten in den Jahren 1750—1753. Es sind lauter Abschriften, deren amtliche Beglaubigung Blatt 261—262 zu finden ist.

XI. 514. Papierhandschrift des XIX. Jahrh. 157 Blätter in 2°. Ursprüngliches Eigenthum St. Florians.

Materialien zur Geschichte des Klosters Wilhering. Eigenhändiges Manuscript des Verfassers der Geschichte des Cistercienser-Klosters Wilhering Jodok Stülz, Linz 1840. Die Materialien enthalten vieles, was in das gedruckte Werk nicht aufgenommen worden ist.

XI. 515. Papierhandschrift des XIX. Jahrh. 158 Blätter in 2°. Ursprüngliches Eigenthum St. Florians.

1) Bl. 1ᵃ—17ᵇ. Geschichte der Unruhen der Unterthanen des Stiftes Spital am Pirn. Eigenhändiges Manuscript des Verfassers Jodok Stülz. Es ist mit unwesentlichen Veränderungen abgedruckt in dessen Geschichte von Wilhering Seite 388—432. Bl. 18 leer. 2) Bl. 19—158. Zur Geschichte des Geschlechtes der Herren und Grafen von Schaunberg. Eigenhändiges Manuscript des Verfassers Jodok Stülz; mit wenigen Veränderungen abgedruckt in den Denkschriften der Kais. Academie d. Wiss. XII. Bd. S. 147—368.

XI. 515. A. Papierhandschrift vom Jahre 1762. 120 Seiten in 2°. Ursprüngliches Eigenthum St. Florians.

Protocollum eines löblichen O. Oe. Raith-Raths Collegii de 10. Decembris anni 1762 über die 1761 jährige sowohl Particular als Einnehmer-Ambts Hauptrechnungen sub praesidio Illustrissimi D. D. Ernesti Comitis de et in Sprinzenstein, beschrieben und geführt von mir Engelbert II. Probsten und lateranenser Abbten zu St. Florian als den hochseligen Herrn Prälaten von Schlögel supplirenden Raith-Rath.

XI. 516. Papierhandschrift des XVII. und XVIII. Jahrh. 54 Blätter in 2°. Früherer Besitzer Gregorius Ziegler Bischof von Linz.

1) Bl. 1ᵃ—2ᵃ. Approbatio et Statuta Fraternitatis sub patrocinio s. Benedicti erectae 1686 a Reverendissimo etc. Domino Ordinario facta pro Moribundis. Bl. 2ᵇ—3ᵇ leer. 2) Bl. 4ᵃ. 54ᵃ. Syllabus Confratrum Consororumque hujus Benedictinae Confraternitatis. Diese Bruderschaft wurde von der schwäbischen Benedictinercongregation errichtet. Die Einzeichnungen beginnen mit dem Jahre 1686 und schliessen mit dem Jahre 1776.

XI. 517. Papierhandschrift aus dem ersten Viertel des XVIII. Jahrh. 413 Blätter in 2°. Ursprünglicher Eigenthümer unbekannt.

Matricula derjenigen sowohl noch dato lebendten als abgestorbenen Geschlechter des löbl. Herrn und Ritterstandts, so noch vor Anno 1596 in diesem Ertzherzogthomb Oesterreich ob der Enns vor Landleuth gehalten worden. Am Ende einige Abschriften von Akten, die oberösterreichische Landmannschaft des Prinzen Eugen von Savoyen betreffend aus den Jahren 1717—1718.

XI. 518. Papierhandschrift des XVII. Jahrh. 3 Bände in 2° zu 88, 177 und 187 Blättern. Früherer Eigenthümer Ferdinand Bitkha s. J.

Elogia Originalia Defunctorum e Societate Jesu. Dieselben enthalten die Lebensbeschreibungen einer grossen Anzahl von Mitgliedern der Gesellschaft Jesu in den verschiedenen Hauptorten der oesterreichischen Monarchie und gehen vom Jahre 1645—1669. Es sind lauter Originalbriefe, die an das Linzer Collegium s. Jesu gerichtet worden sind. Dieselben wurden dem Probst Johann Georg von St. Florian von seinem ehemaligen Lehrer der Philosophie in Linz Ferdinand Bitkha s. Jesu zum Geschenk gemacht.

XI. 518. A. Papierhandschrift des XVIII. Jahrh. 365 Blätter in 2°. Ursprüngliches Eigenthum St. Florians.

Hausrechnung aus dem ersten Regierungsjahr des Probsten Mathaeus II. Gogl (1766—1767).

XI. 518. B. Papierhandschrift des XVIII. Jahrh. 443 Blätter in 2°. Ursprüngliches Eigenthum St. Florians.

Die Einnahmen und Ausgaben des Stiftes St. Florian in den Jahren 1768—1775.

XI. 518. C. Papierhandschrift des XVIII. Jahrh. 38 Blätter in 2°. Ursprüngliches Eigenthum St. Florians.

Rapulare des Stiftes St. Florian pro 1778—1791.

XI. 519. Papierhandschrift des XIX. Jahrh. 312 Blätter in 2°. Ursprünglicher Besitzer Adalbert Böhm, niederösterreichischer Registratursbeamter, gest. 1855.

Regesten zu einer Geschichte des berühmten Geschlechtes der Rosenberg in Böhmen. Die Regesten sind von dem obengenannten

Adalbert Böhm gemacht. Von Blatt 297 beginnt eine zusammen-hängende Geschichte derer von Rosenberg, deren Ende jedoch fehlt, indem der Codex mit Bl. 312 plötzlich abbricht.

XI. 520. Papierhandschrift des XVI. Jahrh. 1097 Blätter in 2". Ursprüngliches Eigenthum des Jakob Fugger in Augs-burg.

Acta des Reichstages zu Augsburg de anno 1582. Bl. 1^b ist Folgendes zu lesen: Anno 1589 im Julio hab ich Jacob Fugger dem Hans Mehrer tzu Augsburg vir das Buch 30 f. lassen beezalen den f. zu 60 k. gerait. Bevor das Buch in den Besitz Florians kam, hat es Advokat Seyringer in Linz besessen anno 1692.

XI. 521. Papierhandschrift des XVII. Jahrh. 592 Blätter in 2". Alter Eigenthümer Stift St. Florian.

Annales Styrenses das ist Historische Beschreibung aller denkh-würdigen Händl und Geschichten, die sich zue und umb die Statt Steyr von Anfang derselben Erhöhung bis in Annum 1619 begeben und zuegetragen; dabey zur nottwendigen Erleutterung die beneben fürgeloffene Oesterreichische Landts-Handlungen zum Thail doch khürtzlich mit eingefürth worden; durch Valentin Preuenhueber. Ein Exemplar mit grau gemalten Wappen. Der Text stimmt mit der zu Nürnberg 1740 erschienenen gedruckten Ausgabe überein, doch ent-hält er hie und da kleine Zusätze.

XI. 522. Papierhandschrift des XVII. Jahrh. 569 Blätter in 2". Alter Eigenthümer Stift St. Florian.

Annales Styrenses von Valentin Preuenhueber. Dasselbe Werk wie das vorhergehende, aber von einer andern etwas älteren Hand und nach einer andern Vorlage geschrieben. Dieses Exemplar ist ohne Wappen. Der Text ist weniger correct als der der vorhergehenden Handschrift.

XI. 523. Papierhandschrift des XVII. Jahrh. 188 Blätter in 2". Altes Besitzthum St. Florians.

Historia Carinthiaca das ist weitläuftige und ordentliche Beschrei-bung der Historien des hochlöblichen und uralten Ertzherzogthumbs Kärndten etc. etc. Durch Michaelem Gothardum Christalniccium Ca-rinthum auf der Herrschaft Sonneg bestelten Predicanten etc. publiciert im Jar 1578. Von den 14 Büchern enthält der Codex nur die 4 ersten. Siehe auch XI. 561.

XI. 524. Papierhandschrift des XVI. Jahrh. 151 Blätter in 2". Früherer Besitzer, nämlich um 1692, Advocat Seyringer in Linz.

Deutsch geschriebener Tractat das Münzwesen betreffend. Ent-hält die Geld- und Wechselverhältnisse der vorzüglichsten Handels-plätze Europa's.

XI. 525. Papierhandschrift aus d. XVII. Jahrh. 134 Blätter in 2°. Früherer Eigenthümer Advocat Seyringer in Linz.

Prothocoll Underschidliche gemeine aussgeferttigte Schreybenn von Ihr Gnaden dem hochwolgebornen Herrn Herrn Haunss Ernst Fugger etc. meinem gnedigen Herrn ahn dero Beamter und Guetter betreffendt de anno 1616—1619.

XI. 526. Papierhandschrift aus dem XVII. Jahrh. 426 Blätter in 2°. Früherer Eigenthümer Kloster Suben am Inn.

Beschreibung des Landtages so von dem durchleuchtigsten Fürsten und Herrn Herrn Maximilian Pfaltzgrafen bei Rhein Hertzogen in obern und niedern Bayrn etc. anno 1612 nach München ausgeschrieben worden.

XI. 526. A. Papierhandschrift aus dem XVI. Jahrh. 173 Blätter in 2°. Früherer Eigenthümer Chorherrnkloster Suben am Inn.

Beschreibung des Lanndtags so von dem durchlauchtigsten hochgebornen Fürsten und Herrn Herrn Albrechten Pfaltzgraven bei Rhein Hertzogen zu Obern und Niedern Bairn etc. in seiner Haubtstat München angesetzt worden Anno 1577. Der Codex hat gegen das Ende von Moder sehr gelitten.

XI. 527. Papierhandschrift des XVII. Jahrh. 173 Blätter in 2°. Altes Besitzthum St. Florians.

Abhandlung von dem oberoesterreichischen Einnehmeramt. Enthält eine Menge Materialien für die Geschichte der ehemaligen ständischen Finanzgebarung.

XI. 528. Papierhandschrift des XVI. Jahrh. 217 Blätter in 2°. Früherer Eigenthümer Sebastian Hartmann ab Hartmannstain Jur. utriusque Doctor um 1637.

Cronica Allerlay gedenckhwürdiger sachen und heudell, so sich seitt Anno 1500 bis 1562 sampt was under Kaiser Carols des 5. und seines Bruder's Kaiser Ferdinand's Regierung in und auserrhalb des hailligen Römischen Reichs Teetscher Nation zuegetragen und verlauffen habenn. Darunter steht 1590. Die Chronik beginnt: Im Jar nach Christi Geburt 1500 ist die starckhe Statt Modon vom Türckhen gewunnen etc.

XI. 529. Papierhandschrift des XVIII. Jahrh. 80 Blätter in 2°. Ursprüngliches Eigenthum St. Florians.

Titulatur-Buch aus der Zeit des Probstes Engelbert von Florian (1755—1766). Interessant weil die Titel von lebenden Personen der Kirche und des Staates hergenommen sind.

XI. 530. Papierhandschrift des XVII. Jahrh. 130 Blätter in 2°. Alter Eigenthümer Stift St. Florian.

Tractation zwischen Kaiser Mathias und den Stäuden Ober und

Unteroesterreichs Augsburgischer Confession, betreffend die Religions-freiheit; Anno 1609.

XI. 531. Papierhandschrift des XVIII. Jahrh. 5 Blätter in 2°. Ursprüngliches Eigenthum St. Florians.

Confirmatio Privilegiorum Congregationis Lateranensis Canonico-rum Regularium pro ecclesia collegiata s. Floriani per Pont. Max. Bene-dictum XIV. anno 1741. Abschrift.

XI. 532. Papierhandschrift des XVIII. Jahrh. 6 Seiten in 2°. Ursprüngliches Besitzthum St. Florians.

Elenchus omnium Collegiorum Canonicorum Regularium in Ger-mania. Ein Verzeichniss aller um die Mitte des vorhergehenden Jahr-hunderts noch bestandenen, transferirten, erloschenen oder saecularis-irten Chorherrnklöster in Deutschland geordnet nach 11 Kreisen.

XI. 532. A. Papierhandschrift vom Jahre 1748. 56 Blätter in 2°. Ursprüngliches Eigenthum St. Florians.

Rapulare seu Autographum Catalogi Vicariorum et Cooperatorum in parochiis Collegio s. Floriani incorporatis recto ordine succedentium. Der Catalog ist laut Vorrede verfasst und eigenhändig niedergeschrieben von Johann Georg Probst zu St. Florian anno 1748. Er ist nach authentischen Documenten gearbeitet und läuft vom Anfange des XVII. Jahrh. bis zum Jahre 1748.

XI. 533. Papierhandschrift des XVII. Jahrh. 75 Blätter in 2°. Altes Eigenthum des Paulinerklosters Ranna in Unter-oesterreich.

Annales Coenobii Ordinis s. Pauli primi Eremitae in Ranna ab anno 1421—1678. Die Annalen wurden vom Jahre 1424, dem Jahre der Gründung, bis zum Jahre 1669 verfasst von Fr. Benedict Leipoldt; von 1669 an von andern Mitgliedern desselben Hauses. Die Arbeit beruht auf Urkunden; Visitationsakten sind in Originali beigefügt.

XI. 534. Papierhandschrift des XVI. Jahrh. 151 Blätter in 2°. Alter Eigenthümer Stift St Florian.

Kurtze und Summary Beschreibung aller und jeder eussersten Granitzheuser vom Adriattischen Meer bis Sibenbürgen. (Zur Zeit Kaiser Rudolf II.)

XI. 534. A. Papierhandschrift des XVIII. Jahrh. 175 Blätter in 2°. Altes Eigenthum St. Florians.

Raittungen über der löbl. St. Sebastiani Bruderschafft allhier zu St. Florian Empfang und Ausgaben de Anno 1689—1733.

XI. 534. B. Papierhandschrift des XVIII. Jahrh. 203 Blätter in 2°. Altes Eigenthum St. Florians.

Raittungen über der löbl. St. Sebastiani Bruderschaft allhier zu St. Florian Empfang und Ausgaben de Anno 1734—1769.

XI. 534 C. Papierhandschrift des XVIII. Jahrh. 33 Blätter in 2°. Altes Eigenthum St. Florians.

Beschreibung der bei des Heil. Ritter und Martyrers St. Sebastiani löbl. Bruederschafft zu St. Florian verhandene Mobilien.

XI. 534. D. Papierhandschrift des XVII. und XVIII. Jahrh. 344 Blätter in 2°. Altes Eigenthum St. Florians.

Bruderschaft-Buch von Anno 1636—1764. In diesem Verzeichniss aller Mitglieder der Sebastiani Bruderschaft kommen auch die Stiftsmitglieder vor und zwar oft mit Angabe ihres Todestages.

XI. 534. E. Papierhandschrift des XVII. Jahrh. 298 Blätter in 2°. Altes Eigenthum St. Florians.

Bruderschaftsbuch der St. Sebastiani Bruderschaft in St. Florian. Enthält die geistlichen Mitglieder, die Gutthäter Bl. 139—149, die Rectoren, Assistenten und Consultoren Bl. 295—298. Die Daten gehen bis in das letzte Viertel des XVII. Jahrh. Die Einzeichnungen der Stiftsherrn sind theilweise eigenhändig.

XI. 535. Papierhandschrift des XVII. Jahrh. 149 Blätter in 2°. Ursprünglicher Eigenthümer Advocat Seyringer in Linz.

Oberoesterreichisches Landschaftsbuch. Eine specificirte Angabe aller Ständemitglieder und Herrschaften in Oberoesterreich und ihrer Leistungen sammt verschiedenen Güteranschlägen.

XI. 536. Papierhandschrift des XVIII. Jahrh. 224 Blätter in 2°. Alter Eigenthümer Stift St. Florian.

Rathschluss Eines Hochlöbl. Prälatenstandes in dem Ertzherzogthum Oesterreich ob der Enns von Anno 1676 bis 1706. Was disse 30 Jahre her in verschiedenen Angelegenheiten den Stand insgemein betreffend etc. etc. vorkommen, so alles mit Fleiss beschrieben und in diese Ordnung gebracht worden durch Benedict Finsterwalder beider Rechten Doctorem Hofrichtern zu Crembsmünster und Eines Hochlöbl. Prälatenstandes in Oesterreich ob der Enns Secretarium Anno 1707.

XI. 537. Papierhandschrift des XVII. Jahrh. 142 Blätter in 2°. Alter Eigenthümer der Verfasser.

Steyrischer Fürsten Graven und Herren Stammen-Buech. Darinnen die An und Herkunft der uralten Graven, Marggraven und Hertzogen von Steyr, Sowol derer von Ihnen entsprossenen tails abgestorbener, tails noch lebender löbl. Geschlechter, von Steyr, Bernegg, Hohenberg, Stahremberg und Losenstain Stammen und verrichte denkhwürdige Thatten begriffen durch Valentin Prevenhueber Anno 1626. Es ist ein Widmungsexemplar mit der eigenhändigen Unterschrift Preuenhubers Blatt 2°. Gewidmet ist es: „Denen Hoch und Wolgebornen Graven und Herren Herren N. und N. allen diser Zeit im Leben verhandenen Herren, baider uralten hochansehlichen und löblichen Geschlecht, der Graven von Losenstain und Herren von Stahremberg etc.

seinen Gnädigen und gebiettenden Herren sammentlich und sonders." Das Stammbuch der Steierischen Fürsten, Grafen und Herren erschien 1653 zu Wien bei Kürner im Druck; darauf zu Nürnberg 1740 bei Schmidt. Unser Text weicht vielfach davon ab, enthält Erweiterungen und Auslassungen, veränderte Ordnung und andere Lesearten. Auf das Stammbuch der Steierischen Fürsten folgt Bl. 42ᵃ—142ᵇ eine genealogische Beschreibung der Geschlechter Losenstein, Stahrenberg, Pernegg und Hohenberg, welche unter den gedruckten Werken Preuenhuber's nicht vorkommt. Was die Grafen von Stahrenberg anbelangt, so wurde die „Stemmatographia Familiarum sanguinis Styrensis Manuscripta" benützt von Halloy Origo et Genealogia Starhembergica Vienne 1729.

XI. 537. A. Papierhandschrift vom Jahre 1814. 258 Seiten in 4°. Ursprüngliches Eigenthum St. Florians.

Catalogus omnium quorum notitia ad nos pervenit Canonicorum Regularium Divi Augustini Ecclesiae Collegiatae s. Floriani inde a restitutione per B. Altmannum Episcopum Patavinum anno 1071 ad novissima usque tempora collectus et consignatus ab Augustino Pscharr gremii hujatis canonico regulari pro tunc parocho Hargelsmontano. 1814. Der Catalog wurde nach der Vorrede aus den Angaben der Leichensteine, der Bücherinscriptionen, der handschriftlich vorhandenen Necrologien, der im Archiv befindlichen Cataloge, der Wahl und Confirmationsdocumente zusammengesetzt, und von späterer Hand bis zum Jahre 1845 fortgesetzt. Er enthält ausser den Namen auch kurze Lebensnotizen und bei hervorragenderen Männern auch eine gedrängte Biographie. Es werden darin nicht bloss die im Stift lebenden Chorherrn, sondern auch die auf den Pfarren exponirten aufgeführt.

XI. 538. Papierhandschrift des XIX. Jahrh. 178 Seiten in 2°. Alter Eigenthümer der Verfasser.

Darstellung des gesellschaftlichen Zustandes in Oesterreich während des XIII. und XIV. Jahrhunderts von Franz Kurz reg. Chorherrn von St. Florian. In dieser Form ist die Arbeit ungedruckt, aber sie wurde vielfach vom Verfasser bei seinen historischen Publicationen benützt, vorzüglich in: Oesterreich unter den Königen Ottokar und Albrecht I. 2. Theil und: Oesterreich unter Herzog Albrecht IV. 1. und 2. Theil.

XI. 539. Papierhandschrift des XIX. Jahrh. 409 Seiten in 4°. Alter Eigenthümer der Verfasser.

Oesterreichs kirchliche Angelegenheiten in älteren Zeiten von Franz Kurz Can. Reg. zu St. Florian. Gleichfalls in dieser Gestalt ungedruckt, aber verarbeitet zum grössten Theile in den obenberührten Werken, besonders im 2. Theile von: Oesterreich unter Herzog Albrecht IV.

XI 539 A. Papierhandschrift vom Jahre 1808. 368 Seiten in 4°. Ursprüngliches Eigenthum St. Florians.

Geschichte der merkwürdigeren Schicksale des Stifts St. Florian von dem Jahre der Wiederherstellung desselben durch den Bischof Altmann bis zu den Zeiten des Kaisers Maximilian des Ersten von Franz Kurz reg. Chorherrn und Cooperator zu St. Florian 1808. Mit einer Sammlung der vorzüglichsten Urkunden des Stiftes St. Florian. Das Werk ist unedirt; die Urkunden sind in den verschiedenen Werken von Kurz und in der Geschichte St. Florian's von Jodok Stülz abgedruckt. Von der Hand des Letzteren finden sich hie und da Randbemerkungen. Die Schrift ist die des Verfassers.

XI. 540. Papierhandschrift des XIX. Jahrh. 277 Seiten in 4°. Ursprünglicher Eigenthümer der Verfasser.

Geschichte des Cisterzienser-Klosters Wilhering von Jodok Stülz reg. Chorherrn von St. Florian. Ein Beitrag zur Landes- und Kirchengeschichte von Oberoesterreich. Eigenhändiges Manuscript des Verfassers, welches viele Stellen enthält, welche im gedruckten Werke (Linz 1840) fehlen.

XI. 541. Papierhandschrift des XIX. Jahrh. 107 Blätter in 4°. Ursprünglicher Eigenthümer der Verfasser.

1) Bl. 1ᵃ—17ᵇ. Geschichte des Klosters des heil. Geistordens zu Pulgarn von Jodok Stülz, reg. Chorherrn zu St. Florian. Mit einigen Veränderungen abgedruckt im Linzer-Musealbericht vom Jahre 1841. Bl. 18 leer. 2) Bl. 19ᵃ—43ᵇ. Zur Genealogie des Geschlechtes der Herren von Capellen von demselben Verfasser. Mit einigen Veränderungen im Linzer Musealbericht 1842. 3) Bl. 44ᵃ—107ᵇ. Geschichte des Chorherrnstiftes St. Florian von dem oben Genannten. Dieselbe ist mit vielen Zusätzen bereichert 1835 zu Linz bei Haslinger in Druck erschienen. Eigenhändiges Manuscript des Verfassers.

XI. 542. Papierhandschrift des XIX. Jahrh. 36 Seiten in 4°. Ursprünglicher Eigenthümer der Verfasser.

Bemerkungen über die Mängel der oesterreichischen Gymnasial-Einrichtung von Probst Michael Arneth von St. Florian. Abschrift; Vorwort und Nachwort von der eigenen Hand des Verfassers. Das Werk erschien 1849 zu Linz bei Haslinger, herausgegeben vom Bruder des Verfasser Josef Arneth. Die Druckausgabe hält sich genau an den geschriebenen Text, ist aber um zahlreiche Beilagen vermehrt.

XI. 543. Papierhandschrift des XIX. Jahrh. 15 Bände in 8°. Ursprünglicher Eigenthümer Probst Michael Arneth von St. Florian.

Excerpte des Probstes Michael Arneth. Sie beziehen sich auf Geistesbildung durch Religion, Philosophie, Studium der Klassiker, Einrichtungen der gelehrten Schulen und sind grösstentheils eigenhändig gemacht und mit eigenen Noten des Sammlers versehen.

XI. 544. Papierhandschrift des XVI. Jahrh. 101 Blätter in 4°. Ursprünglicher Besitzer unbekannt.

Der Durchleuchtigsten Fürsten als Ertzhertzogen zu Oesterreich Privilegien, Freyhaiten, Handtvesten, Confirmation oder bestallung mit mehrer ausfuerlicher erleutterung deren vorgegebenen Freyhaiten. Der Lederband enthält auf der einen Seite das kaiserl., auf der andern Seite das ständisch oberoest. Wappen.

XI. 545. Pergamenthandschrift des XIV. und XV. Jahrh. 168 Blätter in klein 2°. 2 Spalten. Altes Eigenthum St. Florians.

1) Bl. 1ᵃ—105ᵃ. Anonymi de militia et arte bellandi seu Speculum militare cum suis mysticationibus. Das Proemium ist in Versen und beginnt:

Summis plena bonis morum gemmis redimita
Principis othonis sit florentissima vita.

Das Werk zerfällt in 25 Capitel, wovon das erste de exordio dominandi, das letzte de tranquillo et jocundo statu pacis handelt. Anfang des 1. Cap.: Omnia tempus habent. Schluss des Letzten:

Principium rector dux semita terminus idem,
Tibi laus et gloria virtus et victoria per infinita etc.

Darauf ein Inhaltsverzeichniss in alphabetischer Ordnung. Der Verfasser des älteren Katalogs sagt: Hoc opus nec apud Lambecium nec apud Bandinium inveni. Handschr. des XV. Jahrh. 2) Bl. 106ᵃ—108ᵃ. Regula s. Augustini quatuor capitulis distincta. Weicht in Betreff der Anordnung des Textes, aber nicht im Wortlaut von der gewöhnlichen Regel Augustins ab. Handschr. des XIV. Jahrh. 3) Bl. 108ᵃ—141ᵇ. De Regimine vitae religiosae Tractatus. Der Prolog beginnt: Numquid nosti ordinem celi et racionem ejus ponis in terra etc. Das Werk zerfällt in 3 Theile, von denen der erste, Dietarium, der zweite, Locarium, der dritte, Itinerarium heisst. Es schliesst: tui meriti manus levet. Handsch. des XIV. Jahrh. 4) Bl. 142ᵃ—155ᵃ. Tractatus de septem gradibus perfectionis. Anfang: Flecto genua mea ad Patrem Domini mei etc. Schluss: qui est omnis desiderii finis et complementum. Von diesem Tractat kommt der Gradus septimus nämlich contemplationis unter den Werken Bonaventura's Tom. VII. pag. 105 vor, wo sich auch der Prolog unseres Manuscripts findet; aber in Bl. 142ᵃ—154ᵇ kommen sechs Stuffen der Vollkommenheit vor, welche in den gedruckten Werken Bonaventura's nicht zu finden sind, als gradus fervoris, laboris, consolationis, tentationis, remediationis, virtutis. Handsch. des XIV. Jahrh. 5) Bl. 155ᵇ—168ᵇ. Dialogus inter animam et hominem. Anfang: Dic queso o homo si post devotam etc. Der Tractat bricht unvollendet ab mit den Worten: ejus pulchritudo a quo processerunt hec omnia. Er findet sich unter den gedruckten Werken Bonaventura's Tom. VII. pag. 106 unter dem Titel Soliloquium. In unserer Handschrift finden sich viele bedeutende Abkürzungen und manche gute Lesearten. Handsch. des XIV. Jahrh. Auf den Deckeln einwärts kleben Fragmente eines dialectischen Tractats aus dem XIV. Jahrh. auf Pergament.

XI. 546. Pergamenthandschrift aus dem XIV. Jahrh. 67 Blätter in klein 2°. Altes Eigenthum St. Florians.

Epistolae Petri de Vineis. Die alte Ueberschrift lautet: Incipit summa magistri petri de Vineis excellentissimi dictatoris. Das ganze Werk enthält 277 Briefe und 7 Exordia, welche in 5 Abschnitte vertheilt sind. In der Aufeinanderfolge der Briefe folgt unser Codex mit wenigen Ausnahmen der Ausgabe Iselin's, Basel 1740. Viele Briefe Iselin's aber und Martène's in der Veterum Scriptorum Collectio Tom. II. pag. 1134 sind ausgelassen. Dafür hat unsere Handschrift 8 Briefe und 6 Exordien, welche weder bei Iselin noch bei Martène zu finden sind. Es sind dieses Brief No. 23 im ersten Abschnitt, die Briefe 27, 47, 74 im dritten, No. 62, 71, 112, 113 im vierten Abschnitt und von den Exordien am Ende des Codex alle mit Ausnahme des zweiten: Licet ad persequenda munificencie vota etc., welches sich bei Iselin Lib. VI. Cap. XV. findet. Der Text unserer Handschrift stimmt vorzüglich mit dem von Iselin benützten Berner Codex; er enthält gar manche Auslassungen und sehr viele Schreibfehler; doch gibt es auch Lesearten, welche denen Iselin's vorzuziehen sind. Nach dem Gesagten dürfte die Bemerkung im Archiv für Freunde der ältern deutschen Geschichte 3. Bd. S. 76 über eine auf Anregung von Pertz vorgenommene Vergleichung unsers Codex mit Iselin's Ausgabe zu modificiren sein.

XI. 547. Papierhandschrift aus dem Anfang des XVII. Jahrh. 315 Blätter in 4°. Früherer Eigenthümer der Bischof Gregorius Ziegler von Linz.

Annales Monasterii Augiae Divitis. Am obern Rande der ersten Seite steht von fremder Hand: Scripsit Rev. P. Lazarus Lipsius. Die Annalen erstrecken sich vom Ursprung des Klosters Reichenau bis inclusive 1540. Der Verfasser sagt von seiner Arbeit in der Vorrede: Relicta nobis a supradicto Theologo (Gallus Oeheim 1498) cum aliis a diversis scriptoribus et magno et diuturno a nobis conquisita labore, latinitati donata et sub certa brevitate humilique stilo comprehensa...... in lucem edere voluimus, addentes abbatum et monachorum Augiensium monasticis institutis et disciplinis variisque doctrinis instructorum et ad summas dignitates evectorum succinctam narrationem et seriem. Es fehlen nicht Zusätze und Noten von späterer Hand. Der Codex kam durch Geschenk des Bischofs Gregorius in den Besitz St. Florians. Von der Hand dieses edlen Gebers stehen am untern Rande der ersten Seite folgende Worte: Ex Facultate Reverendissimi Vicarii Generalis cessit in usus P. Mauri Feeser professi Weingartensis ibidem per novem annos Superioris usque ad annum 1799, quo Monast. Augiae in Mang Sacerdos saecularis venit 5. Junii ejusdem anni.

XI 548. Papierhandschrift des Jahres 1461. 86 Blätter in 4°. Alter Eigenthümer Stift St. Florian.

Speculum humanae salvationis. Metrisch ohne Bilder. Anfang:

Incipit speculum humane salvacionis
In quo patet casus hominis et modus reparacionis
In hoc speculo potest homo considerare
Quam ob rem creator omnium decrevit hominem creare.

Schluss:

Qnod nobis omnibus prestare dignetur dominus Jesus Christus
Qui cum patre et spiritu sancto in perpetuum est benedictus. Amen.
Deo gracias; est finitum in die colomanni Anno 1461.

XI. 549. Papierhandschrift vom Jahre 1462. 111 Blätter in 4°. Alter Besitzer laut Inscription fol. 99ᵃ Johannes Villicus de perg.

1) Bl. 1ᵃ—77ᵃ. Gesta Romanorum. So lautet die alte Ueberschrift fol. 1ᵃ. Der Codex hat 101 Erzählungen in lateinischer Sprache. Die Erste beginnt: Tiberius imperator in civitate romana erat dives et potens valde. Die Letzte fängt mit den Worten an: Lucius Imperator regnavit in civitate romana dives et potens valde. Ueber die Gesta Romanorum siehe Wackernagel Gesch. d. deutschen Lit. 354. 355. 357. Bl. 77ᵇ unbeschrieben. 2) Bl. 78ᵃ—99ᵃ. Historiae septem sapientum. Anfang: Incipiunt hystorie septem sapientum quarum primam quere in gestys romanorum videlicet hystoriam 30. A usque B. Die citirte Geschichte beginnt: Poncianus in civitate romana regnavit dives, prudens et potens valde. Schluss der letzten Geschichte: Tandem vero ipse in bona pace vitam finivit et regnum suum regi seculorum dimisit etc. Darunter: Scriptum per me Joannem villicum de perg tunc temporis socium divinorum in Aufkirchen anno domini 1462. Der übrige Raum ist angefüllt mit lateinischen und deutschen Denksprüchen von einer Hand des XVI. Jahrh. Bl. 99ᵇ enthält eine Note de jejunio in feria sexta. Ueber die Novellen unter dem Titel: Die 7 weisen Meister s. Wackernagel l. c. 357. 3) Bl. 100ᵃ—111ᵇ. Chronica. Anfang: Pelagius papa multe sanctitatis fuit in pontificatu laudabiliter se gerens etc. Es ist hier die Rede von Pabst Pelagius I. anno 555 bis 560. Schluss: Denique Gregorius multis tribulacionibus perpessis moritur et Innocencius quartus nacione Jannensis concilium apud lugdunum convocans ipsum imperatorem deposuit. Quo deposito et defuncto sedes imperii usque hodie vacat. Es ist eine kurze Papst- und Kaiserchronik; sie ist von der Hand desselben Joannes villicus geschrieben.

XI. 550. Papierhandschrift des XVII. Jahrh. 66 Seiten in 4°. Alter Eigenthümer Stift St. Florian.

Reimchronik von Passau. Anfang: Umb welche Zeit Passau Ihren anfang genohmen hat. Zu was Zeit Passau angefangen, hab ich nachgesucht mit Verlangen. Undt findt doch kein gewissheit, als wass umb Noe zeith etc. Die Chronik umfasst die ersten historischen Sagen und geschichtlichen Aufzeichnungen bis zum Tode des Bischofs Urban von Trenpach 1598. Dieselbe ist, unbedeutende Abweichungen weggerechnet, gleichlautend mit der weiter unten XI. 568 aufgeführten Passauer Reimchronik, welche aber nun den Bischof Wenzel von Thun erweitert ist.

XI. 551. Papierhandschrift des XV. Jahrh. 102 Blätter in 4°. Altes Eigenthum der Benedictinerabtei Tyniec in der Nähe von Krakau, seit 1815 aufgehoben und Sommersitz des Bischofs von Tarnow.

1) Bl. 1ᵃ—40ᵇ. Statuta Regum Kasimiri et Wladislai. Alte rothe
Ueberschrift: Sequuntur statuta Regum Kasimiri et Wladislai edita in
vartha confirmata in vyslicza. Anfang: Non debet irreprehensibilem
(sic!) nec mirum judicari, si secundum temporum varietatem etc.
Schluss Bl. 36ᵇ. Expliciunt statuta constituta per Regem Kasimirum
polonie de consensu venerabilis patris domini Jaroslai Sancte Gnezensis
Ecclesie Archiepiscopum ac prelatorum nec non pallatinorum cetero-
rumque baronum et nobilium nostrorum de terra polonie finita anno
1153. (Soll heissen 1353.) Darauf folgt: Incipiunt statuta edita per
prelatos et barones tocius regni in wartha de anno 1423 (soll heissen
1323) in vigilia sanctorum Simonis et Jude apostolorum, diebus se-
quentibus confirmata per Serenissimum principem dominum Wladislaum
regem polonie et primo de statu viduali. Ad abolendam dampnosam
consuetudinem etc. Schluss: Expliciunt statuta pollonicalia composita
per Magnificos viros ac barones et per nobiles nec non per communi-
tatem in generali conventione in vartha et ibidem confirmata. Dieser
Ladislaus ist Ladislaus Lokietek der Vater des obengenannten Kasimir
des Grossen. Siehe Caro Gesch. von Polen II. 591 et seqq. 2) Bl.
41ᵃ—55ᵇ. Jus Municipale Magdeburgense. Prolog: In nomine etc.
Primo dicit de summa trinitate et fide. Et hoc opus locatum est super
firmum fundamentum etc. Erstes Kapitel de Cesare Ottone: Cesar
othto ruffus fundavit templum in Meydburg et dedit civibus municipale
Jus etc. Letztes Kapitel de juramento Judaeorum contra Christianum:
Quod tu in hac causa reus non sis etc. Siehe Gaupp: Das alte Magde-
burgische und Hallische Recht. 3) Bl. 56ᵃ—96ᵇ. Jus provinciale et
feodale Saxonicum. Prolog: Nunc placeat audire et intelligere quod
presens scriptum etc. Im Verlaufe desselben heisst es Bl. 57ᵇ: Iste
liber est finitus et de theytonico translatus in latinum per Conradum
scriptorem Notarium Sandomirensem ac civem dicte civitatis ad peti-
cionem famosi viri ac domini famosi Nicolai dicti de paczenow civis
supradicte civitatis qui fuit causa movens. Erstes Capitel de duobus
gladiis: Duos gladios deus misit in terram ad protegendam christiani-
tatem etc. Letztes Capitel: Si vir in campis de equo cadendo vel alio
casu obieret etc. Bl. 96ᵇ—102ᵃ folgt ein Capitelverzeichniss über den
liber municipalis provincialis et feodalis. Bl. 102ᵃ—102ᵇ ist eine Anzahl lateinischer in den berührten Rechtsbüchern vorkommender Worte,
welche durch polnische erklärt werden. Der ganze Codex ist ein
Geschenk des Bischofs Gregorius Ziegler von Linz, früheren Bischofs
von Tarnow.

XI. 552. Papierhandschrift des XVIII. Jahrh. 90 Seiten in 4°.
Ursprünglicher Besitzer unbekannt.

1) Seite 1—80. Dialogues de Monsieur le Baron de la Hontan
et d'un Sauvage de l'Amerique. Contenant une description des moeurs
et des coutumes de ces peuples Sauvages. Abschrift eines seltenen
Druckwerks, welches 1701 zu Amsterdam in 8° erschien. Der wahre
Verfasser ist ein entlaufener französischer Mönch Guendeville, der sich
lange Zeit am Hofe von Hannover aufhielt. Siehe Freytag Analecta
466. Vogt 351. Bauer 2, 138. Jahn 1, 3, 1955. Brucker Historia

Phil. 5, 920. 2) Seite 81—90. Réflexions sur les Sorciers et les Magiciens faites par le Même. Erschien im Druck zu Amsterdam 1728.

XI. 553. Papierhandschrift des XVIII. Jahrh. 53 Blätter in 4°. Ursprüngliches Eigenthum St. Florians.

1) Bl. 3ᵃ. Tabula genealogica Leopoldi Pii Marchionis Austriae. Bl. 3ᵇ leer. Bl. 4ᵃ folgende Inscription: Digna Viro Digno Descriptio Gente Benigna (soll heissen Mente Benigna) Mittitur Alberto. Virtutum Dote Referto. Suo Domino speciali. Bl. 4ᵇ leer. 2) Bl. 5ᵃ—7ᵃ. Breves Annales ab anno 30 usque 1274. Bl. 7ᵇ leer. 3) Bl. 8ᵃ—33ᵇ. Anonymi Chronicon Austriacum Florianense incipiens a S. Leopoldo et desinens in Anno Chr. 1310. Mit Marginalnoten des in der Inscription Bl. 4ᵃ genannten Albertus. 4) Bl. 34ᵃ—52ᵃ. Kalendarium Alberti Plebani in Waldkirchen speciales suos defunctos continens dilectos, dilectiores, dominos, socios et amicos. Bl. 52ᵇ leer. 5) Bl. 53ᵃ—53ᵇ. De aetate septem ordinum.

Auf Blatt 1ᵃ ist zu lesen: Copia Codicis Manuscripti Caesarei, qui extat inter Codd. Mss. Augustae Bibliothecae Vindobonensis Hist. Prof. in 8ᵗ· Num. 1009 in membrana scriptus. Das Original war einst Eigenthum von St. Florian, denn nach Archiv für Freunde alt. deutsch. Gesch. 10. Bd. 482 und nach Chmel Handschriften 1. Bd. 548 steht auf der ersten Seite: Liber productus ex monasterio s. Floriani supra Anasum. Der Codex ist abgedruckt bei Pertz. Mon. Germ. Tom. XI. 610—612. 748—755. Das Chronicon Florianense allein ist abgedruckt bei Rauch I. 215. Doch fehlt dort die kurze Fortsetzung der Chronik von 1310—1332, welche auch in unserer Abschrift ausgelassen worden ist. Das Calendarium ist abgedruckt in Wiedemanns Vierteljahrsschrift für kath. Theol. 1869, Seite 245 und dort weitläufig besprochen. Beschrieben wird der Originalcodex, der jetzt die Signatur 608 trägt, im Archiv für Freunde älterer deutsch. Gesch. 10. Bd. 482; bei Pertz Mon. Germ. Tom. XI. 606. Chmel Handschr. der Hofbibl. I. 548. Lambecius Comment. II. 916 edit. I.; dann I. 511. 575. II. 795. der edit. II. Eine Abschrift davon aus dem XVIII. Jahrh. befindet sich in der kais. Hofbibliothek unter der Signatur 9808.

XI. 554. Papierhandschrift des XVIII. Jahrh. 14 Blätter. in 4°. Alter Eigenthümer Stift St. Florian.

Kurze Beschreibung über das Entworffene Kay. Königl. Salzkammergueth in Oesterreich ob der Enns, Nemblichen von Haalstatt biss am Stadl per 8 Teutsche Meill weegs lang, in 6 Stückh abgetheillet.

XI. 555. Papierhandschrift des XVIII. Jahrh. 12 Blätter in 4°. Manuscript des Verfassers, dem Chorherren Franz Kurz von St. Florian anno 1799 von demselben zum Geschenk gemacht.

Fabellae Sexdecim a Paulo Tarenghi Romano latinis versibus expressae. 16 Fabeln in latein. Distichen von dem Verfasser einem gewissen Angelo de Comitibus Oliveriis Apostolicae ad Helvetos Legationis Auditori gewidmet.

XI. 556. Papierhandschrift des XIX. Jahrh. 10 Blätter in 4°. Ursprünglicher Besitzer Director Sebastian Halfinger bei St. Johann in München, dem das Manuscript vom Verfasser zum Geschenk gemacht wurde.

Geschichte der Pöschel'schen Schwärmerei vom Dechant Jud in Ried. Die Geschichte beruht auf amtlichen Mittheilungen. Die ausführlichste Darstellung aber befindet sich in der Linzer Theol. Quartalschr. 1857.

XI. 557. Papierhandschrift des XVIII. Jahrh. 140 Seiten in 4°. Früherer Besitzer Bischof Gregorius Ziegler von Linz.

Dissertatio de Manuscriptis et Impressis Veteribus Codicibus. Der Verfasser ist nach Seite 86 ein Benedictiner von Stift Blasien gewesen. Von Seite 49 an ist der Codex von der Hand eines emigrirten französischen Geistlichen um 1794 geschrieben worden. Die Abhandlung stützt sich auf die Arbeiten Mabillons, Montfaucons, Gotfried Bessels und vorzüglich auf den Nouveau Traité de Diplomatique.

XI. 558. Papierhandschrift des XVI. Jahrh. 63 Blätter in 4°. Als alter Eigenthümer steht am obern Rande des Titelblattes verzeichnet ein Adam Germann Junior.

Ein kurzer Aufzug der Cronicen von allen Bischoffen unnd Erzbischoffen des Löblichen Stiffts Saltzburg so biss auff jetzt lauffenttes 1573 Jara geregiert habenn. Mit den gemalten Wappen des Landes nnd der einzelnen Bischöfe. Von 1573 ist die Chronik von fremder Hand fortgeführt bis 1612. Die Chronik beginnt: Der Heylig Severin, Als Er wie offtermals beschehen, durch Göttliche Offenbarung ermonet etc.

XI. 559. Papierhandschrift des XVIII. Jahrh. 287 Seiten in 4°. Ursprünglicher Besitzer unbekannt.

Relazione della Corte di Roma Sotto il Sommo Pontefice Regnante Innocenzo XII. Anfang: È la corte di Roma una Republica Universale, che abbraccia ogni sorte di Natione etc. Von Seite 47 an lauter Biographien der Mitglieder des Cardinalcollegiums.

XI. 560. Papierhandschrift des XVIII. Jahrh. 119 Seiten in 4°. Früherer Besitzer laut Inscription E. A. Neiliger.

Jacobi Mentelii Patricii Castro-Theodoricensis de vera Typographiae origine Parænesis ad Serenissimum virum Dr. Bernardum a Mallinkrot Monasteriensem Decanum. Parisiis ex officina Roberti Ballard 1650. Abschrift eines seltenen Druckwerkes. Siehe Bauer III. p. 62. Engel p. 110.

XI. 561. Papierhandschrift des XVIII. Jahrh. 258 Blätter in 4°. Alter Eigenthümer Stift St. Florian.

Historiae Charinthiacae Compendium Planum das ist Extract nnd Summarischer Bericht der Historien des Hochlöblichen und Uralten Erzherzogthumbs Kerndten etc. etc. durch Michaelem Gothardum

Chrystalniccium Carinthiacum beider Herrschaften Osterwitz und Sonnegk bestelltem Diennern des H. Evangeliums. 14 Bücher aus dessen grosser Historia Carinthiaca ausgezogen und zwar vom Verfasser selbst. Bekanntlich hat Megiser in seinen Annales Carinthiae die handschriftliche Geschichte Christalniggs benützt. Siehe auch XI. 523 und Hormayrs Archiv 1830 Maiheft.

XI. 562. Papierhandschrift des XVI. Jahrh. 280 Blätter in 4°. Alter Eigenthümer Stift St. Florian.

Beschreibung einer Pilgerreise nach Rom 1575 von Dr. Jacob Rabus. Im Catalog der deutschen Handschriften der k. Hofbibl. zu München ist unter 1280 dasselbe Manuscript verzeichnet. Wir besitzen von demselben auch noch Codex XI. 140. Ueber seine gedruckten Werke, worunter sich die Pilgerreise nicht befindet, siehe Kobolt baier. Gelehrt. Lex. und Jöcher Gelehrten-Lexicon.

XI. 563. Papierhandschrift des XVIII. Jahrh. 728 Seiten in 4°. Altes Eigenthum St. Florians.

Notizenbuch eines regul. Chorherrn von St. Florian und Pfarrers zu Weissenkirchen in Unterösterreich aus der ersten Hälfte des XVIII. Jahrh. Es enthält Gedichte, Sprüchwörter, Anecdoten, historische Notizen, Haus- und Wirthschaftsregeln, Arzneimittel, Formulare für Briefe und Actenstücke aller Art in bunter Reihe. Auch einige gedruckte Blätter sind darunter.

XI. 564. Papierhandschrift des XVII. Jahrh. 315 Blätter in 4". Früherer Eigenthümer Johann Carl Seyringer, Advocat in Linz um 1692.

Tractat die siben Landtsfürstl. Stätt in Oesterreich ob der Enns betreffend. So der alte Titel. Der Codex enthält aber eine Beschreibung der Feierstätten, Steuern, Soldatenstellung bezüglich aller Stände nebst anderen Landschaftsangelegenheiten.

XI. 565. Papierhandschrift des XVII. Jahrh. 359 Blätter in 4". Altes Eigenthum St. Florians.

Ursprung des Landes ob der Enns. Enthält Kataloge der Landeshauptleute sammt kurzen Biographien bis 1675, ebenso der Landesanwälte, der Vizdome etc. dann „Annales Historici oder Historisches Jahrheit-Buch" von Oberösterreich, eine Beschreibung der Städte Linz, Wels, Enns und den Ursprung der Klöster im Lande ob der Enns. Der Codex ist 1681 durch Probst David von St. Florian an die Bibliothek gekommen.

XI. 565 A. Papierhandschrift des XVII. Jahrh. 42 Blätter in 4". Früherer Besitzer Franz Pritz Can. Reg. s. Floriani.

Commentarius de Initiis et Exstructione Florentissimae Austriae Superioris Civitatis et Reipublicae Stirensis aliisque memorabilibus circa hanc. Laurentii Collini Laureacensis Opt. Artium et Philosophiae Magistri 1581. Dieses bloss handschriftlich vorhandene Werk wurde von Preuenhueber in seinen Annales Styrenses benützt. Ueber Collinus obendort in der Vorrede.

XI. 566. Papierhandschrift des XVII. Jahrh. 55 Blätter in 4". Früherer Eigenthümer Ludwig von Losconyi.

Chronik von Zürch. Ueberschrift: Diss ist die Cronick die da seith von der Ehrwürdigen Statt Zürich und von den Schlossen in den Landen und von den Alten und Nüwen Krügen und hept also an: Es was ein Graufe gesessen bey Brugge dem Stettlin da die are in die Lintmagt gath etc. Sie beginnt mit dem Jahre 1277 und geht bis 1420. Auf der innern Seite des Umschlagblattes steht am obern Rande: Diese Zürrichische Cronikh ist mir Praelaten zu St. Florian Johann Georg verehret worden von dem Herrn Ludwig von Losconi den 1. Juli 1750.

XI. 567. Papierhandschrift des XVII. Jahrh. 47 Blätter in 4". Alter Eigenthümer Stift St. Florian.

Compendium Laureati Passavii des Lob-Ehrwürdigen Passau kurze Beschreibung. Anfang: Nach Erschaffung der Welt da man zehlet 3992 haben etc. Die Chronik schliesst mit dem Tode des Bischofs Urban von Treupach 1598. Sie ist in Prosa geschrieben.

XI. 568. Papierhandschrift des XVII. Jahrh. 104 Blätter in 4". Alter Eigenthümer Stift St. Florian.

Reimchronik von Passau. Nach Urban von Trenbach gest. 1598 wird Bischof Wenzel von Thun besungen, der 1664 zur bischöflichen Würde erhoben wurde. Vergleiche XI. 550.

XI. 568 A. Papierhandschrift des XVII. Jahrh. 110 Blätter in 4". Altes Eigenthum St. Florians.

Einer Löblichen Bruederschaft S. Sebastiani alhie zu St. Florian Einuemmens und Ausgebens von Anno 1637—1664.

XI. 569. Pergamenthandschrift des XV. Jahrh. 18 Blätter in 4". Ursprünglicher Besitzer Mathias Gan de Rochlitz.

Calendarium cum suis Canonibus et Tabulis. Am Schlusse Bl. 18ᵃ heisst es: Explicit Kalendarium hoc cum suis canonibus et tabulis Wienne compositum per Reverendum Magistrum Johannem Gmünd Canonicum Ecclesie S. Stephani ibidem in Laa quoque plebanum. Rescriptum per Mathiam Gan de Rochlicz Anno 1461. Bl. 18ᵇ und die folgende Umschlagseite enthalten eine Beschreibung der 12 Monate in oekonomischer und sanitärer Beziehung von späterer Hand. Der Codex ist nett geschrieben und hie und da verziert. Er ist angezeigt im 41. Bde. der Wiener Jahrbücher der Literatur. Anz. Bl. Seite 28.

XI. 570. Papierhandschrift des XVII. Jahrh. 200 Blätter in 4". Altes Eigenthum des Klosters Wiblingen.

Gründliche Beschreibung des Fuggerischen Geschlechtes, wie dasselbe Anno 1370 in die Statt Augspurg khommen und darin an allen

Ehrn zugenommen. So der alte Titel. Ober demselben steht von späterer Hand: Monasterii s. Martini in Wiblingen anno 1621. Unter dem Titel ist Folgendes zu lesen: Ex donatione R. D. Christophori Bayer parochi meritissimi in Weissenhoven anno 1621. Cui respondebit Effigies omnium Fuggerorum aere expressa. Anfang: Vil lennger dann Jemandt vermaint hat das Fuggerische Geschlecht etc. Die Beschreibung endet mit dem Jahre 1608. Im Katalog der deutschen Handschr. der Münchner Hofbibl. sind mehrere ähnliche verzeichnet.

XI. 570 A. Papierhandschrift des XVII. Jahrh. 84 Blätter in 4° sammt Appendix von 6 Blättern. Früherer Eigenthümer Antiquar Steinkopf in Stuttgart.

Protestantische geistliche Lieder und Psalmenumdichtungen; zum Theil noch ungedruckt. Die Verfasser sind nur bei einigen angegeben, wie bei „Herrn Carl Jörgers Freiherrn Trostlied". 51 Blätter sind beschrieben, die andern leer. Ausserdem enthält der Appendix 6 beschriebene Blätter von anderer Hand.

XI. 571. Papierhandschrift des Jahres 1634. 68 Seiten in 4°. Manuscript des Verfassers Carolus Stengelius.

Hortensius et Dea Flora Felicem Novum Annum precantur Reverendissimo in Christo Patri Nobili et Amplissimo Domino Leopoldo Praeposito S. Floriani etc. Strenaeque loco offerunt Hortum per R. P. D. Carolum Stengelium Abbatem Anhusanum exulem. Kal. Jan. A. C. 1634. Der gelehrte Verfasser vorgenannter Schrift war Abt des Benedictinerklosters Anhausen in der Markgrafschaft Anspach in Franken. Die Invasion der Schweden nöthigte ihn 1632 sein Kloster zu verlassen, worauf er 3 Jahre in Tyrol und Oesterreich herumreiste und 1635 nach Anhausen zurückkehrte. Während eines kürzern oder längern Besuches in Florian hat er die obige Abhandlung dem Probste Leopold überreicht. Dieselbe kommt im Verzeichniss seiner zahlreichen Schriften bei Ziegelbauer Hist. Rei. Lit. III. 386 unter diesem Titel nicht vor. Unter Nr. 40 erscheint dort ein Werk Hortensius et Dea Flora cum Pomona, welches 1647 zu Augsburg in 12" erschienen ist. Weiteres über Stengel siehe bei Ziegelbauer l. c. und bei Denis Cod. Lat. Vol. I. P. I. 475 und 477. Unser Werk fängt vom Paradiese an und verbreitet sich über Werth und Nutzen der Gärten und den Preis der Rosen.

XI. 571 A. Papierhandschrift des XVIII. Jahrh. 10 Blätter in 4". Früher Eigenthum von Franz Pritz Can. Reg. s. Floriani.

Crisis non fallax non Critica circa Usitatissimum Austriae Superioris abusum et praxin in Sponsalitiis, nuptialibus, funeralibus aliorumque contractuum Sumptionibus, portionibus, conviviis (vulgo: Denen Herrschafts Zöhrungen) constituendis et celebrandis ad normam Recti et Aequi brevibus exacta.

XI. 572. Papierhandschrift des XIX. Jahrh. 16 Blätter in 8". Früherer Eigenthümer Schullehrer Anton Sülzl.

Kurze Beschreibung der Umgebung des Abersees sammt den im Markte St. Wolfgang befindlichen Alterthümern von Anton Sülzl.

XI. 573. Papierhandschrift des XVIII. Jahrh. 40 Seiten in 4°.
Früherer Eigenthümer Johann Hack Fuldensis.

Les Matinées Du Roy de Prusse. Dieses dem König Friedrich II.
zugeschriebene Werk erschien zuletzt 1863 bei William in London
unter dem Titel: Les Matinées Royales ou l'art de reigner. Opuscule
inédit de Frédéric II. dit le Grand Roi de Prusse. Das Werk war
aber schon früher nämlich 1766 und 1770 veröffentlicht worden.
Siehe Allgem. Zeit. 1863 Beilage Nr. 8 und die Artikel in Beilage
Nr. 16 und 40. Unser Manuscript stammt aus dem Archiv des Fürsten
Andreas Rasumofski zu Friedeck, der zur Zeit des Wiener Congresses
Russischer Gesandter in Wien war. Es hat 5 Matinées, welche der
Schrift nach von einem Franzosen im vorigen Jahrh. niedergeschrieben
wurden.

XI. 574. Papierhandschrift vom Jahre 1798. 224 und 65 Seiten
in 8°. Früherer Eigenthümer der Verfasser.

Göttweigs Chronickl Worinn die folgreiche und kurz abgefasste
Lebensgeschichte goettweigerischer Aebte enthalten ist. Von P. Aemilian
Janitsch 1798. Die Chronik wurde nachträglich vom Verfasser bis
zum Jahre 1817 fortgesetzt. Wie derselbe in der Vorrede sagt, hat
er nicht nach Urkunden, sondern nach einem Manuscripte gearbeitet,
welches ihm der Zufall in die Hände gab. Was die letzten Aebte
anbelangt, so hat er sich an mündliche Traditionen und persönliche
Erlebnisse gehalten. Im Anhang behandelt der Autor seine eigenen
Lebensschicksale.

XI. 575. Papierhandschrift des XVI. Jahrh. 110 Blätter in 8°.
Alte Eigenthümer die Herren von Khaim.

Beschreibung des Tempels sambt dem Allerheiligsten Grab zu
hierusalem und Andern daselbst umbligenden heilig stedt undt ordten.
Der Verfasser des Reiseberichtes nennt sich nicht; er war ein Priester.
Das Buch wurde laut Inscription 1603 dem Richter und Rath der
Stadt Vöcklabruck von den Herren von Khaim geschenkt.

XI. 576. Papierhandschrift vom Jahre 1696. 252 Seiten in 8°.
Altes Eigenthum des Klosters Wiblingen.

P. Menradi Heuchlinger Annalium Wiblingensium Vol. II. ab anno
1600 usque 1696 excl. in quo succincta et synoptica methodo Historiae temporum et tempora historiarum, Res, Personae. Loca cum cir-
cumstantiis ab anno ad annum ob oculos ponuntur cum Indice locuple-
tissimo. 1696. Wiblingen. Eigenhändiges Manuscript des Verfassers.

XI. 577. Papierhandschrift des XVII. Jahrh. 212 Seiten in 8°.
Altes Eigenthum des Klosters Wiblingen.

Monradi Heuchlinger Prioris Wiblingensis Liber Virorum Illustrium
Monasterii Wiblingensis. Umfasst die ausgezeichneten Männer Wi-
blingens vom Ursprung des Klosters bis zum Jahre 1693. Von der
Hand des Verfassers geschrieben. Dieser und der vorhergehende Codex
sind ein Geschenk des Bischof Gregorius Ziegler von Linz, einstmalen
Benedictiners von Wiblingen.

XI. 577A. Papierhandschrift des XVIII. Jahrh. 207 Seiten in 8°. Früherer Eigenthümer der Verfasser.

Bäurische Lieder von Maurus Lindermayr Benedictiner des Klosters Lambach, mit Melodien von Aumann reg. Chorherrn von St. Florian Beide Verfasser lebten am Ausgang des vorigen Jahrhunderts. Von den bäurischen Liedern sind einige gedruckt in Maurus Lindermayrs Dichtungen in der ob der ennsischen Volksmundart Linz 1822. Unser Manuscript ist von der Hand des Verfassers geschrieben.

XI. 578. Papierhandschrift des XVIII. Jahrh. 149 Blätter in 8°. Alter Eigenthümer unbekannt.

Notizenbuch aus der Zeit Maria Theresias, enthaltend Gedichte, Sprüchwörter, Anecdoten, zum Theil auf die damalige Zeit bezüglich, Schwänke und Räthsel in lateinischer und deutscher Sprache.

XI. 579. Papierhandschrift des XV. Jahrh. 70 Blätter in 2°. Altes Eigenthum des Klosters Wiblingen.

1) 1ᵃ—35ᵇ. Libri quatuor Rhetoricorum ad C. Herennium. Der Codex ist fehlerhaft gebunden. Das Werk beginnt mit Bl. 13ᵃ und läuft bis 11ᵇ; hierauf ist zu nehmen Bl. 1ᵃ—12ᵃ und daran weiter zu knüpfen Bl. 24ᵃ—35ᵇ. Am Schlusse von 35ᵇ heisst es: Explicit liber rethoricorum vetus Marci Tuly Cyceronis. Orelli in der Gesammtausgabe Cicero's Turici 1826 schreibt das Werk einem unbekannten Autor zu. Unsere Handschrift mit dem Text bei Orelli verglichen zeigt wenig abweichende Lesearten, aber eine stark veränderte Capiteleintheilung. Am unteren Rande von Bl. 35ᵇ ist zu lesen: Correctus est liber iste usque ad finem a principio a magistro andrea wall de baltzhaim anno domini 1454 cooperante hainrico nithart de ulma in studio papiensi in quo tunc floruit almanorum nacio, nam tres marchiones de niderbaden in eodem studio tunc studuerunt Joannes Georius et Marcus fratres et quidam bavarie iohannes filius . . . . et dominus ortlieb de brandis dominus meus otto dappifferi filius domini eberhardi dominus altarbertus de ibis, quidam nobilis Gotzfeld Georius haal de herbipoli tunc juristarum rector et frater suus Johannes et alii multi qui tunc omnes operam legum atque canonum studio impendebant. 2) Bl. 36ᵃ—70ᵇ. Ciceronis de inventione libri duo. In dieser Handschrift fehlt die Capiteleintheilung ganz; der Text hat denselben Charakter wie in dem vorhergehenden Werke. Der Codex ist ein Geschenk des Bischofs Gregorius Ziegler von Linz.

XI. 580. Pergamenthandschrift des XI. Jahrh. 119 Blätter in 2°. Altes Eigenthum St. Florians.

M. Annaei Lucani Pharsaliae libri decem cum commentario. Auf der innern Seite des vordern Deckels sind die Argumente der VI ersten Bücher Lucans in Versen. Bl. 1ᵃ ein Epigramm auf Lucanus: Corduba me genuit rapuit nero etc. Darauf folgen Noten auf den Inhalt des Gedichtes bezüglich. Bl. 1ᵇ Vita Lucani: Manneus Lucanus patrem habuit Manneum Melam etc. Bl. 2ᵃ Prolegomena in Lucanum: Quidam sex dicunt esse in principio etc. Bl. 2ᵇ Versus in Lucanum: Aerea ceu liquida dimittit fistula etc. Bl. 3ᵃ Fortsetzung der auf dem Deckel verzeichneten metrischen Argumente bis zum 9. Buche. Bl.

3^b.—118^b die 10 Bücher Lucans mit reichem Interlinear und Marginalglossen schön und sorgfältig geschrieben. Bl. 19^a leer. Bl. 19^b und Deckelseite zeigen Kreisfiguren mit den Ringen des Thierkreises, der Monate und der Winde. Was den Text anbelangt, siehe die beiden folgenden Codices.

XI. 581. Pergamenthandschrift des XIII. Jahrh. 179 Blätter in 2°. Altes Eigenthum St. Florians.

1) Bl. 1^a—52^b. Vocabularium Latinum Anonymi. In der Aufschrift auf dem Rücken des Codex wird es dem Huguccio zugeschrieben; allein es trifft mit dem bei Bandini Bibl. Medic. vol. IV. pag. 197 seqq. beschriebenen nicht zusammen; eben so wenig mit dem Catholicon des Johannes de Janua und dem Lexicon des Papias, welche Bandini daselbst aufführt. Der Prolog beginnt: Cum in nocte hiemali und schliesst: verba dictabat. Das Werk beginnt mit dem Worte Amo und endet mit Zabulus. Darauf folgt eine Zusammenstellung der lateinischen Ausdrücke für die verschiedenen Gattungen von Schiffen und Schiffsgeräthschaften, sowie der Naturlaute verschiedener Thiere. Bl. 38^b steht von einer andern Hand des XIII. Jahrh.:

+ Melchior + Balthasar + portans hec nomina + Caspar
+ Solvitur a morbo domini pietate caduco
+ Competit quoque trinas defunctis psallere missas.

2) Bl. 53^a—179^b. M. Annaei Lucani Pharsaliae libri decem. Mit vielen Marginal- und Interlinearnoten, welche wörtlich mit denen im Codex 580 übereinstimmen. Auf der innern Seite des vordern Deckels sind Hymnen de s. cruce und de s. Affra, auf dem hintern Deckel eine lectio de conversatione Sororis Elysabeth et viduae. Alles aus dem XIII. Jahrh. Die Hymnen haben Neumen.

XI. 582. Pergamenthandschrift des XI. Jahrh. 162 Blätter in 8°. Altes Eigenthum St. Florians.

M. Annaei Lucani Pharsaliae libri decem. Hie und da mit Interlinearnoten. Was den Text der 3 Codices des Lucanus anbelangt, so geht aus der Vergleichung hervor, dass einer aus dem andern entstanden ist. Grundlage ist codex XI. 582. Er weicht selten ab von dem im Corpus Poetarum Latinorum von Weber Frankfurt 1833 veröffentlichten. Alle 3 Exemplare enthalten den vollständigen Text. Auf dem vordern Deckel von Cod. XI. 582 ist einwärts ein Pergamentblatt angeklebt mit einer Tafel, welche die Klimata und verschiedenen Winde darstellt. Auf demselben Blatte sind auch Notizen aus einem alten philosophischen Schriftsteller aus dem XI. Jahrh. Auf dem inneren Deckel rückwärts ist das Fragment einer Abhandlung de Re Musica aus dem XI. Jahrh. Dazu gehört auch ein Segment, welches auf dem Rücken des Codex angeheftet ist. Am Schlusse der Pharsalia steht von einer Hand des XII. Jahrhunderts: Finito lipro frangantur crura magistro.

XI. 583. Papierhandschrift des XV. Jahrh. 412 Blätter in 4°. Alter Eigenthümer Stift St. Florian.

Prisciani grammatici Caesareensis libri XVIII. Der Text weicht wenig von dem in der Ausgabe des Priscianus von Krehl Lipsiae

1819 bekannt gemachten ab. Nur die griechischen Ausdrücke sind häufig fehlerhaft geschrieben oder theilweise ausgelassen. Voraus gehen Prolegomena, welche bei Krehl fehlen. Sie beginnen: Cur non a se vocem definivit priscianus etc. Ebenso enthält unsere Handschrift im XVIII. Buche einen Zusatz. Nach den Worten: Sed postquam intus sum omnium rerum satur, womit das XVIII. Buch bei Krehl schliesst, heisst es bei uns weiter: Dyptongus cujus figura. Composite. Unde componitur etc. und endet: nisi poetalis auctoritas conjungat ut Nicolaus. Von derselben Hand. Auf der ersten Seite sind einige Noten theologischen Inhalts, auf der zweiten die Verse:

Pro me mathia dulcis pete virgo maria
Et vetus anna pia perduc ad olimpira dia
Sim facite assumtus assumti nomine functus.

Bl. 411ᵇ—412ᵇ stehen mehrere Hausmittel und das griechische Alphabet.

XI. 584. Papierhandschrift vom Jahre 1418. 57 Blätter in 4° Alter Eigenthümer Stift St. Florian.

Auli Persii Flacci Satyrae Sex. Mit sehr weitläufigen Anmerkungen und lateinischer und böhmischer Interlinearerklärung. Das Prooemium beginnt: Intencio hujus auctoris est ab humano etc. Der Prolog: Nec fonte labra prolui caballino etc. Die erste Satyre: O curas hominum! O quantum est in rebus inane! Am Ende ist zu lesen: Explicit Persius et finitus sub anno domini 1418. Darunter: Quem semel horrendis maculis infamia nigrat Ad bene tergendum multa laborat aqua hic ille. Der Text weicht von dem im Corpus Poetarum Latinorum von Weber Francfurt 1833 edirten manchmal ab. Das Werk ist complet. Auf den inneren Deckelseiten klebt ein zerstückelter gedruckter Ablassbrief vom Jahre 1490.

XI. 585. Papierhandschrift vom Jahre 1584. 207 Blätter in 4°. Früherer Eigenthümer Ferdinand Meyr Can. Reg. s. Floriani. gest. 1859.

Homeri Ilias germanice. Alter Titel: Die Bücher von dem Khrieg so zwischen den Griechen und Trojanern vor der stat Troja beschehen. Homeri des viertrefflichen weitberühmten Poeten und Geschichtschreibers, In griechischer Sprach von Jm gar woll undt herrlich beschrieben, und durch mich Johannem Baptist Rexium verteutscht, allen lustig zu lesen. Anno 1584. Das Werk ist in Prosa geschrieben.

XI. 586. Pergamenthandschrift aus dem XII. und XIII. Jahrh. 196 Blätter in 4°. Altes Eigenthum St. Florians.

1) Bl. 1ᵃ—28ᵇ. Sallustii Bellum Catilinarium. Mit Marginal- und Interlinearanmerkungen. Der alte Titel ist: Catilinarius. Der Text zeigt hie und da abweichende Lesearten von den in der Ausgabe Sallusts von Fabri Nürnberg 1815, und dieselben sind vorzüglicher Art. Das Werk ist complet, die Handschrift aus dem XII. Jahrh. 2) Bl. 29ᵃ—79ᵃ. Ejusdem Bellum Jugurthinum. Complet. Character des Textes wie oben. Handschrift des XII. Jahrh. Bl. 79ᵇ—80ᵃ leer.

Bl. 80ᵇ. Ein kurzes Medicum contra venti constipationem aus dem
XII. Jahrh. 3) Bl. 81ᵃ—88ᵇ. Ars computi magistri Nigrelli. Rothe
Ueberschrift: Incipit ars compoti a Magistro Nigrello per ordinem
disposita. Anfang: Ars doctrinalis que compotus appellatur quod etc.
Schluss: erit ex eis numerus annorum domini. Explicit liber compoti
feliciter. Siehe Pez. Thes. An. Tom. II. Diss. Js. p. 26. Handschr.
des XII. Jahrh. Fabricius, Tritenheim, Jöcher, Hamberger kennen
diesen Nigrellus nicht. Bl. 89 enthält eine Anmerkung de mundi
creatione nach Platon und eine Tafel, welche die 4 Elemente darstellt
aus dem XII. Jahrh. 4) Bl. 89ᵇ—92ᵇ. Somnium Scipionis. Excerpt
aus dem VI. Buch de republica des Marcus Tullius Cicero. Enthält
viele von Orelli in seiner Ausgabe Cicero's verworfene Lesearten.
Handschrift des XII. Jahrh. 5) Bl. 92ᵇ—156ᵇ. Macrobii in Somnium Scipionis libri duo. Der alte Titel lautet: Incipit liber primus
macrobii ambrosii theodosii v. c. et ille de Somnio Scipionis. Das
Werk ist complet. Der Text weicht sehr wenig von der Bipontiner
Ausgabe ab. Handschrift des XII. Jahrh. Vergl. XI. 52. Nr. 7 und 9,
welche aus vorgenannten Handschriften abgeschrieben sind; Nr. 9 hat
am Ende einen kleinen Zusatz. 6) Bl. 157ᵃ—196ᵃ. Commentarius
in libros Pharsaliae Lucani. Am obern Rande steht fälschlich commentum super tullium von späterer Hand. Der Commentar beginnt:
Expulsis regibus ob sui superbiam etc. Er schliesst im X. Buche:
quam in alio loco valli. Expliciunt glose ad Lucanum. Handschrift
des XIII. Jahrh. in 2 Spalten. Auf Bl. 196ᵇ folgt eine Note von
dem Reichthum des König Darius, Derivationen einer Anzahl latein.
Wörter, ein Epigramm auf Lucanus: Corduba me genuit etc. und eine
Abtheilung und Beschreibung der Winde. Handschrift des XIII. Jahrh.
Auf den innern Deckelseiten kleben Fragmente von 2 verschiedenen
moralischen Tractaten aus dem XIII. Jahrh.

XI. 587. Pergamenthandschrift des XIII. und XIV. Jahrh.
184 Blätter in kl. 4°, meist 2 Spalten. Ursprünglicher
Eigenthümer Stift St. Florian.

1) Bl. 1ᵃ—28ᵃ. Tractatus dialecticus Anonymi. Auf dem Rücken
des Einbandes führt er den Titel: Categoremata. Anfang: Ab eo quod
res est vel non est etc. Schluss: oportet eum frequenter exercitari
in his silogismis et hec de syncathegorematibus dicta sufficiant.
Bl. 28ᵇ leer. Handschrift des XIV. Jahrh. 2) Bl. 29ᵃ—80ᵇ. Aristotelis Posteriorum libri duo. Anfang: Omnis doctrina et omnis disciplina etc. Schluss: hoc autem omne similiter se habet ad omne
verum. Explicit II. liber posteriorum. Handschrift des XIV. Jahrh.
3) Bl. 80ᵇ—81ᵇ. Hymnus de beata Virgine cum longa oratione.
Anfang: Alma redemtoris mater omnium salus etc. Handschr. des
XIV. Jahrh. 4) Bl. 82ᵃ—88ᵇ. Tractatus dialecticus Anonymi. Anfang: Intellectus triplex est actus etc. Bl. 89ᵃ—93ᵇ leer. Handschr.
des XIV. Jahrh. 5) Bl. 94ᵃ—123ᵇ. Glossae in tractatum dialecticum
Anonymi. Anfang: Supposicio hujus libri sunt principia loyces etc.
Der Tractat bricht unvollendet ab. Handschr. des XIV. Jahrhunderts.
6) Bl. 124ᵃ—133ᵃ. Statii Achilleidos libri duo. Der Anfang des Ge-

dichtes fehlt. Es beginnt: Saxa. nec ad vaste trepidare silencia silve. Schluss: Et memini meminisse juvat; scit cetera mater. Explicit stacius. Dextera scriptoris benedicta sit omnibus horis. Inpoeuitens ac anima iniqua ducatur ad yma. Handschr. des XIII. Jahrh. Zu vergl. XI. 58. 7) Bl. 133ᵃ—133ᵇ. Praeambula in varios libros poeticos. Es sind ganz kurze Prolegomena in libros Achilleidos, in Claudii Claudiani de raptu Proserpinae, in librum Aesopi und in das Werk eines gewissen Magister Matheus, der das Leben des Tobias metrisch bearbeitete. Handschr. des XIII. Jahrh. 8) Bl. 134ᵃ—171ᵇ. Glossae in librum Ciceronis de amicitia. Vom Anfang fehlen einige Zeilen. Unser Text beginnt: publicius supplicius (statt Sulpicius) et pompejus quintus qui cum vinctissime vixerant etc. Schluss: quia nulla res ea prestabilior est excepta. Expliciunt glose. Handschr. des XIII. Jahrhunderts. 9) Bl. 171ᵇ—173ᵃ. De vita et scriptis Horatii. Anfang: Horacius flacius libertino patre natus in apulia etc. Handschr. d. XIII. Jahrh. 10) Bl. 173ᵃ. Brevis nota de tribus modis scribendi. Handschr. des XIII. Jahrh. 11) Bl. 173ᵇ—174ᵇ. Diversorum metrorum descriptio. Handschr. d. XIII. Jahrh. 12) Bl. 175ᵃ—175ᵇ. Versus varii argumenti. Ueber die Lebenszeit der Menschen und Thiere, über die Kreuzung verschiedener Thiergattungen etc. Handschrift des XIII. Jahrh. 13) Bl. 176ᵃ—184ᵇ. Passio s. Achatii et Sociorum. Anfang: Achacius princeps nobilissimus et helyades dux etc. Schluss: sub adriano et antonio imperatoribus. Handschrift des XIV. Jahrh.

XI. 588. Pergamenthandschrift des XIV. Jahrh. 178 Blätter in kl. 4°. 2 Spalten. Ursprünglicher Besitzer Stift St. Florian.

1) Bl. 1ᵃ—10ᵇ. Vocabularium Teutonicum. Es beginnt mit dem Worte abdicere verlegen und schliesst mit dem Worte spiraculum foramen per quod spirat ventus. Anstatt des deutschen Wortes wird häufig ein lateinisches Synonimum beigesetzt. Nach seinen wichtigsten Bestandtheilen ist dieses Werk bekannt gemacht im Anzeigeblatt der Wiener Jahrbücher der Lit. Bd. 41. Seite 16. Handschrift des XIV. Jahrh. 2) Bl. 11ᵃ—112ᵇ. Vocabularium Britonis. Der Prolog steht am Ende Bl. 112ᵇ und besteht aus 10 Versen: Difficiles studio partes quas biblia gestat etc. Anfang des Werkes: A litera in omnibus linguis est prior quia ipsa nascencium vocem aperit. Schluss mit Zorobabel. Darauf folgen 10 Verse: Hic ego doctorum compegi scripta sacrorum etc. Am Schlusse mit grosser Schrift: Hee tibi Christe lito quia dicor nomine brito. explicit iste liber scriptor sit crimine liber. Handschrift des XIV. Jahrh. Guilielmus Brito Camber Ord. Min. starb nach Fabricius 1356. Sein Werk enthält eine Auswahl von Erklärungen schwierigerer Worte der latein. Bibel. Bl. 113ᵃ—114ᵇ leer. 3) Bl. 115ᵃ—178ᵇ. Alanus de diversis significationibus quarumdam rerum et de interpretationibus quorundam nominum tam graecorum quam hebraicorum Sac. Scripturae secundum ordinem alphabeti. Prolog: Quisquis ad sacre scripture noticiam desiderat pervenire etc. Das Werk beginnt mit dem Worte angelus und schliesst mit zona. Handsch. des XIV. Jahrh. Alanus ab insulis, Doctor Parisiensis et monachus Claravallensis mort. 1203. Fabri-

cius zählt das obige Werk unter die Inedita. Vergl. codex XI. 52.
N. 10. Der vordere Deckel enthält auf der inneren Seite das Fragment
eines lateinischen Gedichts moralischen Inhalts des XIV. Jahrh. Der
Deckel rückwärts ist beklebt mit dem Fragment einer moralischen
Abhandlung aus demselben Jahrhundert.

XI. 589. Papierhandschrift vom Jahre 1535. 382 Blätter in 8°.
Theilweise in 2 Spalten. Ursprüngliches Eigenthum
des Klosters Blaubeuren, später des Klosters Wiblingen.

1) Bl. 2ᵃ—111ᵇ. Modus abbreviaturas utriusque juris legendi.
Nach diesem Titel liest man auf Bl. 2ᵃ: Quocunque tollatur: meum
semper blaubüren fatur. Anfang: Quia preposterus est ordo prius
humana etc. Schluss: Finis omnium titulorum Juris civilis et canonici.
1533. 2) Bl. 111ᵇ—179ᵃ. Nomina celeberrimorum doctorum utriusque Juris et Theologiae. Nach dem Alphabet und nach den einzelnen
Orden gereiht. 3) Bl. 179ᵃ—193ᵇ. Auctoritates sacrae Scripturae
et variae circa easdem interrogationes. 4) Bl. 193ᵇ—198ᵇ. Gram-
maticalia. 5) Bl. 198ᵃ—349ᵇ. Liber de producendis et corripiendis
syllabis. Bl. 350ᵃ leer. 6) Bl. 350ᵇ—353ᵇ. Elenchus figurarum gram-
maticalium. Bl. 354ᵃ leer. 7) Bl. 354ᵇ—381ᵃ. Tabula haeresium.
Am Ende steht: et sic est finis laudetur deus in ymis. Darauf in
rother Schrift: Qui me scribebat. Jacobus wall nomen habebat. anno
domini 1535. 8) Bl. 381ᵃ—381ᵇ. Alphabetum Hebraicum litteris
latinis conscriptum. Zuletzt eine kurze Note über den Namen vuil-
helmus. Der Codex ist ein Geschenk des Bischofs Gregorius Ziegler
von Linz.

XI. 590. Papierhandschrift vom Jahre 1624. 404 Blätter in 8°.
Ursprüngliches Eigenthum des P. Placidus Grueber
Benedictiner von Neresheim.

Guttula Poetarum Heliconis diluta liquoribus dulcedine suavis-
sima suavitate dulcissima olim lambere quam consuevit sitis dulce
condimentum P. Placidus Grueber Nöresheimensis anno 1624. Lateinische Gedichte in 6 Theilen grösstentheils geistlichen Inhalts. Der
Dichter besingt die hervorragendsten Ereignisse im Leben Christi und
seiner Heiligen in den verschiedensten Versmassen.

XI. 591. Papierhandschrift des XV. Jahrh. 171 Blätter in 12°.
Altes Eigenthum St. Florians.

1) Bl. 2ᵃ—101ᵇ. Pars Secunda Doctrinalis Alexandri de Villa
Dei de regimine et constructione grammaticali cum commento. Ein-
gang: Circa inicium secunde partis doctrinalis magistri alexandri etc.
Schluss: ad laudem et honorem dei sufficiant qui est benedictus etc.
Finita per me Stephanum de emerstarff Tunc temporis Scolaris in
monasterio sancti floriani 1497. Bl. 1ᵃ enthält einige grammaticalische
Noten, Bl. 1ᵇ leer, ebenso Bl. 102. 2) Bl. 103ᵃ—136ᵇ. Summula
de arte dictandi magistri Joannis. Anfang: Non inutiliter usus habet
ut certa dubia etc. Schluss: Quam prestet ille qui in celo vivit etc.
Darauf folgt eine Note über das richtige Losen eines Briefes. Bl. 136ᵇ

leer. 3) Bl. 137ᵃ. Versus aliquot de festis mobilibus. 4) Bl. 137ᵇ
—150ᵃ. Compendium orthographiae cum commento. Anfang: Circa
compendium orthographie est notandum quod etc. Schluss: qui con-
tempnit precepta versuum supra scriptorum. 5) Bl. 150ᵇ. Nota de
dierum computatione singularum mensium. 6) Bl. 151ᵃ—171ᵇ. Exordia epistolarum exemplariter collecta secundum ordinem alphabeti cum
commento. Anfang: Adquisicio laudabilis est etc. Schluss: Zodiaci
splendorem superat qui etc.

XI. 592. Pergamenthandschrift des XIV. Jahrh. 194 Blätter
in 2⁰. 2 Spalten. Altes Eigenthum St. Florians.

Guilielmi Durandi Speculum juris canonici. Anfang: De trono
Dei procedunt fulgura etc. Schluss: solum bravium sempiternum ad
quod nos perducat etc. Unsere Handschrift zerfällt in 4 Bücher und
ist complet. Auf den ersten 3 Vorsetzblättern ist ein ausführlicher
Index von fremder Hand. Auf dem ersten unnumerirten Blatt am
Rande der Name Nicolaus de Austria saec. XIV. Der Codex scheint
in Italien geschrieben worden zu sein. Der Autor hat auch das Rationale Divinorum Officiorum verfasst. Siehe XI. 413 und XI. 431.

XI. 593. Papierhandschrift des XVII. Jahrh. 526 Blätter in 2⁰.
Früherer Eigenthümer Landesadvocat Carl Seyringer in
Linz um 1692.

Akten, Oberösterreichische Schulsachen betreffend, von 1608 bis
1617. Der alte Titel lautet: Hernach folgt welchergestalt die Löblichen Evangelischen zween Stenndt von Herrn und der Ritterschaft
die Adeliche Landtschafft Schnel allhie zu Lyntz under der zu Hun-
garn und Behaimb Khoenig. Majestaett Herrn Matthiae Ertzherzogen
zu Oesterreich unsers Genedigisten Herrn Regierung von Neuem wi-
derumb angestellt unnd was sich von Zeit zu Zeit dariun begeben
und zugetragen.

XI. 594. Papierhandschrift des XVII. Jahrh. 395 Blätter in 2⁰·
Früherer Eigenthümer Landesadvocat Carl Seyringer in
Linz.

Bescheidbuch, Kirchen- und Schulsachen in Oberoesterreich betreffend, vou 1578 – 1619. Enthält die Entscheidungen der Verord-
neten in den obengenannten Angelegenheiten.

XI. 595. Pergamenthandschrift des XIV. Jahrh. 205 Blätter
in 2⁰. 2 Spalten. Altes Eigenthum St. Florians.

Digestorum libri XXXIX. usque ad L. cum glossis marginalibus
et interlinearibus. Der Codex ist in Italien geschrieben worden. Die
Initialen der einzelnen Bücher sind sehr gross und mit rother und
blauer Farbe verziert. Die Marginalnoten sind theilweise sehr abge-
blasst und das Pergament hie und da schadhaft. Bl. 49ᵃ ein rohes
Gemälde eine Jagd vorstellend. Die ersten 2 Vorsetzblätter von Pergament enthalten Fragmente einer Sammlung von Verordnungen, welche
sich auf die Errichtung von Strassen, Canälen, Schleusen, gemauerter

Thürme etc. in der Lombadrei beziehen. Die Verordnungen beginnen alle mit den Worten: Statuimus et ordinamus ohne weitere Characterisirung des Befehlenden. Die Sprache ist die lateinische, ihr Zeitalter das XIV. Jahrh. Die darauf folgenden 2 Vorsetzblätter von Papier enthalten ein Register über die Paragraphen der Digesten. Bl. 204b—205b sind mit Noten juridischen Inhalts bedeckt. An die Deckel vorn und rückwärts sind Fragmente einer Glosse zum Canonischen Recht aus dem XIV. Jahrh. geleimt.

XI. 596. Pergamenthandschrift des XIV. Jahrh. 305 Blätter in 2°. 2 Spalten. Altes Eigenthum St. Florians.

1) Bl. 1a—198b. Summa Azonis in Codicem Justiniani repetitae praelectionis. Anfang: Cum post inventionem scientie supervenerit gratie plenitudo etc. Schluss: quia cum officiis debet eam petere a patre. Explicit summa codicis domini azonis, deo gratias. 2) Bl. 199a—210a. Summa Azonis in libros Digestorum. In dieser Summe sind viele Stücke ausgelassen. 3) Bl. 211a—232b. Summa Azonis supra librum Institutionum. Anfang: Quasimodo geniti pueri vel adulti etc. Schluss: Et in consonantiam luculentam. Bl. 210b enthält die Rubricas Institutionum. 4) Bl. 232b—216a. Summa Azonis super librum Novellarum cum additionibus Accursii. Anfang: Liber iste quem donante domino lecturi sumus etc. Schluss: super l. placet. Explicit summa domini azonis super autentica cum additionibus domini accursii. Ueber Azo und Accursius siehe Panziroli de Legum Interpretibus Seite 113 und 119. Von derselben Hand: Applicui portum pelagique profunda reliqui. Auxiliis ejus qui crimina mundat iniqui. Weiter unten: Ut rosa flos florum sic est liber iste librorum. 5) Bl. 246b—305a. Summa Rolandi Lucensis super tribus libris Codicis. Anfang: Super libris novem etc. Schluss: nec deficiant in via juxta verbum domini. Explicit summa super tribus libris codicis edita a domino Rolando de luca juris- professore. Weder Panziroli noch Fabricius kennen den Verfasser. Bl. 305b ein Register über die Authentica Justinians. Der Codex ist nach dem Schriftcharacter in Italien geschrieben worden.

XI. 597. Papierhandschrift des XIV. Jahrh. 247 Blätter in 2°. 2 Spalten. Altes Eigenthum St. Florians.

Novella Joannis Andreae in librum I. Decretalium. Sein Name ist Bl. 152a in der letzten Zeile zu lesen. Anfang: Jeronimus ortatur in prologo libri Regum etc. Der Schluss des Werkes fehlt. Es bricht im 40. Titulus dieses ersten Buches im Cap. III. ab; fehlen demnach 3 Tituli. Es kommen in der Handschrift hie und da leere Seiten vor, ohne dass eine Lücke zu beklagen wäre. Johannes Andreae lehrte das Kirchenrecht mit ausserordentlichem Beifall in Bologna, Padua, Pisa und starb zu Bologna 1348. Siehe Panziroli de claris Legum interpret. 335. und Mazzuchelli Scrittori d'Italia Vol. I. P. II. pag. 695.

XI. 598. Pergamenthandschrift des XIV. Jahrh. 168 Blätter in 2°. 2 Spalten. Alter Eigenthümer Stift St. Florian.

Libri quinque Decretalium cum glossa marginali et interlineari. Auf den Deckeln und Vorsetzblättern befinden sich viele auf die Decretalen bezügliche Noten.

XI. 599. Papierhandschrift des XIV. Jahrh. 306 Blätter in 2°. 2 Spalten. Altes Eigenthum St. Florians.

1) Bl. 1ᵃ—213ᵇ. Novella Domini Joannis Andreae super sexto. Der Text des liber sextus ist hier nicht beigesetzt. Anfang: Cum eram parvulus loquebar ut parvulus etc. Schluss: super hiis in tercia glossa Joannis Andree. 2) Bl. 213ᵇ—306ᵇ. De regulis juris. So die alte Ueberschrift. Anfang: Non est novum. Sic incipit glosa etc. Schluss: ex quo plus urgentem pretermitto Jeronimum. Es sind die Quaestiones Mercuriales super regulis juris des Johannes Andreae. Die Vorsetzblätter vorn und rückwärts, sowie die an den Deckeln klebenden Blätter sind Fragmente des liber sextus Decretalium auf Pergament und dem XIV. Jahrhundert angehörig.

XI. 600. Papierhandschrift des XVIII. Jahrh. 555 Blätter in 2°. Altes Besitzthum St. Florians.

Consuetudinarium der Löbl. Landshauptmannschaft in Oesterreich ob der Enns. Aktenstücke zur Geschichte der Verwaltung Oberoesterreichs im 16., 17. und 18. Jahrh. enthaltend.

XI. 601. Papierhandschrift vom Jahre 1663. 605 Blätter in 2°. Früherer Eigenthümer Johann Franz Altenbuecher Dr. Jur. Utriusque, von welchem der Codex an Carl Seyringer Landesadvocaten in Linz gekommen ist.

Consuetudinarium Austriacum secundum Stilum Judicii Provincialis infra Onasum accomodatum per Dominum Joannem B. Suttinger S. C. M. Consiliarium et Excelsi Regiminis Cancellarium. Anno 1663. So lautet der Titel auf Bl. 1. Auf dem Rücken des Einbandes steht: Joann. Bapt. Suttingeri Manuscripta sive Consuetudinarium Austriacum. Die vielen Correcturen besonders der Orthographie, welche mit dem gedruckten Text übereinstimmen, zeugen dafür, dass hier wirklich das Manuscript Suttingers vorliege.

XI. 602. Papierhandschrift des XVII. Jahrh. 607 Blätter in 2°. Ursprüngliches Eigenthum St. Florians.

Consuetudinarium Austriacum. Es ist dasselbe Werk mit dem vorhergehenden. Am obern Rande des Bl. 1 steht: Ex Canonia s. Floriani per Reverendissimum Dominum Davidem Praepositum Anno 1681.

XI. 603. Papierhandschrift des XVIII. Jahrh. 57 Seiten in 2°. Alter Eigenthümer Stift St. Florian.

Elenchus Decretorum Episcopalium ad utrumque clerum Dioecesis Passaviensis evulgatorum ab anno 1701—1764.

XI. 604. Papierhandschrift des XVI. Jahrh. 694 Blätter in 2°. Früherer Eigenthümer Advocat Carl Seyringer in Linz.

Tractatus Manuscriptus allerhandt so Geist als Weltliche Jurisdictions Sachen undt dergleichen betrefent. Enthält wichtige Aktenstücke zur Kenntniss der geistlichen Angelegenheiten im 15. und 16. Jahrh.

XI. 605. Pergamenthandschrift des XIV. Jahrh. 123 Blätter in 2°. 2 Spalten. Altes Eigenthum St. Florians.

Expositio Decreti. Der Codex ist ohne Aufschrift und beginnt: Ecce vicit leo de tribu juda radix david etc. Er bricht unvollendet ab im 3. Theile des Decretum's de Baptismi Sacramento cap. 128. Bl. 123ᵇ ist eine Note von den wohlthätigen Folgen des Todes. Auf dem vorderen Deckel einwärts klebt ein Pergamentblatt mit dem Bruchstück eines dialectischen Tractats aus dem XIV. Jahrrh.

XI. 606. Papierhandschrift des XVIII. Jahrh. 81 Blätter in 2°. Früherer Eigenthümer unbekannt.

Casus Consistoriales veri et ficti ventilati in Consistorio Eystadiensi cum repetitione Recessuum ab Advocatis ibidem propositorum.

XI. 607. Theils Papier-, theils Pergamenthandschrift des XV. Jahrh. 120 Blätter in 2°. Altes Eigenthum St. Florians.

1) Bl. 1ᵃ—108ᵃ. Ultimi tres libri Codicis repetitae praelectionis. Ohne Glossen. Papierhandschrift. Bl. 108ᵇ leer. 2) Bl. 109ᵃ—120ᵇ. Tractatus Anonymi de flagitiis ecclesiae Romanae. Anfang: Beatus qui intelligit super egenum etc. Schluss: in die mala liberabit eum Dominus. Der Tractat ist gegen die Simonie, Beneficien- und Indulgenzenhandel, wie sich der Autor ausdrückt, gerichtet und in heftiger Sprache abgefasst. Das Werk ist auf Pergament geschrieben und gehört dem Ausgang des XV. Jahrhunderts an. Auf dem vorderen Deckel klebt das Fragment eines Missale aus dem XI. Jahrh., auf dem zweiten Deckel Fragmente von Predigten des XIV. Jahrh. in latein. Sprache; Pergament.

XI. 608. Papierhandschrift des XV. Jahrh. 285 Blätter in 2°. 2 Spalten. Alter Eigenthümer ein gewisser Nicolaus Rumel de Nytenbach.

1) Bl. 1ᵃ—124ᵇ. Dicta magistri Conradi Soltaw Sacrae Theologiae professi super primo capitulo decretalium: Firmiter credimus. Anfang: Firmiter credimus et simpliciter fidem orthodoxam etc. Schluss: ad quam leticiam nos perducat trinitas individua in secula seculorum. Darauf kommt ein Kapitelverzeichniss. In dem Tractat wird viel mehr behandelt, als die Ueberschrift errathen lässt. Es wird beinahe das ganze Symbolum erklärt und eine Menge spitzfindiger Fragen beantwortet. Bellarmin, Lanceloti, Richard, Echard kennen den Autor nicht. Fabricius führt unter Conradus einen Schriftsteller Namens Soltow auf, der als Bischof von Verden 1407 gestor-

ben ist, aber unser Werk wird dort nicht erwähnt. 2) Bl. 125ᵃ—
143ᵇ und 282ᵇ — 285ᵇ.　Flores Biblici secundum ordinem Alphabeti.
3) Bl. 144ᵃ—147ᵇ. Tractatus Henrici de Hassia de communicantibus
et celebrantibus.　Anfang: Si quis desiderat expediri etc.　Schluss:
et sic de aliis.　Amen.　4) Bl. 148ᵃ — 218ᵃ.　Isidorus de summo
bono.　Anfang: Summum bonum Deus est etc.　Schluss: quos celestis
aula letificandos includit.　Explicit ysidorus de summo bono anno domini 1453 per manus Nicolai Rumel.　Hie und da finden sich Verse
moral. Inhalts an den Rand geschrieben.　5) Bl. 218ᵇ—226ᵃ.　Augustinus de conflictu virtutum et vitiorum.　Anfang: Apostolica vox cla-
mat per orbem.　Schluss: quo Christus dux noster dulcissimus ducat
nos etc.　Das Werk ist ein unterschobenes; siehe Edit. Maurin.
Venet. Tom. VI. Appendix p. 219. Am Ende: Laus tibi sit Christe libellus
explicit iste.　Per manus Nicolai Rumel de Nytenbach. Bl. 226ᵇ leer.
6) Bl. 227ᵃ—261ᵃ.　Tractatus de superstitionibus editus a reverendo
magistro Nicolao Sawie doctore sanctae Theologiae. Anfang: Quoniam
lumbi mei impleti sunt etc.　Schluss: et confirmet in bono nunc et
semper Amen.　Dieser Tractat wurde vom Obengenannten 1443 geschrieben.　Es wird in diesem Werke viel von den Eingebungen und
Versuchungen des Teufels, von seiner Macht und Vorherwissen ge-
handelt und viele abergläubische Meinungen und Gebräuche damaliger
Zeit berührt.　Der Verfasser war jedoch in Fabricius Bibl. und andern literärhist. Werken nicht zu finden. Bl. 261ᵇ leer.　7) Bl. 262ᵃ
—275ᵃ.　Tractatus magistri Joannis Gersonis Cancellarii Parisiensis
de decem praeceptis, de confessione et de scientia mortis.　Anfang:
Christianitati suus qualiscunque scelator etc.　Schluss: aut quod de-
terius est easdem procurasti.　Der letzte Theil dieses Werkes nämlich de scientia mortis fehlt im Codex.　Er findet sich in der gedruckten Ausgabe Gerson's von Dupin Tom. I., wo dieses und die
andern Werke genauer wiedergegeben werden.　Nach obigem Schlusse,
der im Paragraph circa peccatum Luxuriae vorkommt, heisst es im
Codex: Require supra in alio tractatu predicti magistri Gerson circa
exhortaciones et interrogaciones.　Ein solcher Tractat komnt aber in
unserer Handschrift nicht vor.　Darauf folgt de confessione, welches
sich in der gedruckten Ausgabe nach dem peccatum gulae findet.
8) Bl. 275ᵃ—277ᵇ. Ejusdem Tractatuli de modo confessionis et absolutionis sacramentalis; de modis excommunicationum et irregulari-
tatum et absolutionibus ab eisdem; de injunctione poenitentiae ante
vel post absolutionem.　9) Bl. 278ᵃ—282ᵃ.　Sermo de operibus bonis
et studio mortificationis. Anfang: Christus Jesus dominus noster mundi
salvator etc.　Schluss: ex te natus homo factus est Amen.　Der von
späterer Hand angesetzte Titel: Sermo bonus de animabus ist un-
richtig.

XI. 609. Papierhandschrift des XV. Jahrh.　594 Blätter in 2°.
Altes Eigenthum St. Florians.

　　Joannis Andreae additiones speculi.　Anfang: Ego Johannes andree hujus speculi speculacionem assumens etc.　Schluss: obmitto est
et ibi.　Qui sine fine vivit et regnat in secula seculorum Amen.　Der

Codex ist 1410 geschrieben; siehe fol. 331ᵇ. Unter Speculum ist das oben XI. 592 aufgeführte Speculum juris von Durandus gemeint. Ueber das Werk des Joh. Andreae siehe Trithemius bei Fabricius Bibl. Ecclesiastica Fol. pag. 139, ebenso Mazzuchelli gli Scrittori d'Italia vol. I. p. II. pag. 698 und 701. Schulte Kirchenrecht. 70. Das vordere Vorsetzblatt enthält auf Pergament eine Notariatsurkunde vom Jahre 1410 mit der Appellation eines gewissen Paulus de Teya, Priesters der Passauerdioeces und Procurators der Pfarrkirche in Hedress (Hadres in Unteroesterreich) an den Metropoliten von Salzburg in einer Streitsache gegen Henricus, Rector der Pfarrkirche in Haugsdorf. Genannt wird auch ein magister Petrus Deckinger Canonicus ecclesiae s. Stephani in Wyenna. Das Vorsetzblatt am Ende ist ein lateinischer Ablassbrief, ausgestellt zu Regensburg anno 1379 vom Cardinal Pileus an Nicolaus, inquisitor haereticorum, Ord. Praed. für die Kirche des Klosters zum heil. Geist in nova Pilzna in der Prager Dioecese. Auf der innern Deckelseite vorn sind Fragmente eines dialectischen Tractats aus dem XIV. Jahrh. auf Pergament; auf der innern Deckelseite rückwärts sind Fragmente eines civilrechtlichen Tractats aus dem XIV. Jahrh., gleichfalls Pergament und beide in latein. Sprache.

XI. 610. Papierhandschrift des XV. Jahrh. 475 Blätter in 2°. Altes Eigenthum St. Florians.

1) Bl. 1ᵃ—474ᵃ. Novella Secundi Joannis Andreae. Anfang: De judiciis. Expeditis preparatoriis judiciorum etc. Schluss: quod ipse dei filius sue matri devote participare dignetur. 2) Bl. 474ᵇ—475ᵇ. Resolutiones dubiorum de jurisdictioue Rectoris Universitatis. Der Deckel am Ende enthält ein Fragment aus dem Corpus Juris Canonici cum glossa, welches dem XIV. Jahrh. angehört; Pergament.

XI. 611. Papierhandschrift des XV. Jahrh. 345 Blätter in 2°. Altes Eigenthum St. Florians.

Novella Tertii Joannis Andreae. Ist eine Exposition in tertium librum Decretalium von dem XI. 597 erwähnten Bologneser Rechtsgelehrten. Siehe auch XI. 599. Anfang: Finito tractatu judiciorum a quibus clerici etc. Schluss: manifestum stemus litere Johannis Andree. Deo gratias. Ueber den Verfasser siehe Panziroli, Trithemius, Aubertus Miraeus in Biblioth. Eccles. Fabricii, Schulte Kirchenrecht.

XI. 612. Papierhandschrift des XV. Jahrh. 323 Blätter in 2°. Altes Eigenthum St. Florians.

Novella Quinti Joannis Andreae. Anfang: Proxime tractavimus de accusacione matrimonii etc. Schluss: ut in epistola ad Marcellam VIII. scribit ipse Jeronimus. Daruntor in rother Schrift: Lectura quinti. Est autem comparata per Mathiam Regelshover anno etatis ipsius in 34. anno domini 1408. Die Deckel sind von innen bekleidet mit Fragmenten einer canonistischen Glosse aus dem XIV. Jahrh. auf Pergament.

XI. 613. Papierhandschrift vom Jahre 1485. 270 Blätter in 2°. Der älteste nachweisbare Besitzer war ein gewisser Liebhardus, von welchem das Buch laut Subscription am Ende geschrieben worden ist.

Summa Joannis; deutsch. Das Buch trägt fälschlich auf dem Rücken den Titel: Summa juris canonici Joannis; denn es ist eine Summa poenitentiae. In der Vorrede sagt „Perichtold ein prueder und priester aus dem prediger orden", dass er aus den Schriften des lesmaister's Johannes von Freyburg ord. Praed. die nützlichsten Materien excerpirt, in alphabetische Ordnung gebracht und ins Deutsche übersetzt habe. Das Werk beginnt: Unusquisque sicut accipit graciam in alterutrum etc. Sand peter der heylig zwelifpot in seiner etc. Schluss: oder sey alle mit ainander. Hec Thomas. Also hat das puch ain ende. Got uns sein genad sennde. Das puch haisset Summa Johannis, daraus man alle geistliche recht nymbt. Ueber Johannes von Freiburg siehe Echard Scriptores Or. Praed. I. 523. und oben Codex XI. 83. XI. 109. Der obengenannte Berchtold ist bei Echard I. 722 zu finden; ebenso bei Lambecius Bibl. Caes. Tom. II. pag. 814. n. 135.

XI. 614. Papierhandschrift des XV. Jahrh. 152 Blätter in 2°. Altes Eigenthum St. Florians.

1) Bl. 1ᵃ—151ᵇ. Liber Authenticorum seu novellarum Constitutionum Domini Justiniani sacratissimi principis. Novem Collationes. Die Anordnung der einzelnen Titel ist theilweise verschieden von der gedruckten Ausgabe. 2) Bl. 152ᵃ—152ᵇ. Statutum Friderici Imperatoris quo statutis et consuetudinibus contra libertatem ecclesiae editis derogatur. Anfang: Ad decus et decorem imperii etc. Schluss: Imperiali animadversione ulterius puniendus — Das Ende fehlt. Einen Theil dieses Edicts hat Baronius veröffentlicht im Tom. XVIII. edit. Luc. pag. 64. §. 78. zum Jahre 1097. Die Deckel sind von Innen bekleidet mit Fragmenten eines Inhaltsverzeichnisses über einen Theil des Corpus juris civilis.

XI. 615. Papierhandschrift des XV. Jahrh. 309 Blätter in 2°. 2 Spalten. Alter Eigenthümer Stift St. Florian.

1) Bl. 1ᵃ—71ᵇ. Casus summarii Joannis Andreae quinque librorum decretalium, sexti et Clementinarum. Anfang: Gregorius episcopus servus servorum dei etc. Am Ende: Expliciunt casus summarii Clementinarum secundum Joannem Andree, Jenczelinum et Paulinum et multocies sunt casus Joannis Andree dimissi vel secundum alios sunt summati quod casus summarii Joannis Andree in principio glose nominantur. Am Ende der Casus summarii findet sich in sehr kleiner Schrift die Jahrzahl 1401. 2) Bl. 71ᵇ—74ᵇ. Constitutiones Ecclesiae Salzburgensis. Anfang: Ad honorem et gloriam sponse Christi etc. Es sind die Decrete des Provinzialconcils, welches 1274 gehalten worden ist. Siehe Hansiz German. Sac. Tom. II. p. 378. und Harzheim Conc. Germ. Tom. III. 639. Schluss unseres Manuscripts: cessetur generaliter a divinis. Durch unsern Codex könnten viele Lesearten in den Druckausgaben verbessert werden. 3) Bl. 74ᵇ—76ᵃ. Con-

stitutiones alius Concilii Salzburgensis. Anfang: Cum instancia nostra debeat etc. Schluss: inventi fuerint contemptores. Darauf folgt: Habitum est hoc concilium anno domini 1281. XIV. Kalendas Decembris. Auch aus dieser Handschrift könnten viele Fehler der Coll. Conc. Germ. verbessert werden. 4) Bl. 76ᵃ. Brevis formula suspensionis ab officio in praelatos se a Synodo subtrahentes. Kommt bei Hansiz nicht vor. 5) Bl. 76ᵃ—78ᵇ. Constitutiones Guidonis Cardinalis promulgatae in concilio provinciali Vindobonensi. Anfang: Frater Gwido miseracione divina etc. Postquam Deus formavit hominem etc. Schluss: per parochiales ecclesias suarum dioecesium publicari. Acta sunt hoc byenne in austria anno Domini 1267. Diese Constitutionen finden sich auch bei Lambecius Biblioth. Vindob. Aug. Tom. II. pag. 61., aber fehlerfreier und sorgfältiger, und in Coll. Conc. Germ. zum Jahre 1267 pag. 632. Siehe auch XI. 147. Nr. 17. und XI. 722 Nr. 3. 6) Bl. 78ᵇ —84ᵇ. Constitutiones Synodi Pataviensis apud s. Hypolitum anno 1284 celebratae. Anfang: Quoniam sedes apostolica nos etc. Schluss: Item transgressores omnium statutorum predictorum. Dieselben sind gedruckt in der Coll. Conc. Germ. Tom. III. pag. 673, aber sehr incorrect. 7) Bl. 84ᵇ. Decretum moderationis Chunradi Episcopi Salzburgensis. Siehe Coll. Conc. Germ. ad annum 1310 pag. 167. und Hansiz Germ. Sac. Tom. II. pag. 442. Darauf folgt von späterer Hand eine Note über die Einladung des Pabstes Urbanus zu einem Kreuzzuge auf dem Concil zu Clermont 1095, ohne etwas Neues über die Sache beizubringen. 8) Bl. 85ᵃ — 119ᵃ. Processus Judiciarius dioecesis Pragensis. Anfang: Circa processum judiciarium in causa delegati etc. Schluss: vel appellacio in rescripto est remota et de ceteris etc. est finis. Darauf folgen einige den Inhalt des vorigen Werkes resummirende Verse. In der Abhandlung wird das gerichtliche Verfahren des geistlichen Gerichtshofes und die den Notaren wissensnothwendigen Rechtsformeln so wie die Bullen einiger Päbste, besonders des Pabstes Urban aufgeführt. Es wird darin das Jahr 1386 erwähnt und immer der modus Consistorii Pragensis berücksichtigt. 9) Bl. 119ᵃ—142ᵃ. Distinctiones materiarum ambiguarum Decretalium Joannis Calderini. Anfang: Distincciones super certis materiis etc. Das Werk schliesst unvollendet, wie es scheint, im Artikel de homicidio mit den Worten: vim vi repellendo. Ueber Calderini siehe Fabricius Bibl. unter Calderinus und Panziroli de claris legum interpretibus lib. III. cap. 21. Schulte, Kirchenrecht 83. Bl. 142ᵇ leer. 10) Bl. 143ᵃ—196ᵃ. Hermanni de Schildan declarationes terminorum legalium ac legum quae vocantur introductorium seu suffragium juris secundum ordinem alphabeti. Das erste Wort ist Adamus, das letzte Ypothomos. Das Werk wird in der Vorrede dem Grafen Erhard de Marchia, Domherrn von Köln und Lüttich, gewidmet. Ueber den Verfasser siehe Felix Ossinger Bibliotheca Augustiniana pag. 812 unter den Namen Schildiz. 11) 196ᵃ—207ᵃ. Conclusiones quarti libri Decretalium magistri Joannis de Venetiis. Anfang: Consuetudo que est commune jus etc. Schluss: possessor male fidei in mercurialibus. In dem gleichzeitigen Inhaltsverzeichniss auf der innern Seite des vordern Deckels ist zu dem Titel beigesetzt: datae Wyenn. Gleichwohl ist in dem zu

Wien herausgegebenen Werke: Scriptores universitatis Viennensis nichts
über den Verfasser zu finden, ebensowenig in Fabricius Bibl. 12)
Bl. 207ᵃ. Interpretatio capitis: debitores de venditione et censu. Es
geschieht darin Erwähnung eines gewissen „Wilhelmus decanus Ham-
burgensis in studio Pragensi." 13) Bl. 207ᵃ—209ᵃ. Gerhardi magni
diaconi dicti puncta circa materiam notoriorum. Anfang: Ea que circa
materiam notoriorum fornicatorum scripsi etc. Schluss: et mulieres
amoveant non amplius admissuri. Die Handschrift enthält mehreres,
was auf Böhmen Bezug hat. Ueber den Verfasser findet sich bei
Voigt Bohemia literaria nichts. Fabricius Bibl. Inf. et Med. Lat. führt
einen Gerardus Grot sive Magnus Daventriensis auf, welcher als
Bruder des gemeinsamen Lebens 1384 starb. Derselbe verfasste ein
Werk de focariis, welches mit dem unsrigen einen verwandten Inhalt
hat, denn in unserm Tractat wird gegen das Ende viel de Clericis
concubinariis gesprochen. 6) Bl. 209ᵃ—211ᵇ. Sermo anepigraphus
de Sacramento Eucharistiae. Anfang: Reverendi patres et domini,
licet hujus panis sacramentalis etc. Schluss: qui sine fine in eternum
trinus et unus regnat in secula seculorum. In dem alten Inhaltsverzeichniss hat die Rede fälschlich den Titel: Collatio de corpore Christi
Canonistica. 15) Bl. 213ᵃ—215ᵃ. Variae formulae consistoriales.
16) Bl. 215ᵇ—236ᵃ. Processus judiciarius secundum consistorium
Bononiense cum formis notariatus. Anfang: Reverendo etc. Joanni
Cantuariensi archiepiscopo tocius auglie primati Joannes Bononiensis
notarius etc. Schluss: per vos et eos reticentur superficia. Explicit
summa notarii Joannis Bononiensis. Darauf folgt ein Capitelverzeichniss.
17) Bl. 236ᵇ—248ᵇ. Formae diversae secundum modum consistorii
Pragensis, cum practica in forma officialatus. Wichtige Beiträge für
die Geschichte der kirchlichen Verwaltung. Bl. 249ᵃ eine kleine Note
die Excommunication der Zehentverweigerer enthaltend. Bl. 249ᵇ leer.
18) Bl. 250ᵃ — 306ᵃ. Variae formae consistoriales. Es wird darin
auch der Passauer Diöcese Erwähnung gethan. Auch diese Formulare
sind für Geschichte und Disciplin von Wichtigkeit. 19) Bl. 306ᵇ—
309ᵇ. Sermo magistri Joannis in die beati Jacobi. Anfang: Nolite
timere eos, qui occidunt corpus etc. In istis verbis ewangelista Mathaeus tangit etc. Von späterer Hand. Die auf den Deckeln aufge-
klebten Pergamentblätter sind mit kurzen Notaten canonistischen oder
moralischen Inhalts beschrieben, welche dem XV. Jahrh. angehören.

XI. 616. Papierhandschrift des XIV. Jahrh. 184 Blätter in 2°.
2 Spalten. Altes Eigenthum St. Florians.

1) Bl. 1ᵃ—14ᵇ. Regulae Cancellariae Apostolicae Joannis XXII.
Benedicti XII. Clementis VI. Innocentii VI. Urbani V. Gregorii XI.
Urbani VI. Bonifacii IX. Ueber die Kanzleiregeln siehe Rigantius
Commentaria in Regulas Cancellariae Apost. Coloniae Allobrogum
1751, wo es in der Vorrede pag. 5 heisst, dass er ältere als von
Pabst Johann XXIII. nicht gesehen habe. Diese hat Van der Hardt
in Concil. Constant. Tom. I. herausgegeben. Dagegen Schulte, Lehrb.
d. Kirchenrechts Seite 28. Bl. 13ᵃ—14ᵇ sind Zusätze aus dem XV.
Jahrh. 2) Bl. 15ᵃ—184ᵃ. Berengarii Cardinalis inventarium super

speculum judiciale. Anfang: Quia inusitata est leccio speculi judicialis
etc. Die Materien werden in alphabetischer Ordnung behandelt; das
zuletzt erklärte Wort ist: vendicio. Nach dem Inhaltsverzeichniss,
welches dem Werke vorausgeht, sollte das letzte Wort Xpianus
heissen; der Codex ist demnach mank. Ueber den Verfasser Beren-
garius Fredoli 1295 Bischof von Beziers, späteren Cardinal, der vom
Pabst Bonifaz VIII. zur Redaction des liber sextus decretalium anno
1298 verwendet wurde, siehe Fabricius Biblioth. Lat. Schulte l. c.
Das Vorstehblatt am Ende enthält auf Pergament ein Stück von dem
officium s. Elisabeth mit Hymnen und Neumen aus dem XIII. Jahrh.

XI. 617. Papierhandschrift des XV. Jahrh. 210 Blätter in 2°.
2 Spalten. Alter Eigenthümer der untengenannte Conradus Chaczpecher.

Casus decretalium magistri Bernardi doctoris decretorum. So die
gleichzeitige Ueberschrift. Der erste Titulus: De summa trinitate et
fide katholica. Der letzte: de regulis juris. Ueber den Verfasser, der
um 1250 lebte, Fabricius Biblioth. Lat. pag. 622, Ausgabe in 8°. Am
Ende: Expliciunt casus in terminis magistri Bernhardi. Scripti per
conradum chaczpecher de dyppurg. Anno 1408. Maguntinae dioecesis.
Wynn. Die Vorsetzblätter von Pergament, welche die Handschrift
umschliessen, sind bedeckt mit Notaten juridischen Inhalts, welche sich
auch über die innere Seite des vordern Deckels verbreiten; auf den
hintern Deckel sind einwärts einige Noten und ein Inhaltsverzeichniss.

XI. 618. Pergamenthandschrift des XIV. und XV. Jahrh. 190
Blätter in 2°. 2 Spalten. Altes Eigenthum St. Florians.

1) Bl. 1ᵃ—101ᵃ. Summa dictaminis edita per magistrum Thomam de Capua Cardinalem. Anfang des Prooemium I.: Juste judicate
filii hominum et nolite etc. Schluss: die ad eligendum prefixa con-
venientes in unum. Finito libro sit laus gloria Christo. Amen. Qui
scripsit scribat semper cum domino vivat. Amen. Lumen scriptoris
salvenit omnibus oris. Amen. Explicit summa dictaminis composita
per bone memorie Magistrum Thomam Capuanum olim Sacrosancte
Romane Ecclesio Cardinalem cujus anima benedicatur. Ueber den
Verfasser Ciaconius de vita et rebus gestis Pontificum et Cardinalium
Tom. II. p. 36; über das voranstehende Werk Fabricius Biblioth. Lat.
In der Bibliotheca Medicea sind 2 Codices, mit deren einem unsere
Handschrift übereinstimmt. Siehe Bandini Biblioth. Medicea vol. IV.
pag. 719. Auf Bl. 101ᵃ befindet sich von späterer Hand ein Schrei-
ben des Official der Prager Curie an einen Commendator in Hazan
wegen der Zurückstellung eines silbernen Gürtels, welcher von einer
Begine gefunden worden war, und einem gewissen Scolasticus wal ge-
hörte. Handschriften des XIV. Jahrh. 2) Bl. 102ᵃ—164ᵇ. Summa
Notariae a magistro Rolandino de diversis contractibus composita.
Anfang: Antiquis temporibus super contractuum etc. Schluss: facias
omnes consentire. Handschrift des XIV. Jahrh. Ueber den Verfasser
Panziroli de legum interpret. lib. II. cap. 37. 3) Bl. 165ᵃ—190ᵇ.
Sermones de tempore Cardinalis Bertrandi. Anfang: Videbunt filium

hominis venientem etc. Quamvis verbum istud ad literam scriptum sit etc. Schluss: et dabo tibi requiem ad quam nos perducat etc. Expliciunt Collacionea Dominicales et Feriales tocius anni edite a Magistro Bertrando Cardinali de ordine fratrum Minorum. Vergl. Fabricius Biblioth. Med. et Inf. Lat. unter Bernardus de Turre nobili. Derselbe war Erzbischof von Salerno um 1319, Cardinal 1320—1334. Handschrift des XV. Jahrh. Die innern Seiten der beiden Deckel sind mit Fragmenten einer Glosse zu den Evangelien aus dem XIV. Jahrh. auf Pergament bekleidet.

XI. 619. Papierhandschrift des XV. Jahrh. 240 Blätter in 2°. Alter Eigenthümer Stift St. Florian.

1) Bl. 2^b—33^b. Calendarium cum variis tabulis et excerptis astronomicis. 2) Bl. 34^a—81^a. Tractatus Anonymi de sphaera. Anfang: Tractatum de spera quatuor capitulis distinguimus. Schluss: Hec igitur sunt que introducendis primo imaginanda occurrunt. 3) Bl. 81^a—86^b. Excerpta varia. Bl. 81^a am untern Rande eine historische Notiz über Regensburg, das Jahr 1335 betreffend. Bl. 83^a über die Erstürmung Constantinopels anno 1453. Bl. 83^b eine Erzählung de magno Nemo. Bl. 84^a lateinische und deutsche Verse über die Kraft des Agnus Dei. Bl. 84^b ein Cisiojanus. Bl. 86^b historische Notiz über Regensburg. Ausserdem viele astronomische Excerpte. 4) Bl. 87^a—94^a. Canones minutiarum vulgarium et physicarum ordinati per magistrum Joannem de linerys pitkardum. Anfang: Modum representacionis minuciarum vulgarium etc. Schluss: sufficiunt minuciarum vulgarium et phisicarum. 5) Bl. 94^a—98^b. Varia notata arithmetica. 6) Bl. 98^b—117^a. Tractatus arithmeticus; deutsch. Darauf folgen arithmetische Notate in latein. Sprache Bl. 117^a—117^b. 7) Bl. 118^a—132^a. Liber Theorcumaciae. Anfang: Cum Ptolomeus in almagesti etc. Schluss: ptolomei est. Das Werk handelt von Arithmetik, Geometrie, Musik, Astronomie. 8) Bl. 132^a—144^b. Varia excerpta mathematico-astronomica. 9) Bl. 144^b—146^b. Notata varia. Darunter eine lange Aufzählung der Bücher der heil. Schrift, der wichtigsten Weltereignisse und ein längeres lateinisches Gedicht, welches mit den Worten beginnt: Vado mori, die im Verlaufe immer wiederholt werden. 10) Bl. 147^a—148^b. De duodecim signis in coelo et eorum conjunctione. 11) Bl. 148^b—150^a. Regulae aequationum excerptae ex Alfragano. 12) Bl. 150^b—152^a. Notata varia instituta Hebraeorum veteris temporis spectantia. 13) Bl. 152^a—168^b. Introductorius Alkabizii ad judicia astrorum interpretatus a Johanne Hyspanensi quem transtulit de Arabico in latinum. So lautet die gleichzeitige Subscription am Ende. Darauf folgen 168^b—169^a astronomische Notate. 14) Bl. 169^b—186^a. Alfraganus de aggregationibus scientiae stellarum. Darauf astronomische Notizen. 15) 187^a—200^a. Tractatus astronomicus Anonymi. Anfang: Licet multa sunt instrumenta practice astronomie etc. 16) Bl. 200^a—203^a. Tractatus brevis de compositione horologii. 17) Bl. 203^b—204^b. Notae de Horologiis et de eclypsi solis. 18) Bl. 205^a. Duodecim quaestiones de pixide. Diese Note ist deutsch und bezieht sich auf die Bedienung der Kanonen.

19) Bl. 205ᵇ. Tabula pro flebothomia. Bl. 206ᵃ einige unbedeutende
lateinische Verszeilen. 20) Bl. 206ᵇ—225ᵇ. Algorismus Ratisbonensis.
So heisst ein anonymer arithmetischer Tractat, der mit den Worten
beginnt: Iste liber cujus subjectum est numerus numerans etc. 21)
Bl. 226ᵃ—240ᵃ. Notata varia mathematica et astronomica. Darunter
gestreut befinden sich auch andere Notizen, zum Beispiel: Bl. 230ᵇ
deutsche Note über die Anfertigung von Goldmünzen; Bl. 235ᵃ eine
deutsche Note astrologischen Inhalts; Bl. 238ᵇ Notiz de musica;
Bl. 239ᵃ 5 Reihen latein. Substantive mit deutscher Uebersetzung bei
einzelnen. Bl. 240ᵃ de re musica. Bl. 240ᵇ sind geographische Bemerkungen. Bl. 1ᵃ—2ᵃ, so wie die Deckelbekleidungen enthalten
Noten theologischen und realistischen Inhalts. Auf der innern Seite
des zweiten Deckels steht in rother Schrift: Fr. Sebastianus holkoldt.
Am Ende mehrerer Tractate kommt die Jahrzahl 1447 vor. Die häu-
figen Beziehungen auf Regensburg erlauben den Schluss, dass der
Codex dort geschrieben worden sei.

XI. 620. Papierhandschrift des XVI. Jahrh. 315 Blätter in 2°.
Alter Eigenthümer laut Inscription Leopoldt Starckh.
1621.

1) Bl. 1ᵃ—18ᵇ. Sammlung von allerlei Heilmitteln. 2) Bl. 19ᵃ
—26ᵇ und 1ᵃ—75ᵇ. Peltz und Ertzney Puech. 1580. Enthält eine
Menge medicinische und ökonomische Mittel. 3) Bl. 1ᵃ—29ᵇ. Ein
Puech zu der Waidmannschafft. 4) Bl. 1ᵃ—5ᵃ. Vogl Buch 1593. 5)
Bl. 5ᵇ—33ᵇ und 1ᵃ—61ᵇ. Allerlei Haus und Arzneimittel. 6) Bl. 62ᵃ
—79ᵃ. Ernst Gastner's Peltzbuch. Am Ende steht: Haec arborum
propagatio ab Ernesto Gastnero Ducis Ferdinandi Superioris et Infe-
rioris Bavariae Supremo Contralore in lucem edita et ab Henrico
Saurer Landishutano descripta 1588. 7) Bl. 79ᵇ—113ᵃ. Haus und
Arzneimittel. Bl. 113ᵇ leer. 8) Bl. 114ᵃ—127ᵇ Visch Puech 1593.
Bl. 128 leer. 9) Bl. 129ᵃ—153ᵃ. Sammlung von Arzneimitteln.

XI. 621. Papierhandschrift des XVII. Jahrh. 370 Blätter in 2°.
Alter Eigenthümer Stift St. Florian.

1) Bl. 1ᵃ—3ᵇ. Wappenbrief. Copia eines Wappenbriefes für
Michael Kügler, ausgestellt von dem Dr. J. und Comes Palatinus
Georg Sigmund Seld. Datum München 1564. Bl. 4 leer. 2) Bl. 5ᵃ
—10ᵇ. Gnadenbrief Kaiser Rudolf II. Amtlich vidimirte Copie. Durch
denselben wird Urban Handschman Dr. J. utr. des Herzog Christian
des II. von Sachsen Rath zum Comes palatinus erhoben und damit
das Recht verliehen, Wappenbriefe auszustellen. Datum Prag 1609.
3) Bl. 11ᵃ—14ᵇ. Wappenbrief. Ganz derselbe mit dem unter Nr. 1.
Verzeichneten. 4) Bl. 15ᵃ—16ᵃ. Formulare für einen Wappenbrief.
Ausgestellt von dem Dr. J. und Comes Palatinus Johann Wilhelm
Hannoldt von Hannoldtsegg. Datum Linz. Bl. 16ᵇ leer. 5) Bl. 17ᵃ
—20ᵃ. Wappenbrief. Amtlich vidimirte Copie. Er ist ausgestellt von
Ruprecht Freiberrn von Stotzing Kaiser Rudolf II. Rath zu Wien 1598 für
den ehrwürdigen und geistlichen Herrn Sigmund Hewschneider und
dessen Bruder von Pidmans in Baiern. Bl. 20ᵇ leer. 6) Bl. 21ᵃ—

22ᵇ. Wappenbrief. Copie. Ausgestellt für Hans Kuppelich Vogt zu Feichtwangen von Maximilian Paumgartner von Paumgarten Freiherrn. Datum Lanzenberg 1568. 7) Bl. 23ᵃ—32ᵇ. Gnadenbrief Kaiser Ferdinand. I. für Johann Ulrich Zasius Dr. Utrinsque. Kais. Rath und oesterr. Kanzler, worin unter Andern auch das Recht, Wappenbriefe auszustellen, verliehen wird. Datum Wien 1559. Copie. 8) 33ᵃ—36ᵇ. Wappenbrief. Ausgestellt für die Gebrueder Peter und Antonius Schwarzman von Johann Ulrich Zasius Reichsvicekanzler. Datum Wien. 1568. Amtlich vidimirte Abschrift. 9) Bl. 37ᵃ—39ᵇ. Lateinisches Formulare eines Briefes, wodurch der Ehrentitel Poeta laureatus verliehen wird. Ausgestellt von Johann Wilhelm Haunoldt von Haunoldtsegg. Bl. 40 leer. 10) Bl. 41ᵃ—45ᵇ. Indigenats und Nobilitätsbrief für Johann Boekh de Fasendorf, ausgestellt von Kaiser Mathias II. zu Pressburg 1613. Copie. 11) Bl. 45ᵃ—49ᵃ. Delineatio Imperatricis Augustissimae Annae decimo quarto Decembris hora ante meridiem octava anno 1618 denatae cadaveris Sacratissimi hora ab obitu sexta dissecti, facta a Donato Freywaldo consiliario Caesareo et Medico cubiculari. In lateinischer Sprache. 12) Bl. 49ᵇ—370ᵇ. Haus und Arzneibuch.

XI. 622. Papierhandschrift des XVI. Jahrh. 91 Blätter in 2°. Früherer Eigenthümer Johann Jacob Olben, Dechant von Freystadt. Ann. 1686.

Archelai Chymica deutsch. Nach dem langen Verzeichniss technischer Ausdrücke beginnt das Werk Bl. 1ᵃ: Alle Weissheit komet von got und by yme und yme ist etc. Schluss: und ez ist nit notürft das ez werde gewaschen.

XI. 623. Papierhandschrift des XVI. Jahrh. 201 Blätter in 2°. Auf dem 3. Vorstehblatt: Mathias Probst zu St. Florian 1654 hujus libri possessor.

Chaos Azoth Magnesia sive Subjectum Darinnen Prima Materia omnium metallorum verborgen so die Natur vor sich selbst ohne Alle Menschliche Hülfe herfürbringt undt nachmals durch Mithülfe des Artisten zum Lapide oder Elixir der weisen vollbracht wirdt. Anfang: Der Allein Drey Einige Gott Vater Sohn und Heilliger Geist etc. Schluss: oleum rubeum velut sanguis. Bl. 137ᵃ—141ᵇ sind herausgeschnitten.

XI. 624. Papierhandschrift des XVI. Jahrh. 138 Blätter in 2°. Ursprünglicher Besitzer Andreas Hueber zu und von Hueb.

De arte chymica. Auf dem Vorstehblatt ist ein Holzschnitt vom Jahre 1569 mit dem Porträt des Theophrastus Paracelsus ab Hohenhahn. Auf dem letzten Deckel steht einwärts der Name des Probstes Mathias von St. Florian.

XI. 625. Papierhandschrift des XVI. Jahrh. 110 Blätter in 2°. Alter Eigenthümer Stift St. Florian.

Joannis Isaaci Hollandi Philosophi et Chymistae Exercitatissimi

Liber de Mineralibus et vera Metallorum Metamorphosi. Prologus:
In diesem Prologo werdet Ir gelernt vor was Werckhen und Arbeit
sich ein Jeder hueten solle. Das Ende fehlt. Bl. 95 und 96 zum
Theil herausgerissen.

XI. 626. Papierhandschrift des XV. Jahrh. 222 Blätter in 2°.
2 Spalten. Alter Eigenthümer Stift St. Florian.

Quaestiones super varios libros Aristotelis. Die hier behandelten
Bücher sind der Reihe nach: Die libri 8 Physicorum, libri 4 de coelo
et de mundo, libri 2 de generatione et corruptione, libri 3 Metheororum, libri 3 de anima, libri de sensu et sensato, de memoria et reminiscentia, de somno et vigilia, de longitudine et brevitate vitae. Am
Ende des Tractats de generatione steht die Jahrzahl 1452; am Ende
des Tractats de Metheoris 1453; am Ende des letzten Tractats 1454.
Die Quaestio prima primi Physicorum beginnt: Circa librum Phisicorum movetur primo questio talis: Utrum de rebus phisicis supranatu-
ralibus sit sciencia. Der letzte Tractat fängt an: De longitudine et
brevitate vite queritur num calidum et humidum sint cause longe vite
in viventibus. Zur inneren Bekleidung des Codex dient die Abschrift
einer Urkunde auf Pergament aus dem XIV. Jahrh., in welcher Pabst
Bonifaz IX. dem Erzbischof von Prag die baldige Verleihung eines
beneficiums an den Prager Dioecesanpriester Petrus de libiczicz aus
Herz legt. Datum Romae in Pontificatus anno primo. Bonifaz re-
gierte von 1389—1404.

XI. 627. Papierhandschrift vom Jahre 1393. 239 Blätter in 2°.
2 Spalten. Alter Eigenthum St. Florians.

Quaestiones consequentiarum et proverbiorum logicalium. So der
alte Titel. Die Quaestiones haben alle Bezug auf die logischen
Schriften des Aristoteles. Anfang: Queritur circa tractatus utrum habitus ex nocione etc. Schluss: sed solum pro deo qui est cui sit
laus etc. Am Ende: Expliciunt questiones proverbiorum loycalium
magistri Helmoldi de zoldwedel finite per wolfgangum Ardingner de
welsa reportato in studio prageusi. Derselbe Name steht zugleich
mit der Jahrzahl 1393 auf dem ersten Vorsetzblatt mit dem Spruche:
Qui te furetur tribus lignis associetur. Voran und rückwärts sind
allerlei logische Tafeln. Auf dem vordern Deckel befindet sich das
Fragment eines Aufsatzes de grammatica, gleichfalls den spätern Zeiten
des XIV. Jahrh. angehörig.

XI. 628. Papierhandschrift des XV. Jahrh. 335 Blätter in 2°.
2 Spalten. Alter Eigenthümer Stift St. Florian.

Quaestiones super omnes libros Ethicorum Aristotelis. Anfang:
Bonitatis et nobilitatis excellenciam etc. Schluss: scilicet sensus vel
appetitus sensitivi.

XI. 629. Papierhandschrift vom Jahre 1352. 276 Blätter in 2°.
2 Spalten. Altes Eigenthum St. Florians.

1) Bl. 2ᵇ--5ᵇ. Quaestiones super opera mathematica Aristotelis.

Der Anfang fehlt. Bl. 2ᵃ ist an den Deckel aufgeleimt. 2) Bl. 6ᵃ —
29ᵇ. Quaestiones super Physicam Aristotelis. Anfang: Plasmaverat
autem dominus paradysum voluptatis etc. 3) Bl. 30ᵃ- -38ᵃ. Quaestiones super libros Aristotelis de coelo et mundo. 4) Bl. 38ᵃ--41ᵃ.
Quaestiones super Aristotelis de generatione et corruptione. 5) Bl. 41ᵃ
—67ᵃ. Quaestiones super libros Metheororum. 6) Bl. 67ᵃ—78ᵇ.
Quaestiones super librum de anima. Am Ende: Explicit gloza super
summam naturalium reportata a scolarium rectore apud Scothos.
7) Bl. 79ᵃ—115ᵇ. Commentum super libros Metheororum. Anfang:
Phylosophia habet delectaciones mirabiles etc. Schluss: est felicitas
speculativa quam nobis concedat etc. Bl. 146ᵃ- -147ᵇ leer. 8) Bl. 148ᵃ
—183ᵃ. Commentum super librum de generatione et corruptione. Die
ersteren Zeilen fehlen. Es beginnt das Werk: dicitur et distiguitur
in duos libros, quorum primus tractatus de generatione et corruptione
etc. Bl. 183ᵇ. Altes Inhaltsverzeichniss. 9) Bl. 184ᵃ- -201ᵃ. Quaestiones subtiles. Bl. 181ᵃ einige Verse des alten Eigenthümers Mathias
aus dem XV. Jahrh. 10) Bl. 201ᵃ — 231ᵇ. Quaestiones bonae per
ordinem veteris artis. Anfang: Queritur primo circa librum Porphirii
utrum sciencia etc. Bl. 235ᵃ—237ᵇ leer. 11) Bl. 238ᵃ—249ᵇ.
Quaestiones medicinales Johannicii. Anfang: Queritur primo circa
Johannicium utrum medicus etc. Am Ende: Expliciunt questiones
Johannicii et secretorum mulierum. Reportate Erdfordie anno domini
1357. Die Quaestiones de secretis mulierum beginnen Bl. 245ᵇ. Utrum
coitus moderatus sit causa prolongande vite etc. Johannitius war arabischer Arzt und lebte in der 2. Hälfte des IX. Jahrh. in Spanien.
Siehe Jöcher Gelehrtenlexicon unter Chanin. Nach Grässe Handbuch
der Literärgesch. war er Nestorianicher Christ. 12) Bl. 250ᵃ—276ᵃ.
Expositio supra quartum tractatum summae naturalium. Der alte Titel
lautet: Incipit expositorum ultra quartum tractatum summe naturalium.
Anfang: Dicto de corporo mobili, generabili etc. Am Ende: Expliciunt reportata summe naturalium ultra quartum tractatum completa
erdfordie a magistro hermanno anno 1352. Auf dem hintern Deckel
klebt ein Pergamentblatt mit dem Fragment eines lateinischen Gedichtes de arte grammatica aus dem XIV. Jahrh.

XI. 630. Papierhandschrift des XVI. Jahrh. 116 Blätter in 2°.
Alter Eigenthümer Stift St. Florian.

Figurae variarum scientiarum artiumque. Voraus geht ein Calendarium. Das Werk enthält eine Menge interessanter aber roher Gemälde mit deutscher Erklärung.

XI. 631. Papierhandschrift des XVII. Jahrh. 106 Blätter in 2°.
Alter Eigenthümer Probst Leopold von St. Florian.

1) Bl. 3ᵃ—44ᵃ. Libellus de conservanda sanitate aggregatus ex
dictis sapientum medicinae per magistrum Barnabam de Regio. Nach
der Widmung und dem Register beginnt das Werk: Quia sanitas con-
servatur in corpore sano etc. Schluss: scilicet et veritatem amantes.
Finitum fuit hoc opus Mantuae per praecedentem magistrum Barnabam
de Regio salariatum ibidem. Sub Millesimo trecentesimo trigesimo primo,

die XV. mensis octubris. Bl. 1ᵃ. Titelblatt mit der Widmung der im
Codex enthaltenen Abschriften an den Probst Leopold von St. Florian
(1612—1646). Dort heisst es: Opera haec pervetusta verbotenus
summa diligentia conscripsit Joannes Wilhelmus Haunoldt ab Haunoldtsegg Comes palatinus Caesareus. Bl. 1ᵇ—2ᵇ leer. 2) Bl. 45ᵃ
—81ᵃ. Liber remediorum extractus per magistrum Barnabam de Regio
ex libris antiquis. Capiteleintheilung geht voraus. Das Werk beginnt:
Ad dolorem capitis diversa sunt remedia etc. Schluss: securus est ab
omnibus maleficiis. Finitum hoc opus Mantuae fuit per praecedentem
magistrum Barnabam de Regio 1331. Bl. 81ᵇ—82ᵇ leer. 3) Bl. 83ᵃ
—98ᵇ. Arnoldi libellus de regimine sanitatis. Anfang: Reverendo
etc. Augustino Episcopo Sagrabiensi suus Arnoldus etc. Schluss: videtur facere illud idem. Finitum est hoc opus de regimine sanitatis
per Arnoldum s. Jacobi in Raab Praepositum. Anno 1352. Bl. 99
leer. 4) Bl. 100ᵃ—106ᵃ. Libellus contra pestem Doctoris Apolonii
Moguntinensis. In deutscher Sprache. Anfang: Dise Remedia hat beschriben der Hochgelerth Doctor der Arzney Apolonius von Mayntz
wider den gebrechen der Pestilentz Anno Domini 1182. Von Georg
Zerlacher abgeschriben worden.

XI. 632. Pergamenthandschrift des XIV. Jahrh. 87 Blätter in
       kl. 2°. 2 Spalten. Altes Eigenthum St. Florians.

Sophistria Roberti. So liest man auf einem Papierstreifen des
äussern Deckels. Der Codex enthält eine Sammlung dialectischer Abhandlungen, wovon aber nur eine den Namen Robertus vorn an der
Spitze trägt. 1) Bl. 1ᵃ—6ᵃ. Tractatus dialecticus anepigraphus. Der
Anfang fehlt. Die erste Seite beginnt: quod partes cathegorice sunt
simplices termini dico quod ipse summit communiter terminum. Schluss:
incidit fallaciam composicionis et diccionis. Bl. 6ᵇ leer. 2) Bl. 7ᵃ—
41ᵇ. Alius tractatus anepigraphus de arte dialectica. Anfang: Circa
signa verbalia quatuor proponimus inquirere. Schluss: sed ad id solum quod in se duo contradictorie opposita. 3) Bl. 42ᵃ—52ᵃ. Alius
tractatus anepigraphus de arte dialectica. Anfang: Ut ait Tullius in
retoricis cum omne expetendum etc. Schluss: approximacio tui ad
Romam. Bl. 52ᵇ enthält das Fragment eines Tractats de figuris re-
thoricis. 4) Bl. 53ᵃ—63ᵇ. Tractatus anepigraphus dialecticus. Anfang: Qui vero secundum equacionem etc. Primo ostenditur quod
nullum nomen sit equum tali racione. Schluss: sed eque distribuendo.
5) Bl. 64ᵃ—86ᵃ. Sophistria grammaticalis magistri Rudberti. Anfang:
Quoniam circa oraciones grammaticas ut in plerisque etc. Schluss:
que est in celis ad quam nos perducere dignetur qui cum patre etc.
Explicit Sophistria Ruberti. Amen. Der Verfasser ist wahrscheinlich
Robertus Kilwardby Ep. Cantuariensis, gest. 1279, siehe Echard Script.
Ord. Praed. I. 374. Bl. 86ᵇ—87ᵇ dialectische Notizen. Nach Schrift
und Pergament zu urtheilen, ist der Codex in Italien geschrieben worden. Dafür stimmt auch das Fragment, welches auf der innern Seite
des ersten Deckels klebt und Rechnungen enthält, die sich auf italienische Persönlichkeiten beziehen. XIV. Jahrh., Pergament.

XI. 633. Pergamenthandschrift des XIV. Jahrh. 138 Seiten in kl. 2°. 2 Spalten. Alter Eigenthümer Stift St. Florian.

Albertus de naturis. So lautet der Titel am Ende des Buches. Anfang: Sermo generalis de septem regionibus. Et primo dicendum est de septem regionibus aeris etc. Schluss: sive racionalem ut homo. Anno 1324. An die innern Seiten der Deckeln sind kleine Pergamentfragmente geklebt, auf welchen sich Reste eines Calendariums sammt Necrologium und ein Stück einer latein. Oration aus dem XIV. Jahrh. befinden.

XI. 634. Pergamenthandschrift des XIV. Jahrh. 103 Blätter in kl. 2°. 2 Spalten. Alter Eigenthümer Stift St. Florian.

Albertus de naturis. Anfang: Sermo generalis de septem regionibus etc. Schluss im Absatz de spondilibus: firmiter infirmioribus fulciatur. Der vorhergehende Codex, von anderer Hand geschrieben, ist um die Rubrica de diversis hominis aetatibus reicher. Die beiderseitigen Abweichungen sind sehr geringe. Uebrigens wird das Werk in der Gesammtausgabe des Albertus Magnus nicht aufgeführt, eben so wenig bei Echard Scriptor. Ord. Praed.

XI. 635. Papierhandschrift des XV. Jahrh. 174 Blätter in 4°. Alter Eigenthümer Stift St. Florian.

Compendium philosophicae veritatis Anonymi. Anfang: Exorsurus philosophice veritatis compendium fratres etc. Das Ende fehlt. Die letzten Worte sind: Alia opinio probabilis magistri Hainrici de Hassia quod conceptus dei generalis et absolutus formetur a —

XI. 636. Papierhandschrift des XV. Jahrh. 390 Blätter in 4°. Altes Eigenthum St. Florians.

1) Bl. 1ᵃ—302ᵇ. Disputata Ethicorum magistri Thomae de Wulderstorff. Anfang: Circa inicium librorum Ethicorum Aristotelis est sciendum quod philosophia moralis etc. Am Ende: Expliciunt disputata Ethicorum Reverendi Magistri Thomae de Wulderstorff anno domini 1439 reportata per me Symonem in studio Wiennensi generali. Bl. 303ᵃ—305ᵃ Capitelverzeichniss. Bl. 305ᵇ—310ᵇ leer. 2) Bl. 311ᵃ—390ᵇ. Auctoritates Ethicorum Aristotelis. Anfang: Quia bonum appetitur cognicione finis etc. Schluss: adeo vehementer. Das vordere Vorsetzblatt enthält auf Pergament einen Vergabungsbrief von 2 Lehen zu pach und bei Mauttarn an einen Priesteramtscandidaten. Es werden darin genannt als Lehensherrn Bischof Leonhard von Passau und Abt Wolfgang von Göttweih, aussordem Bürger Hanns Denckhlein und Dechant Gotthard von Mauttarn. Der Brief ist zum Theil verschnitten; vom Datum lässt sich nur entnehmen: Nach christi gepuerd vierczehenhundert Jar und Im — Das Vorstehblatt am Ende ist das Fragment eines Schuldbriefes vom Jahre 1432, worin Caspar Probst von St. Florian, Wolfgang Dechant und der ganze Convent bekennen, dem Edlen Glementen 100 ungarische Gulden in Gold schuldig zu sein. Die Sprache beider Urkunden ist deutsch. Den Rücken des

Buches umfassen einige Pergamentstreifen, welche mit ihren Enden an
die Deckel geleimt sind. Es sind Bruchstücke eines Necrologiums
St. Florians aus dem XIV. Jahrh.

XI. 637. Papierhandschrift vom Jahre 1414. 190 Blätter in 4°.
Ursprünglicher Eigenthümer der unten genannte
Schreiber.

Disputata super quatuor libros Metheororum Aristotelis. Anfang:
Circa materiam questionum librorum Aristotelis primo videndum fest
quod sit philosophia etc. Bl. 190ᵃ am Ende: finitae per me Hainricum feltgraf de amberg in studio liczpeensi 1414. Bl. 190ᵇ der Anfang eines Capitelverzeichnisses. Auf dem letzten Vorstehblatt sind
einige historische Notizen über die 2. Hälfte des XV. Jahrh. Auf
dem vordern Deckel klebt das Pergamentfragment einer Glosse zum
Evangelium Johannis aus dem XIV. Jahrh. Auf dem 2. Deckel das
Fragment eines ascetischen Tractats aus dem XIV. Jahrh.

XI. 638. Papierhandschrift des XV. Jahrh. 338 Blätter in 4°.
Zum Theile 2 Spalten. Ursprünglicher Eigenthümer
ein gewisser Hermannus Benedictus de Bulach, der
laut Inscription 40ᵇ. und öfter den Codex 1466 zu
Padua schrieb.

1) Bl. 1ᵃ—2ᵇ. Notae astrologicae cum tabulis et versibus. Dazu
gehört auch die Tafel auf dem ersten Deckel. 2) Bl. 3ᵃ—7ᵇ, 13ᵃ—
47ᵇ, 59ᵇ, 159ᵇ, 165ᵃ—166ᵃ. Varia remedia secundum ordinem alphabeticum. 3) Bl. 8ᵃ—10ᵇ. Liber Amphorismorum Johannis Calderie
phisici ad Jeronimum Lazarellum in quo omnes et utiles et particulares medicinae canones continentur. Anfang: Quamvis ceteri philoso-
phantes etc. Schluss: naturalium omnium debita conveniencia. Et sic
est horum amphorismorum finis a domino Johanne calderie phisico
preclare ordinatorum padue. Anno 1466 per Hermannum benedictum
de bulach arcium et medicine doctorem. 4) Bl. 41ᵃ—42ᵇ. Metra varia
ad artem medicam spectantia. 5) Bl. 48ᵃ—59ᵃ. Prognostica Hippocratis. Anfang: Omnis qui medicine artis studio etc. Schluss: ex-
posito ordine preceptorum. 6) Bl. 60ᵃ—159ᵃ. Aphorismi Hippocratis
cum commento. 7) Bl. 160ᵃ—164ᵇ. Tractatus Alkindi circa signa
utilia de astronomia adplicata ad principia medicinae. Anfang: Circa
signa utilia distributiva etc. 8) Bl. 167ᵇ—168ᵃ. Brevis tractatus
de ponderibus et mensuris in medicina. Darauf folgt eine Anweisung
zur Bereitung verschiedener medicinischer Getränke. Bl. 168ᵇ—169ᵇ
leer. 9) Bl. 170ᵃ—209ᵃ. Antidotarius Nicolai. Anfang: Ego Nicolaus rogatus a quibusdam in practica medicine etc. 10) Bl. 209ᵃ—
209ᵇ. De tempore conservationis medicinarum compositarum. Darauf
eine medicinalische Note. 11) Bl. 210ᵃ—215ᵃ. Liber de ponderibus
et mensuris physicalibus 12) Bl. 215ᵃ—219ᵇ. Varia notata ad artem medicam spectantia. 13) Bl. 220ᵃ—242ᵃ. De medicinarum virtutibus. Anfang: Cogitavi mihi de simplicibus medicinarum virtutibus
etc. 14) Bl. 242ᵃ—279ᵇ. Notata varia medica. Bl. 272ᵃ ist eine
Rubrica: Edita sunt hec pauca per excellentem artis et medicine doc-

torem Magistrum Matheum Veronensem extraordinarie legentem in practica medicine in favorem omnium alemanorum padue stancium anno 1465; complotum et scriptum anno 1466 per hermannum de bulach artis et medicine doctorem. Bl. 279ᵇ eine historische Notiz über die Translation des Leibes der heil. Monica anno 1430. 15) Bl. 280ᵃ—318ᵃ. Liber Isaaci de urina. Anfang: In latinis quidem libris nullum auctorem etc. 16) Bl. 318ᵃ—319ᵇ. Aliquot notata medica. 17) Bl. 320ᵃ—327ᵃ. Libellus de urina non visa. Anfang: Ne ignorancie vel pocius invidie etc. 18) 327ᵃ—332ᵇ. Versus de lapidibus pretiosis. Anfang: Enax rex arabum legitur scripsisse neroni etc. Darauf folgen wieder kurze medicinische Noten, die sich auch über die innere Seite des zweiten Deckels verbreiten.

XI. 639. Papierhandschrift des XVI. Jahrh. 107 Blätter in 4°. Früherer Eigenthümer Johann Ludwig Freiherr von Oedt.

1) Bl. 1ᵃ—75ᵇ. Ain guet Erzney puech für allerley krannkheiten der mennschenn. So der alte Titel auf dem Vorstehblatt. Hierauf nennt sich der Schreiber dieses und des folgenden Werkes, nämlich: durch mich Roth bey dem Herrn Erasmus Haydennreich zu Bidnegg kön. kais. Majestät Hofrath in der Stadt Wilda des Lidischenn Landts anno 1555. Dasselbe steht auf dem Titelblatt Bl. 76ᵃ. Darnach ist die Inscription auf dem ersten Deckel zu rectificiren, in welcher der Besitzer des Buches Johann Ludwig Freiherr von Oedt um 1667 bestätigt, dass die folgenden Werke von seinem Urahn Sebastian von Oedt zusammengeschrieben worden seien. 2) Bl. 76ᵃ—107ᵃ. Ertney Puech füer allerlay Anligen der Ross etc. etc.

XI. 640. Papierhandschrift des XVII. Jahrh. 70 Blätter in 4°. Früherer Besitzer ein gewisser Eggmilner.

Ross Artzeney Buech anno 1618. So liest man auf dem Titelblatt. Darunter: Von des Edlen und Gestrengen Herrn Herrn Nimroden kholnpegkhen auf Otstorf und Salaperg Vogt zu haag auss seinem Buech abgeschrieben. Johannes Eggmilner. Die Pergamenthülle des Codex ist ein Kaufbrief, vermittelst welchem Michel zu weydach in der Haagerpfarre ein Gut an den Veit zu Mairhoffen verkauft. In deutscher Sprache aus dem 16. Jahrh.

XI. 641 Papierhandschrift des XV. Jahrh. 505 Blätter in 4°. Alter Eigenthümer Stift St. Florian.

Arzneibuch. Der eine Theil in deutscher, der andere in lateinischer Sprache.

XI. 642. Papierhandschrift des XVII. Jahrh. 97 Blätter in 4°. Früherer Besitzer Anna Sibilla Sachserin.

Alchymistisches Handbuch.

XI. 643. Papierhandschrift des XVIII. Jahrh. 381 Seiten in 4°. Alter Besitzer Stift St. Florian.

Arzneibuch.

XI. 644. Papierhandschrift vom Jahre 1617. 38 Blätter in 4°. Alter Besitzer Stift St. Florian.

Alchymistischer Tractat. Auf der zweiten Seite des Vorstehblattes ist zu lesen: Die Nachvolgendte Neun experimenta oder Particularia sein des Kayser Rudolphi heelst selligater gedechnuss seine fuernembste stuckh, so er gerecht gefunden, Unnd mir von Jacob Clement, welcher negst verschinen Februari, khuerz vor seinem (1617) Enndt in höchster gehaimb abzucopiren vergunndt unnd erlaubt worden, welcher in die 21 Jahr sein gehaimber Distillator gewesen und den 13. Februari dis Jahrs Gottselliglich in Gott entschlaffen, dem Gott der Allmechtige und uns allen ein fröliche aufferstehung genedigelich verleihen wolle. Amen.

XI. 645. Papierhandschrift des XVI. Jahrh. 92 Blätter in 4°. Früherer Eigenthümer Johann Jacob Olben zu Freystadt anno 1686.

Probier-Biehlein. Frembde und Subtille Khunst vormahls in Trukh nie gesehen. Von Wage unnd Gewicht auch von allerhandt Proben auf Erz, Golt, Silber, unnd andere Metalla. Nuzlich unnd guet allen denen so mit subtillen Kunsten unnd Bergkhwerch umbgehen durch Ciriacum Schreittman. Frankhfurt bei Chri. Egen Erben 1570.

XI. 646. Papierhandschrift des XVII. Jahrh. 74 Blätter in 4°. Alter Eigenthümer Stift St. Florian.

Aderlass Buechl. Enthält ausser den Aderlassregeln viele andere medicinische Vorschriften und Bezeichnung von Glücks- und Unglückstagen im ganzen Jahr.

YI. 647. Papierhandschrift des XVII. Jahrh. 151 Blätter in 4°. Altes Eigenthum St. Florians.

1) Bl. 1ᵃ—15ᵇ. Letztes Testament und Offenbarung Fratris Basilii Valentini Ordinis s. Benedicti, So in einem Altar vermauert gefunden worden, darinnen das Wahre Subjectum Lapidis Universalis sambt Derselben Wahrhafftigen Praeparation ohne einigen Defect gantz clar beschrieben und wie es gemelter Author selbsten Laboriret, Also hat er es auch den wahren Filiis Sapientiae one mangel hinterlassen. Darunter befindet sich eine Scheibe mit den Zeichen der Planeten und andern Emblemen, um welche die Legende läuft: Visita Interiora Terrae Rectificando Invenies Occultum Lapidem 1630. 2) Bl. 1ᵃ—136ᵇ. Alchymistischer Tractat. Die Foliirung beginnt von Neuem mit 1.

XI. 648. Papierhandschrift des XVII. Jahrh. 119 Blätter in 4°. Früherer Eigenthümer H. K. Khindsperg.

Rossbüchlein. Auf den ersten Blättern ist der Text durch Feuchtigkeit theilweise vernichtet.

XI. 649. Pergamenthandschrift aus dem XII., XIV. und XV. Jahrh. 166 Blätter in 4°. Zum Theile in 2 Spalten. Altes Eigenthum St. Florians.

1) Bl. 1ᵃ — 5ᵃ. Regimen sanitatis magistri Haydenrici Canonici Pataviensis. Anfang: Domine preposite dominorum et amicorum etc. Schluss: homines multociens moriuntur. Handschrift des XV. Jahrh. 2) Bl. 5ᵃ — 6ᵇ. Epistola Hyppocratis ad Antiochum et Antonium de quatuor originibus morborum et salute ciborum et potionum. Anfang: Quoniam te convenit regum omnium peritissime etc. Schluss: ad dulcorandum sanguinem et cauculum. Das Werk ist apocryph. Handschrift des XV. Jahrh. 3) Bl. 7ᵃ — 9ᵃ. Tractatus anonymi de sanitate. Anfang: Scribit Abysac in libro viatici etc. Schluss: de melle et sale. Handschrift des XV. Jahrh. 4) Bl. 9ᵃ. Versus 17 Scholae Salernitanae. Anfang: Anglorum regi scripsit tota scola salerni. Handschrift des XV. Jahrh. Bl. 9ᵇ leer. 5) Bl. 10ᵃ — 19ᵃ. Liber Aristotelis de regimine principum ad Alexandrum Magnum. So wird das Werk am Schlusse betitelt. Es ist unterschoben. Anfang: Ad gloriosum regimen omnium regum et principum etc. Schluss: usque ad medium Marcii. Allein dieses angeblich eine Werk besteht in Wahrheit aus zwei. Nämlich Bl. 16ᵇ beginnt in der 7. Zeile mit den Worten: Alexander cum sit homo corruptibilis eique accidant multa, eine ebenfalls dem Aristoteles unterschobene Schrift de conservatione corporis humani ad Alexandrum, von der jedoch hier die epistola dedicatoria weggeblieben ist, in welcher ein gewisser Joannes Hispanensis sagt, dass er das Werk des Aristoteles ins Lateinische übertragen habe. Vergl. Bandini Catal. Bibl. Medic. Tom. II. pag. 84. Handschrift des XV. Jahrh. Bl. 19ᵇ leer. 6) Bl. 20ᵃ — 53ᵃ. Epistola vel liber ejusdem Aristotelis ad eundem Alexandrum et dicitur secreta secretorum vel de regimine principum. So der Titel im Inhaltsverzeichniss des ganzen Codex, welches von einer Hand des XV. Jahrh. auf dem Vorstehblatt niedergeschrieben ist. Das Werk ist unterschoben. Voraus geht eine epistola dedicatoria an den Guido de Valencia Bischof von Tripolis, in welcher ein Clericus Namens Philippus erklärt, dass er diese Schrift des Aristoteles ins Lateinische übersetzt habe. Darauf folgt ein Prolog: Deus omnipotens custodiat regem nostrum gloriam credencium etc. und ein zweiter: Johannes qui transtulit librum istum etc. Das Werk selbst beginnt: Fili gloriosissime justissime Imperator etc. Schluss: et universis magnum est signum. Handschrift des XV. Jahrh. Siehe Fabricius Biblio. Graeca. Vol. III. pag. 283. Hamburg 1793. 7) Bl. 53ᵃ — 55ᵇ. Sermo de physonomia et visibus hominis. So die Ueberschrift. Anfang: Et inter ceteras res est illa quam te non oportet etc. Schluss: ad meliorem et probabiliorem partem. Completus est tractatus de signis et moribus naturalibus hominum ad regem magnificum alexandrum qui dominatus fuit toto orbi, dictus monarchus in septemtrione. Handschrift d. XV. Jahrh. Auch diese Schrift wird nach Fabricius l. c. pag. 252. dem Aristoteles mit Unrecht beigelegt. 8) Bl. 55ᵇ — 57ᵇ. De planetis earumque bono vel sinistro influxu. Handschr. d. XV. Jahrh. 9) Bl. 58ᵃ — 104ᵃ. Anselmi Elucidarium. Alte Ueberschrift: Prosulis Anselmi libri IV Elucidarium dictum. Prolog: Sepius rogatus a condiscipulis meis etc. Anfang des Werkes: Gloriosissime magister rogo ut honorem Dei etc. Schluss Bl. 103ᵃ: omnibus diebus vite tue. Bl. 103ᵇ

—104ᵃ sind Nachträge, welche zum zweiten Buche gehören. Das Werk hat in Wahrheit nur 3 Bücher nicht 4, wie die Aufschrift sagt. Diese 3 Bücher finden sich in der Gesammtausgabe der Werke Anselms von Gerberon Paris 1721. pag. 457. Der Varianten giebt es viele, aber wenige welche Gerberon in den castigationibus operibus Anselmi additis entgangen wären. Handschrift des XII. Jahrh. 10) Bl. 104ᵇ. De servo qui fugerit dominum suum. Ex Epistola Hierouymi ad Paschasium Alexandrinum. Anfang: De servo qui fugerit etc. Es ist ein kleines Excerpt aus einem Briefe, der in den gedruckten Briefen des Hieronymus nicht vorkommt. Handschrift des XII. Jahrh. 11) Bl. 104ᵇ. Interpretatio nominis Jacob. Handschr. des XII. Jahrh. 12) Bl. 105ᵃ—115ᵇ. Disticha moralia Catonis cum commentario. Die alte Ueberschrift ist unleserlich. Anfang: Sciencia moralis de expulsione viciorum etc. Schluss: doctrina salutis corporis et anime. Amen. Darunter: Miraris nudis verbis me scribere versus. Hec brevitas sensus fecit coujungere binos. Explicit Katho censorinus. Handschr. des XIV. Jahrh. Von späterer Hand: Johannes de novo walse est bonus socius. Ueber den Verfasser und sein Buch siehe Bähr, Gesch. d. Röm. Lit. 3. Ausg. 1. Th. 337. 13) Bl. 116ᵃ—125ᵃ. Ecloga Theoduli cum commentario. Anfang der Glosse: In principio minuscujusque philosophici operis etc. Schluss: et cetera reddere in scutella. Amen. Handschrift des XIV. Jahrh. Von derselben Hand: Voluptate cessa quum manus est tibi fessa. Finis adest operis mercedem posco laboris. Von späterer Hand: Discere nocte die virtutis dogmata die. Cunctis quid sit opus iustruit illud opus. Ueber Theodulus und sein Gedicht siehe Bähr, Gesch. d. Röm. Lit in karolingischen Zeitalter. Carlsruhe 1840 pag. 130. 14) Bl. 125ᵇ—128ᵃ. Tractatus de musica anonymi. In dem alten Inhaltsverzeichniss auf dem Vorstehblatt heisst es: Declaratio cantus in manu. Anfang: Nota tres sunt cantus in manu etc. Schluss: temporibus mensurata. Explicit hoc totum infunde da mihi potum. Deo gracias. Amen. Bl. 127ᵇ folgt die scala ut, re, mi, fa, sol, la und Bl. 128ᵃ eine grosse menschliche Hand mit Einzeichnungen musikalischen Inhalts. Handschrift des XV. Jahrh. 15) Bl. 128ᵇ. Alphabetum literarum minorum, numeri romani et de cubitis et stadiis. Handschrift des XII. Jahrhunderts. 16) Bl. 129ᵃ—138ᵃ. Aristotelis liber de somno et vigilia. Anfang: De somno et vigilia quid sint et utrum anime etc. Schluss: que ex sompnis est, dictum est. Handschrift des XII. Jahrh. 17) Bl. 138ᵇ—153ᵇ. Ejusdem de anima. Anfang: Bouorum honorabilium noticiam opinantes etc. Schluss: posterius in propriis racionibus. Handschrift des XII. Jahrh. 18) Bl. 153ᵇ—164ᵇ. Ejusdem de sensu et sensato. Anfang: Determinatis autem his dicamus convenienter etc. Schluss: quatenus significet aliquid alter. Handschrift des XII. Jahrh. 19) Bl. 164ᵇ—166ᵇ. Ejusdem de memoria et reminiscentia. Anfang: Reliquorum autem considerandum primum etc. Handschrift des XII. Jahrh. Das Ende fehlt. Auf dem vordern Deckel ist das Bruchstück eines Breviers aus dem XII. Jahrh., auf dem zweiten Deckel das Fragment eines dialectischen Tractats aus dem XIV. Jahrh. auf Pergament. Auf dem Vorstehblatt ein Inhaltsverzeichniss ans dem XV. Jahrh., in welchem Florian monasterium sanctae Mariae Virginis et beati Floriani genannt wird.

XI. 650. Papierhandschrift des XVI. Jahrh. 325 Blätter in 4°. Alter Eigenthümer laut Inscription auf dem Vorstehblatt Bartholomäus Calckreuter artis medicae doctor.

Collectanea medica. In lateinischer Sprache.

XI. 651. Papierhandschrift vom Jahre 1794 und 96. 2 Theile. 328 Seiten in 8°. Früherer Eigenthümer unbekannt.

Taschenbuch für Forstliebhaber zusammengetragen aus bewährten Schriften mit einem Anhange. Der unbekannte Verfasser sagt in der Vorrede, dass er alles, was er dem Gedächtnisse des Forstliebhabers zu Hilfe zu kommen für nützlich hielt, aus bewährten Schriften zusammengetragen habe.

XI. 652. Papierhandschrift vom Jahre 1752. 265 Seiten in 8°. Ursprünglicher Eigenthümer Adam Josef Lebzelter Med. Doctor.

Curirungs-Norma oder kurze Abhandlung von innerlichen Krankheiten verfasst von Adam Josef Lebzelter Phil. et Med. Doctore und Physico des k. k. Salzkammergutts anno 1752. Sammt einem Anhang von gebrauch der Kräutern und andern Medicamenten ex variis authoribus gesammelt.

XI. 653. Papierhandschrift des XV. Jahrh. 36 Blätter in 12°. Alter Eigenthümer unbekannt.

Von der Falkenjagd. Anfang und Ende fehlt. Das Werk beginnt: Das fünffte puch saget und vachet hie an wie man den Hund sol kiesen.

XI. 654. Papierhandschrift vom Jahre 1668. 291 Seiten in 12°. Altes Eigenthum St. Florians.

Arzeney büchl darinnen allerlay Kranckhaiten und arzeneymittel zu findten sein. Ex Doctore Agricola et Colero extracta, anno 1668. In deutscher Sprache.

XI. 655. Papierhandschrift vom Jahre 1622. 279 Blätter in 12°. Altes Eigenthum St. Florians.

Wundt-artzney-Büchlein. Auf dem Rücken steht 1622. Auf dem Vorstehblatt: Dieses arzney Biechl solle mit behutsamkheit gebraucht werden, dan es scheinen ein und ander mitl etwass aberglaubich.

XI. 656. Papierhandschrift vom Jahre 1617. 383 und 42 Seiten in 12°. Ursprünglicher Besitzer Wolfgang Mayr Scherdingensis.

1) Bl. 1ᵃ—285ᵃ. Definitiones Logicae. Bl. 285ᵃ steht: Definitiones istae sunt inceptae 7. Januarii anno 1617; absolutae 17. Septembris anno 1617. Laus Deo. 2) Bl. 285ᵃ—300ᵇ. De reductione

ad impossibile. Bl. 301ᵃ—336ᵇ leer. Bl. 337ᵃ—383ᵇ. Alphabetischer
Index. 3) Bl. 1ᵃ—42ᵇ. Aliquorum sophismatum solutio. Am Ende:
Atque haec ad laudem Dei et Virginis Matris Dei scripta sufficiant a me Wolfgango Mayr Scherdingensi Bavaro Philosophia stu-
dioso Ingolstadii.

XI. 657. Pergamenthandschrift aus dem XVI. Jahrh. 99 Blätter
in quer 12º. Alter Eigenthümer Kloster Wiblingen.

Ein Neu Schön Sehr Nützlichs Kunst und Artznei Büchlein für
allerlei Gebresten Krankheitten und Mengel zu des Menschen Leibs,
Auch allen Innerlichen und Eusserlichen Gliedern, Mit sonderm vleis
zusammengetragen Durch den Durchleuchtigen Hochgebornen Fürsten
und Herrn Ludwigen Pfaltzgrafen bei Rhein und Hertzogen in Baiern
etc. Angefangen zu Haidelbergk Im Jar als man zalt 1559. Alle
Dingk zergenglich. In deutscher Sprache.

XI. 658. Pergamenthandschrift des XV. Jahrh. 83 Blätter in 32 º.
Alter Eigenthümer Kloster Wiblingen.

Arzney-Büchl. Auf dem Vorstehblatt ist von einer Hand des
XVIII. Jahrh. zu lesen: Compilator fortassis et Scriptor hujus Codicis
est F. Joan. Maurer Conventualis Wiblingensis in arte medicinae pe-
ritissimus.

XI. 659. Papierhandschrift (Baumwollenpapier) ohne Angabe des
Jahres. 277 Blätter in 4º. Geschenk des Propstes
Michael Arneth an die Bibliothek anno 1818.

Coranus integer; arabice Neschischrift mit Vocalzeichen. Die
Aufschriften und die Punkte zur Unterscheidung der Verse von rother
Tinte. Ohne Angabe des Schreibers.

XI. 660. Papierhandschrift (Baumwollenpapier) ohne Angabe des
Jahres. 95 Blätter in 4º. Früherer Besitzer unbekannt.

Commentarius in aliquot Suras arabice. Neschischrift. Auf dem
ersten Blatte die Namen verschiedener orientalischer Besitzer.

XI. 661. Papierhandschrift (Baumwollenpapier) ohne Angabe des
Jahres. 83 Blätter in 8º. Früherer Eigenthümer unbekannt.

Commentarius in aliquot Suras, arabice. Gewöhnliche Schrift.

XI. 662. Papierhandschrift (Baumwollenpapier) ohne Angabe des
Jahres. 38 Blätter in 8º. Besitzer unbekannt.

Grammatica Turcica in lingua arabica composita. Neschischrift.
Anmerkungen eines früheren Besitzers auf dem 1. und 2. Blatte. Auf
dem letzten Blatte die Zahlzeichen.

XI. 663. Papierhandschrift (Baumwollenpapier) ohne Angabe des
Jahres. 83 Blätter in 8º. Früherer Eigenthümer unbekannt.

Calendarium Turcicum. Voran geht die Unterweisung zum Gebrauch.

XI. 664. Papierhandschrift (Baumwollenpapier) ohne Angabe des Jahres. 63 Blätter in 8°. Früherer Eigenthümer unbekannt.

Commentirendes Gebetbuch zum Koran. Die Blätter sind mit rother Tinte eingerahmt; die beiden ersten Seiten mit Goldleisten. Den Eingang ziert ein mit Gold und Farben ausgeführtes Ornament. Sprache arabisch. Schriftzüge maronitisch-persisch.

XI. 665. Papierhandschrift (Baumwollenpapier) vollendet im Jahre 1193 (1778). 203 Blätter in 8°. Früherer Eigenthümer unbekannt.

Commentirendes Gebetbuch zum Koran. In arabischer Sprache und gewöhnlicher Schrift. Auf der ersten Seite eine Anmerkung von der Hand des Besitzers in maronitisch-persischen Zügen. Geschrieben wurde das Buch von Ibrahim Ibn Hassan.

XI. 666. Papierhandschrift (Baumwollenpapier) vollendet im Jahre der Hegira 1001. 258 Blätter in 8°. Früherer Eigenthümer unbekannt.

Commentirendes Gebetbuch zum Koran. Auf den ersten 2 Blättern sind Beischriften von der Hand eines frühern Besitzers. Darauf folgt ein Calendarium. Bl. 256^b—258^a enthalten Zusätze von späterer Hand. Die einzelnen Seiten des Gebetbuches sind mit blauen und goldenen Linien eingerahmt; den Eingang bildet eine schöne in Gold und Farben ausgeführte Arabeske. Sprache arabisch.

XI. 667. Papierhandschrift (Baumwollenpapier) ohne Angabe des Jahres. 78 Blätter in 8°. Früherer Eigenthümer unbekannt.

Commentirendes Gebetbuch zum Koran. Arabische Sprache; schöne Neschischrift. Bl. 1^b—2^a. Vorrede von derselben Hand. Der Text des Gebetbuches ist von rothen und goldenen Linien umgeben. Bl. 2^b beginnt mit einem prächtig verzierten Ornament, Bl. 3^b und Bl. 4^a sind mit dem reichsten Gold- und Farbenschmuck ausgestattet. Ganz eigenthümliche Verzierungen enthalten Bl. 13^b und Bl. 14^a. Vor den grössern Abtheilungen des Textes gehen Arabesken in Gold und Farben. Auf den Rändern sind zahlreiche Noten und Zierrathen zu finden. Das Papier ist mit Silberstaub bestreut. Bl. 78^b ist ein Zusatz von anderer Hand. Auf dem am Deckel klebenden Blatt ist von dem letzten Besitzer eine Empfehlung des Gebetbuches an den Leser niedergeschrieben mit der Bitte einer Fürbitte für den Schreiber und frühern Besitzer. Das Siegel ist verschieden von dem auf dem letzten Vorstehblatt befindlichen.

XI. 668. Papierhandschrift (Baumwollenpapier) ohne Angabe des Jahres. 300 Blätter in 8°. Früherer Besitzer unbekannt.

Koran; arabisch. Complet. Neschischrift. Zu Anfang Bl. 1^b und Bl. 2^a Ornamente; die Ueberschriften von rother Tinte, die Verse

durch grosse goldene Puncte unterschieden. Der Text mit Vocalzeichen versehen. Auf den Vorstehblättern vorn und rückwärts Zusätze von fremder Hand.

XI. 669. Papierhandschrift (Baumwollenpapier) ohne Angabe des
Jahres. 202 Blätter in 16°. Früherer Besitzer unbekannt.

Commentirendes Gebetbuch zum Koran. Inmitten einige leere
Blätter. Die Sprache ist die arabische. Die Schriftzüge maronitisch-
persisch. Zu Anfang sind eine Anzahl Blätter von einem spätern Besitzer im schlechten Neschi geschrieben.

XI. 670. Papierhandschrift vom Jahre 1746. 280 Seiten in 2°.
Ursprüngliches Eigenthum St. Florians.

Bibliothecae San-Florianae Canonicorum Lateranensium s. Augustini Catalogus secundum scientiarum, facultatum, artium et rerum
classes ardornatus praecedenti Catalogo inserviens. Industria ac Im-
pensis D. D. Joannis Georgii Praepositi adornatus et collectus anno
1746. Unter dem Catalogus praecedens ist der grosse unter Probst
Johann Georg in dem Jahre 1745 angefertigte aus 8 Foliobänden bestehende Nominalcatalog gemeint. Reingeschrieben wurde derselbe
anno 1747. Siehe unten.

XI. 671. Papierhandschrift vom Jahre 1637. 418 Seiten in 2°.
Ursprüngliches Eigenthum St. Florians.

Catalogus Bibliothecae San-Florianae anno 1637 compositus. Das
Titelblatt: Paradisus sapientiae in terra florida situata Musarum am-
plissimum complectens Labyrinthum hoc est Libraria Theoctisicae
Scientiae ad sanctum Florianum collocata profundissimum doctissimo-
rum auctorum continens laborem Erecta 1637.

Diese Worte sind umgeben von den Bildnissen der Repräsentan-
ten der einzelnen Wissenschaften. Am untern Rande das Wappen des
Probstes Leopold Zehetner (1612—1646) dem dieses Werk von dem
Stiftsbibliothekar Wolfgang Rainer gewidmet worden ist. Im Catalog
sind die Manuscripte und Incunabeln ohne Unterscheidung mit den
übrigen Druckwerken aufgeführt. In der langen Vorrede verbreitet
sich der Verfasser über die Verdienste des Probstes Leopold im allgemeinen und speciel bezüglich der Bibliothek.

XI. 672. Papierhandschrift vom Jahre 1745. 306 Seiten in 2°.
Ursprüngliches Eigenthum St. Florians.

Catalogus ss. Patrum in Bibliotheca s. Floriani asservatorum.
Auf der innern Seite des vordern Deckels steht oben: perfectum 5. Jan.
1745. Der Catalog folgt der Ordnung des Alphabets.

XI. 673. Papierhandschrift aus dem Anfang des XIX. Jahrh.
4 Bände in 2° von 70 und 112 Seiten, 31 und
103 Blättern. Ursprüngliches Eigenthum St. Florians.

Catalogus ss. Patrum, Historiae Literariae, Historiae natur. et Incunabulorum in Bibliotheca San-Floriana asservatorum.   In alphabetischer Ordnung mit literärhistorischen Zusätzen von dem Verfasser, dem 1837 verstorbenen Stiftsbibliothekar Carl Klein.

XI. 674. Papierhandschrift aus dem Anfang des XIX. Jahrh. 110 Blätter in 2°. Ursprüngliches Eigenthum St. Florians.

Memorandenbuch des Bibliothekars Carl Klein.   Enthält meist seltene Bücher unserer Bibliothek in alphabetischer Ordnung mit werthvollen literärhistorischen Nachweisen.   Das Buch enthält neben den 110 numerirten Blättern ebenso viele eingeschaltete.

XI. 675. Papierhandschrift aus dem Anfang des XIX. Jahrh. 138 Blätter in 2°. Ursprüngliches Eigenthum St. Florians.

Catalog der modernen lateinischen schönen Literatur.   Verfasst vom Bibliothekar Carl Klein; reich mit literärhistorischen Notizen versehen.

XI. 676. Papierhandschrift des XVIII. Jahrh.   71 Seiten in 2°. Ursprüngliches Eigenthum St. Florians.

Catalogus Codicum Manuscriptorum saeculo XVI. vetustiorum qui in bibliotheca St. Floriani asservantur.   Der Catalog ist durch den Bibliothekar Michael Ziegler späteren Probst von St. Florian (1793—1823) angelegt worden.   Es sind darin nur 297 Codices verzeichnet.

XI. 677. Papierhandschrift des XVIII. Jahrh.   122 Blätter in 2°.   Ursprüngliches Eigenthum St. Florians.

Catalogus Incunabulorum Bibliothecae s. Floriani.   Der Verfasser ist der obengenannte Michael Ziegler.   Der Catalog ist mit ausführlichen und werthvollen literärhistorischen Nachweisen versehen.

XI. 678. Papierhandschrift des XVIII. Jahrh. 97 Blätter in 2°. Ursprüngliches Eigenthum St. Florians.

Manuscriptorum bibliothecae San-Florianae Catalogus secundum ordinem Alphabeti.

XI. 679. Papierhandschrift des XVIII. Jahrh.   58 Blätter in 2°. Ursprüngliches Eigenthum St. Florians.

Index Manuscriptorum Canoniae ad S. Florianum secundum classes et secundum alphabetum.   Bl. 55ᵇ ein kurzer Lebensabriss des berühmten Rechtslehrers an der Universität Salzburg Franz Josephus und Verzeichniss seiner Schriften.   Siehe unten XI. 702—705.   Der Catalog ist von Johann Pachl Can. reg. domus s. Floriani gest. 1744.

XI. 680. Papierhandschrift des XVIII. Jahrh.   81 Blätter in 2°. Ursprüngliches Eigenthum St. Florians.

Index supra Manuscripta Canoniae ad s. Florianum secundum classes et secundum alphabetum.   Abschrift von dem vorhergehenden Codex.

XI. 681. Papierhandschrift vom Jahre 1794. 40 Blätter in 2°. Ursprüngliches Eigenthum St. Floriana.

Catalogus locorum ex quorum officinis incunabula nostra typographica prodierunt. Descriptus a juvene Canonico Josepho Frener. Anno primo ingressus sui in Canoniam nostram. 1794.

XI. 682. Papierhandschrift des XVIII. Jahrh. 36 Blätter in 2°. Ursprüngliches Eigenthum St. Floriana.

Catalogus Authorum quorum opera a divinae artis inventione ad annum 1500 typis impressa sunt. Excerptus ex Catalogo majori chronologico a Francisco Kurz juvene Canonico. Bezieht sich natürlich nur auf unsere Sammlung.

XI. 683. Papierhandschrift des XVIII. Jahrh. 29 Blätter in 2°. Ursprüngliches Eigenthum St. Floriana.

Catalogus Typographorum ex quorum officina incunabula nostra Typographica prodierunt. Ex Catalogo majori nostro chronologico excerptus a juvene Canonico Francisco Kurz.

XI. 684. Papierhandschrift vom Jahre 1736. 53 Blätter in 2°. Ursprüngliches Eigenthum St. Florians.

Verzeichniss deren von mir Johann Georg Probsten zu St. Florian in die Bibliotec und zu andern Stüffts und Kirchen-Gebrauch mit anmerkung des Beyläuffigen Werths successive erkaufften Büchern cum annexis aliis Literariis, Nummis, Mathematicis, Naturalibus, Iconibus caelatis, Cochleis, Conchiliis etc. von anno 1736 an. Eigenhändiges Manuscript des Prälaten. Ordnung alphabetisch. Bl. 53ᵇ—76ᵇ leer; Bl. 77ª ein Summarium der in jedem Jahre für Bücher ausgelegten Gelder.

XI. 685. Papierhandschrift vom Jahre 1716. 101 Blätter in 2°. Ursprüngliches Eigenthum des Doctor J. U. Johann Carl Seyringer zu Linz.

Catalogus über diejenige so geist- als weltliche Bücher, welche nach mein Johann Carl Seyringer J. U. Doct. des resp. kays. und Laudtsfürstl. Fisci auch Hoff und Grichts-Advocaten in Oesterreich ob der Enns ervolgenten Hintritt denen P. P. Capucinern ad s. Josephum im Urfahr Schadt Linz ausgevolgt werden sollen. Beschriben den 12. Nov. 1716.

XI. 686. Papierhandschrift vom Jahre 1702. 452 Blätter in 2°. Ursprüngliches Eigenthum des obengenannten Johann Carl Seyringer.

Catalogus librorum juridicorum secundum Numeros conscriptorum et in Bibliotheca Joannis Caroli Seyringer J. U. Doct. etc. existentium anno 1702. Die letzte Nummer ist 2356. Seine Sammlung ist durch Vermächtniss in den Besitz des Stiftes St. Florian übergegangen.

XI. 687. Papierhandschrift vom Jahre 1702. 4 Bände in 2° zu 96, 125, 66 und 423 Blättern. Ursprüngliches Eigenthum des obigen Johann Carl Seyringer.

Catalogus librorum juridicorum ejusdem Caroli Seyringer secundum formam in folio, quarto, octavo, duodecimo distributorum, anno 1702.

XI. 688. Papierhandschrift des Jahres 1726. 6 Bände in 2° zu 395, 301, 194, 209, 332, 313 Blättern. Ursprüngliches Eigenthum des Johann Carl Seyringer.

Index materiarum juridicarum in bibliotheca Joan. Car. Seyringer etc. existentium ordine alphabetico conscriptus anno 1726.

XI. 689. Papierhandschrift des XVIII. Jahrh. 125 Blätter in 4°. Ursprüngliches Eigenthum des Obigen.

Index generalis materiarum, rerum et verborum omnium, quae tomis disputationum juridicarum ex utroque jure comprehenduntur; secundum ordinem alphabeticum.

XI. 690. Papierhandschrift angefangen im Jahre 1618. 95 Blätter in 2°. Ursprünglicher Besitzer Lorenz Brielmair 1618.

1) Bl. 1ᵃ—41ᵃ. Oesterreichische Ob der Enns Cantzley-Ordnung 1616 Jahrs. 2) Bl. 1ᵃ—45ᵃ. Von denen Lehens-Rechten, Gewohnheiten und Gebräuchen des Hochlöbl. Erzherzogtumbs Oesterreich under der Ens. 3) Bl. 1ᵃ—9ᵃ. Notabilia der Gerichtsordnung alhier in Lintz extra ordinem zusammengetragen 1667. Auf dem ersten Blatt des Codex steht ausser dem obigen Besitzer am untern Rande: Ex libris Stephani Perger 1645.

XI 691. Papierhandschrift des XVIII. Jahrh. 528 und 160 Seiten in 2°. Früherer Eigenthümer unbekannt.

Beschreibung der Einrichtungen, welche in Schlesien nach der Erwerbung des Landes von den Preussen eingeführt worden sind. In der Vorrede Seite 1 sagt der Verfasser, dass er das ganze Werk „umb dass nur kein Mensch wissenschafft hiervon haben künte, nächtlicher weile zusammengeschmiedet".

XI. 692. Papierhandschrift des XVII. Jahrh. 3 Bände in 2°. zu 250, 409 und 356 Blättern. Früherer Eigenthümer Joh. Carl Seyringer.

Allerhandt Abschiedt und Praejudicia. Dieselben beziehen sich auf oberoesterreichische Rechtshändel. Der erste Band fehlt. Die Sammlung ist 1670 gemacht worden und scheint nach Inscription im 4. Bde Bl. 1. einem Georg Const. Gschwandtner gehört zu haben.

XI. 693. Papierhandschrift des XVII. Jahrh. 359 Blätter in 2°. Früherer Eigenthümer unbekannt.

Landt Handvest oder Freyhaiten des löbl. Ertzherzogthumbs Oesterreich under und ob der Ennss. Durch Reicharten Strein Herrn zu Schwartzenau etc. aus den rechten Originaln und thails andern uralten Urkunden zusammengetragen. 1599. Angehängt sind 2 Apologien über das Privilegium Neronis und Kaiser Friedrich I. von demselben Verfasser. Es sind 2 Bücher in einem Bande. Auf der Vorderseite des Pergamenteinbandes ein Wappen.

XI. 694. Papierhandschrift des XVI. Jahrh. 1024 Seiten in 2°. Früherer Eigenthümer Sebastian Hartman ab Hartmanstain.

Varii Tractatus juris conscripti ab Hieronymo Grueber Welsensi. Die Tractate sind aus den Werken des Giphanius, Fachineus, Reusnerus, Pingirerus, Fomannus, Reigerus abgeschrieben. Ausserdem befinden sich darin der Passauer Vertrag von 1552 und Gerichtsprocess und Landtsordnung der Landtsrechten des Erzherzogthumbs Oesterreich ob der Enns anno 1535. Letztere 2 Stücke in deutscher Sprache.

XI. 695. Papierhandschrift vom Jahre 1572. 498 Blätter in 2°. Ehemaliger Eigenthümer unbekannt.

Sumary Ausszug der siben Stett dis Erzherzogthumbs Oesterreich ob der Enns, Etlicher Befreiungen, Landtags Handlung, Verträg unnd was ungefer die Stett in deren Ladt für Briefliche Urkhundten verwarte ligunt. Durch der Siben Stett damallen verrornnten Einemer und Secretarien Hannsen Echinger von Lynnz Pierttig mit vleis zusammengezogen unnd herausssgeschrieben. Beschach unnd zu Lynnz vollennt 1572. Auf dem Deckel das oberoest.-ständische Wappen.

XI. 696. Papierhandschrift des XVI. Jahrh. 263 Blätter in 2°. Früherer Besitzer unbekannt.

Consuetudinarium Lanndtss Oesterreich ob der Ennss. Enthält die Gerichtsverfassung und das Gerichtsverfahren im Lande ob der Enns. Auf dem Einbanddeckel steht: Liber Regius 1561.

XI. 697. Papierhandschrift des XVIII. Jahrh. 248 Blätter geschrieben, 265 Seiten gedruckt. Format in 2°. Ehemaliger Besitzer Franz Josephus, Doctor Juris, in Universitate Salisburgensi Professor ordinarius um 1700.

Acta Fideicommissi Lodronensis et Thnniani. Aktenstücke theils geschrieben theils gedruckt bezüglich der Streitigkeiten, die über die Errichtung eines Fideicommisses von Seite des Erzbischofs von Salzburg Paris von Lodron unter dessen Erben entstanden sind. Bl. 217ᵃ folgen Aktenstücke über die Errichtung eines Fideicommisses von Seite des Grafen Johann Ernst von Thun Erzbischof von Salzburg. Am Ende gedruckte Species facti eines Fideicommissarischen Processes zwischen Andreas Freiherrn von Stuben und den Gebrüdern Caspar und Roman von Waldkirch zu Rheinau.

XI. 698. Papierhandschrift des XVII. Jahrh. 158 Blätter in 2°. Alter Eigenthümer Stift St. Florian.

Oesterreichischer Lehenstractat.

XI. 699. Papierhandschrift des XVI. Jahrh. 46 Blätter in 2° Alter Eigenthümer Stift St. Florian.

Gerichtsprocess und Ordnung des Lanndsrechtens des Hochlöblichen Ertzhertzogthumbs Oesterreich unnder der Enns.

XI. 700. Papierhandschrift des XVII. Jahrhunderts. 231 Blätter in 2°. Früherer Eigenthümer Joh. Heinrich Seyringer laut Inscription auf dem Titelblatt.

Consuetudinary-Buech, Darinnen allerley Publicirte Kais. General, Resolutiones und Gerichts-Decreta den Ober-Ennsserischen Gericht und Landtsbrauch betreffend begriffen. Der älteste Besitzer des Buches war Georg Constantin Gschwandtner.

XI. 701. Papierhandschrift des XVI. Jahrh. 205 Blätter in 2°. Früherer Eigenthümer Sebastianus Hartmann ab Hartmanstain.

Aliquot conscripta consilia juris und Specification des Römerzugs. So die Aufschrift auf dem Rücken. Der Inhalt bezieht sich auf deutsche und oesterreichische Rechtshändel und Rechtsgewohnheiten.

XI. 702. Papierhandschrift des XVIII. Jahrh. 3 Bände in 2°. zu 386, 493 und 412 Blättern. Ursprünglicher Eigenthümer Franz Josephus Jur. Dr. und Professor auf der Universität Salzburg um 1700.

Consilia et Responsa juris. Verfasst von dem obengenannten Professor Franz. Ineditum. Siehe XI. 679.

XI. 703. Papierhandschrift des XVIII. Jahrh. 580 Blätter in 2°. Ursprüngliches Eigenthum des Vorgenannten.

Selecta ex Jure publico. Verfasser: der Vorige. Ineditum.

XI. 704. Papierhandschrift des XVIII. Jahrh. 595 Blätter in 2°. Ursprüngliches Eigenthum des Vorgenannten.

Commentaria ad Novellas, ad Institutiones et ad Jus Feudale. Verfasser: der Obige. Ineditum.

XI. 705. Papierhandschrift des XVII. und XVIII. Jahrh. 253 Blätter in 2°. Besitzer wie oben.

Orationes et Prolusiones Academicae. Davon ist nur die Oratio in confirmatione Episcopi Secoviensis Jacobi Principis de Lichtenstein in Druck erschienen. Verfasser: der Vorgenannte.

XI. 706. Papierhandschrift des XVI. Jahrh. 356 Blätter in 2°. Früherer Eigenthümer Johann Carl Seyringer Dr Jurium etc.

Varia Manuscripta juridica. Enthält Tractatus, Quaestiones und Consilia unter andern Rechtsgutachten der Universitäten Ingolstadt und Wien.

XI. 707. Papierhandschrift des XVI. Jahrh. 130 Blätter in 2°. Früherer Eigenthümer Joh. Carl Seyringer.

Des Ertzhertzogthumb Oesterreich under der Ennss Landtrecht-Puech.

XI. 708. Papierhandschrift des XVI. Jahrh. 201 Blätter in 2°. Früherer Eigenthümer Johann Carl Seyringer.

Allerhandt Teutsch geschriebene Praejudicia und Abschiedt. Ober-österreichische Rechtsfälle betreffend.

XI. 709. Papierhandschrift des XVI. Jahrh. 100 Blätter in 2°. Früherer Eigenthümer Joh. Carl Seyringer.

1) Bl. 1ª–62ᵇ. Allerlei juridischische Tractate von Testamenten, Erbschaften, geistlichen Lehenschaften, Vogteien, in deutscher Sprache. 2) Bl. 63ª–100ᵇ. Landtafel oder Lands-Ordnung des Hochlöbl. Ertzhertzogthumbs Oesterreich unnder der Enns. Bloss das erste Buch von den Gerichten und Processordnung handelnd.

XI. 710. Papierhandschrift des XVII. Jahrh. 97 Blätter in 2°. Früherer Eigenthümer unbekannt.

Protocoll der Fürst Lichtenstainischen Lehens-Vasalln im Laudt ob der Enns bei der Ober-Ennsserischen Lehens Canitzley eingeraichten Lehens-Ersuch unnd Aufsandtungen; de Annis 1634—1643.

XI. 711. Papierhandschrift des XVII. Jahrh. 233 Blätter in 2°. Früherer Eigenthümer Joh. Carl Seyringer.

Allerhandt Relationes mit angehenkhten Guettachten in geistlichen Sachen. Betrifft Streitigkeiten mit dem Magistrat in Schärding in geistlichen und weltlichen Angelegenheiten anno 1605. Das erste Blatt fehlt.

XI. 712. Papierhandschrift vom Jahre 1632. 241 Seiten in 2°. Früherer Eigenthümer Joh. Carl Seyringer.

Lehenssachen des Erzherzogthumbs Oesterreich under und ob der Enns betreffend.

XI. 713. Papierhandschrift des XVIII. Jahrh. 20 Blätter in 2°. Ehemaliger Eigenthümer Kaiser Josef II.

Princeps in Compendio hoc est Puncta aliquot compendiosa quae circa gubernationem Reipublicae observanda videntur. Grosse un-regelmässige Lateinschrift. Am Ende der Abhandlung steht von der Hand des Prälaten Johann Georg (1732—1755): Pro Informatione. Haec Instructionis puncta Excellentissimus et Illustrissimus Comes et belli Mare-Schallus Ludovicus Bathyani qua Ajo seu Supremus Prae-fectus Serenissimo Archiduci Primogenito Austriae Josepho anno 1752 pro Xenio obtulit eaque olim a Ferdinando III. Imperatore et Leopoldo Guilelmo Archi-Duce Austriae atque Episcopo Passaviensi composita et compilata fuisse idoneis authoribus narratur. Das Buch ist in Gold-brocat gebunden.

XI. 714. Papierhandschrift des XVI. Jahrh. 31 Blätter in 2°. Alter Eigenthümer Stift St Florian.

Fürstliche Gnadenverschreibung welcher Gestalt der Durchleuchtig Hochgeborn Unnser Gnediger Fürst und Herr Hertzog Albrecht in

Bayrn dem Standt der Ritterschaft und Adels, aus Gnaden die Edl-
manfreyheiten auf Iren Ainschichtigen Guettern gemert unnd von neuem
gegeben im Landtag anno 1557.

XI. 715. Papierhandschrift des XVII. Jahrh. 497 Seiten in 2°.
Früherer Eigenthümer Joh. Carl Seyringer.

Guettachton Buech. Enthält Rechtsgutachten oberoesterreichische
Criminalfälle ab anno 1648—1679 betreffend.

XI. 716. Papierhandschrift des XVII. Jahrh. 174 Blätter in 2°.
Alter Eigenthümer Stift St. Florian.

Landtafel des Fürstenthumbs Obern- und Nidern-Bayrn darin li-
gunden unnd zuegeherigen Gericht, Herrschaften, Stöth, Märckhten,
Clöster, Stüfft, Schlössern, Hofmarchen, Edlmanssäz und Sedlhöfen,
von welchen in die Landtschafft geschrieben wierdet oder nit.

XI. 717. Papierhandschrift des XVII. Jahrh. 1401 Seiten in 2°.
in 3 Bänden. Alter Eigenthümer Stift St. Florian.

Lanndtaffel oder Landtrecht und Gebreich des Ertzhertzogthumbs
Oesterreich ob der Ennss. Das ganze Werk zerfällt in 6 Theile:
Von des Landts Stünden, offizir auch deren Persohn und Ambtern.
2. Von gerichtlichen Processen in ordinari und extraordinari Verfah-
rung. 3. Von Contracten und was denselben anhengig. 4. Von Testamenten unnd letzten Willen. 5. Von Erbschaften ohne Testament ab
intestato. 6. Von Lechen.

XI. 718. Pergamenthandschrift des XIV. und XV. Jahrh.
146 Blätter in 2°. 2 Spalten. Altes Eigenthum St.
Florians.

Glossae in Clementinas. 1) Bl. 1ᵃ—142ᵇ. Anfang: Johannes
graciosum hoc nomen per interpretaciones etc. Schluss: per intercessionem Virginis gloriose nos collocet cum electis suis. Die Glosse
geht vollständig bis an das Ende der Clementinen. Handschrift des
XIV. Jahrh. 2) Bl. 143ᵃ—146ᵇ. Textus Clementinarum una cum
epistola Joannis papae, quae in Corpore Juris Clementinis praefixa est.
Die Hand ist die des XV. Jahrhunderts; der Text läuft über das
cap. IV. lib. I. tit. III. nicht hinaus, sondern bricht in diesem titulo
bei den Worten per ipsam jus repellendi eundem ab.

XI. 719. Pergamenthandschrift des XIV. Jahrh. 287 Blätter in
4°. 2 Spalten. Altes Eigenthum St. Florians.

Summa de jure Canonico tractans et expediens multas materias
secundum ordinem alphabeti. Alter Titel. Anfang: Quoniam ignorans
ignorabam sicut ait Paulus etc. Schluss: in celesti gloria perhenniter
fulgeamus. Wie aus dem Prologe hervorgeht ist der Autor aus dem
Franciscaner-Orden. Der erste Artikel ist Abbas, der letzte de 2 generibus Christianorum. Am obern Rando von Bl. 1ᵃ steht von einer
Hand des XV. Jahrh. Hec summa compilata est ante compilacionem
sexti et clementinarum.

XI. 720. Pergamenthandschrift des XIII. Jahrh. 81 Blätter in
4°. 2 und 3 Spalten. Altes Eigenthum St. Florians.

1) Bl. 1ª.—60ᵇ. Libri quinque Decretalium metrice. Anfang:
Quis liber iste rogas? hic juris habes ysagogas. Aggrediar flores
juris compingere cursu. Ludens versifico quamvis insufficienti etc. Die
Ordnung der Titel ist nicht eingehalten, auch werden nicht alle
Hauptstücke derselben behandelt. Das Werk hat reichlich Randglossen. Es ist kurz angezeigt in Hormayrs Archiv 1830 Decemberheft. Das Ganze schliesst im 5. Buche 40. Titel de verborum
significationibus, aber unvollendet. Die letzten Worte sind: ut populo
teste non sit locus inficiandi. Darauf haben zu folgen 2 Blätter, welche
zum vorhergehenden Werke gehören und aus Versehen des Buchbinders
ans Ende gekommen sind. 2) Bl. 61ª—61ᵇ. Quaedam notata de
arbore consanguinitatis et computatione graduum. 3) Bl. 61ᵇ—62ᵇ.
Alia notata de baptismo et unctione. 4) Bl. 62ᵇ—68ª. Constitutiones
Passavienses apud S. Hypolitum. Anfang: Quoniam sedes apostoli
ea nos in partem sollicitudinis etc. Schluss: doceant se solvisse vel
solvant. Eine Ueberschrift von späterer Hand lautet irrig: Constitutiones domini gwidonis ad patavicnsem ecclesiam. Diese Constitutiones sind gedruckt in der Coll. Concil. Germaniae Tom. III. 673. ad
annum 1284. Einige Capitel, welche die gedruckte Sammlung hat,
sind in unserer Handschrift weggeblieben, dafür hat dieselbe um 2
Capitel mehr. Die Handschrift ist sorgfältig ausgeführt und von einer
jüngern Hand als die vorausgehenden. Vergl. dazu XI. 615. Nr. 6
und XI. 722. Nr. 5. 5) Bl. 68ᵇ—72ᵇ. Variae sententiae morales.
Anfang: De commendacione paupertatis. Schluss: de commendacione
sapiencie. Hier bricht aber die Handschrift mit der 2. Zeile ab.
6) Bl. 73ª—80ª. Principia juris cum citationibus et glossis. Anfang:
Nullus jure suo privandus erit sine culpa. Schluss: Sudant officium
sed non sit eis onerosum. 7) Bl. 80ᵇ. Epistola Wernhardi episcopi
Pataviensis data in Efferding anno 1286 XII. Kal. Sept. ad omnes
Praelatos, Abbates, Praepositos et qua eos ad Synodum vocat Salis-
burgi celebrandum ad tuendam Ecclesiae immunitatem, quae tunc maxime
infringebatur. Der Brief findet sich bei Hansiz nicht. Er ist abgedruckt in Hormayr's Archiv 1830 Decemberheft, pag. 712. Das Vorstehblatt enthält das Fragment eines physicalischen Tractats aus dem
XIII. Jahrh. Es handelt von der Bildung des Nebels.

XI. 721. Papierhandschrift des XV. Jahrh. 166 Blätter in 4°.
Altes Eigenthum St. Florians.

Notabilia Juris. So der Titel auf dem Rücken des Bandes aus
späterer Zeit. Der Codex enthält Anmerkungen zu den Decretalen.
Bl. 83ᵇ und 111ᵇ heisst es: Et sic est finis lecture quarti, quinti libri decretalium per magistrum ac doctorem Joannem de vienn. Es
ist damit wahrscheinlich Johannes Hymmel gemeint, der um 1437 das
Kirchenrecht an der Universität Wien vortrug. Siehe Scriptor. Univers. Vienn. 126. Auf Bl. 1ª ist ein Verzeichniss berühmter Rechtslehrer.
Die beiden Deckelseiten und das Vorstehblatt am Ende sind mit canonistischen Noten bedeckt.

XI. 722. Pergamenthandschrift des XI., XIII. und XIV. Jahrh. 192 Blätter in 4°. Altes Eigenthum St. Florians.

1) Bl. 1ᵃ—19ᵃ. Excerpta decretorum. Es sind kurze Sätze der Väter moralischen oder canonistischen Inhalts. Anfang: Vicinum animi est indignis secreta vulgare etc. Schluss: paupertate multa gravati. Die Namen der Väter sind beigesetzt. Handschrift des XIV. Jahrh. 2) Bl. 19ᵇ—41ᵇ. Constitutiones sanctorum patrum de ecclesiasticis observationibus. So lautet die gleichzeitige Ueberschrift. Von einer Hand des XV. Jahrh. ist darüber geschrieben: Registrum super constitutiones papales extravagantes. Auf das Register folgen Bl. 22ᵇ die Constitutiones domini Gregorii pape decimi in concilio Lugdunensi edite. Bl. 29ᵇ die Constitutiones Alexandri tertii. Bl. 30ᵇ. Urbani tertii Bl. 31ᵃ. Innocentii tertii Bl. 32ᵃ. Gregorii noni. Bl. 37ᵃ. Bonifacii octavi. Handschrift des XIV. Jahrh. 3) Bl. 41ᵇ—45ᵃ. Fratris Guidonis Cardinalis statuta. Anfang: Postquam Deus hominem formavit etc. Sie sind gedruckt in Biblioth. Vindobon. Lambecii Tom. I. vol. I. p. 61. Die Abweichungen sind geringfügig. Handschrift des XIV. Jahrh. 4) Bl. 45ᵃ—49ᵃ. Constitutiones Concilii provincialis Salzburgensis. Anfang: Ad honorem et gloriam sponse Christi etc. Sie befinden sich auch im Codex XI. 615. Nr. 2 und sind gedruckt in der Coll. Concil. German. Tom. III. p. 639, deren Lesearten durch unsere Handschrift manchmal verbessert werden könnten. Handschrift des XIV. Jahrh. 5) Bl. 49ᵃ—54ᵇ. Constitutiones domini Petri Pataviensis episcopi. Anfang: Nos Petrus etc. auctoritate synodali fratrum nostrorum etc. Die meisten dieser Constitutionen kommen weder bei Hansiz Germ. sac. noch bei Harzheim Coll. Conc. German. vor. Bl. 50ᵃ kommt ein Capitel vor: Quoniam sedes apostolica etc., welches sich auch im Codex XI. 720. Nr. 4 findet. Handschrift des XIV. Jahrh. 6) Bl. 54ᵇ—61ᵇ. Constitutiones domini Godfridi Pataviensis Episcopi. Anfang: Quoniam sedes apostolica etc. Dieses erste Decret gleichlautend mit dem oben Bl. 50ᵃ dem Bischof Petrus beigelegten findet sich gedruckt bei Hansiz German. Sac. Tom. I. pag. 427, dann in der Coll. Conc. Germ. Tom. III. pag. 673. Viele Constitutionen, welche sich im codex XI. 615 und in den gedruckten Werken finden, sind hier am Ende weggeblieben. Handschrift des XIV. Jahrh. 7) Bl. 61ᵇ—64ᵃ. Constitutiones Wernhardi Episcopi Pataviensis. Anfang: Nos Wernhardus etc. anno 1293 in octava beati Joannis etc. Gedruckt bei Hansiz Tom. I. pag. 442. Handschr. des XIV. Jahrh. Bl. 64ᵇleer. 8) Bl. 65ᵃ—111ᵃ. Anonymi de mysteriis rerum gestarum in sacra scriptura. Die ersten 2 Capitel fehlen; das 3. Capitel hat die Ueberschrift: de luce et de sole. Anfang: Lux prima ante solem significat legem ante graciam. Das Werk hat 8 Bücher; jedem einzelnen geht ein Index voran. Schluss: mereatur post victoriam coronari. Handschrift des XIII. Jahrh. 9) Bl. 111ᵃ—114ᵇ. Anonymi de Oratione dominica. Anfang: Inter omnia que fragilitas humana etc. Schluss: fervor intime devocionis. Handschr. des XIII. Jahrh. 10) Bl. 114ᵇ—155ᵇ. Sermones et materiae homileticae. Bl. 131ᵇ—135ᵃ sind 3 Sermones s. Augustini, welche in der Mauriner Ausgabe der Werke Augustins Appendix Tom. V. Pars. II.

pag. 75—78 vorkommen. Handschrift des XIII. Jahrh. 11) Bl.
156ᵃ—192ᵇ. Liber in vitam Clericorum. Anfang: Quia ergo constat
sanctam ecclesiam etc. Schluss: opitulante pervenire mereantur. Es
sind nicht die Excerpte des Amalarius oder die Regel des Chrode-
gang von Metz, sondern die Constitutionen des Aachner Concils (816)
selbst. Sie finden sich gedruckt in der Ausgabe der Concil. von Co-
letus Venetiis. Tom. IX. pag. 476. Die Abweichungen unserer Handschrift von diesem Text sind selten aber vorzüglicherer Art. Siehe
auch Amort Discipl. Vet. Canon. pag. 286. Conc. German. I. 498.
Handschrift des XI. Jahrh. Das Pergamentblatt, welches an dem hintern Deckel klebt, enthält das Fragment eines metaphysischen Tractats aus dem XIV. Jahrh.

XI. 723. Papierhandschrift des XVI. Jahrh. 62 Blätter in 4°.
Früherer Eigenthümer Sebastian Hartman ab Hartmanstain 1637.

Georgii Obrecti Jurisconsulti Argentinensis Tractat von der Noth-
wehr; deutsch. Auf dem Pergamentumschlag des Codex steht von
Aussen: Hannsen Crembl des Jüngern und seiner Schwester Elsbeth
spruchbrief contra Leonharten Keyser anno 1502. Von Innen ist die
Urkunde verklebt. Sie ist in deutscher Sprache abgefasst.

XI. 724. Papierhandschrift des XVII. Jahrh. 160 Seiten in 4°.
Alter Eigenthümer Stift St. Florian.

Gulden-Bulla Kayser Carolis des Viertten Im Jahr 1356 zu
Nürnberg aufgericht. Jezo nach dem Lateinischen Exemplar mit Fleiss
ersehen und corrigirt. Deutsch.

XI. 725. Papierhandschrift vom Jahre 1657. 109 Blätter in 4°.
Früherer Eigenthümer Wolfgang Martin Ehrman a
Falkhenau in Freyenwerth Caes. Consiliarius.

Jagd- und Waidtmans-Recht. Zusammengetragen und beschrieben
von Christof Auerbach zu Tyllyspurg 1657, und gewidmet den Gebrüdern Grafen Ernst Emmerich, Daniel Hellfridt und Ferdinand Paul
von Tylly und Praidtenegg. Die Büchersammlung des Vitzdom von
Oberösterreich Baron Martin von Ehrmann ist durch Vermächtniss
desselben um 1764 in den Besitz von St. Florian übergegangen.

XI. 726. Papierhandschrift des XVI. Jahrh. 112 Blätter in 4°.
Früherer Eigenthümer Joh. Carl Seyringer.

Allerhandt Teutsch geschriebene ordnungen und dergleichen. Enthält viele Generale Kaiser Ferdinand I., Zehentordnung, Mahl- und
Bäckerordnung etc. für Oesterreich ob der Enns etc.

XI. 726 A. Papierhandschrift vom Jahre 1609. 215 Blätter in
4°. Früherer Besitzer Joh. Carl Seyringer.

Allerhandt Teutsch geschriebene Formularia. So der Titel auf
dem Rücken des Einbandes. Auf dem ausseren Deckel steht von noch
älterer Hand: Formular-Büchlin. Mein Jacobs Berger's für Anno 1609
geschrieben. Dieser Jacob Berger war aus Württemberg. Von dorther

sind die Formularien genommen und beziehen sich auf Urkunden des XVI. und XVII. Jahrh.

XI. 727. Papierhandschrift vom Jahre 1649. 281 Blätter in 4°. Früherer Besitzer Joh. Carl Seyringer.

De Repraessaliis. Pro Urbe Lincio metropoli in Austria Superiore. Anno 1649. Der Tractat ist deutsch geschrieben. Er bezieht sich auf die Rechte und Freiheiten des Linzer Handelsplatzes, besonders auf das Recht für einen säumigen fremden Schuldner dessen Landsleute in Linz festzuhalten, bis die Forderungen befriedigt sind. Auf dem Titelblatt erscheinen als ältere Eigenthümer: Georg. Const. Gschwandtner und Michael Zorn.

XI. 728. Papierhandschrift des XVIII. Jahrh. 59 Seiten in 4°. Geschenk des Probstes Michael von St. Pölten an den Prälaten Joh. Georg von St. Florian 1738.

Epistola Venerabilis Anselmi Havelbergensis Episcopi ad Ecbertum Abbatem Huysborgensem contra eos qui importune contendunt, Monasticum Ordinem digniorem esse in Ecclesia quam Canonicum. Anfang: Anselmus Pauper Christi Havelbergensis vocatus Episcopus etc. Schluss: semper firma permaneat, charitas. Amen. Darunter: Inedita ex codice optimae notae descripta (das Folgende von der Hand des Praelaten Johann Georg) fuit haec Epistola mihique Praeposito Canoniae ad s. Florianum Joanni Georgio a Reverendissimo D. D. Michaele Praeposito ad s. Hypolitum communicata anno 1738.

XI. 729. Pergamenthandschrift des XIV. Jahrh. 66 Blätter in 8". Altes Eigenthum St. Florians.

Compendium Decreti Gratiani. Voran geht ein Register. Das Werk selbst beginnt: Sciendum quod modus agendi in hoc libro decretorum etc. Schluss: pretermissum est gracia brevitatis. Si quem direxerit hec tabula oret pro anima scribentis. Explicit compendium decreti. Das Werk war nach einer Bemerkung Bl. 66ᵃ bestimmt ad directionem novellorum sacerdotum. Auf den innern Deckelseiten sind Pergamentfragmente aus dem XV. Jahrh. mit Gebeten, die von Kranken oder Sterbenden zu sagen waren, befestigt.

XI. 730. Pergamenthandschrift des XII. Jahrh. 117 Blätter in 12". Altes Eigenthum St. Florians.

1) Bl. 1ᵃ—115ᵃ. Excerpta Decreti Gratiani. Anfang der Vorrede: Excerptiones ecclesiasticarum regularum etc. Die Excerpte sind aus allen 3 Theilen des Decretum's genommen und vorzüglich die Sätze der Väter, der Concilien und der Päpste berücksichtigt. Viele mit Farben gezierte aber roh ausgeführte Initialen. 2) Bl. 115ᵃ—117ᵃ. Impedimenta matrimonii. Anfang: Impedimenta matrimonii quatuordecim sunt.

XI. 731. Papierhandschrift vom Jahre 1670. 388 Blätter in 12°. Früherer Eigenthümer Joh. Carl Seyringer.

Summarischer Auszug aus den Neun Thailln der Bayrischen Landtsordnung 1670.

XI. 732. Papierhandschrift vom Jahre 1641. 690 Seiten in 12°.
Früherer Eigenthümer Joh. Carl Seyringer.

Kurzer Inhalt und Auszug der Landrecht-, Policey-, Gerichts-, Malefiz- und anderer Ordnungen derFürstenthumben Ober und Nidern-Bayrn. Abgeschrieben vonn dergleichen im Jahre 1641. Auf dem vordern und hintern Vorsetzblatt sind Familiennotizen früherer Besitzer und ein Paar medicinische Hausmittel.

Im Cimelienkasten aufgestellte Manuscripte.

III. 1. Pergamenthandschrift des XI. Jahrh. 110 Blätter in 2°.
Altes Eigenthum St. Florians.

Libri quatuor Evangelistarum. Complet. Voraus gehen die capitula lectionum Evangelii secundum circulum anni ad missas. Hierauf folgt ein Prolog: Plures fuisse qui evangelia scripserunt etc.; dann der Brief des heil. Hieronymus an Damasus: Novum opus facere me cogis etc. Daran schliesst sich ein Argumentum secundum Mathaeum: Matheus ex Judea sicut in ordine primus etc, und ein elenchus secundum Mathaeum, der in 74 Capitel eingetheilt wird. Der Text selbst ist aber nicht darnach abgetheilt. Bl. 9ᵃ—16ᵇ beginnen die Canones Evangelistarum oder Tabulae harmonisticae, welche Hieronymus aus Eusebius übertragen hat. Sie befinden sich zwischen blauen und grünen Säulen, welche ein phantastisch verziertes Gewölbe tragen. Vor den einzelnen Evangelien geht je ein blattgrosses Bild der Evangelisten einher und ein Argumentum. Die ungewöhnlich grossen Initialen an der Spitze der Evangelien sind reich mit Gold und Farben geschmückt. Die ersteren Zeilen eines jeden Evangeliums sind in goldener Capitalschrift auf blauem oder grünem Untergrund ausgeführt. Verglichen mit dem Evangeliarium Hieronymianum im X. Bd. der Edit. Vallarsi zeigt der Text eine nur selten unterbrochene Verwandtschaft mit dem dort gerühmten Codex der Königin Christine von Schweden. Der rothe Ledereinband war einst entsprechend reich decorirt; noch ragen aus demselben zahlreiche silberne Nägel hervor, an denen Spangen und Medaillons befestigt waren.

III. 2. Pergamenthandschrift des XIV. Jahrh. 405 Blätter in 2°.
2 Spalten. Altes Eigenthum St. Florians.

Decretum cum glossis Bartholomaei Brixiensis. In der Vorrede Bl. 1ᵃ nennt er sein Werk apparatum Decretalium. Bartholomaeus von Brescia war um 1240 ausgezeichneter Lehrer des Kirchenrechtes zu Bologna. Siehe Mazzucheli Scrittori d'Italia. Vol. II. P. 1. Der Codex hat sehr viele Miniaturen und reich verzierte Initialen. Auf dem Vorstehblatt am Ende hat ein Unbekannter Privatnotizen über seine 1404 zu Padua abgelegten Examina ex Jure Canonico, weiter unten ein Anderer über seine zu Wien 1410 abgelegten Prüfungen ex Jure Canonico hingeschrieben. Die Handschrift scheint aus Italien herzurühren.

III. 3. Pergamenthandschrift des XIV. Jahrh. 115 Blätter in 2°.
2 Spalten. Altes Eigenthum St. Florians.

Decretalium liber sextus cum apparatu Joannis Monachi. Anfang: In Dei nomine Amen. Secundum philosofum scire est etc. Nach Fabricius Biblioth. med. et inf. Lat. starb Johannes 1313 als Cardinal zu Avignon. Der Codex hat am Anfang ein grosses Gemälde und viele schöne Initialen; auch dieser verräth nach Schrift und Ornamenten eine italienische Herkunft. Auf dem an dem 1. Deckel haltenden Pergamentblatt und auf dem darauffolgenden Vorstehblatt befinden sich Fragmente aus dem Corpus Juris civilis, die dem XIV. Jahrh. angehören. Auf dem 2. Deckel ist eine lateinische Urkunde vom Jahre 1388 befestigt, in welcher ein gewisser Theodoricus scolarum succentor in civitate Corona, durch Stephanus Heynczmann plebanus in villa Rosarum Strigoniensis dioecesis und mehrere Zeugen von den gegen ihn ausgesprengten ehrenrührigen Anschuldigungen gereinigt wird. Pergament.

III. 4. Pergamenthandschrift vom Jahre 1449. 54 Blätter in 2°. 2 Spalten. Ursprünglicher Eigenthümer Sigismundus Kautinger anno 1449.

1) Bl. 1ᵃ—52ᵃ. Libri quinque Clementinarum cum glossa. Dieselbe beginnt: Johannes graciosus hoc nomen per interpretacionem etc. Schluss derselben: Natura vero naturans cum ad illam redibimus per intercessionem virginis gloriose nos collocet cum electis. Amen. 2) Bl. 52ᵇ—54ᵃ. Constitutio super regulam fratrum minorum. Anfang: Exivi de paradiso, dixi rigabo ortum plantacionum etc. Schluss: se noverit incursurum. Explicit constitucio super regulam fratrum minorum. Mit rother Schrift: Sigismundus Kautinger. Cum Clementinis. Deo gracias. anno XLIX. Der Name Chautinger findet sich auch Bl. 17ᵇ dem Titel: De jurejurando beigeschrieben. Obige Constitutio hat Wadding Annal. Fr. Minor. nicht. Auf der ersten Seite ist ein reich geschmücktes Ornament und 2 schöne Initialen. Auf das Holz des vordern Deckels schrieb ein Besitzer des XV. Jahrh. Dulcis origo spei, lux celica lux requiei. Vera sophya dei, dirige facta mei. 1470. Daneben eine persönliche Notiz zum Jahre 1475. Von anderer und späterer Hand: O Sapientia que ex ore altissimi prodisti attingens a fine usque ad finem fortiter suaviter disponensque omnia, veni ad docendum nos viam prudencie. Darunter eine kirchenrechtliche Notiz, dergleichen auch die innere Seite des zweiten Deckels ausfüllen.

III. 5. Pergamenthandschrift des XIV. Jahrh. 184 Blätter in 2°. 2 Spalten. Altes Eigenthum St. Florians.

1) Bl. 1ᵃ—6ᵃ. Decretum Gratiani abbreviatum quoad duas tantum partes distinctiones nempe et causas. Es ist verschieden von dem Breviarium, welches dem zu Cöln 1717 gedruckten Decretum Gratiani vorausgeht. 2) Bl. 6ᵃ—172ᵇ. Decretum Gratiani cum glossis marginalibus. Complet. 3) Bl. 173ᵃ—183ᵃ. Varia Decreta Rom. Pontificum. Beginnt: Alexander papa. Licet de vitanda discordia in electione etc. Die Decrete sind grösstentheils aus den Decretalen Gregor's, aber in einer andern Ordnung und mit zahlreichen Varianten. 4) Bl. 83ᵇ—84ᵃ. Arbores duae Consanguinitatis et Affinitatis. Das Pergamentblatt, welches auf dem ersten Deckel befestigt ist und das darauf-

folgende Vorstehblatt sind mit canonistischen Noten bedeckt. Ein solches Excerpt ist auch Bl. 172^b. Quicunque sub condicione etc. Auf dem zweiten Deckel sind Fragmente hebräischer Literatur. Der Codex hat viele Miniaturen und schöne Initialen und scheint aus Italien herzustammen.

III. 6. Pergamenthandschrift des XIV. Jahrh. 254 Blätter in 2°. 2 Spalten. Altes Eigenthum St. Florians.

1) Bl. 1^a—2^a. Lectura circa arborem consanguinitatis et affinitatis. Anfang: Circa lecturam arboris diversis olim etc. Im Verlauf nennt sich der Autor „Joannes au. inter decretorum doctores minimus". Es ist darunter Joannes Andreae zu verstehen, über welchen codex XI. 597 zu vergleichen. Darauf folgt ein kurzer Index besonderer Materien aus den Decretalen. 2) Bl. 2^b. Capitelverzeichniss der 5 Bücher Decretalen. 3) Bl. 3^a—252^b. Libri quinque Decretalium cum glossa. Anfang der Glosse: Gregorius. In hujus libri principio quinque precipue sunt prenotanda. Im 2. Buche findet sich der Name des Glossators beigeschrieben, nämlich Bernardus doctor, genannt Bernardus major Bottonus, über welchen Pancirolus de claris leg. interpret. pag. 325 nachzusehen. Den Anfang der Decretalen schmückt eine grosse Miniature die Apostel vorstellend, welche den Leib der seligsten Jungfrau zu Grabe tragen. Auf diesem Gemälde befindet sich auch der Name des Malers: Ego Nicholaus de Bononia feci. In der Münchner Hof- und Staatsbibliothek ist der Prachtcodex eines Missale Romanum mit Gemälden von Nicolaus von Bononia. Allgemeine Augsburger Zeit. 1871. Nr. 96. S. 1671. Beil. Jedes Buch trägt eine grössere bildliche Darstellung an der Spitze, welche auf den Hauptinhalt Bezug hat. Ausserdem kommen noch kleinere Miniaturen und sehr viele zierliche Initialen vor. Auch der Schriftcharakter zeugt für die italienische Herkunft des Codex. 4) Bl. 253^a. Duae figurae Raynuccii et Raynaldi dictae. Sie veranschaulichen eine Vermögenstheilung vermöge Testaments nach natürlichen und lombardischen Recht. 5) Bl. 253^b—254^b. Notata varia ex Jure Canonico. Auf Bl. 254^a sind auch Arzneimittel und oeconomische Regeln darunter gestreut in deutscher Sprache. Diese und obige Notate sind von einer Hand des XV. Jahrh.

III. 7. Pergamenthandschrift des XIV. Jahrh. 118 Blätter in 2°. 2 Spalten. Ursprünglicher Eigenthümer Albrecht II. Herzog von Sachsen, Bischof von Passau 1320—1342.

1) Bl. 1^a—116^b. Liber sextus Decretalium cum regulis juris cum apparatu Joannis Andreae. Integre. Anfang der Glosse: Quia preposterus est ordo prius humana etc idcirco ego Joannes Andree Bononiensis etc. Bl. 64^a und Bl. 65^a steht am untern Rande: Johannes dominus dominorum doctor omnium doctorum. 2) Bl. 117^a—118^b: Lectura circa arborem consanguinitatis et affinitatis. Anfang. Circa lecturam arboris diversis olim diversum modum etc. Schluss: Explicit arboris apparatus iohannis andreae. Die erste Seite des Codex nimmt ein mit Gold und Farben prangendes Gemälde ein, welches die Steinigung des heil. Stephanus vorstellt. Am untern Rande und mit dem Gemälde zusammenhängend sind die Wappenschilde des

Bisthums Passau, der rothe Wolf im silbernen Felde, und der Herzoge Sachsens, der grüne Rautenkranz im schwarzen und gelben Feld. Den bischöflichen Stuhl von Passau nahm ein einziger Prinz aus dem Hause Sachsen ein, nämlich Albrecht II. von 1320—1342. Seine Vorsorge für Florian siehe Kurz. Albrecht IV. 2. Thl. Seite 446 et seqq. Die Handschrift war zum wenigsten schon um die Hälfte des XV. Jahrh. in den Besitz des Klosters St. Florian übergegangen, wie die Inscriptionen auf der ersten Seite und an andern Stellen beweisen. Auch der Verwandtschafts- und Schwägerschaftsbaum enthält 2 überaus grosse figürliche Darstellungen. Die Initialen sind entweder mit Farben verziert oder sie schliessen verschiedenartige mit grosser Sorgfalt gemalte Köpfe ein. Gegen das Ende hat der Codex sehr durch Feuchtigkeit gelitten. Sein Vaterland ist der Schrift nach Italien.

III. 8. Pergamenthandschrift des XV. Jahrh. 271 Blätter in 2°. 2 Spalten. Ursprünglicher Eigenthümer Kloster Wiblingen ord. s. Benedicti in Schwaben.

1) Bl. 1ᵃ—270ᵇ. Legendae Sanctorum manuscriptae Pars prima. Descripserunt Georgius Spär, Martinus Imler, Monachi Wiblingenses. Dieser erste Theil enthält die Legenden von circa 140 Heiligen. Bl. 1ᵃ: Incipit Prologus in vitam sancti Andreae Apostoli. Trophea apostolorum nulli credo latere fidelium etc. Den Schluss macht die Legende des heil. Ciriacus: Post discessum constantini primi imperatoris christiani etc. Bl. 270ᵇ am untern Rande: Librum hunc inchoat, ceterosque plures scriptitavit. Testantur hoc codices, cantuales per se quam plures. Quos ceptos simplici, stilo perduxit ad finem. Frater icorius spar de bagoaria natus. Hunc inchoans cessitat, mortalitate preventus. Martinus minimus, subsequens pervenit hucusque. Amborum animas, deus consoletur in evum. Georg Spar starb 1457, Martin Imler 1459. Siehe Henchlinger de viris illustribus Wiblingensibus, codex manuscr. unserer Bibliothek XI. 577. 2) Bl. 270ᵇ—271ᵃ folgt ein miraculum grande quoddam de sancta walpurga virgine von späterer Hand. Es beginnt: Contigit nimium mirabile etc. Der Codex hat zahlreiche grosse Miniaturen und Initialen. Er ist ein Geschenk von Gregorius Thomas Ziegler Bischof von Linz ehemaligen Conventualen von Wiblingen. Eingesehen wurde der Codex von dem Dr. W. Wattenbach, der seiner im 10. Bande des Archiv's für ältere deutsche Geschichte pag. 430 Erwähnung macht. Auf dem Vorstehblatt ist eine Note über einige besonders berücksichtigungswerthe Legenden; dann eine zweite über die Legenden, welche 1617 für die Patres s. Jesu aus diesem Codex abgeschrieben wurden und zuletzt ein Recept zur Herstellung einer guten Tinte; erste und letzte Note aus dem XV. Jahrh. Auf dem zweiten Deckel klebt einwärts eine Pergamenturkunde, in welcher die auf dem Provincialcapitel der Benediktiner 1441 zu Nürnberg versammelten Aebte Georgius s. Egydii Nürnbergensis, Hartwigus s. Petri Erfordiensis, Nicolaus s. Blasii, Heinricus beatae Mariae Ammerbacensis ein neues Provincialcapitel für 1444 nach Erfurt ausschreiben und die für die Klostervisitation erwählten Aebte einzeln benennen.

III. 9. Pergamenthandschrift des XV. Jahrh. 244 Blätter in 2°.
2 Spalten. Altes Eigenthum St. Florians.

Missale in usum ecclesiae St. Floriani. Voraus geht ein Calendarium. Auf Bl. 1ᵃ befindet sich am untern Rande ein Engel der
einen weissen schwarz carrirten Wappenschild hält. Vor dem Canon
ist ein blattgrosses schönes Gemälde den Gekreuzigten mit der seligsten
Jungfrau, Maria Magdalena und Johannes darstellend. Es kommen
häufig Miniaturen, gemalte Initialen und Randverzierungen vor. Bl. 143ᵃ
ist das Festum s. Floriani et sociorum ejus; eine 2. Sequenz de s.
Floriano ist nach dem grossen Canon zu finden.

III. 10. Pergamenthandschrift des XV. Jahrh. 222 Blätter in 2°.
2 Spalten. Altes Eigenthum St. Florians.

Missale in usum ecclesiae s. Floriani. Calendarium fehlt. Auf
der ersten Seite am untern Rande ein Engel, der zwei weisse voll-
kommen leere Wappenschilde hält. Vor dem Canon ein grosses Bild
des Gekreuzigten mit der gewöhnlichen Umgebung. Der Codex ist mit
Miniaturen, Initialen, Randverzierungen versehen, aber Alles ist in
rohem Geschmacke ausgeführt.

III. .11. Papierhandschrift des XVIII. Jahrh. 46 Blätter in 4°.
Ursprünglicher Eigenthümer Kaiser Josef II.

Gebett-Buch, darinnen schöne und ausserlössene Gebetter sich befinden sambt zweyen Lietaneyen. Das Buch ist in schöner Fraktur-
schrift geschrieben, enthält Federzeichnungen und zierlich ausgeführte
Initialen. Sprache deutsch. Auf einem beigelegten Zettel steht von
der Hand des Gebers des Bischofs Gregorius Ziegler von Linz Folgendes: Dieses Gebetbuch ward von der Kaiserinn M. Theresia Ihrem
Sohne Josef II., wie Er lesen gelernt hat, verehrt. Ein Kammerdiener
des sterbenden Monarchen erhielt es zum Andenken.

III. 12. Pergamenthandschrift des XV. Jahrh. 444 Blätter in 4°.
2 Spalten. Alter Eigenthümer unbekannt.

Breviarium secundum ordinem ecclesiae Spirensis. Die Tafeln
mit der goldenen Zahl, Sonntagsbuchstaben etc. gehen voran. Darauf
folgt ein Calendarium; die einzelnen Monate werden durch einen Vers
eingeleitet. Der Codex enthält bloss den Sommertheil, er ist geschmückt mit Miniaturen, Initialen, Randzierrathen; häufig kommt am
untern Rande ein unbekannter Wappenschild vor, der Bl. 117ᵃ von
zwei Engeln gehalten wird. Bl. 89ᵃ. In nomine domini nostri Jesu
Christi. Incipit liber matutinalis estivalis secundum ordinem Spirensem.

III. 13. Pergamenthandschrift des XV. Jahrh. 175 Blätter in 8°.
Alter Eigenthümer unbekannt.

Liber precum. Es enthält in lateinischer Sprache mehrere Officien de beata Virgine, den Cursus s. Bonaventurae de passione, das
Officium pro defunctis, de s. cruce, die Busspsalmen, Litaneien etc.
Voraus geht ein Calendarium. Es kommen in diesem Codex sehr nett
ausgeführte Miniaturen und Initialen vor; besondere Sorgfalt hat man

auf die Randornamente verwendet. Auf dem Vorstehblatt ist eine
Note de conservanda fama von fremder Hand. Bl. 1ᵃ eine Aderlass-
tafel; darunter ein Wappenschild.

**III. 204. Pergamenthandschrift des XIV. Jahrh. 296 Blätter in
2°. Altes Eigenthum St. Florians.**

Missale secundum consuetudinem ecclesiae St. Floriani. Den einzelnen Monaten des Calendarium's gehen kurze Verse voraus. Vor
dem Canon ist ein blattgrosses Bild des Gekreuzigten, welches aber
aus einem älteren Missale herrührt. Prachtvolle Randornamente, Initialen, Miniaturen mit zahlreichen Figuren, Jagd, Fischerei, Turnier-
scenen, zeichnen dieses Missale vor den Uebrigen aus, dessen Messen
überdiess reichlich mit Neumen versehen sind. Auf dem Vorstehblatt
ist von späterer Hand das Festum Visitationis beatae Mariae Virginis
eingetragen. Darauf folgt eine lange Segnung des Johanneisweines,
welche aber noch im XIV. Jahrh. niedergeschrieben wurde; daran
schliesst sich das unnumerirte Calendarium, ein Symbolum Apostolicum, Collectae pro charitate und eine sehr lange Oratio ante Missam:
Summe sacerdos et vere pontifex qui te obtulisti etc. Dieselbe wird
dem heil. Ambrosius zugeschrieben.

**III. 205. Pergamenthandschrift des XV. Jahrh. 318 Blätter in 2°.
2 Spalten. Ursprüngliches Eigenthum St. Florians.**

Missale secundum usum ecclesiae s. Floriani. Die Vorsetzblätter,
17 an der Zahl, enthalten nachgetragene Officien, die Oratio s. Ambrosii ante Missam, ein Calendarium mit Directorium Liturgicum. Die
zahlreichen Miniaturen sind mit grosser Zartheit ausgeführt, die Initialen und Randornamente gleich schön und sorgfältig; vor dem Canon
geht ein blattgrosses Bild des Gekreuzigten; zu beiden Seiten Johannes und Maria; Bl. 107ᵃ vor dem Officium des heil. Florian eine interessante Abbildung desselben; er hält einen Wappenschild mit 5
goldenen Adlern im blauen Felde. Bl. 63ᵇ später eingetragene Sequenzen de s. Floriano et de s. Augustino. Dass der Codex schon
im XV. Jahrh. dem Kloster St. Florian gehörte, bezeugen die wieder-
holten darauf bezüglichen Inscriptionen. Die Aufmerksamkeit aber,
welche darin den Festen des heil. Florian und Augustinus geschenkt
ist, macht es wahrscheinlich, dass derselbe auch in Florian entstanden ist.

**III. 205. A. Pergamenthandschrift des XIV. Jahrh. 261 Blät-
ter in 2°. Ursprüngliches Eigenthum St. Florians.**

Missale secundum usum ecclesiae s. Floriani. Vor dem Calendarium stehen später eingetragene Feste, eben so nach demselben. Bl. 4ᵇ
eine längere deutsche Anmerkung über die Messen in grosser Trüb-
sal; Bl. 13ᵃ über die Messen von der Kreuzerhebung, beide aus dem
XV. Jahrh. Das Calendarium ist von einem Directorium Liturgicum
und nekrologischen Notizen begleitet, welche auf die Verhältnisse des
Schreibers und St. Florians sich beziehen. Darauf folgt die Oratio s.
Ambrosii: Summe Sacerdos et vere Pontifex etc. Die gesungenen

Stellen der Messe sind mit Neumen versehen. Die Initialen sind auffallend gross und mit grösster Sorgfalt verziert; Miniaturen kommen mehrere vor; unter Andern das grosse Bild des Gekreuzigten mit Maria und Johannes und dem Bildnisse des Schreibers zu den Füssen des Erlösers. Ober demselben ist der Name Hainricus zu lesen. Auf der Seite gegenüber, vor Beginn des Canon's, erblickt man einen Priester im Ornat, der mit Maria der Himmelskönigin über dem Altare Christum in Kindesgestalt darbringt. Bl. 98ᵃ eine interessante Figur des heil. Florian, welcher das jetzige Stiftswappen das roth und weiss getheilte Kreuz auf der Brust trägt. Von Bl. 244ᵃ folgen Feste, welche eine spätere Hand aufgezeichnet hat; eben so auf den beiden Deckeln. Der Schreiber dieses Missale ist der Florianer Chorherr Heinrich von Marbach, wie aus dem Necrologium (im Calendar. 12. April, 29. December, 24. Februar) deutlich hervorgeht. Derselbe starb den 29. December 1321 als Probst von St. Florian. Das Missale dürfte am Anfang des XIV. Jahrh. geschrieben worden sein.

III. 206. Pergamenthandschrift des XIV. Jahrh. 296 Blätter in 2°. 2 Spalten. Ursprüngliches Eigenthum der Königinn Margarethe, Gemahlinn Ludwig I. Königs von Ungarn und Polen (1342—1382) nach Dunin-Borkowski; nach Kopitar der Tochter Ludwig I.: Maria.

1) Bl. 1ᵃ—288ᵃ. Psalterium trilingue latinum polonicum teutonicum. Das Psalterium enthält die 150 Psalmen in der Ordnung der Vulgata. Es beginnt Bl. 3ᵃ und endet Bl. 288ᵃ. Auf jeden lateinischen Vers folgt zunächst die polnische, dann die deutsche Uebersetzung; die lateinischen Verse haben alle einen goldenen, die polnischen einen blauen, die deutschen einen rothen Anfangsbuchstaben. Die Anfänge der einzelnen Psalmen sind durch grosse reich verzierte Initialen, Miniaturen und Randornamente ausgezeichnet und Verzierungen aller Art füllen die Zwischenräume der einzelnen Verse aus. Bl. 3ᵃ, 53ᵇ und 59ᵃ erscheinen 2 in einandergelegte M, auf Bl. 53ᵇ ausserdem der Wappenschild der ungarischen Anjou's mit der Königskrone über dem Helme. Vor dem Psalterium gehen zwei Prologe einher; der Anfang des ersten fehlt. Er beginnt: Dnazo welbi, usta czisцy. Und dy zele edilmacht und den munt reyneget. Der zweite Prolog fängt mit den Worten an: Parvulus eram inter fratres meos et junior eram in domo patris mei. In beiden folgt auf jeden lateinischen Satz dessen polnische und deutsche Uebersetzung. 2) Bl. 288ᵃ—296ᵇ. Cantica aliquot Vet. Testamenti. Nämlich: Canticum Isaiae cap. XII.; aliud cap. XXXVIII. 10—20; canticum Annae 1. Reg. II. 1—10; canticum Moysis Exod. XV. 1—19; canticum Habacue cap. III. 2—6. Alles in obigen 3 Sprachen. Das Ende des Codex fehlt. Er ist in grosser, schöner Schrift geschrieben. Was den polnischen Theil anbelangt, so wurde derselbe sammt Facsimile von dem Grafen Dunin-Borkowski 1834 zu Wien veröffentlicht. Besprochen wurde die Handschrift weitläufig von dem Bibliothekar Bandtkie in der Monographie: De Psalterio Davidico trilingui in Bibliotheca s. Floriani Cracoviae 1827; in der Monographie des Grafen Dunin-Borkowski: Zur Geschichte des ältesten polnischen

Psalters. Wien 1835. Ferner in den Wiener Jahrbüchern der Literatur. 39. Bd. Anzbl. Seite 38; 40. Bd. Anzbl. Seite 35; 67. Bd. Seite 154 und im Antitartar (gedruckt angeblich zu Stockholm, factisch zu Leipzig) von Kopitar; dann im 70. Bd. Seite 211 d. Wiener Jahrb. von einem Ungenannten. Der Professor der vergleichenden Philologie an der Warschauer Universität Job. Papłonski hat im Winter 1869 den Codex in St. Florian einer neuen Durchsicht unterzogen und denselben, wie vor Ihm Kopitar und Dunin, für das älteste Denkmal der polnischen Literatur erklärt. Im Herbste desselben Jahres hat ihn Professor Nehring von Breslau zur Herausgabe des polnischen Theiles benützt. Das Stift St. Florian verdankt dieses literarische Kleinod nach der Hypothese Kopitars Bd. 40 Wien. Jahrb. der Königin Katharina von Polen, Gemahlin Sigismund II. und Tochter Kaiser Ferdinand I., welche während Ihres Aufenthalts in Linz seit 1566 Florian öfter besuchte und daselbst ihre Grabstätte wählte. Das Vorstehblatt am Ende und das auf dem Deckel geklebte Blatt enthalten das Fragment eines Choralbuches aus dem XIV. Jahrh. auf Pergament. Es befindet sich auf demselben ein Stück von dem Officium ss. Corporis Jesu Christi mit Musiknoten der späteren Zeit. Auf dem vordern Vorstehblatt (früher auf dem Deckel angeklebt) steht: Bartholomeus Siess me possidet anno Chr. 57. Emtus ab Italico negociatore septem solidis. Schrift des XVI. Jahrh. Der Einband besteht aus schön gepressten Schweinsleder vom Jahre 1564 mit metallenen Ecken und Schliessen.

III. 207. Pergamenthandschrift des XIV. Jahrh. 9 Blätter in 2°. Altes Eigenthum St. Florians.

Biblia Pauperum. 34 Vorstellungen der Lebensgeschichte des Erlösers von der Annunciatio B. V. Mariae bis zu deren Krönung. Auf jeder Seite sind 2 Vorstellungen; in der Mitte einer jeden die neutestamentliche Geschichte, zur Seite typische Beziehungen auf die alttestamentliche Geschichte und die Propheten mit passenden Texten. Die Darstellungen sind in zarten Umrissen und Linien mit der Feder gemacht; nur die erste Abbildung ist in grauen zart abgestuften Tönen schattirt; die Texte roth. Die Handschrift wurde eingehend besprochen von Dr. Gustav Heider in den Beiträgen zur christlichen Typologie aus mittelalterlichen Bilderhandschriften Bd. V. des Jahrbuchs der k. k. Central-Commission für Baudenkmäler Seite 15. u. w. Im Jahre 1863 wurde dieselbe zu Wien von A. Camesina facsimilirt mit Erläuterungen von G. Heider herausgegeben. Die Handschrift stammt nach dem Urtheile des Letzgenannten aus dem Beginne des XIV. Jahrh. Ueber ihren Werth äussert Er sich Seite 7: „Diese Handschrift zeigt uns die zeichnende Kunst des Mittelalters auf einem Höhepunkt angelangt, den sie weder früher einnahm, noch auch später wieder zu erringen vermochte. Es spricht aus den Gestalten eine Zartheit und Feinheit der Empfindung, die uns an die schönsten Gedichte des XII. und XIII. Jahrh. mahnen; dabei gewinnt die Darstellung in wenigen aber bestimmten Zügen einen völlig plastischen Charakter. Wir haben es hier mit einer der schönsten Blüthen der Kunst zu thun und die wenigen Blätter dieser Handschrift müssen den bedeutendsten Werken christlicher Kunst an die Seite gesetzt werden."

III. 208. Pergamenthandschrift des XII. Jahrh. 281 Blätter in 2°. Altes Eigenthum St. Florians.

Missale secundum consuetudinem ecclesiae St. Floriani. Ohne Calendarium. Die gesungenen Stücke der Messe sind mit Neumen versehen; viele Initialen und Miniaturen im romanischen Geschmacke; vor dem Canon ein Bild, welches die ganze Seite einnimmt und den Gekreuzigten zwischen Maria und Johannes darstellt; in den Ecken grosse Medaillons mit den Symbolen der 4 Evangelisten; auf der Seite gegenüber opfernde Engel am Altare. Sequenz de s. Floriano Bl. 95ᵇ. Collecten desselben Bl. 183ᵃ. Hie und da sind spätere Feste eingeschoben; von Bl. 274ᵃ bis ans Ende erscheint eine Hand des XIII. Jahrh. Der Codex bricht 281ᵇ unvollendet ab. Nach Bl. 273ᵇ unmittelbar vor Beginn der spätern Schrift fehlt Einiges. Die Handschrift ist ohne Zweifel in St. Florian entstanden.

III. 209. Pergamenthandschrift des XIII. Jahrh. 223 Blätter in 2°. Altes Eigenthum St. Florians.

Missale secundum consuetudinem ecclesiae s. Floriani. Vor dem Calendarium gehen einige liturgische Nachträge auf Bl. 1ᵃ einher; hierauf die oratio s. Ambrosii schon um vieles erweiterter als im vorhergehenden Missale. Auf das wohlerhaltene Calendarium kommen die gesungenen Stücke der Messe, Introitus, Graduale, Offertorium und Communio für das ganze Jahr, sämmtlich mit Neumen versehen. Bl. 96ᵃ—99ᵇ sind Sequenzen de s. Floriano, Augustino, de s. Elisabeth etc. von einer Hand des XIV. Jahrh. Bl. 102ᵃ eine Benediction des Johannesweines aus dem XIII. Jahrh. Bl. 106ᵇ und 107ᵃ zwei sehr schöne Initialen von der Höhe des ganzen Blattes; vor dem Canon der Gekreuzigte mit Maria und Johannes die ganze Seite ausfüllend. Auf dem Blatte gegenüber eine prächtige Initiale auf Goldgrund. Bl. 156ᵇ eine interessante Figur des heil. Florian mit Fahne und Schild, der das weisse Kreuz im rothen Felde zeigt. Es kommen im Codex allenthalben Miniaturen und Initialen vor, welche mit der Feder entworfen und mit grauen, gelben, grünen Farben schattirt sind. Der Styl trägt das Gepräge der romanischen Periode. Eine Sequenz de s. Floriano ist Bl. 91ᵇ aus dem XIII. Jahrh., die Collecten desselben Bl. 156ᵇ aus derselben Zeit. Der Codex ist in den ersten Decennien des XIII. Jahrh. entstanden und zwar wie der vorhergehende in St. Florian. Hin und wider sind liturgische Zusätze aus späterer Zeit eingeschoben z. B. Blatt 223ᵇ die verschiedenen Sangweisen des Kyrie eleison und Gloria mit Musiknoten aus dem XIV. Jahrh.

III. 221. Pergamenthandschrift des XIV. Jahrh. 429 Blätter in 2°. 2 Spalten. Altes Eigenthum St. Florians.

Biblia Latina Veteris et Novi Testamenti. Im Cap. IV. v. 7 der Apocalypse bricht der Codex ab; das Fehlende wurde offenbar herausgerissen. Den einzelnen Büchern gehen die Prologe des heil. Hieronymus voraus. Bl. 3ᵇ ist eine prachtvolle Initiale, der Buchstab I die ganze Höhe des Blattes einnehmend und in 7 Abtheilungen die 7 Tage der Schöpfungswoche darstellend. Die zahlreichen Initialen, welche in

diesem Codex vorkommen, sind mit ungemeiner Sorgfalt verziert; durch
die gleiche Eigenschaft zeichnet sich auch die Schrift aus. Auf dem
Deckel klebt das Fragment eines Missale aus dem XIV. Jahrh. mit
Neumen auf Pergament.

III. 221. A. Pergamenthandschrift des XIV. Jahrh. 350 Blätter in kl. 2º. Altes Eigenthum St. Florians.

Missale secundum consuetudinem ecclesiae s. Floriani. Auf der
ersten Seite erblickt man die grosse symbolische Gestalt des Jahres
umgeben von den kleineren des Tages, der Nacht und der 4 Jahreszeiten; auf der andern Seite sind die 12 Zeichen des Thierkreises abgebildet mit angehängter Erklärung. Bl. 2ª—9ª Calendarium sammt
Directorium Liturgicum. Bl. 9ᵇ.—16ᵇ. Expositio de officio missae.
Anfang: Cum aliquis sacerdotum celebraverit etc.; es werden darin
die Rubriken der Messe erklärt; Bl. 17ª—18ᵇ die oratio s. Ambrosii.
Bl. 18ᵇ—20ª benedictiones salis et aquae, agni paschalis, lardi, casei,
ovorum, amoris s. Joannis, herbarum, welche letztere am Rande aufgeführt werden. Bl. 20ª—21ª de casibus quae possunt evenire circa
corpus et sanguinem domini; darauf eine Note quod non liceat recodere a missa nisi benedictione data und ein Officium de beata Maria Nivis; letzteres aus dem XV. Jahrh. Bl. 112ᵇ ist ein officium quatuordecim auxiliatorum aus dem XV. Jahrh. eingeschoben, an dessen
Schlusse folgende Worte in rother Schrift zu lesen sind: Hoc officium
misse dominus marquardus preisacher miles domino leonardo domus s.
floriani preposito bene merito ex cracovia misit. (Der genannte Leonardus Riesenschmid war Probst von 1483—1508). Die darauf folgenden Anfänge der Sequenzen sind mit Noten des späteren Mittelalters begleitet. Sehr schöne Initialen Bl. 134ª—136ᵇ. Vor dem
Canon der gekreuzigte Erlöser, zu dessen Füssen eine kniende Mönchsgestalt mit der Subscription: Haidricus de . . ihlinge; die ersten
2 Buchstaben sind absichtlich weggerieben. Die Collecten de s. Floriano patrono nostro Bl. 174ª; diese Bezeichnung zugleich ein Zeugniss für die Anfertigung der Handschrift in St. Florian. Bl. 142ᵇ die
Collecten de s. Leopoldo von einer Hand des XV. Jahrh. Bl. 346ᵇ—
348ª mehrere liturgische Stücke mit Neumen, darunter ein Paar Sequenzen. Bl. 350ᵇ ein Verwandschaftsbaum. Auf dem ersten Deckel
ist ein Verzeichniss der im Messbuch vorkommenden Introitus, Gradualia,
Offertorien und Communiones.

III. 222. Pergamenthandschrift des XIV. Jahrh. 516 Blätter in 4º. 2 Spalten. Altes Eigenthum St. Florians.

Biblia latina integra. Die Prologe des heil. Hieronymus gehen
den einzelnen Büchern voraus. Am Ende sind die Interpretationes
nominum hebraicorum, an deren Schlusse es heisst: Finito libro reddatur gloria Christo. Si male quid feci, veniam peto; si bene, grates.
Die ganze Bibel ist ungemein zierlich auf feinstem Pergament geschrieben, mit zahlreichen Initialen und Miniaturen in der zartesten
Ausführung aber sehr kleinen Verhältnissen. Bl. 4ª beginnt die Genesis mit einer Initiale, welche die ganze Seite entlang läuft und in
8 Abtheilungen das Werk der 7 Tage und das Versöhnungsopfer am
Kreuze darstellt.

III. 222. A. Pergamenthandschrift des IX. Jahrh. 184 Blätter in kl. 2°. Altes Eigenthum St. Florians.

Libri Prophetarum. Es fehlen Ezechiel, Daniel und Baruch cap. I—V. Der Codex beginnt Bl. 1ᵃ ohne Aufschrift: Duodecim prophetare me (soll heissen prophete a me) in unius voluminis angustias coartatim (soll wohl heissen coartati) etc. Darauf folgen kurze Prolegomena in die grossen und kleinen Propheten, an deren Schlusse Bl. 2ᵇ es heisst: Explicit Prologus Hieronimi. Derselbe findet sich aber weder bei den Commentaren noch bei den Uebersetzungen des Hieronymus in den Ausgaben von Martianay und Vallarsius. Nun folgt ein zweiter Prologus duodecim prophetarum, der sich in den Ausgaben des Hieronymus vor dessen lateinischer Uebersetzung befindet, woraus auch die darauf kommenden Prologe der einzelnen Propheten genommen sind. Auf die kleinen Propheten in der Ordnung der heutigen Vulgata folgen Jesaias und Jeremias. Der Letztere ist nicht vollständig, indem das Werk im cap. IV. v. 21 der Lamentationen abbricht. Die Lamentationen sind von gleichzeitiger Hand mit musikalischen Zeichen versehen, wie denn die häufig vorkommenden Beisätze in adventu, in nativitate, in cena etc. beweisen, dass der Codex als Lectionarium gedient habe. Nach Bl. 177ᵇ ist das cap. VI. des Propheten Baruch eingeschoben und zwar von einer Hand des XI. Jahrh. Dieselbe hat auch Bl. 55, 59 und 60 ergänzt. Eine Capiteleintheilung erscheint nur bei Jesaias und Jeremias, wovon der Erstere 177, der Letztere mit Anschluss der Lamentationen, 187 hat. Die Ueberschriften und Unterschriften sind mit Uncialbuchstaben ausgeführt; die Initialen am Anfang der einzelnen Bücher farbig. Der Codex ist gut geschrieben, aber Schreibfehler sind nicht selten. Mit den alten Uebersetzungen bei Sabatier verglichen zeigt der Text mit wenig Ausnahmen eine grosse Uebereinstimmung mit der heutigen Vulgata. Das Vorsetzblatt hat auf seiner ersten Seite ein Stück von einem Invitatorium des Brevier's mit Neumen aus dem XIII. Jahrh.; auf der zweiten Seite ein Verzeichniss der Propheten des Alten Bundes, in welchem jedoch Baruch und Daniel fehlen. Darunter in grosser rother Capitalschrift: In Dei nomine incipit prologus XII prophetarum. Inhalt dieser zweiten Seite aus dem IX. Jahrh.

III. 222. B. Pergamenthandschrift des IX. und X. Jahrh. 173 Blätter in 8°. Altes Eigenthum St. Florians.

1) Bl. 2ᵃ—123ᵃ. Regula pastoralis Gregorii papae. Handschrift des IX. Jahrhunderts. Bl. 2ᵃ—4ᵇ enthalten die Capiteleintheilung; die einzelnen Blätter sind jedoch falsch gebunden. Den leeren Raum hat man mit verschiedenen Materien ausgefüllt. So steht Bl. 2ᵇ und 5ᵃ ein Antiphon mit Neumen aus dem Officium Nativitatis Joannis Bapt. aus dem X. Jahrh. Darunter von derselben Hand: Bruno cancellarius scripsit antiphanam. (sic) Aus derselben Zeit, aber von anderer Hand steht ein zweiter Antiphon am Seitenrande von Bl. 5ᵃ und ein dritter gleichfalls de Joanne Baptista aus dem IX. Jahrh. auf Bl. 3ᵇ. Auf Bl. 3ᵃ steht ein Fragment aus dem Officium Nativitatis Domini und darunter 13 Zeilen altdeutscher Glossen zu dem darauffolgenden liber

pastoralis gehörig, beides aus dem X. Jahrh. Bl. 4ᵃ sind am obern und Seitenrande Erklärungen von verschiedenen Thiernamen in latein. Sprache des X. Jahrh. hingeschrieben. Der Anfang der Regula pastoralis fehlt; es sind deutliche Spuren des herausgerissenen Blattes vorhanden. Sie beginnt Bl. 5ᵃ mit den Worten: aestimant; quanto vim magnitudinis illius ignorant etc., welche Worte jetzt im cap. I. der Gesammtausgabe Gregor's von Galliccioli Venetiis 1769 Bd. IV. S. 2 vorkommen. Derlei Lücken befinden sich auch nach Bl. 51ᵇ; 56ᵇ, 58ᵇ und 121ᵇ. Der Titel Bl. 3ᵇ und die Initialen der Capitel sind in grosser reiner Capitalschrift höchst einfach mit Farben ausgefüllt. Die Abweichungen des Textes von obengenannter Edition sind selten und minder gewichtig. 2) Bl. 123ᵃ—127ᵃ. Glossae super Pastorale. Es sind altdeutsche Erklärungen zu dem im Werke Gregors vorkommenden schwierigen Worten, welche hier nach den einzelnen Capiteln aufgeführt werden. Solche Glossen finden sich auch hie und da zwischen den Zeilen des Textes verstreut; sie sind von Franz Kurz gesammelt und im 37. und 41. Band der Wiener Jahrbücher der Lit. veröffentlicht worden, im Ersteren leider mit vielen Druckfehlern, deren Verbesserungen im 41. Bande angegeben werden. Die Handschrift gehört dem X. Jahrh. an. Auf diese Glossen hat schon Bernhard Pez im Thes. Anec. Tom. I. in der Eingangsdissertation pag. 61. aufmerksam gemacht. 3) Bl. 127ᵇ. Fragmentum officii de s. Vito. Ist aus dem X. Jahrh. und mit Neumen versehen, aber ziemlich unleserlich. Am untern Rande ist ein kurzer Blutsegen von 3 Zeilen, welcher dem XIII. Jahrh. angehört. Die gegenüberstehende Seite enthält bedeutungslose Federübungen und die Inscription: Melius est dormire quam diabolo servire aus dem XI. Jahrh. 4) Bl. 128ᵇ—171ᵇ. Disputatio de vera phylosophia Albini magistri. Ueber diesen ursprünglichen Titel hat eine Hand des XV. Jahrh. hingeschrieben: Disputacio magistri albini de vera phylosophia et de octo partibus oracionis per modum dyalogi. Anfang: Audivimus te doctissime magister sepius dicentem etc. Schluss: vel gravius incondita voce proferantur. Die Handschrift ist sehr nett und gehört dem X. Jahrh. an. Der Text enthält wenig Abweichungen von der durch Abt Frobenius von St. Emmeran 1777 Tom. II. p. 265 veranstalteten Ausgabe. 5) Bl. 171ᵇ—172ᵇ. Centum proverbia latine. Anfang: Incipit inventum quod fert proverbia centum. Pax heiurico dei amico. Die Proverbien sind leoninische Verse und füllen je kaum eine Zeile aus. Es sind ihrer aber nur 79, indem der Codex ein oder mehrere Blätter verloren hat. Sie sind aus dem X. Jahrhundert. Veröffentlicht in Haupt Altdeutschen Blättern I. Seite 12. Vollständig abgedruckt bei Pez Codex dipl. Pars II. 58 aus einer Tegernseer Handschr. saec. XII. Die Vorstehblätter vorn und rückwärts, welche mit 1 und 173 numerirt sind, enthalten lateinische Glossen zu einem dialectischen Tractat des XIV. Jahrh. auf Pergament.

III. 223. Papierhandschrift (Baumwollenpapier) vom Jahre 1577. 106 Blätter in 8ᵒ. Früherer Besitzer unbekannt.

Saadi poetae persici Gulistan. (Hortus florum). Das Werk, aus

Prosa und Versen gemischt, wurde im XIII. Jahrh. verfasst und in unserm Codex im Jahre 985 der Hegira (1577) niedergeschrieben. Den Eingang schmückt ein ungemein zierliches und reiches Ornament; Der Text ist herrlich geschrieben und von mehrfarbigen Linien eingerahmt. Die einzelnen Abtheilungen sind durch blaue Schrift kennbar gemacht; das Papier markig und glänzend zugleich. Originalsprache. Der gelehrte Orientalist Justus Olshausen hat bei einem Besuche in St. Florian erklärt, dass er selbst in Constantinopel keine so schöne Handschrift dieses Dichters gefunden habe.

III. 223. A. Papierhandschrift (Baumwollenpapier). 152 Blätter in 4°. Früherer Besitzer unbekannt.

Elegantiae omnium elegantiarum; arabice. Der arabische Titel lautet: Mostazref men kull fen mostazref. Der Verfasser heisst: Muhammed Ben Achmed al Chatib und lebte im XV. Jahrh. Herbelot Bibliothèque Orient. p. 631 nennt das Werk un florilège d'élégances arabiques.

III. 223. B. Papierhandschrift (Baumwollenpapier) vom Jahre 1664. 348 Blätter in 12°. Früherer Eigenthümer unbekannt.

Koranus; integre. Arabische Neschischrift mit Vocalzeichen. Die erste und zweite Seite fast ganz mit Ornamenten bedeckt. Der Schreiber nennt sich Achmed ben Mohammed; geschrieben wurde er im Jahre der Hegira 1075 (Christi 1664).

III. 224. Papierhandschrift des XVI. Jahrh. 251 Blätter in 4°. Ursprünglicher Eigenthümer Johann Jacob Genger, Dechant von Spital am Pyrrhn.

Erinnerungsbuch des Johann Jacob Geuger. Sein Wappen mit der Devise und Jahrzahl 1570 auf der innern Seite des Deckels. Die 251 Blätter des Erinnerungsbuches sind zwischen eben so viele Blätter der gedruckten Mythologia Ethica Antverpiae Plantinus 1579 eingeschaltet. Auf denselben befinden sich zahlreiche Wappenschilde geistlicher Dignitäre mit deren eigenhändig geschriebener Devise und Unterschrift. Die Wappen sind mit grossem Fleisse theilweise mit hoher Kunstfertigkeit in Farben ausgeführt, die Kupferstiche der Mythologia mitunter illuminirt. Bl. 46 ist das Erinnerungsblatt des Probstes Vitus von St. Florian mit der Jahreszahl 1606. Am Ende ist ein Verzeichniss der Bischöfe, Aebte und adelichen Herren, welche im Buche vertreten sind. Der Codex ist ein Geschenk des Bischofs Gregorius Ziegler von Linz.

III. 225. Papierhandschrift des XVII. Jahrh. 254 Blätter in 8°. Ursprünglicher Eigenthümer Simon Adolph Hänisch zum Reith- und Freyhof auf Függla Hofmaister des Würdigen Gottshaus Altenburg in Oesterreich undter der Enns.

Erinnerungsbuch des Simon Adolf Hänisch. Zahlreiche grosse und schöne Wappen und andere Malereien. Die Namen gehören

gröastentheils dem niederoesterreichischen Adel und den ersten Decennien des XVII. Jahrh. an. Im Codex befinden sich auch viele
Blätter von Pergament und Baumwollenpapier.

III. 226. Papierhandschrift des XVI. Jahrh. 124 Blätter in 12°.
Ursprünglicher Eigenthümer Urban Steuber aus Passau.

Erinnerungsbuch des Urban Steuber. Die einzelnen Gedenkblät-
ter sind dem gedruckten liber emblematum Andreae Alciati Frankfurt
1566 einverleibt. Steuber war Student und die eingetragenen Namen
gehören Studenten aus Passau, Steyr, Lambach etc. an. Viele gemalte Wappen aus der Zeit von 1570—1580. Später nämlich 1655
hat das Buch dem Canon. Reg. Johann Mathias Rottmann laut Inscription auf dem Titelblatt gehört.

III. 227. Papierhandschrift des XVII. Jahrh. 251 Blätter in
12°. Ursprünglicher Besitzer Johann Ehrenreich Hack
von Pornimb auf Stain.

Erinnerungsbuch des Johann Hack von Pornimb. Die Hack gehören einem in Oberoesterreich begütert gewesenem Adelsgeschlechte
an. Auf der ersten Seite ist das schön gemalte Wappen des Besitzers mit Wahlspruch, Unterschrift und der Jahrzahl 1619. Zahlreiche schöne Wappen und Gemälde schmücken das Buch; doch sind
sehr viele Blätter wie auch in den vorausgehenden Album's unbeschrieben. Die vertretenen Geschlechter gehören oesterreichischen
Adelskreisen an und umfassen den Zeitraum von 1619—1629. Bl. 148
ist die Schlacht bei Wimpfen 6. Mai 1622 abgebildet.

III. 228. Papierhandschrift des XVII. Jahrh. 227 Blätter in
12°. Ursprünglicher Eigenthümer Wenzel Brunner
von Prag.

Erinnerungsbuch des Wenzel Brunner. Das Wappen der Brunner siehe Bl. 3ᵇ. Das Buch enthält viele fein gestochene oder gemalte Wappen und Bildwerke; die darin vorkommenden Personen gehören vorzugsweise dem Adel- und Beamtenstande Oesterreichs, Böhmens
und Schlesiens an. Zeit 1618—1628.

III. 229. Papierhandschrift des XVI. u. XVII. Jahrh. 192 Blätter in 12°. Ursprünglicher Eigenthümer Johann Christof Haller von Raitenbuch Churpfälzischer Amtmann
um 1631.

Erinnerungsbuch des Johann Christof Haller von Raitenbuch. Die
meisten Einzeichnungen rühren aus Genf aus dem Jahre 1595 und
gehören Adelspersonen der verschiedensten Gegenden Deutschlands an.
Der Besitzer scheint um diese Zeit in Genf studirt zu haben. In
den Wahlsprüchen ist ausser der deutschen und lateinischen auch die
französische und italienische Sprache vertreten. Viele fein gemalte
Wappen. Die späteste Eintragung ist vom Jahre 1637.

III. 229. A. Papierhandschrift des XVII. Jahrh. 470 Seiten.
Quer 8°. Ursprünglicher Eigenthümer Leonhardus
Weiss Augustanus.

Erinnerungsbuch des Leonhard Weiss von Augsburg. Das Titelblatt ist ein meisterhaft ausgeführtes Gemälde, Merkur und Minerva
an einem Tische in den Anualen der Geschichte lesend. Ueber dem
mit Symbolen der Künste und Wissenschaften bedeckten Tische das
Wappen des Augsburger Patriciergeschlechtes Weiss von den Schilden verwandter Familien umgeben. Darauf folgt ein alphabetisches
Verzeichniss der im Gedenkbuch vorkommenden Personen. Dieselben
sind Adelige, Gelehrte, Patrizier, Studenten aus Bern, Basel, Strassburg, Augsburg, Wien etc. und haben sich grösstentheils in den Jahren
1645—1647 eingetragen, wo Leonhard Weiss zu Strassburg und Basel die Jura studierte. Neben den deutschen und lateinischen Devisen
kommen auch öfter französische vor. Hie und da schmücken Gemälde und Wappen die Blätter; so Seite 403 ein vergoldeter Reichs-
adler, dessen Contouren mit ungemein kleiner, kaum lesbarer Schrift
umsäumt sind. Ueber der Krone liest man: „Der 133. Psalm. Simon
Deusslitz. Im Jahr unsers Herrn und Seligmacher's Jesu Christi 1646."
Dieses und das Titelblatt sind von Pergament. Ueber die Familie
Weiss siehe Stetten, Geschichte von Augsburg Tom. II.

Mit Druckwerken zusammengebundene oder in andern Fächern befindliche Manuscripte.

Cum II. 2530. A. Papierhandschrift des Jahres 1737. 4 Blätter in 2°. Altes Eigenthum St. Florians.

Oration, welche Herr Peter Joseph Koffler Jur. D. und neuer-
nenter kais. Stadt- und Landt-Richter den 12. Februarii 1737 bei
Hochlöbl. Regierung öffentlich gehalten. Einem Miscellan Druckbande
beigebunden.

Cum II. 2755. A. Papierhandschrift des XVIII. Jahrh. 17 Blätter in 4°, 1 Blatt in 2°. Altes Eigenthum St.
Florians.

1) Bl. 9ª—10ᵇ. Theses Gallo-politico-Philosophiae. 2) Bl. 11ª—12ᵇ.
Epitaphium Pauli Schottaner Chirurgi civici Crembsensis ruina crucis
ante fores R. R. P. P. Capucinorum oppressi. 3) Bl. 21ª. Epigram-
mata aliquot historica. 4) Bl. 105ª—109ᵇ. Abdolonymus ex oli-
tore Rex; musicae scenae datus. 5) Bl. 127ª—130ᵇ. Alte Lieder religiösen Inhalts; deutsch. 6) Bl. 131ª—134ᵇ. Homagium ter secundum
Collegii Canonicorum Ducumburgensium praestitum Reverendissimo
Praeposito Frigdiano 1716; metrice. Alle Nummern einem Miscellan-
Druckbande beigebunden.

Cum VII. 6263. Papierhandschrift des XVII. Jahrh. 202 Blät-
ter in 16°. Altes Eigenthum des Klosters
Wiblingen; Geschenk des Linzer Bischofs
Gregorius Thomas.

1) Bl. 1ª—76ᵇ. De cruce liber symbolicus ad Henricum Episcopum Augustanum. Mit Gemälden im rohen Geschmacke ausgeführt.

Lateinische Verse. 2) Bl. 1ᵃ—7ᵃ. Ratio et modus pro Religiosis con-
fitendi generaliter. 3) Bl. 9ᵃ—128ᵃ. Amplus syllabus indulgentiarum.
Einem gedruckten Werke beigebunden.

Cum VIII. 4508. Papierhandschrift des XVII Jahrh. 6 Blätter in 4°; ein Blatt in 2°. Altes Eigenthum
St. Florians.

1) Bl. 1ᵃ—2ᵇ. Gallus in fimeto. Lateinisches Spottgedicht auf
Frankreich vom Jahre 1673. Anfang: Dum Martia ales Gallus solus
in campo fuit. Cecinit triumphos, erigens cristas suas, etc. 2) Bl. 3ᵃ—7ᵃ.
Jubilaeum Confoederatarum Provinciarum Belgii anno 1679. Lateinisches Gedicht. Anfang: Attonitus stat Leo Belgicus etc. Einem gedruckten Werke beigebunden.

Cum IX. 541. Papierhandschrift des XVII. Jahrh. 49 Blätter
in 4°. Alter Eigenthümer Johann Carl Seyringer
Dr. J. U.

1) Bl. 1ᵃ—6ᵃ. Instruction oder Underricht wass in der Hochfürstl. Haubt- unndt Residenz-Statt Salzburg auch deren Vorstötten bey
dem ordinari feur beschauen haubtsächlich zu beobachten ist. 1684.
2) Bl. 1ᵃ—10ᵃ. Kurze Infections-Ordnung für die arme Nothleidende
gemainde in dem Hochfürstl. Erzstifft Salzburg. 1679. Bl. 10ᵇ leer.
3) Bl. 11ᵃ—26ᵇ. Salliter Ordnung, welche von dem Hochwürdigsten
Fürsten Maximiliano Gandolpho Erzbischoffen zu Sallzburg 1674 zu
publiciren anbefohlen worden. Bl. 27 leer. 4) Bl. 28ᵃ—38ᵃ. Ver-
zaichnuss wie im Jahr 1671 im Erzstift Salzburg wochentlich die
Posten zu Fuess von Salzburg ins Gebürg und weiters nach Karndten
und wider allhero zurück komben. Eben so für Botten-Post, Ordinari
und Extraordinari Posten. Bl. 38ᵇ—39ᵃ leer. 5) Bl. 39ᵇ—43ᵃ. Statt
Salltzburgerische Fleisch-Tax-Ordnung anno 1689. Einem gedruckten
Werke beigebunden.

Cum IX. 1805. Papierhandschrift vom Jahre 1750. 14 Blätter
in 4°. Altes Eigenthum St. Florians.

De Jure haereditario sacrorum collegiorum. Rede gehalten beim
Abgange der juridischen Zöglinge von Kremsmünster durch P. Syl-
vester Langhayder Professor der Pandecten daselbst. Anno 1750.
Einem gedruckten Werke beigebunden.

Cum X. 28. Papierhandschrift vom Jahre 1485. 8 Blätter in
2°. Alter Eigenthümer nach Inscription auf dem
Deckel Christopherus Rosenauer.

Compendiosa librorum sacrorum notitia. Anfang des Prologes:
Venerabili viro domino Jacobo de Ysenaco Menardus solo nomine
monachus etc. Einem gedruckten Werke beigebunden.

Cum X. 131. A. Papierhandschrift des XV. Jahrh. 190 Blätter in 2°. 2 Spalten. Altes Eigenthum St.
Florians.

1) Bl. 1—95ᵇ. Postilla Balthasar de tempore super ewangelia

per omnes dominicas per circulum anni. So der alte Titel. Anfang
in festo Pentecostes: Si quis diliget me sermonem meum servabit.
Hodie celebrat ecclesia etc. Schluss de symbolo apostolorum: venite
benedicti patris mei quod ipse prestare dignetur qui etc. Bl. 19ᵃ.
Explicit postilla pars estivalis anno 1430. Bl. 22ᵇ wird die Postille
von späterer Hand fortgesetzt. Am Schlusse Bl. 95ᵇ: Et sic est finis
presentis operis. Ad illum ergo bonum finem perducat nos ille qui
est principium et finis et qui sine fine vivit, sine fine videbitur, sine
fastidio amabitur, sine fatigatione laudabitur, qui regnat per infinita
secula seculorum. Amen. Zu Leipzig lehrte ein Franciscus Balthasar
im XV. Jahrh., der Theologiae Licentiatus und Collegii beati Bernardi
Provisor war. Derselbe hat nach Jöcher Gelehrtenlexicon neben andern
Schriften auch sermones de tempore et de sanctis herausgegeben.
2) Bl. 95ᵇ—190ᵇ. Sermones de Sanctis. Auf dem Rücken des Einbandes werden sie gleichfalls von einer Hand des XVI. Jahrh. dem
Balthasar zugeschrieben. Anfang de s. Andree: Relictis rethibus et
navi secuti sunt eum. Aliqui dicunt frequencius nobis predicatur.
Schluss mit der Historia de nativitate B. Mariae Virginis: Hystoriam
nativitatis marie virginis beatus Jeronimus ut in prologo refert etc. Am
obern Rande Bl. 190ᵇ Note: In hoc festo presentacionis Marie in
templo septem graciarum perfecciones collate sunt b. Marie etc. Von
fremder Hand. Auf dem Deckel am Ende ist ein lateinisches Epigramm von 8 Verszeilen de Papa et de Turca. Auf dem Deckel zu
Anfang verschiedene theologische Notizen; auf dem Vorstehblatt eine
längere Auseinandersetzung „quod maximus favor debetur testamentis
et ultimis voluntatibus" aus dem Ende des XV. Jahrh. Einem gedruckten Werke beigebunden.

Cum X. 390. Papierhandschrift des XV. Jahrh. 81 Blätter in
2⁰. Alter Eigenthümer laut Inscription auf dem
Vorstehblatt: Wolfgang Prandtl Rector ecclesiae
Gmundtensis, der das Buch von Innocentius de
Partis aus Tirol damals Vicar in Eberstallzell
zum Geschenk bekam.

Aeneae Sylvii episcopi Senensis Historia rerum gestarum Friderici III. Imperatoris. Schluss: marchio Badensis Sororius Imperatoris.
Marginalnoten, die aber durch den Buchbinder leider verstümmelt worden
sind. Reinliche Schrift. Die Druckausgabe führt die Geschichte um
einige Blätter weiter. Beigebunden der gedruckten Historia Bohemica
desselben Verfassers. Romae 1475.

XIV. 23. Papierhandschrift des XVIII. Jahrh. 2 Bände zu 435
und 399 Blätter in 2". Ursprüngliches Eigenthum St.
Florians.

1) 1. Bd. und 2. Bd. Bl. 1ᵃ—339ᵇ. Antiquitas Juvenis seu Nu-
mismata vetera omnis moduli et varii metalli ad novem usque millia
quae in inclyto S. J. collegio Viennae asservantur collecta et conscripta ab admodum R. P. Carolo Granelli e praelaudata societate
presbytero. Die Vorrede ist von Franz Timer reg. Chorherrn von St.

Florian, gestorben 1790. Er sagt in derselben, dass der obige Catalog durch die beiden Jesuiten Granelli und Frölich angefertigt und
von ihm nach dem Autograph summa fide abgeschrieben worden sei,
ut aliquando alicui nostrum generoso ausu ad rem nummariam animum
appulsuro in construendo Musaei Catalogo non vulgari subsidio sit ac
emolumento. 2) Bd. 2. Bl. 341ᵃ—399ᵇ. Nummi Veteres ex auro
Augustorum, Augustarum, Caesarum a Julio Caesare ad Joannem Com-
nenum collecti a D. de France Thesaurorum Caes. Praefecto, conscripti ab Erasmo Froelich s. J. Gleicherweise von Franz Timer geschrieben. Ueber Granelli, Frölich, de France siehe Bergmann Pflege
der Numismatik in Oesterreich im XVIII. Jahrh. im 19. Bande der
Sitz. Ber. der kais. Acad. Seite 31 et seqq.

XIV. 24. Papierhandschrift des XVIII. Jahrh. 201 Blätter in
2°. Ursprüngliches Eigenthum St. Florians.

Nummi Restituti Campililienses id est Series Integrae omnium
summorum Pontificum et Imperatorum, item Genealogiae Austriaca, Regum Franciae, Ducum Lotharingiae anno 1719. Das Werk ist ohne
Zweifel von Hanthaler, obgleich es unter diesem Titel im Verzeichniss
von dessen numismatischen Schriften im 6. Bde. der Kirchl. Topo-
graphie von Oesterreich Seite 306 nicht vorkommt. Die Abschrift
rührt von Franz Timer. Ueber Hanthaler's numismatische Arbeiten
siehe die oben citirte Abhandlung von Josef Bergmann.

XIV. 171. Papierhandschrift vom Jahre 1750. 22 Blätter in 2°.
Ursprüngliches Eigenthum St. Florians.

Nothwendige Einleitung in das unter der hohen Protection Ihrer
Churfürstl. Gnaden zu Mainz von Caspar Gottlieb Lauffern neu auf-
gerichte Päbstliche Müntz-Cabinet abgefasst von Franz Hölbling s. J.
Das Werk ist aus der Druckausgabe vom Probsten Johann Georg
von St. Florian 1750 abgeschrieben worden.

Querkasten IV. Papierhandschrift des XVIII. Jahrh. 10 Bde.
in gross 2°. von je 161 bis 351 Blättern. Ursprüngliches Eigenthum St. Florians.

Catalogus alphabeticus bibliothecae s. Floriani. Der eigentliche
Catalog aus 8 Foliobänden bestehend ist von dem Amanuensis Lixl in Wien
in dem Jahre 1747 geschrieben worden. Die Appendices, 2 Foliobände
ohne alphabetische Ordnung, sind durch mehrere Hände in den Jahren
1747—1793 entstanden. Der Catalog ist noch immer brauchbar durch
die Specification grösserer Werke und Sammlungen und durch die
zahlreichen Schlagwörter, unter denen ein und dasselbe Werk vorkommt. Die 2 Appendices enthalten ausserdem werthvolle literär-
historische Notizen. Unsere Manuscripte sind in diesem Cataloge nicht
vertreten; er zeichnet sich auch durch das vortreffliche Papier und die
schöne Schrift aus.

Im Portefeuille befindlich:

1. Pergamenthandschrift des XIII. Jahrh. 4 Blätter in 4°. Ursprüngliches Eigenthum St. Florians.

Fragmentum Necrologii ecclesiae s. Floriani. Abgedruckt im Notizenblatt der kais. Acad. in Wien Jahrg. 1852. S. 291. Es beginnt: III. Nonas (Febr.) Hartwicus p. f. n.

2. Pergamenthandschrift des XIII. Jahrh. 1 Blatt in 4°. Ursprüngliches Eigenthum St. Florians.

Fragmentum Necrologii ecclesiae s. Floriani. Abgedruckt im Notizenblatt der kais. Acad. in Wien, Jahrg. 1852. S. 295. Anfang: None. Bertha soror nostra.

3. Pergamenthandschrift des XIV. Jahrh. 2 Blätter in 2°. Ursprüngliches Eigenthum St. Florians.

Fragmentum Necrologii ecclesiae s. Floriani. Beginnt: III. kal. (April.) Wezil. Dietricus. etc. Von den Deckeln eines Florianer Urbarbuches vom Jahre 1570 abgelöst.

4. Pergamenthandschrift des XIV. Jahrh. 9 Blätter in 2°. Ursprüngliches Eigenthum St. Florians.

1) Bl. 1ᵃ—6ᵇ. Necrologium ecclesiae s. Floriani. Beginnt mit dem 1. Jänner und schliesst mit letztem December. Stiftsangehörige kommen darin nur selten vor, sondern meist andere Personen geistlichen und weltlichen Standes, welche für sich Jahrtage gestiftet haben; dabei werden die Beträge und die Oertlichkeiten, aus denen sie fliessen, angegeben. Man nannte solche Aufzeichnungen, in welchen die Schenkungen nach der Folge des Jahrtages eingetragen sind, libri oblatorum, libri dativi, libri ordinationum. 2) Bl. 7ᵃ—8ᵃ. Tabula exhibens praebendas quas cellerarius conventus s. Floriani singulis diebus festis ministrare debeat fratribus. 3) Bl. 8ᵃ—9ᵇ. Reditus Infirmariae monasterii s. Floriani. Andere Schrift vom Jahre 1375. Mit Angabe der Oertlichkeiten woher die Einkünfte kommen.

5. Pergamenthandschrift vom Jahre 1402. 1 Blatt in 2°. Ursprünglicher Eigenthümer unbekannt.

1) Bl. a. Verkaufsurkunde vermöge welcher Caspar der paben Swamitter und seine Hausfrau Erentraut dem Abt Chunrad von Mannsee mehrere Güter verkaufen mit Hano Chalisperger's Pfleger's von Wildenegk und Rueger des Freinperger's anhängendem Siegel. Deutsch. Abgelöst von einem alten Codex. 2) Bl. b. Verkaufsurkunde wodurch Chunrad der Stoffel und seine Hausfrau dem Abt Jacob von Mannsee ein Stück Laudes zu kaufen geben. Datum fehlt. XV. Jahrhundert. Deutsch.

6. Pergamenthandschrift vom Jahre 1437. 1 Blatt in 2°. Ursprünglicher Eigenthümer unbekannt.

Verkaufsurkunde vermöge welcher Andre Chumer Bürger zu Stain in Niederoesterreich Michelu dem Haberstorffer ein Haus zu Stain verkauft. Mit des Pfarrer's Urban Holzer zu Stain und der Städte Chrems und Stain anhangendem Siegel. Deutsch. Von einem Codex abgelöst.

7. Pergamenthandschrift des XV. Jahrh. 1 Blatt in 2°. Ursprünglicher Eigenthümer unbekannt.

Spruchbrief des Reymprecht von wallse haubtmann Ob der Enns als Schiedsrichter zwischen den 5 Gebrüedern von Polnhaim und der edlen Frau Barbara von Polnhaim. Datum Lynnez, Jahrzahl fehlt; nur die eine Hälfte der Urkunde vorhanden, welche Vorstehblatt eines Codex war. Es gab 3 Herren von Walsee Namens Reinprecht, welche vom Ausgang des XIV. Jahrh. bis über die Hälfte des XV. Landeshauptleute von Oberoesterreich waren. Der in der Urkunde Genannte ist wahrscheinlich der Erste dieses Namens gewesen, der von 1386—1422 Landeshauptmann war. Ausserdem erscheinen in der Urkunde noch Ruprecht, Weikehart, Wolfgang und Andre von Polnhaim, Wilhalm von Newndling und Michl der Oberham.

8. Pergamenthandschrift vom Jahre 1384. 2 Blätter in 2°. Ursprünglicher Eigenthümer unbekannt.

Spruchbrief des Gregorius Schenkh Officialen der Salzburger Kirche als Delegirten des Apostolischen Stuhles betreffend strittige Pfarransprüche zwischen Theodorich Czeheutner von Lambach Priester der Passauer Dioecese und Johannes ehemals Nicolaus de Balthusa Rector der Kirche des heil. Remigius zu Ried Passauer Dioecese. Die Urkunde ist in 2 Folioblätter zerschnitten, welche als Schutzblätter eines Codex dienten. In lateinischer Sprache.

9. Pergamenthandschrift vom Jahre 1456. 2 Blätter in 2°. Ursprünglicher Eigenthümer unbekannt.

Urkunde Kaiser Fridrich III. an den Bischof von Chiemsee enthaltend „primas preces" zu Gunsten des Stephan Schrotll Priester der Freisinger Dioecese. Ausgestellt zu Wiener Neustadt 1456. Entzwei geschnitten und als Vorstehblätter ehemals verwendet. Lateinische Sprache.

10. Pergamenthandschrift des XV. Jahrh. 1 Blatt in 2°. Ursprünglicher Besitzer unbekannt.

Historische Relation über die Verschwörung des Johannes Oltchastel und der Wiclefiten gegen König Heinrich V. von England. In lateinischer Sprache. Anfang: Stupendas atque horrendas novitates de Anglia animadvertite. Unterschrieben ist die Relation: Wilhelmus Canonicus Ecclesie Olomucensis, von derselben Hand. Johann Oldcastle, auch Lord Cobham genannt, war früher einer der vertrautesten Gesellschafter Heinrich V. und später Haupt der Lollarden. Bei den ältern englischen Dichtern ist er der ausschweifende aber kurzweilige Ritter, der jetzt unter dem Namen John Falstaff auf der Bühne erscheint. Die erzählte Geschichte fällt in das Jahr 1414. Siehe mehr darüber bei Lingard Gesch. Englands übers. v. Salis Frankfurt

1828 V. Thl. S. 5 etc. Früher Vorstehblatt eines Codex. Abgedruckt im V. Bd. d. Sitzbr. der Wiener Academie Seite 64—68.

11. Pergamenthandschrift des XIV. Jahrh. 1 Blatt in 2". Ursprünglicher Besitzer Kloster Zwettl in Niederoesterreich.

Verzeichniss dessen was ein gewisser Ritter Sunberger dem Kloster Zwettl weggenommen hat. In deutscher Sprache. Die gleichzeitige Aufschrift lautet: Hec ablata sunt Monasterio Zwetlensi a Sunbergario. Von dem Deckel eines Codex abgelöst. Die Relation bezieht sich auf den Schaden, den die Klosterunterthanen in Oberndorf, Hermans und Wurmbach an Geld, Vieh und Victualien vom Obengenannten erlitten haben. Abgedruckt im V. Bd. d. Sitzungsber. der Wiener Academie Seite 68—70.

12. Pergamenthandschrift des XI. Jahrh. 2 Blätter in 8°. Altes Besitzthum St. Florians.

1) Bl. 1ᵃ ᵘⁿᵈ ᵇ. Fragmentum libri Lanfranci adversus Berengarium. Das Vorhandene entspricht dem cap. IV. der Gesammtausgabe Lanfrank's von d'Achery fol. 235. col. 1. Zeile 32 posterius patebit bis fol. 236. col. 2. Zeile 26 plurimum. 2) Bl. 2ᵃ. Fragmentum epistolae anonymi. Anfang fehlt, das Fragment beginnt: negligunt sectione verborum. Unde et bene per prophetam dicitur. Schluss: viam salutis tenete, valeant obedientes. Das ganze Fragment hat 20 Zeilen. Unter den Briefen Lanfranks in obengenannter Ausgabe schliesst keiner in der angeführten Weise. 3) Bl. 2ᵃ—2ᵇ. Fragmentum Apologiae Manassae archiepiscopi Remensis. Anfang: Domno H. (ugo) diensi episcopo Manasses Remorum archiepiscopus salutem. Monuistis me Lugduni etc. Schluss: super nos manum habent apponere. Super hec omnia etc. Abgedruckt bei Mabillon Mus. Ital. S. 119. Die 2 zu einer Handschrift gehörigen Blätter wurden von den Deckeln eines Codex abgelöst.

13. Pergamenthandschrift des IX. Jahrh. 2 Blätter in 4°. Alter Eigenthümer Stift St. Florian.

Fragmentum Evangelii Marci cap. XII. 21--XIII. 12. Von den Deckeln eines Codex abgelöst.

14. Pergamenthandschrift des IX. Jahrh. 2 Blätter in 4°. Alter Eigenthümer Stift St. Florian.

Fragmentum Apocalypsis Joannis. Enthält Stücke aus dem XVIII., XIX. und XX. Cap. abgelöst von den Einbanddeckeln eines Codex.

15. Pergamenthandschrift des X. Jahrh. 4 Fragmente von Quartblättern. Alter Eigenthümer Stift St. Florian.

Fragmenta Homiletica anonymi. Von Codexdeckeln abgelöst. Lateinische Sprache.

16. Pergamenthandschrift des X. Jahrh. 2 Blätter in 4°. Alter Eigenthümer Stift St. Florian.

Fragmentum Matutinalis. Enthält Stücke einer Homilie über die wunderbare Brotvermehrung Joan. Evang. cap. VI. 1—13. Abgelöst von den Deckeln eines Codex.

17. Pergamenthandschrift des XI. Jahrh. 2 verstümmelte Blätter in 2°. Alter Eigenthümer Stift St. Florian.

Fragmenta Lectionarii continentia fragmenta ex Luca Evangel. cap. XXII. 48—69. Exod. cap. XII. Osee cap. VI. Diente früher als Vorstehblatt.

18. Pergamenthandschrift des XV. Jahrh. 2 Blätter in 2°. Ursprünglicher Eigenthümer unbekannt.

Fragment eines ascetischen Werkes eines Unbekannten. In deutscher Sprache. Die vorhandenen Stücke handeln „von der ewigen freude; von 14 gaben der erwelten die in ewigen leben sint und von 14 laster der verdampten die in der helle sint." Abgelöst von dem gedruckten Commentar Joh. Borcholt's in 4 libros Institutionum.

19. Pergamenthandschrift des XIV. Jahrh. 12 Blätter in 4°. Ursprünglicher Eigenthümer unbekannt.

Fragmente des Schwabenspiegels; deutsch. Sämmtliche Blätter dienten früher als Umschlag der Einbanddeckel zur Kemptner Quartausgabe von Hans Sachs. Sie sind desshalb auf einer Seite gewöhnlich stark abgerieben, einzelne Blätter auch verstümmelt. Notiz gab davon Literat Lambel in Wien in der Weimarer Zeitschrift für Rechtsgeschichte.

20. Pergamenthandschrift des XV. Jahrh. 1 Blatt in 2°. 2 Spalten. Ursprünglicher Eigenthümer unbekannt.

Fragment eines unbekannten deutschen Stadtrechtes. In den Capiteln des Fragments ist die Rede von den Messerern und den Juden. Aufschrift des ersten Capitels über die Juden: welh recht die inden die hie ze der stat siczent gen den burgern haben und die burger gen in. Anfang: Hat ain christen icht ze klagen hincz ainen Juden daz sol der vogt richten etc. Aus dem Context geht hervor, dass die Stadt einem Bischof unterthänig war. Das Blatt diente zum Umschlag eines Einbanddeckels.

21. Pergamenthandschrift des XII. Jahrh. 4 Blätter in 8°. Alter Eigenthümer Stift St. Florian.

Fragmentum carminis latini. Das Fragment beginnt:

Si non secrentur, si patres non inmitentur
Si quisquam natus, crimen patris est inmitatus
Penarum loris, suberit vice progenitoris.

Schluss Bl. 4ª: Viventes illos, dat sola nitere lapillos
In numero quorum, regnas deus ipse deorum.

Darauf folgt eine prosaische Erläuterung der edlen Steine, die im vorangehenden Abschnitt des Gedichtes erwähnt wurden. Sie beginnt: Fundamentum primum est iaspis; iaspidum sunt multa genera. Der

Gegenstand des Gedichtes ist eine poetische Darstellung des Er-
lösungswerkes; die Fragmente scheinen demnach einem Speculum humanae salvationis anzugehören.   Von den Deckeln eines Codex abgelöst.

22. Pergamenthandschrift des XI. Jahrh.   2 Blätten in 8°.   Ursprüngliches Eigenthum St. Florians.

Fragmentum carminis latini Ruotlieb dicti.

Anfang: Tunc sibinet comedunt . . . . . et pullis tribuerunt
        Cum per aperturas in domate quis sibi micas
        Prebet etc.

Schluss: . . . . . plures proprii servi juniores.

Das Fragmentum ist in 4 Octavcolumnen geschrieben, wovon aber
die letzte durch Beschneidung die Aufangsworte der einzelnen Verszeilen verloren hat.   Es ist vollständig abgedruckt in: Exempla poesis
latinae medii aevi Vindobonae 1834 von Moritz Haupt; besprochen
wird dasselbe auch von Schmeller in den Lateinischen Gedichten des
X. und XI. Jahrh. Göttingen 1838 S. 200) et seqq.   Das Fragment
diente als Umschlag eines Verzeichnisses mehrerer Traditionen des
Stiftes St. Florian aus dem XIII. Jahrh.

23. Papierhandschrift (Baumwollenpapier) des XVII. Jahrh.   4
Blätter in 8°.   Ursprünglicher Besitzer unbekannt.

Commentarius in sententias Abu-Hanifae.   Bruchstück in zier-
licher arabischer Schrift. Abu-Hanifah Stifter einer der vier orthodoxen
muhammedanischen Secten starb 767 nach Chr.

24. Papierhandschrift (Baumwollenpapier) des XVI. Jahrh. 1 Blatt
in 2°.   Ursprünglicher Besitzer unbekannt.

Mandatum turcicum. Abschrift eines Bujuruldi (Befehles) des
Wezir's Deulet Pascha vom 25. März 1578 an einige Rajah's von
Galata gerichtet. Erlassen in Konstantinopel.   Die Abschrift ist von
nicht türkischer Hand gemacht.

25. Papierhandschrift (Baumwollenpapier) vom Jahre 1764. 1 Blatt
in 2°.   Ursprünglicher Besitzer unbekannt.

Mandatum turcicum.   Erlass des Oberrichter's an die Richter von
Nissa in Serbien, betreffend eine kleine Geldsumme, welche unter
mehrere Parteien getheilt werden soll.   Türkische Sprache.   Die Urkunde ist vom 27. Februar 1764 datirt und in Schriftzügen von mehr
als ein halb Zoll Höhe geschrieben.

26. Papierhandschrift (Baumwollenpapier) vom Jahre 1717. 1 Blatt
von Octavhöhe herzförmig geschnitten.   Ursprünglicher Besitzer: Anton Josef von Oettl Hofkriegsrath und geheimer
Referendarius um 1717.

Documentum turcicum. Umschlag des Briefes, welcher unmittelbar nach der Eroberung von Belgrad von dem nach Nissa abgezoge-
nen Befehlshaber dieser Festung el-Hadsch-Mustapha Pascha an Prinz

Eugen gesendet wurde und den Antrag einer Friedensvermittlung bei
dem Grosswezir enthielt; 5. September 1717. Auf der äussern Seite des
Umschlags befinden sich 6 Zeilen in türkischer Sprache, welche den Titel
des Prinzen Eugen im orientalischen Styl enthalten. „Es ist das freund-
schaftliche Schreiben, welches hoffentlich glücklich anlangend sein wird,
an: die Macht der Fürsten der messianischen Religion, die Säule der
Grossen der christlichen Nation, den jetzigen obersten Stellvertreter
Sr. Majestät des röm. deutsch. Kaisers Prinz von Savoyen, den Auf-
richtigen, Hochgeschätzten, Verehrlichen, Majestätischen, Geliebten,
den General, den Herzensreinen, die Excellenz, die Quelle der Gunst,
den Freundschafts- und Liebevollen."

27. Pergamenthandschrift des XV. Jahrh. 1 Blatt in 8°. Ursprünglicher Eigenthümer unbekannt.

Fragmentum orationis Demosthenis contra Leptinen. In griechischer Sprache. Anfang: Ἰδιᾳ μεν γαρ ἑκαστος ἡμῶν. Ende: ακυρον
τι ποιῆσαι τῶν. Siehe Oratores Attici Dobson Londini 1828. Tom.
VI. Paragraph 474—477.

Alphabetisches Fachregister.

I.

Facheintheilung der theologischen Disciplinen.

I. Heilige Schrift und Apocryphen. **II.** Bibellitteratur. **III.** Kirchenväter und Kirchenschriftsteller. **IV.** Dogmatik u. Controverse. **V.** Moral und Pastoraltheologie. **VI.** Mystik und Ascetik. **VII.** Predigtlitteratur. **VIII.** Liturgik. **IX.** Kirchenrecht. **X.** Kirchengeschichte und Leben der Heiligen. **XI.** Religiöse Poesie. **XII.** Theologie überhaupt. (Collectaneen auf mehrere Fächer sich beziehend.)

II.

Facheintheilung der profanen Disciplinen.

XIII. Alte classische Litteratur, Uebersetzungen, Commentare etc. **XIV.** Grammatik, Prosodik, Rhetorik, Epistolographie. **XV.** Schöne Litteratur und Musik. **XVI.** Geschichte, Geographie, Chronologie, Numismatik, Kriegswesen. **XVII.** Naturgeschichte, Naturlehre, Mathematik, Astrologie, Alchymie. **XVIII.** Medicin und Oeconomie. **XIX.** Jurisprudenz. **XX.** Philosophie. **XXI.** Orientalische Litteratur. **XXII.** Litteraturgeschichte und Bibliothekswissenschaft.

Anmerkung. Die erste arabische Zahl bedeutet die Nummer des Codex, die zweite in Parenthese das Folium im Codex. Wo nicht ein besonderes Bibliotheksfach in Röm. Zahl beigesetzt ist, ist immer das Bibliotheksfach XI. vorauszusetzen. Port. bedeutet soviel als im Portefeuille.

286

296

302

306

314

318

Verzeichniss der Autoren.

NB. Die Zahl mit arabischen Z´ffern bedeutet die Nummer des Codex. Wo das Bibliotheks-fach mit römischen Ziffern nicht eigens angegeben ist, ist durchaus das Fach XI.
gemeint. Port = Portfeuille.

Verzeichniss der Schreiber.

328

Verzeichniss der früheren Besitzer.

NB. Die Jahreszahl oder das Jahrhundert deutet die Zeit des Besitzes an.

Verzeichniss
der mit Bildern, Miniaturen oder verzierten Initialen versehenen Codices.
